Bexiga em três tempos
Patrimônio cultural e
desenvolvimento sustentável

Organizadores
Nadia Somekh
José Geraldo Simões Junior

Bexiga em três tempos

Patrimônio cultural e desenvolvimento sustentável

Organizadores
Nadia Somekh
José Geraldo Simões Junior

Ensaio fotográfico
Cristiano Mascaro

Romano Guerra
Editora
São Paulo, 2020

Ao lado e na dupla anterior, ensaio fotográfico *Bexiga 1991*, de Cristiano Mascaro

O Instituto Olga Kos, nos seus treze anos de existência, editou 35 livros de arte, realizou mais de cinquenta exposições artísticas, promoveu espetáculos de música e dança na Galeria Olido, no Masp e na Oca do Parque do Ibirapuera. Atendeu, por meio de seus programas inclusivos, mais de 20 mil pessoas com e sem deficiência em situação de vulnerabilidade social. 9 mil gaitas para a Prefeitura Municipal de São Paulo – PMSP, 60 mil livros de artes (distribuídos entre a PMSP, unidades do Sesc e bibliotecas federais), bem como violinos para a Escola Municipal de Iniciação Artística – Emia. Patrocinou ainda o restauro da Fonte Monumental Praça Júlio de Mesquita.

Desde 2007, guiado pelo princípio de que "cultura é educação e educação é cultura", o Instituto patrocinou a inclusão, via projetos culturais – artes plásticas, dança, música e teatro – e esportivos, de ações que mereceram as seguintes premiações: Ordem do Mérito Cultural (MinC, 2009); Cultura e Saúde (MinC, 2008/2010, com nota máxima); Ponto de Cultura, Pontão de Cultura e Prêmio Tuxáua (MinC, 2010); Prêmio Areté (2010); 2º Prêmio Brasil de Esporte e Lazer de Inclusão Social (Ministério dos Esportes, 2010); Prêmio Pela Arte se Inclui (Secretaria da Cultura do Estado de São Paulo, 2012); XII Prêmio LIF (3º lugar na categoria Apoio às Comunidades Locais, 2013); Salva de Prata (Câmara Municipal de São Paulo, 2014); Voto de Júbilo (Câmara Municipal de São Paulo, 2015); Medalha Anchieta (Câmara Municipal de São Paulo, 2015); Prêmio ABCA (Associação Brasileira de Críticos de Arte, 2015); Prêmio Brasil Mais Inclusão (Câmara dos Deputados, 2017); Prêmio Selo de Qualidade (Secretaria de Esporte, Lazer e Juventude do Estado de São Paulo, 2017); Prêmio Melhores ONG's Época Doar (Revista Época e Instituto Doar, 2017); Destaque do Ano (Secretaria de Estado dos Direitos da Pessoa com Deficiência, 2017); Prêmio Chico Xavier (Câmara Municipal de São Paulo, 2018); Colar de Honra ao Mérito Legislativo (Assembleia Legislativa do Estado de São Paulo, 2018); Prêmio Movimento Você e a Paz (2018); Prêmio Empresário Amigo do Esporte (2018); Prêmio Brasil Mais Inclusão (bicampeão, 2018 e 2019).

O engajamento da sociedade civil organizada em apoio a ações culturais perpetua a história de nossa cidade e conscientiza a população no sentido de admirar e estudar a nossa cultura.

Agora temos a honra de patrocinar o livro *Bexiga em três tempos – patrimônio cultural e desenvolvimento sustentável*, contribuindo para a preservação da memória histórico-cultural do bairro.

Índice

9 Apresentação
Nadia Somekh e José Geraldo Simões Junior

13 Introdução / Bexiga em três tempos
Nadia Somekh e José Geraldo Simões Junior

20 1. O tempo da história

23   1.1   Ocupação inicial e loteamento
Roseli Maria Martins D'Elboux e Maira de Moura

39   1.2   O Bexiga dos italianos: os *capomastri* construtores e a arquitetura eclética do bairro (1890-1930)
Lindener Pareto Junior

55   1.3   As grandes obras viárias e os projetos de reabilitação
Joice Chimati Giannotto

70 2. O tempo da memória

73   2.1   Memória e preservação do patrimônio: o Igepac como fonte de informação e pesquisa
Ana Paula de Moura Souza Pavan e Lícia de Oliveira

87   2.2   Processos de preservação do bairro do Bexiga
Vânia Lewkowicz Katz e Cecília de Moura Leite Ribeiro

105   2.3   Cultura e preservação: Museu Memória do Bixiga – Mumbi
Ingrid Hötte Ambrogi

115   2.4   O Centro de Preservação Cultural no Bexiga: de estrangeiro a habitante
Gabriel Fernandes

137   2.5   A restauração como instrumento de coesão social: o caso da Vila Itororó, no centro de São Paulo
Benjamim Saviani

155   2.6   Escola Paulista de Restauro: educar para não restaurar. Uma ação de cidadania empresarial no Bexiga
Francisco Zorzete, Fernanda Romão e Katia Kreutz

166	3.	**O tempo do presente e do futuro**
169	3.1	A produção imobiliária formal no bairro da Bela Vista *Hugo Louro e Silva e Ana Carolina Nader Scripilliti*
189	3.2	Permanência e coesão: estudo tipológico da envoltória da Bela Vista *Julia Miranda Aloise*
209	3.3	Tombamento do bairro do Bexiga: dimensões espaçotemporais socialmente necessárias *Manoel Lemes da Silva Neto*
237	3.4	Bexiga: a experiência de uma aplicação metodológica: investigação e análise do bairro do Bexiga *Ana Marta Ditolvo*
259	3.5	A vida dos lugares: meandros do patrimônio contemporâneo do Bexiga *Sara Fraústo Belém de Oliveira e Eliana Rosa de Queiroz Barbosa*
279	3.6	Espaço público e eventos culturais – Achiropita e Vai-Vai *Luiz Guilherme Rivera de Castro, Mauro Calliari e Bruna Beatriz Nascimento Fregonezi*
291	3.7	Teat(r)o Oficina e a luta com a terra: na FelizCidade Guerreira *Marília Gallmeister e Carila Matzenbacher*
309	3.8	Da fábrica de restauro a um plano de desenvolvimento local do Bexiga *Nadia Somekh e Thais Cardoso*
322	4.	**Posfácios**
325	4.1	O tombamento da Bela Vista: Bexiga hoje *Raquel Schenkman*
329	4.2	Bexiga segundo Cristiano Mascaro *Abilio Guerra*
333		**Bibliografia**

Apresentação
Nadia Somekh
José Geraldo Simões Junior

Ensaio fotográfico *Bexiga 1991*, de Cristiano Mascaro

Este livro tem origem em uma trajetória comum que concilia gestão e pesquisa acadêmica. Ambos fomos diretores do Departamento de Patrimônio Histórico – DPH (José Geraldo Simões Junior, 2003; Nadia Somekh, 2013-2016) e também, durante vários anos, conselheiros e dirigentes do seu conselho de preservação, o Conpresp.

O olhar crítico a respeito dos resultados dos instrumentos de preservação, bem como da sua desconexão com a questão urbana, levou-nos a buscar na pesquisa acadêmica formas inovadoras e compartilhadas da salvaguarda do patrimônio cultural da cidade de São Paulo.

Essa aproximação entre a pesquisa acadêmica e o bairro do Bexiga deu-se inicialmente por meio das atividades da pesquisa Desenvolvimento Sustentável e Instrumentos Urbanísticos no Bexiga: Cidade Compacta, Patrimônio Cultural e Urbanidade, que, sob a coordenação de Nadia Somekh, ensejou diversas dissertações e teses de alunos do Programa de Pós-Graduação em Arquitetura e Urbanismo da Universidade Presbiteriana Mackenzie. Num segundo momento, entre 2016 e 2018, ocorreu a parceria entre o Mackenzie e o DPH, que permitiu uma aproximação com o rico acervo fotográfico existente nesse órgão, sobretudo por intermédio da digitalização do acervo do Inventário Geral do Patrimônio Ambiental, Cultural e Urbano de São Paulo – Igepac – Bela Vista (1984) e de séries fotográficas comparativas, tomadas das residências do bairro, nos anos de 2002 e 2013.

A salvaguarda dos bens culturais composta pelo tripé inventário, tombamento e preservação teve nas quatro décadas de existência do DPH, no município de São Paulo, uma hipertrofia da identificação dos elementos a serem preservados. O tombamento na cidade contabiliza hoje cerca de 3.500 imóveis, uma enormidade. Mas no que se refere à sua conservação, pouca efetividade é observada na grande maioria de bens preservados, mesmo dos bens públicos, minoria do conjunto.

O bairro do Bexiga e área da Bela Vista são locais de significativa importância no conjunto patrimonial da cidade, pois congregam quase 30% do total dos bens tombados na capital paulista (cerca de novecentos imóveis), dos quais um número bem pequeno está em bom estado de conservação hoje em dia.

Esse fato demonstra que a sociedade ainda está pouco consciente sobre a importância de valorizar sua história e memória. As dificuldades surgem no âmbito das próprias políticas públicas. No caso do Bexiga e da Bela Vista, enquanto os instrumentos de gestão urbanística (Plano Diretor Estratégico – PDE de 2014 e Lei de Zoneamento decorrente) definem áreas de adensamento e verticalização, a política de preservação define o contrário, uma vez que as diretrizes da

Resolução de Tombamento da Bela Vista, datada de 2002, preconizam áreas envoltórias de controle de volumetria, impedindo a verticalização na maior parte do local.

A proposta deste livro procura encontrar um ponto de equilíbrio entre essas duas vertentes – defendemos a perspectiva de que pode haver desenvolvimento urbano em um bairro protegido e que a conciliação entre preservação e desenvolvimento pode acontecer, desde que haja o envolvimento e o diálogo entre os moradores, as entidades comunitárias representativas do local, o poder público e os agentes imobiliários.

A pesquisa que se originou a partir da nossa experiência de gestão contou com o apoio de varias fontes de financiamento, como Mackpesquisa, Capes Print, Capes Proex e CNPq. Este livro é uma etapa dessa pesquisa – ainda em andamento –, que procura construir um projeto urbano que permita o desenvolvimento do bairro com controlada gentrificação e que recupere seu patrimônio a partir da própria perspectiva do adensamento proposto pelo PDE. Será isso possível?

O livro é composto de três partes, que seriam os três tempos do título: o histórico, o da memória e o tempo presente e futuro, apontando conflitos e convergências entre os diversos atores presentes no bairro, sua cultura, memória e mobilização, com a perspectiva de mostrar que é possível pensar no desenvolvimento sustentável, aliado à preservação e à inclusão social. A aposta que fazemos – as múltiplas abordagens presentes nos capítulos – tornam esse livro valioso para nossos alunos e para os amantes do bairro do Bexiga, potenciais leitores a quem este livro é dedicado. Boa leitura!

Ensaio fotográfico *Bexiga*
1991, de Cristiano Mascaro

Bexiga em três tempos
Nadia Somekh
José Geraldo Simões Junior

Ensaio fotográfico *Bexiga 1991*, de Cristiano Mascaro

A partir dos três tempos do Bexiga – sua história, seu desenvolvimento fragmentado e excludente e as perspectivas de transformação –, construímos a narrativa coletiva deste livro que nos ajudará (assim esperamos) a buscar um futuro mais inclusivo para São Paulo e demais cidade brasileiras que ainda se fundamentam na defesa da democracia.

Bexiga, Bixiga ou Bela Vista?

O objeto deste estudo é o bairro do Bexiga, mais especificamente a área delimitada pela envoltória de tombamento da Bela Vista, pela Resolução n. 22 de 2002.[1] A rigor, Bexiga é o nome original atribuído a boa parte dessa área onde no início do século 19 havia um pouso de tropeiros denominado Pouso do Bexiga. As terras eram delimitadas pelo Anhangabaú, subindo a encosta em direção ao espigão da atual avenida Paulista, confrontado os córregos Saracura (atual avenida 9 de Julho) e Itororó (atual avenida 23 de Maio). Ao final do século 19, foi loteada uma parte dessa área, compreendida entre dois antigos caminhos: o da rua de Santo Amaro e o da rua de Santo Antônio, que ficou conhecida como sendo o bairro do Bexiga. A partir daí outros arruamentos foram sendo realizados contiguamente, sobretudo a montante, dando origem ao bairro da Bela Vista. Em 1910, pela Lei n. 1.242, toda essa área seria oficializada, nos registros municipais, com o nome de Bella Vista. No entanto, o nome Bexiga continuou presente no cotidiano de seus moradores. Em 2002, o patrimônio existente nesse local foi identificado e protegido pela resolução do Conpresp, englobando mais de novecentos imóveis. A delimitação dessa área total de proteção é que designamos aqui como sendo a área do Bexiga – uma homenagem às suas origens e que dá nome a este livro.

Trata-se de um tributo a um nome conhecido por todos, uma designação afetiva que se refere sempre a um bairro histórico, de fortes marcas de sua presença italiana, e que hoje é um bairro multicultural, sendo ocupado por migrantes, imigrantes, uma população de grande diversidade social e, sobretudo, abrigando um rico acervo da arquitetura eclética e de outras distintas expressões culturais contemporâneas, sobretudo relacionadas ao teatro, à música, ao carnaval e à preservação da memória de seus habitantes.

Para alguns moradores mais antigos, é também conhecido como Bixiga, um termo carinhoso advindo da forma com que os seus primeiros ocupantes italianos pronunciavam o nome e que o poeta Juó Bananére soube tão bem caracterizar em sua obra *La divina increnca*, e que mais tarde, nos anos 1960, o mais famoso morador do bairro, o Armandinho do Bixiga, imortalizou com seu jornal *O Bixiga* e que deixou registrado em importante depoimento ao jornalista Júlio Moreno, nos anos 1990:

"eu faço uma distinção entre o Bixiga e a Bela Vista. Deixa eu explicar: o Bixiga não existe oficialmente. O Bixiga é o centro da Bela Vista [...] o Bixiga é um estado de espírito".[2]

O tempo da história

O livro está organizado com a contribuição de muitos pesquisadores, todos envolvidos com a temática do bairro do Bexiga, a história de sua ocupação, seus moradores e sua cultura, a arquitetura dos *capomastri* e as tipologias construtivas, a memória, a preservação do patrimônio, as expressões culturais recentes e os desafios para o futuro da área em face das transformações funcionais da cidade e do bairro.

Família passeando pela Alameda Campinas, Bela Vista, São Paulo, 1949. Ao fundo, a grota do Bexiga

O primeiro artigo, de Roseli Maria Martins D'Elboux e Maira de Moura, propõe recuperar a história do bairro do Bexiga dentro do processo de modernização da cidade de São Paulo, apontando sua invisibilidade no quadro das ações oficiais no final do século 19. Discute ainda as várias hipóteses do bairro. O território de fronteiras imprecisas ocupado por comunidades afrodescendentes e imigrantes italianos também teve a presença de espanhóis, alemães, franceses, judeus e turcos, apagadas junto com a comunidade em detrimento de uma hegemonia italiana. Os cursos de água, a topografia irregular, as inundações e o matadouro existente talvez tenham produzido uma diversidade através da desvalorização de terrenos ocupados pela população mais pobre. Na região ignorada pelos investimentos públicos até o rodoviarismo do PUB, as famílias ricas foram importantes na formação do bairro, ao promover a convivência de classes sociais. Esse capítulo revela que o silencioso descaso com o bairro provocou um congelamento de sua evolução e sua consequente presença na memória.

O capítulo de Lindener Pareto Junior sobre a presença dos italianos e o ecletismo do bairro aponta uma grande lacuna na historiografia do Bexiga a respeito da produção italiana no quadro construído, também desmontando clichês consagrados no imaginário popular. Quanto à lacuna, pouco conhecemos dos nomes, identidades e histórias dos construtores italianos... Pouco evoluímos após a obra fundadora *Arquitetura italiana em São Paulo*, de Anita Salmoni e Emma Debenedetti;[3] poucas foram as pesquisas que avançaram no conhecimento da atuação dos construtores italianos. Lindener trouxe contribuição significativa. Quanto ao ecletismo, recentemente emergindo do ostracismo acadêmico, há muito que avançar na superação de lacunas. Em relação à historiografia da imigração italiana, a narrativa disponível prescinde ainda de um aprofundamento, de uma história social que revele o conflito de regulamentação da profissão: as distinções entre projetar e construir e a definição de um campo de arquitetura além da produção renascentista dos *capomastri*. O artigo de Lindener procura contribuir de forma decisiva para diminuir essa lacuna sobre os construtores do bairro.

Joice Giannotto aponta que o bairro, mesmo sem tradicionalmente ser foco de intervenções do Estado, é objeto de alguns projetos especiais, tais como a Grota, em 1974, o concurso de ideias dos anos 1990, e o programa Casa Paulista 2012. A cicatriz causada pela Radial Leste-Oeste constitui-se num impacto irreversível para a escala humana do bairro. Ao contrário dos dramáticos investimentos viários, os três projetos especiais não saíram do papel. O parque da Grota, projetado por Paulo Mendes da Rocha, desconsiderava as preexistências no seu modelo corbusiano, típico dos anos 1970. O concurso de ideias resultou num processo de inventário e tombamento, e o Casa Paulista não se efetivou ainda no bairro.

O tempo da memória

O livro conta também com dois capítulos redigidos por pesquisadoras do Departamento de Patrimônio Histórico – DPH,[4] relatando todo o processo de proteção dos bens imóveis da cidade, que vem se firmando desde os anos 1970, inicialmente por meio de inventários, com o Inventário Geral do Patrimônio Ambiental e Cultural da Cidade de São Paulo – Igepac SP,[5] que foi aplicado ao bairro da Bela Vista nos anos 1980 e que, identificando mais de 1.500 imóveis de valor histórico, serviu de referência para a política de proteção que seria implementada em 2002 através da Resolução de Tombamento n. 22. O artigo, assinado por Ana Paula Pavan e Lícia de Oliveira, é complementado pelo texto seguinte, de Vânia Lewkowicz e Cecília de Moura Leite, que detalha o Igepac da Bela Vista e relata o processo de tombamento desde os anos 1990. Esse artigo termina com um balanço das mutações ocorridas no bairro nos últimos vinte anos, por meio de um breve comparativo fotográfico entre a situação de imóveis nos anos 2002 e 2013, mostrando que o tombamento ajudou na conservação de boa parte dos bens existentes atualmente na área do Bexiga.

Ingrid Ambrogi apresenta a importância de se preservar a memória do bairro, por meio do registro de objetos do cotidiano, falas de seus moradores, fotografias de família etc. Resgata as primeiras iniciativas ocorridas na cidade, como o Museu de Rua, nos anos 1970, idealizada por Júlio Abe, e ações voltadas para a preservação dessa história cotidiana do bairro, como a constituição do Museu da Memória do Bixiga, o Mumbi.

Gabriel Fernandes, funcionário do Centro de Preservação Cultural – CPC, situado em pleno Bexiga, na Casa de Dona Yayá, que há quinze anos milita na área de patrimônio cultural, aponta o potencial ideológico da escolha de narrativas por meio de diferentes visões da realidade. Apresenta também a casa como ícone das transformações urbanas do bairro. A história da casa confunde-se com a do Bexiga, reforçando que embora o conceito de patrimônio ambiental urbano tenha sido utilizado no processo de tombamento, a dinâmica de apropriação social do território ainda deixa a desejar. Vários projetos desenvolvidos na Casa de Dona Yayá pelo CPC buscam resgatar essa conexão social.

Benjamin Saviani reitera a questão social do bairro através do canteiro experimental da Vila Itororó. Desde 2013, por intermédio do Instituto Pedra, em parceria com a gestão municipal, vem desenvolvendo uma forma inovadora e participativa de requalificação por meio de um "centro cultural provisório". Além disso, o processo arqueológico de ação vem permitindo a descoberta de técnicas construtivas desconhecidas que auxilia o próprio processo de restauro. A apropriação comunitária desse patrimônio do Bexiga e da cidade de São Paulo reitera a inovação e a peculiaridade da própria edificação. Entendida equivocadamente como centro cultural elitista na primeira investida de recuperação dos anos 1970, a Vila Itororó é atualmente um potencial centro icônico de recuperação do próprio bairro do Bexiga.

O trio Francisco Zorzete, Fernanda Romão e Katia Kreutz apresenta um movimento inovador de capacitação para o restauro em face das peculiaridades do bairro. Localizada num casarão do Bexiga, abrigaram de 2005 a 2012 atividades voltadas para capacitação para a intervenção em edificações históricas. Embora sem localização fixa, o modelo de gestão da Escola Paulista teve acolhida no conceito em construção da Fábrica de Restauro e em novas parcerias com o Sesc na elaboração de um curso de formadores para a recuperação do patrimônio cultural.

O tempo presente e futuro

Na discussão sobre o bairro hoje, suas transformações recentes, sua dinâmica cultural, a representação comunitária, suas reivindicações, as demandas do mercado imobiliário e as políticas públicas conflitantes, todo esse mosaico de visões sobre o Bexiga vem caracterizar essa terceira parte do livro. Um bairro multicultural e bastante heterogêneo, abrigando grande diversidade arquitetônica, morfológica e sobretudo social. No Bexiga encontramos hoje desde as mais singelas habitações ecléticas construídas por *capomastri* italianos (e em geral ocupadas por precárias moradias coletivas de aluguel) até edifícios altos em condomínios luxuosos e exclusivos. Um bairro com novecentos imóveis tombados que precisam de incentivos para a sua preservação e que convive com uma crescente demanda por verticalização pelo mercado imobiliário, dada a sua ótima localização, próxima da avenida Paulista. Uma verticalização que o zoneamento inclusive incentiva, mas que pode causar gentrificação e que, portanto, encontra oposição entre os moradores. Essa mediação, necessária para que o bairro encontre a sua vocação atual, passa por discussões envolvendo a comunidade, os agentes públicos e imobiliários, respaldados pela pesquisa acadêmica e sua visão crítica sobre essa realidade. Com esse enfoque é que se desenvolve essa terceira parte do livro.

Hugo Louro e Carolina Nader, em seu texto, apresentam um estudo sobre o processo de verticalização do bairro afirmando sua tese: o tombamento não congela. Apesar de o crescimento vertical estar periférico ao perímetro de tombamento, o tombamento nem sempre resulta na desvalorização imobiliária do bairro.

Julia Miranda Aloise nos apresenta um interessante estudo sobre as tipologias das edificações e morfologias do bairro, apontando para uma diversidade resultante da estrutura fundiária e de superposição de processos históricos.

Manoel Lemes nos coloca a questão do empobrecimento versus enobrecimento quando retrata a tensão entre tombamento e adensamento a ser superada por um desenvolvimento socialmente necessário. Traz a perspectiva de insulamento da área tombada e sua possível superação em termos de dimensão social, por meio da proposta de urgência na defesa das racionalidades populares por parte do próprio poder público. Aponta ainda que apesar da verticalização periférica, a Bela Vista é o distrito mais denso da cidade de São Paulo. A grande desigualdade social do bairro se manifesta pela predominância de domicílios em apartamentos, sinalizando que o bairro se encontra prensado entre o mercado imobiliário direcionado à classe média e o mercado imobiliário popular. Apresentando ainda a questão do Oficina, mostra que o Bexiga é um pequeno Brasil, pautado por conflitos, tensões e grandes desigualdades sociais, propondo algumas pistas para seu enfrentamento.

Ana Ditolvo, com uma década voltada à pesquisa com os alunos da disciplina em curso de arquitetura, nos mostra a riqueza da transformação do patrimônio edificado e o potencial para reabilitação de muitas áreas.

Sara Belém e Eliana Barbosa apontam que a rica diversidade do bairro transcende o patrimônio construído. O fluxo migratório constante do bairro traz novos aportes culturais que constituem uma nova urbanidade na contramão de um eventual processo de gentrificação.

Luiz Guilherme Rivera de Castro, Mauro Calliari e Bruna Fregonezi focalizaram a questão dos espaços públicos do bairro aliados aos movimentos socioculturais, mostrando que a presença do conjunto arquitetônico, por enquanto, foi capaz de sustentar a identidade intangível do Bexiga – como a festa da Achiropita e a alegria da Escola de Samba Vai-Vai.

A luta pela terra se resume na trajetória do Teatro Oficina nas últimas décadas para construir o Parque do Bexiga, após várias tentativas de projetos culturais versus uma ocupação imobiliária desconectada de toda a identidade do bairro. É o que nos trazem as arquitetas Marília Gallmeister e Carila Matzenbacher do grupo de José Celso Martinez Corrêa, o Zé Celso, que ainda mantém o conflito. Quem vencerá? Hoje as fundações para um polêmico empreendimento imobiliário despontam na possível área do Parque do Bixiga, mas uma notícia promissora foi votada e aprovada em fevereiro de 2020 na Câmara Municipal – a aprovação da criação do Parque do Bexiga, resgatando o percurso do antigo córrego e criando um parque emblemático para toda a comunidade do bairro. Resta agora o aval do prefeito para o parque virar realidade.

No capítulo seguinte, Nadia Somekh e Thais Cardoso apontam a importância de um plano de desenvolvimento local construído a partir do tecido social existente e da experiência inovadora da Fábrica de Restauro. Para tanto, identifica referências e possíveis diretrizes inovadoras e compartilhadas já em curso no bairro para a construção coletiva de um projeto urbano inclusivo.

Por fim, Raquel Schenkman, diretora do DPH (mar. 2019/jun. 2020), faz um balanço sobre a situação atual do bairro e os efeitos da resolução de tombamento, e Abilio Guerra comenta o ensaio fotográfico *Bexiga 1991*, de Cristiano Mascaro, que ilustra essa edição.

Assim, esperamos com esta obra contribuir para a atualização de estudos e debates sobre esse tão importante e querido bairro paulistano, que já há várias décadas não registra uma publicação dedicada especificamente à sua história, seu cotidiano presente e seu incrível potencial para um futuro sustentável, de forma a equilibrar a preservação de seu rico patrimônio com o desenvolvimento e consequente verticalização, sem destruir sua riqueza cultural e nem expulsar seus moradores mais vulneráveis.

Notas

1. A Resolução n. 22/2002 do Conpresp tombou aproximadamente 1.100 bens no Distrito da Bela Vista, contemplando bens históricos e o casario, que forma a paisagem do bairro. CONPRESP. Resolução n. 22/2002. Tombamento do bairro da Bela Vista.
2. MORENO, Júlio. *Memórias de Armandinho do Bixiga* (depoimento), p. 117.
3. SALMONI, Anita; DEBENEDETTI, Emma. *Arquitetura italiana em São Paulo*.
4. O Departamento do Patrimônio Histórico – DPH, criado 1975, é órgão da Secretaria Municipal de Cultura da Prefeitura da Cidade de São Paulo.
5. No Inventário Geral do Patrimônio Ambiental e Cultural da Cidade de São Paulo – Igepac SP, desenvolvido pelo DPH na década de 1980, consta estudo do bairro do Bexiga/Bela Vista.

Ensaio fotográfico *Bexiga 1991*, de Cristiano Mascaro

1 O tempo da história

1.1 Ocupação inicial e loteamento
Roseli Maria Martins D'Elboux
Maira de Moura

Ao lado e na dupla anterior, ensaio fotográfico *Bexiga 1991*, de Cristiano Mascaro

Existe um bairro que habita a memória dos paulistanos, conhecido por ser boêmio, localizado próximo ao centro da cidade e também próximo à avenida Paulista. Todos se lembram das cantinas, dos teatros, da Vai-Vai, dos barzinhos e da festa da Achiropita. É o Bexiga. Onde fica o Bexiga? Onde começa e onde termina? De onde vem esse nome, que insiste em se fazer presente, mesmo não existindo oficialmente? Para a administração pública, o Bexiga é a Bela Vista. Aliás, Bexiga ou Bixiga? Tentamos, neste texto, recuperar um pouco da história dessa região da cidade e de como o Bexiga foi por muito tempo ignorado nas ações oficiais que buscaram modernizar a cidade de São Paulo, no fim do século 19 e início do 20.

Bexiga, Bixiga ou Bela Vista?

Há várias hipóteses sobre a origem do nome do bairro. Segundo alguns historiadores, deve-se a denominação a Antônio Soares Calheiros, que seria conhecido também por Antônio Bexiga.[1] Saint-Hilaire reportou ter pernoitado na hospedaria de propriedade "de um tal Bexiga",[2] durante sua viagem a São Paulo, em 1819. Calheiros teria adquirido, em 1794, uma chácara nas proximidades do Ribeirão Anhangabaú, que seria conhecida como Bexiga.[3] É possível, portanto, que eventualmente tenha ocorrido o contrário, e Antônio Calheiros tenha passado a ser conhecido pelo nome do lugar, pois nas Atas da Câmara há um registro de 1793 que "especifica que proprietários de carros deveriam conduzir 250 carradas de pedra do Bexiga ao Chafariz da Misericórdia, que estava sendo construído". Essa é "a citação mais antiga que se conhece da palavra Bexiga como nome da região".[4] Ou seja, um ano antes de Calheiros ter adquirido terras por lá, o termo Bexiga já estava sendo usado para designar um arrabalde da cidade.

A segunda hipótese considera que Bexiga tenha sido o sobrenome de um dos proprietários de terras na cidade, mas pouco se sabe a respeito. Existiram, de fato, alguns cidadãos com esse sobrenome, mas não se conseguiu estabelecer nenhuma vinculação com a região.[5]

A terceira hipótese, segundo Nádia Marzola,[6] foi formulada por Affonso de Freitas,[7] que considera que o nome tenha surgido porque no antigo matadouro da cidade podia se comprar bexigas bovinas, cuja comercialização era bastante difundida naquele tempo. Essa atividade também deu origem a um pequeno logradouro nas proximidades que era conhecido, em meados do século 19, como Beco dos Chifres, ou dos Cornos, e que passou a ser chamado travessa de Santa Cruz em seguida à transferência do Matadouro para as proximidades da rua Humaitá, em 1858.

Finalmente, uma quarta hipótese credita o nome do bairro às constantes epidemias de varíola que assolaram a cidade até o século 19.[8] A doença era chamada popularmente de bexiga por provocar o aparecimento de uma série de bolhas pelo corpo. Os doentes seriam encaminhados à região, em uma espécie de quarentena. Não parece muito provável que isso ocorresse a Oeste da colina histórica porque, afinal de contas, o matadouro estava funcionando nas imediações desde o último quartel do século 18 e era, ainda na entrada do século 19, o único ponto de fornecimento de carne para toda a cidade.[9] Pelo contrário, a frequência de anúncios nos jornais da época faz supor intensa atividade comercial na região.

Dentre as várias hipóteses levantadas, Marzola[10] admite como mais plausível a relacionada ao matadouro. Entretanto, Maria Lucila Viveiros Araújo,[11] pesquisando sobre a riqueza em São Paulo durante o Oitocentos, cita Antônio Soares Calheiros como um representante da nascente classe média paulistana. A autora levantou que Calheiros emprestava a juros, mas 41% de sua riqueza era composta por bens imóveis: onze casas e "seis quartos de passageiros" – a estalagem referida por Saint-Hilaire –, "na paragem do Bexiga".

O próprio Calheiros morava nessa mesma paragem, em um sobrado de cinco salas. Possuía quinze escravos, dezesseis vacas, quatro bois, quatro mulas e três cavalos, mas, apesar disso, em seu inventário não constava sítio, chácara ou quintais, o que levou Araújo a presumir que ele tenha "se empossado de terras devolutas que não puderam constar do inventário".[12] Essa situação pode ser um indício de que Calheiros teria se apropriado das terras mais altas, contíguas à sua propriedade, ampliando suas posses na região, e tê-las vendido em seguida, auferindo lucros sobre terras devolutas, prática comum após a promulgação da Lei de Terras de 1850.

De qualquer maneira, examinando a documentação da época, Marzola[13] acredita que o nome tenha se tornado comum entre 1789, quando nada consta em documento de compra daquelas terras, e 1794, quando, negociada, a chácara é referida como Bexiga,[14] como se comentou acima.

O uso do termo Bixiga, em vez de Bexiga, deve-se, muito provavelmente, à influência italiana no bairro. Consta que Armando Puglisi, figura proeminente no bairro e idealizador do Museu Memória do Bixiga, "insistia em escrever com 'i', da maneira como é pronunciado pela maioria das pessoas".[15]

Finalmente, Bela Vista é o nome oficial do bairro, instituído pela Lei n. 1.242 de 1910, a partir da solicitação de um grupo de moradores.[16] Certamente, esperavam agregar valor à área,[17] ao optar por nome mais aprazível. Atualmente, a Bela Vista é maior do que o Bexiga, pois inclui o loteamento original, conforme se verá adiante, e outros empreendimentos que foram agregados depois, como o Morro dos Ingleses e a área conhecida como Saracura, mandados arruar em 1914.[18] Assim, substituído o nome, "o antigo Bexiga com novas áreas incorporadas passou a constituir um único bairro com o nome que conserva até hoje – Bela Vista".[19]

Atualmente, a porção da cidade conhecida como Bexiga, cujas fronteiras são imprecisas, é um grande território que historicamente abriga comunidades de afrodescendentes e imigrantes italianos que lá se estabeleceram desde o final do século 19, em virtude da abolição da escravatura e da subsequente política migratória que privilegiou a vinda de europeus. A esse respeito, Sheila Schneck[20] mostra a variedade étnica do bairro já nas primeiras décadas do século 20. Em que pese a expressiva presença de descendentes de italianos (65%), a autora identificou também a presença de proprietários germânicos (3,5%), bem como espanhóis, alemães, franceses, judeus e árabes (2,9%). Mesmo antes da grande imigração italiana iniciada no final do século 19, nota-se a presença de cidadãos de diversas origens nas imediações do largo do Bexiga. Nos jornais paulistanos, em meados daquele século, há notas que dizem respeito, por exemplo, a um certo "fallecido sr. Henrique Hinrchsen" (1856);[21] o "finado João Steil" (1856), proprietário de imóveis;[22] João Dick, dono de "um negocio de molhados, na travessa do Bexiga" (1857)[23] ou, ainda, "Roland, fabricante de velas".[24]

De outro lado, a presença de afrodescendentes foi apagada por um "ideário *europeizante*" em favor da cultura italiana "legando um conceito/valor preconceituoso e segregacionista".[25] Esse legado é responsável, em boa medida, pelo fato de o Bexiga ser conhecido como um bairro italiano, "o que lhe confere um caráter *folclórico*, no sentido mais pejorativo", segundo Schneck[26] e, portanto, bastante excludente. Daí preferirmos o uso do nome Bexiga em vez de Bixiga.

Ocupação e primeiro loteamento

O núcleo original do Bexiga estaria localizado ali onde Antônio Calheiros instalou sua estalagem, junto à ponte do Lorena, no encontro dos ribeirões Saracura, Bexiga e Anhangabaú, que a montante dessa junção também era chamado de Itororó. Esse local corresponde, na atualidade, ao entroncamento entre as avenidas 9 de Julho e 23 de Maio, que vão dar na avenida Prestes Maia. No início do século 19, a ocupação da área estaria limitada, portanto, ao desenho dos rios e ribeirões e à topografia decorrente de suas respectivas bacias hidrográficas, característicos da morfologia paulistana.[27]

O Saracura abastecia o Tanque do Reúno ou do Riuno, nas proximidades da atual rua Avanhandava e, a Leste, o Ribeirão Itororó alimentava o Tanque Municipal, localizado nas proximidades do atual viaduto Pedroso. Ambos eram importantes fontes de água potável para a cidade até o início da operação da Companhia Cantareira de Águas e Esgotos. Mas a presença do matadouro a jusante do Tanque Municipal tornava insalubre o Itororó a partir desse ponto, bem como o Anhangabaú, causando transtornos aos habitantes do Triângulo, pelo forte odor advindo do ribeirão em certas horas do dia, quando havia o abate de animais.[28]

A proximidade dos cursos de água e do matadouro parece ter determinado o tipo de atividade comercial por ali. Na região, fabricavam-se potes, moringas, telhas e tijolos de barro. Além das bexigas de boi, vendiam-se velas de sebo. Havia um açougue na rua Santo Antônio, e tanto o largo do Piques quanto o largo do Bexiga, renomeado em 1865 como largo do Riachuelo, eram pontos de passagem e parada de tropas que cruzavam a cidade em seus deslocamentos pela província. Isso determinou também a presença da já mencionada estalagem de Antônio Calheiros e de ferrarias. Havia ainda, no largo do Bexiga – a denominação resistiu à mudança do nome oficial –, aos sábados, uma movimentada feira de madeiras.[29] Em 1875, Antônio José Leite Braga, dono de "grande officina de marcenaria à rua de S. Bento", ampliando seus negócios, instalou "na rua de Santo Amaro uma grande fabrica de marcenaria".[30] Dois anos depois, a serraria foi incluída no *Mappa da capital da P.cia de São Paulo*,[31] de 1877, publicado por Jules Martin e Frdo (Fernando) de Albuquerque.

Em 1878, três anos depois de estabelecido, Leite Braga adquiriu a chácara Bexiga de Thomas Luiz Alvares, ou Thomas Cruz[32] e, em seguida, providenciou seu parcelamento, para venda de lotes. Consta nas Atas da Câmara Municipal que o plano apresentado às autoridades previa a abertura de ruas além da ligação da rua da Consolação e da rua de Santo Amaro e, para tanto, Leite Braga requeria o auxílio da administração pública.[33]

Essa iniciativa de Antônio José Leite Braga estava de acordo com o momento que a cidade vivia, em que "amplas áreas foram adquiridas de seus proprietários originais a preços muito baixos, num processo de fragmentação e loteamento de antigas chácaras, sendo então vendidas a quem se interessasse e pudesse construir para posterior locação, alimentando assim o jogo da especulação imobiliária".[34]

Embora Schneck sugira que as "constantes inundações, teriam desvalorizado os terrenos da região, abrindo a possibilidade para investimentos mais baratos, destinados a [...] camadas mais pobres",[35] parece mais plausível pensar que o problema fosse agravado pela presença do matadouro e aos incômodos que a atividade gerava, pois a própria Câmara havia, anos antes, em 1857, definido o "Bexiga, em frente ao velho matadouro" como um dos lugares "para nelles serem feitos os despejos da cidade".[36]

Conforme Antonio Egídio Martins, houve dois matadouros no Bexiga. O primeiro, ou o velho, construído por volta de 1773, situava-se "na rua de Santo Amaro, nas imediações da Capela de Santa Cruz e da rua Jacareí", em um terreno que "confinava com os da chácara do comendador Vicente de Souza Queiroz (Barão de Limeira)" – é o açougue constante nas plantas antigas da cidade. E o segundo, mais a montante do Ribeirão Itororó, foi finalizado e inaugurado em agosto de 1852, sendo implantado "numa baixada, entre as ruas Pitangui e Humaitá".[37]

Detalhe da planta da cidade de São Paulo, 1868, original atribuído a Carlos Frederico Rath

1 Matadouro velho 1774-1852
2 Matadouro novo 1852- 1877
3 Igreja da Consolação
4 Tanque do Reuno
5 Chácara do Bexiga
6 Largo do Piques
7 Estalagem de Antonio Calheiros
8 Largo do bexiga
9 Largo de São Francisco
10 Beco dos Chifres/ Travessa Sta. Cruz

Na *Planta da cidade de São Paulo*, de 1868, estão indicadas as posições dos dois matadouros, e o que se percebe é que pouca coisa mudou na realidade, pois os dejetos continuaram a ser jogados no mesmo ribeirão. Assim, o segundo matadouro, já na sua inauguração era reprovado:

> O novo matadouro acha-se em execução conforme o plano do engenheiro C. A. Bresser; [...] e em breve, talvez dentro de dois meses, será concluído; parece que em geral se reprova, como funesta à salubridade da Capital, a situação desta nova construção.[38]

Somente em 1887, em virtude do cheiro insuportável das "águas do Tanque do Matadouro Público que corriam no Rio Anhangabaú, que então passava no largo do Bexiga",[39] o matadouro foi transferido para Vila Mariana.

Assim, provavelmente aproveitando o baixo preço daquelas terras, Leite Braga decidiu lotear a antiga chácara do Bexiga. Existiam outras denominações para a região, como, por exemplo, "Monte de Ouro",[40] talvez uma alusão ao enriquecimento de seu loteador. Esse nome, ao que parece, foi dado a um lote em especial, que ocupava uma quadra inteira do loteamento original, onde haveria um chalé que, supomos, seria para uso da família Leite Braga. Entretanto, a propriedade foi subdividida em lotes menores, provavelmente para viabilizar as vendas a um público composto por imigrantes italianos com menor poder aquisitivo.[41]

O primeiro registro da expansão do Bexiga empreendida por Leite Braga aparece na *Planta da cidade de São Paulo*, de 1881, produzido pela Companhia Cantareira de Águas & Esgotos.[42] O objetivo desse mapa era realizar um levantamento cadastral atualizado da cidade, a fim de cumprir o trabalho de criar uma infraestrutura capaz de dar conta do crescimento pouco controlado da cidade. Desse levantamento consta o Bexiga,[43] provavelmente desenhado a partir do plano apresentado por Leite Braga à Câmara em 1878.

Esse desenho do loteamento é bastante próximo ao parcelamento realizado. Podemos verificá-lo também na *Planta dos Terrenos no*

Detalhe da planta da cidade de São Paulo, 1881, levantada por Henry B. Joyner (Companhia Cantareira de Águas e Esgotos)

1 Matadouro velho 1774-1852
2 Estalagem de Antonio Calheiros
3 Igreja da Consolação
4 Tanque do Reuno

Detalhe da planta da área do Bexiga, 1890

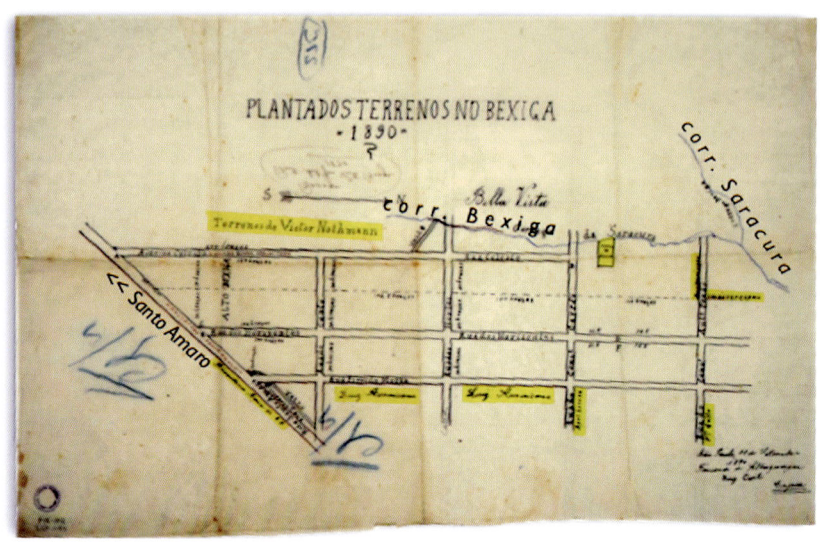

Bexiga,[44] de 1890, um croqui feito por Fernando de Albuquerque,[45] diferindo quase que somente na nomeação das ruas.[46] Cabe observar que Leite Braga havia falecido no ano seguinte ao qual havia submetido o plano de parcelamento da área à Câmara Municipal. Fernando de Albuquerque, casando-se com a viúva, d. Eugênia, provavelmente assumiu os negócios da família. Presume-se que a iniciativa de Leite Braga ficou em suspenso e só foi retomada anos depois. Quando Fernando de Albuquerque deu continuidade ao plano do falecido amigo, elaborou uma nova planta, que visava tirar proveito da implantação do sistema de bondes em São Paulo.

Detalhe da planta da capital do estado de São Paulo e seus arrabaldes, 1890, desenhada e publicada por Jules Martin

1. Matadouro velho 1774-1852
2. Matadouro novo 1852-1877
3. Igreja da Consolação
4. Tanque do Reuno
5. Largo do Piques
6. Serraria de José Leite Braga
7. Largo do Bexiga/ Riachuelo
8. Largo de São Francisco
9. Beco dos Chifres/ Travessa Sta. Cruz

É interessante observar as anotações que acompanham o desenho do arruamento. Em duas ruas vemos os dizeres "linha de bonde projectada", explicitando que Albuquerque viu na implantação do sistema de bondes na capital uma possibilidade de alavancar seu negócio.[47]

O loteamento foi incluído na *Planta da capital do estado de São Paulo e seus arrabaldes*,[48] elaborada nesse mesmo ano por Jules Martin, de quem Fernando de Albuquerque era sócio e, assim, vemos a concretização de seu projeto no contexto da cidade que começava a se transformar mais dinamicamente.

Sobre esse mapa, comenta Schneck[49] que "pela primeira vez, o bairro do Bexiga se apresenta como um fato consumado, pelo menos do ponto de vista do projeto de Fernando Albuquerque". Mais à frente, as transformações ocorridas nesse território serão mais aprofundadas, mas já é possível perceber, na planta de Albuquerque, por meio das linhas tracejadas – que representam eixos atuais importantes –, que esse arruamento sofrerá acréscimos. Um deles é a rua Rui Barbosa, que aparece entre as ruas Pires da Motta e Conselheiro Amaral, atuais ruas 13 de Maio e Conselheiro Ramalho, respectivamente.

Implantado o loteamento entre os Córregos Saracura e Bexiga, na parte mais plana e suscetível à ocupação de toda a área, percebemos que há um impeditivo bastante forte ao longo dos córregos, não somente para a ocupação por lotes devido às altas declividades, mas também para a sua transposição, dificultando a conexão do Bexiga com bairros mais próximos. Duas iniciativas parecem ter sido as primeiras a efetivar essas ligações. A primeira delas foi a rua Santa Cruz, transpondo o Córrego Itororó, e a segunda, acima do Saracura, o aterrado Bella Vista, que mais tarde viria a constituir a rua Martinho Prado,[50] estabelecendo importante conexão até a rua da Consolação, no início do século 20, e determinando o escoamento e o aterramento do tanque do Reúno, que àquela altura já não era mais utilizado.

Nesse momento também houve diligências junto aos órgãos municipais para a abertura ou mesmo prolongamento de ruas que viabilizassem a ligação do Bexiga à região da avenida Paulista e às terras mais altas da região, onde surgia um novo bairro, o Morro dos Ingleses, que mais tarde seria agregado à Bela Vista, como já se comentou. Houve também várias solicitações no sentido de melhorias[51] e de integrar o Bexiga ao sistema geral de transportes da cidade, quer pela alteração do percurso de linhas de bondes, quer pela criação de novas linhas. Em 1914, o bairro já se apresentava praticamente pronto, organizado e povoado.[52]

Os aspectos físicos do sítio condicionaram o modo de ocupação do loteamento original e arredores. Enquanto nas áreas mais vulneráveis e insalubres, ou seja, nas terras mais baixas e próximas dos cursos de água, se instalaram famílias mais pobres, muitas delas afrodescendentes, nas áreas mais altas e valorizadas se instalaram famílias de maior poder aquisitivo, que desfrutavam das melhores vistas, melhores condições de salubridade e infraestrutura.

Essa distinção de classes sociais se materializou também nas dimensões dos lotes e padrões adotados para as edificações. A título de exemplo, temos a rua 13 de Maio, em que os imóveis, em sua grande parte, foram edificados em lotes estreitos e profundos: uma manobra do desenho do loteamento que possibilita maior número de lotes e menor custo na implantação do sistema viário. Diferentemente, as famílias mais abastadas conseguiam atender às necessidades de uma casa maior comprando dois lotes ou mais ou ainda adquirindo para si lotes de maiores dimensões.[53]

Relativamente aos ocupantes do Bexiga, Sheila Schneck[54] opera a desconstrução de alguns conceitos muito fortes para a constituição do senso de identidade do bairro. O primeiro deles é a noção de que o bairro foi formado por classes menos favorecidas. A evidência da presença de famílias ricas, importantes na formação do território, mostra que havia uma mistura de classes. Segundo Ana Carolina Nader Scripilliti, essa diversidade e a presença de "casarões e casebres, contribuiu para o estabelecimento da convivência entre as diferentes classes sociais que permeiam a história do bairro".[55] Um segundo conceito revisto pela autora é a "invisibilidade" da comunidade afrodescendente. Em sua pesquisa, a autora nos mostra como ideias vigentes na passagem do século 19 ao 20, que se aproximavam de uma política de apagamento do passado escravagista e valorização da mão de obra imigrante europeia, marcaram a percepção geral de que o bairro era ocupado somente por pobres brancos, de origem italiana.[56]

Um outro ponto a ser considerado e que corrobora o sucesso da iniciativa de Leite Braga/Fernando de Albuquerque é a densidade demográfica do bairro. Pouco tempo depois de aberto o loteamento, as notícias de violência de todo tipo cometidas no bairro dispensam qualquer cálculo: são brigas constantes entre indivíduos, grupos e inclusive entre famílias, denunciando a disputa por espaço de moradia, a falta de espaços de sociabilidade e certa ausência do Estado. Essa realidade pode, inclusive, ser entendida pela segregação do bairro em relação ao corpo citadino, observada nas ações da municipalidade sobre a cidade como um todo, em que o Bexiga, via de regra, não é contemplado.

O Bexiga, um bairro invisível?

Observando-se os registros cartográficos da cidade de São Paulo desde o final do século 19, percebe-se como as sucessivas administrações ignoraram o Bexiga em suas ações. A administração de João Teodoro, entre 1872 e 1875, orquestrou uma série intervenções em um arco imaginário que se estendia desde as imediações da atual rua Helvécia, nos Campos Elíseos, incluindo-se a própria abertura dessa rua, que contaria ainda com ações entre o Jardim da Luz, rua João Teodoro, alcançando o Brás pela rua Monsenhor Andrade, chegando à Várzea do Carmo até a atual baixada do Glicério.[57] Portanto, tal arco de ações contemplava os setores Norte e Leste da cidade, não alcançando os campos do Bexiga, naquele momento tido como um lugar pouco salubre, por conta da presença do matadouro municipal, como já se viu.

Em um outro período de realizações na cidade, na administração João Alfredo, entre 1885 e 1886, novamente as mais significativas intervenções realizadas ou propostas por esse intendente também não contemplaram a região do Bexiga, ainda que tenha agido no sentido de organizar a área central da cidade, propondo a canalização do riacho do Anhangabaú, que recebia as águas contaminadas do abate de animais. As preocupações do intendente estavam relacionadas com a ideia da constituição de um boulevard para São Paulo,[58] comprometido com transformações ao Leste e ao Norte do centro.

Na já citada planta da cidade São Paulo de 1890, elaborada por Jules Martin, finalmente o traçado do bairro do Bexiga se fez constar, ainda que ligeiramente modificado. Deve-se lembrar, no entanto, que Jules Martin e Fernando de Albuquerque foram sócios na edição do mapa da cidade de 1877. Desse modo, a inclusão do loteamento pensado por Leite Braga em 1878 e assumido por Albuquerque após seu falecimento é sinal inequívoco de que Albuquerque buscava valorizar suas propriedades.

Talvez em decorrência da instalação da linha de bondes em 1891 e da promulgação do Código Sanitário de 1894, na *Planta geral da capital de São Paulo*, organizada sob direção do intendente de obras dr. Gomes Cardim em 1897,[59] observa-se que apenas sete anos após a instalação do loteamento o Bexiga ampliou-se consideravelmente, com abertura de novas ruas e a renomeação de outras, indicando o sucesso das vendas dos lotes de Albuquerque. A essa altura haviam sido implementados alguns equipamentos coletivos, indicadores do povoamento do bairro: escolas que estavam sendo implantadas naquele momento, uma delas, inclusive, em terreno doado pelo próprio Fernando de Albuquerque.[60]

Outro ponto a notar no mesmo mapa de 1897 diz respeito à avenida Circular, que o intendente propusera e pretendia implantar

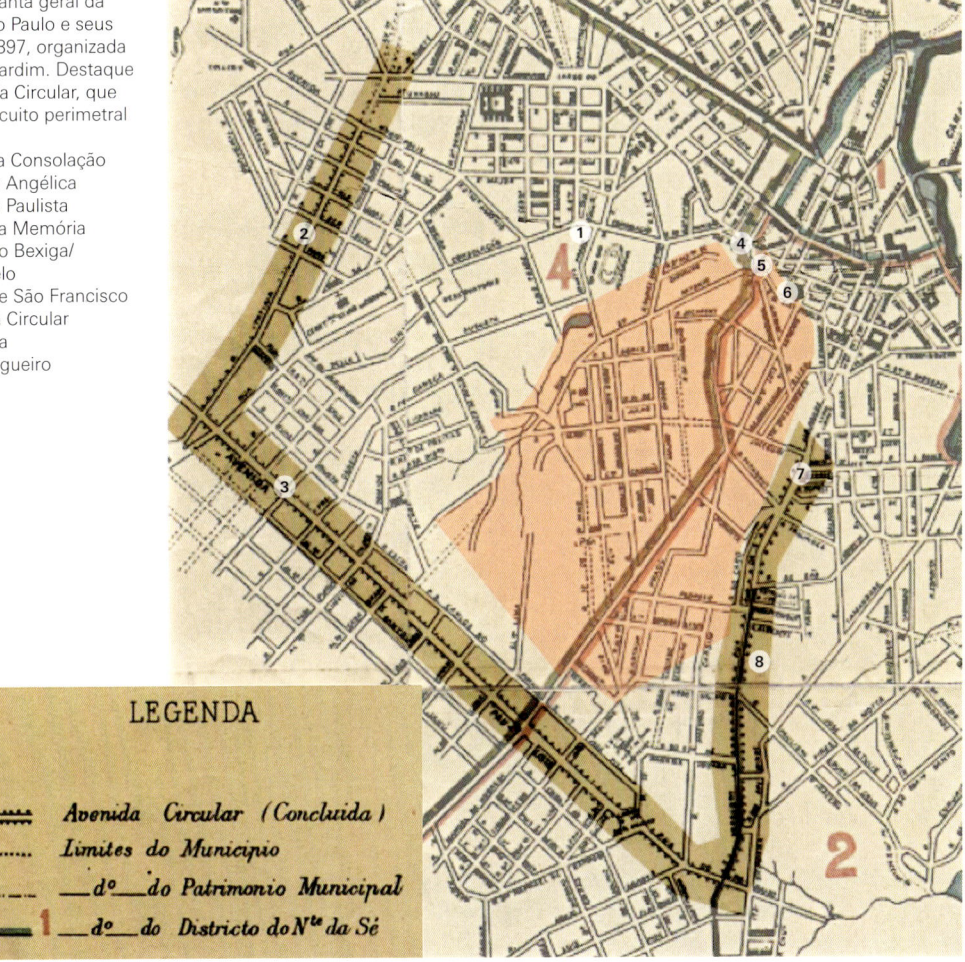

Detalhe da planta geral da capital de São Paulo e seus arrabaldes, 1897, organizada por Gomes Cardim. Destaque para a avenida Circular, que compõe o circuito perimetral

1 Igreja da Consolação
2 Avenida Angélica
3 Avenida Paulista
4 Largo da Memória
5 Largo do Bexiga/ Riachuelo
6 Largo de São Francisco
7 Avenida Circular proposta
8 Rua Vergueiro

ao redor do centro da cidade. Esse anel viário seria composto pelas atuais avenidas Vergueiro, Paulista e Angélica, terminando na rua das Palmeiras e retornando ao Triângulo pela rua São João, contemplando as áreas nobres da capital paulista. Essa iniciativa aparentemente nada traria de benefícios à região da Bexiga, uma vez que o bairro ainda não se conectava de maneira satisfatória com os bairros vizinhos. A escolha da avenida Vergueiro em detrimento da avenida Luís Antônio, tradicional caminho para Santo Amaro, vizinho ao Bexiga, é um índice que revela a indiferença com a região.

Na primeira década do século 20, no calor das discussões sobre os melhoramentos de São Paulo, que significavam, em última análise, a adequação da cidade ao seu novo patamar econômico e demográfico, vários planos e projetos foram discutidos. Embora todos refiram-se à cidade de maneira global e proponham intervenções de relativa abrangência e impacto, vamos notar, ao examiná-los, que não são previstas ações efetivas para a região do Bexiga, apesar de sua centralidade.

Ao se cotejar os planos Freire-Guilhem,[61] de 1911, e Samuel das Neves,[62] de 1910, à planta da cidade, observa-se que nem um nem outro propõem intervenções no Bexiga, embora houvesse preocupação com as áreas de expansão do centro da cidade.

Sabe-se que o plano de Samuel das Neves previa um novo viaduto metálico que, passando por sobre o largo do Riachuelo, ligaria o largo de São Francisco à rua Xavier de Toledo, na altura do paredão do Piques. Essa iniciativa é indiferente à indicação do vereador Candido Motta, de 1907 – mesmo ano da indicação para a criação do parque do Anhangabaú – que sugeria que se fizessem "os estudos necessários e o orçamento para a construção de um viaducto ligando o largo de S. Francisco ao ponto mais conveniente do bairro da Bella Vista (Bexiga)".[63]

Planta do centro da cidade de São Paulo, 1911, organizada pelo Escritório Técnico Samuel das Neves sobreposta à Planta geral da capital de São Paulo e seus arrabaldes, 1897, organizada por Gomes Cardim. Perímetro destacado em vermelho se refere à área aproximada do Bexiga

1 Proposta prolongamento da avenida Luís Antônio
2 Proposta viaduto entre largo de São Francisco e largo da Memória
3 Igreja da Consolação
4 Largo da Memória
5 Largo de São Francisco
6 Proposta de prolongamento da rua Líbero Badaró
7 Beco dos Chifres/ Travessa Sta. Cruz

Para tanto, supõe-se que seria necessário que o viaduto proposto passasse por sobre a rua do Riachuelo, o Córrego do Itororó e a rua Asdrúbal do Nascimento, indo ter às imediações da rua Genebra.

Igualmente, ao se examinar a planta geral do Plano Freire-Guilhem de 1911, chega-se à mesma constatação: também Vitor da Silva Freire e seu auxiliar Eugenio Guilhem consideram minimamente o Bexiga, pois esses técnicos compreendiam que era crucial a conexão do centro com os novos bairros a Oeste. Para o setor Sul, a ligação deveria continuar a ser feita pela avenida Luís Antônio.[64]

Uma outra proposta de 1911, trazida a público por meio dos jornais, foi elaborada pelos engenheiros Machado & Caiubi.[65] Esses técnicos propunham uma grande avenida no sentido Norte-Sul, quase uma antecipação do atual eixo viário Tiradentes-Prestes Maia-9 de Julho. Novamente vamos observar que a área do Bexiga é bastante desvalorizada, pois a única menção que se faz ao bairro o coloca como o local de onde se retiraria material para o aterro do Vale do Anhangabaú, embora em 1911 o bairro já estivesse bastante ocupado e plenamente constituído.

Planta geral do Plano Freire Guilhem, 1911, sobreposta à Planta geral da capital de São Paulo e seus arrabaldes, 1897, organizada por Gomes Cardim. Área destacada em vermelho refere-se à área aproximada do Bexiga

1 Igreja da Consolação
2 Largo da Memória
3 Largo do Bexiga/ Riachuelo
4 Largo de São Francisco
5 Proposta de prolongamento da rua líbero Badaró
6 Beco dos Chifres/ Travessa Sta. Cruz

Deve-se notar também que em decorrência das negociações verificadas a respeito do Plano Bouvard para São Paulo, a área do Bexiga não é contemplada no Relatório da Prefeitura de 1911,[66] apesar de o arquiteto francês ter considerado, de modo enfático, a ocupação e a organização do espaço urbano do Bexiga. Em suas andanças pela capital paulista em 1911, certamente Joseph-Antoine Bouvard constatou que o Bexiga era uma das áreas de difícil ocupação em virtude de suas características topográficas, similares às da região do Pacaembu, conforme se lê o que escreveu em seu relatório:

Succede que, como consequencia da configuração do solo, naturalmente por assim dizer, a cidade alastra-se exageradamente, com grande prejuizo das finanças municipaes, pelos espigões das collinas faceis de alcançar, sem que as construcções se estendam pelos valles, mais difficilmente accessiveis. É necessario, de agora para o futuro, preencher os claros, o que será facil, se se tomar a firme decisão de adoptar certo numero de medidas tendo como consequencia um effeito bem especial, tão interessante, como pittoresco.

[...]

Para a peripheria adopta-se a circulação por meio de novas distribuições em amphiteatro, apropriadas á disposicão pittoresca dos logares.[67]

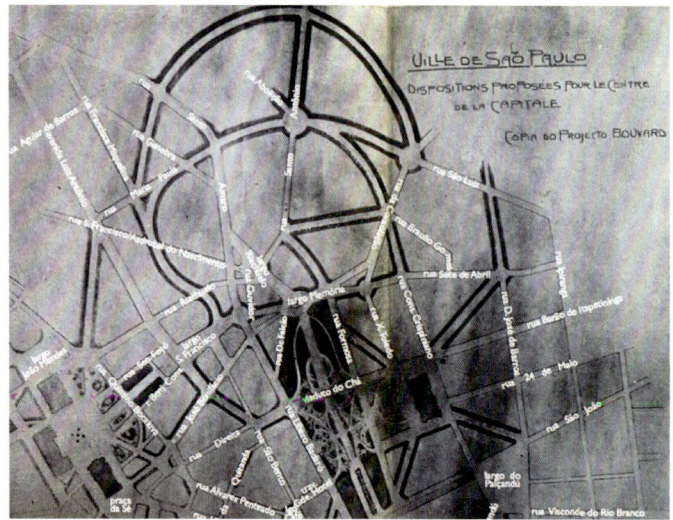

Detalhe da planta do Relatório Bouvard com o conjunto de modificações previstas no centro da cidade, 1911. Os traços mais espessos indicam as vias propostas

Estamos nos referindo aqui exatamente à sucessão de vales formados pelos ribeirões Saracura, Bexiga e Itororó. Talvez Bouvard, livre dos preconceitos da elite paulistana, pensou o Bexiga como uma área de expansão do centro da cidade, ao propor as "novas distribuições em anfiteatro",[68] pelas quais se efetivaria a circulação além do triângulo histórico.

Bouvard pensou em ligar a região da rua São Luís até o Bexiga. Depois, à avenida Luís Antônio e, em seguida, à atual praça João Mendes, alcançando a praça da Sé, completando assim um percurso exterior e periférico ao centro da cidade, que seguia o exemplo dos modelos teóricos formulados por Eugène Hénard[69] para Paris e integrando o bairro ao inevitável processo de expansão do centro da cidade.

Tais diretrizes, relativas ao bairro, não foram consideradas pela Diretoria de Obras Municipais, embora tenha se verificado, anos mais tarde, dois desdobramentos importantes dessa proposta. A primeira, quando a Cia. City, organizada por Bouvard em 1911-1912, implantou o loteamento chamado de Anhangabaú na vertente do Rio Saracura, oposta ao morro do Bexiga, próxima à rua Martins Fontes, onde antes havia o velódromo. Um segundo desdobramento foi a adoção, no Plano Prestes Maia, do anel de irradiação, sem dúvida tributário das ideias de Hénard, mas cuja localização certamente apoiou-se na proposta de Bouvard, pois a atual rua Maria Paula, importante para a viabilização do anel, já havia sido esboçada como parte de uma das vias em anfiteatro no plano de 1911.

Assim, os planos urbanísticos propostos naquele momento, ainda que divergentes no que se refere a conteúdo e premissas de projeto, eram todos congruentes quanto a um silencioso descaso com aquele setor da cidade.

Essa situação permanece até a década de 1930, quando se iniciam as obras de implantação da avenida 9 de Julho, que finalmente vai concorrer para a integração do Bexiga com o bairro da Consolação, embora, na prática, existam testemunhos das dificuldades para que essa ligação realmente se efetivasse, com a abertura de algumas ruas.[70] Do outro lado, na bacia do Córrego Itororó, isso só ocorrerá décadas depois, com a implantação da avenida 23 de Maio, como se verá adiante.

Conclusão

A retomada desse histórico nos mostrou que o Bexiga é um bairro cujo núcleo original abrigava uma estalagem junto à ponte do Lorena no vale do Anhangabaú e o matadouro municipal, no caminho para Santo Amaro. Esse caminho, aliás, foi o primeiro vetor de crescimento do bairro, em direção ao Sul da cidade. Estando vinculado desde cedo ao comércio e serviços – o pouso de tropeiros, o matadouro, o açougue, a serraria –, mostrou precocemente a vocação da capital paulista, concentrando, ainda que de forma um tanto modesta, certa diversidade de atividades assim como diversa era a gente que ali vivia: europeus mesmo antes da onda de imigrantes vindos para o café, homens escravizados e, depois, libertos que continuaram lá vivendo e trabalhando e, com a imigração, um sem-número de famílias italianas, às quais se mesclavam alemães, árabes, poloneses, espanhóis e portugueses. Grande parte desse contingente populacional se fixou no loteamento idealizado por José Leite Braga e viabilizado por Fernando de Albuquerque.

Do nosso ponto de vista, considerando-se o discutido acima, o Bexiga integrava um anel de bairros que poderia abrigar a expansão da área central. Porém, observou-se que o bairro, oficialmente denominado Bela Vista, segue uma dinâmica à parte ao desenvolvimento dos contíguos bairros da Consolação e Liberdade, implicando um congelamento de sua evolução, por um lado, e a preservação de sua memória, por outro.

Quais seriam as razões para que esse setor da cidade tenha sido sistematicamente desconsiderado pelo poder público, nas ações que visavam a organização do espaço citadino? As condições morfológicas do sítio e de acesso ao centro da cidade eram semelhantes a outras áreas em desenvolvimento. No entanto, duas questões parecem ter contribuído para sua "invisibilidade". Em primeiro lugar, a presença do matadouro, bem como sua memória: o vale do Ribeirão Itororó parece ter ficado ligado à ideia de insalubridade. Em segundo lugar, a recusa em se aceitar a presença da população afrodescendente e, para apaziguar as consciências, já que o apagamento seria impossível, o seu silenciamento, que se dá pela valorização da cultura italiana recém--chegada, mas também proletária. Ambas não se coadunavam com a ideia de progresso que se difundia no início do século 20.

Notas

1. Cf. D'ALAMBERT, Clara Correia; FERNANDES, Paulo Cesar Gaioto. Bela Vista: a preservação e o desafio da renovação de um bairro paulistano; MARZOLA, Nádia. *Bela Vista*; SCHNECK, Sheila. *Formação do bairro do Bexiga em São Paulo: loteadores, proprietários, construtores, tipologias edilícias e usuários (1881-1913)*.
2. SAINT-HILAIRE, Auguste de. *Viagem à Província de São Paulo*, p. 121-122.
3. Cf. SANT'ANNA, Nuto. *São Paulo histórico: aspectos, lendas e costumes*, p. 153-162.
4. MARZOLA, Nádia. Op. cit., p. 37.
5. Cf. MARZOLA, Nádia. Op. cit.; SCHNECK, Sheila. *Formação do bairro do Bexiga em São Paulo: loteadores, proprietários, construtores, tipologias edilícias e usuários (1881-1913)* (op. cit.).
6. MARZOLA, Nádia. Op. cit.
7. FREITAS, Affonso A. de. *A imprensa periódica de São Paulo*.
8. Cf. SANT'ANNA, Nuto. Op. cit.
9. "Em 1830 toda a carne consumida na cidade de São Paulo vinha do matadouro existente na ladeira de Santo Amaro". MARZOLA, Nádia. Op. cit., p. 51.
10. Idem, ibidem.
11. ARAÚJO, Maria Lucila Viveiros. *Os caminhos da riqueza dos paulistanos na primeira metade do Oitocentos*.
12. Idem, ibidem, p. 167-197.
13. MARZOLA, Nádia. Op. cit.
14. Antes, a área é citada como Chácara Samambaia, um provável desmembramento da sesmaria do Capão. Cf. MARZOLA, Nádia. Op. cit.; SCHNECK, Sheila. *Formação do bairro do Bexiga em São Paulo: loteadores, proprietários, construtores, tipologias edilícias e usuários (1881-1913)* (op. cit.).
15. SÃO PAULO (Município). Bixiga. O mais fiel retrato da cidade.
16. Cf. SÃO PAULO (Município). Sessão ordinária de 27 de junho de 1883. De outros assignados proprietários e moradores do campo da Bexiga desta Capital pedindo a mudança do nome de Campo do Bexiga para o de Campo da Bella Vista. Não se sabe por que a lei foi promulgada tanto tempo depois do deferimento da solicitação popular.
17. Cf. SCHNECK, Sheila. *Formação do bairro do Bexiga em São Paulo: loteadores, proprietários, construtores, tipologias edilícias e usuários (1881-1913)* (op. cit.), p. 74.
18. Cf. SÃO PAULO (Município). Ofício de Washington Luiz Pereira de Souza à Câmara de Vereadores.
19. D'ALAMBERT, Clara Correia; FERNANDES, Paulo Cesar Gaioto. Op. cit., p. 152.
20. SCHNECK, Sheila. *Formação do bairro do Bexiga em São Paulo: loteadores, proprietários, construtores, tipologias edilícias e usuários (1881-1913)* (op. cit.).
21. ABLAS, Henrique. Attenção. Annuncios.
22. CASTRO-FILHO, Joaquim Florindo de. Editaes. *Correio Paulistano*, 5 ago. 1856.
23. DICK, João. Vende-se. Annuncios.
24. Idem, ibidem, p. 4.
25. SCHNECK, Sheila. *Formação do bairro do Bexiga em São Paulo: loteadores, proprietários, construtores, tipologias edilícias e usuários (1881-1913)* (op. cit.), p. 21.
26. Idem, ibidem.
27. Cf. AB'SÁBER, Aziz Nacib. *Geomorfologia do sítio urbano de São Paulo*.
28. Cf. MARZOLA, Nádia. Op. cit.
29. Idem, ibidem.
30. FESTA DE SANTO ANTONIO. Noticiario geral.
31. ALBUQUERQUE, Frdo de; MARTIN, Jules. *Mappa da capital da P.cia de São Paulo seos Edificios publicos, Hoteis, Linhas ferreas, Igrejas Bonds Passeios etc.*
32. Cf. MARZOLA, Nádia. Op. cit.
33. SÃO PAULO (Município). Anais da Câmara Municipal. Sessão extraordinária de 14 de setembro de 1878. Ofício apresentado por Antonio José Leite Braga.
34. SCHNECK, Sheila. *Bexiga: cotidiano e trabalho em suas interfaces com a cidade (1906-1931)*.
35. Idem, ibidem.
36. EDITAES.
37. MARTINS, Antonio Egydio (1911-1912). *São Paulo antigo. 1554-1910*, p. 152.
38. Idem, ibidem.
39. Idem, ibidem.
40. SCHNECK, Sheila. *Formação do bairro do Bexiga em São Paulo: loteadores, proprietários, construtores, tipologias edilícias e usuários (1881-1913)* (op. cit.).
41. Idem, ibidem.
42. Cf. JOYNER, Henry. Planta da cidade de São Paulo levantada pela Companhia Cantareira e Esgotos, 1881.
43. Cf. SCHNECK, Sheila. *Formação do bairro do Bexiga em São Paulo: loteadores, proprietários, construtores, tipologias edilícias e usuários (1881-1913)* (op. cit.), p. 53-56.

44. ALBUQUERQUE, Fernando de. Planta dos terrenos no Bexiga, 1890.
45. Leite Braga faleceu em julho de 1879, em Campos do Jordão. Cf. Fallecimento. *A Provincia de S. Paulo*, São Paulo, 16 jul. 1879; MARZOLA, Nádia. Op. cit.
46. Cf. SCHNECK, Sheila. *Formação do bairro do Bexiga em São Paulo: loteadores, proprietários, construtores, tipologias edilícias e usuários (1881-1913)* (op. cit.), p. 55-56.
47. Idem, ibidem, p. 53.
48. Cf. MARTIN, Jules. *Planta da capital do Estado de São Paulo e seus arrabaldes 1890*.
49. SCHNECK, Sheila. *Formação do bairro do Bexiga em São Paulo: loteadores, proprietários, construtores, tipologias edilícias e usuários (1881-1913)* (op. cit.), p. 58.
50. Idem, ibidem.
51. Em 1 de setembro de 1899, o vereador José Oswald encaminhou uma "Indicação", ou projeto de obras, para Antonio Prado, primeiro prefeito de São Paulo, solicitando estudo para projeto urbano na Bela Vista. SÃO PAULO (Município); OSWALD, José. Indicação. Sendo o Bairro da Bella Vista, tambem chamado Bexiga, um dos de mais densa populaçio, não tendo até hoje merecido a attenção dos poderes municipaes e visto o grande empenho da Prefeitura em melhorar as condições actuaes da cidade, indico que o Exm.O Dr. Prefeito se digne mandar proceder aos estudos e confeccionar projeto e orçamento para regularisação e assentamento de guias na rua Santo Antonio suas perpendiculares e parallelas, satisfazendo assim as justas reclamações dos moradores desta futurosa zona da capital. S. Paulo, 1 set. 1899.
52. Cf. SCHNECK, Sheila. *Formação do bairro do Bexiga em São Paulo: loteadores, proprietários, construtores, tipologias edilícias e usuários (1881-1913)* (op. cit.), p. 100.
53. Idem, ibidem.
54. Idem, ibidem.
55. SCRIPILLITI, Ana Carolina Nader. *Verticalização e tombamento no bairro do Bexiga: materialização em tensão*, p. 51.
56. Cf. SCHNECK, Sheila. *Formação do bairro do Bexiga em São Paulo: loteadores, proprietários, construtores, tipologias edilícias e usuários (1881-1913)* (op. cit.).
57. Cf. CAMPOS, Candido Malta. *Os rumos da cidade: urbanismo e modernização em São Paulo*.
58. Idem, ibidem.
59. Cf. *Planta geral da capital de São Paulo*, organizada sob a direção do dr. Gomes Cardim, intendente de obras, 1897.
60. Cf. DOAÇÃO DE TERRENO PARA ESCOLA PUBLICA.
61. Cf. OS MELHORAMENTOS DE SÃO PAULO.
62. Idem, ibidem.
63. SÃO PAULO (Município); MOTTA, Candido. Indicação n. 46, de 1907. Indico que o sr. Prefeito mande fazer os estudos necessários e o orçamento para a construção de um viaducto ligando o largo de S. Francisco ao ponto mais conveniente do bairro da Bella Vista (Bexiga). *Anais da Câmara Municipal. São Paulo*. São Paulo, Câmara Municipal de São Paulo, 2 mar. 1907, p. 27.
64. Cf. SÃO PAULO (Município). Relatório de 1911 apresentado à Câmara Municipal de São Paulo pelo prefeito sr. Raymundo Duprat.
65. Cf. MELHORAMENTOS DA CIDADE. Projecto de construcção de uma nova avenida. 66. SÃO PAULO (Município). Relatório de 1911 apresentado à Câmara Municipal de São Paulo pelo prefeito sr. Raymundo Duprat (op. cit.).
67. BOUVARD, Joseph-Antoine. *Relatório Plano para São Paulo*.
68. Idem, ibidem.
69. HÉNARD, Eugène. Études *sur les transformations de Paris*.
70. SÃO PAULO (Município). Município. Projecto n. 43, de 1928. Ficam declaradas de utilidade publica, afim de serem desapropriadas, as areas de terreno necessárias à abertura de uma rua que estabeleça a ligação entre a avenida Anhangabahú e o ponto da rua Santo Antonio em que convergem as ruas São Domingos e 13 de Maio.

E.E.P.G.
Dra Maria Augusta Saraiva
13ª D.E. DRECAP-03
Rua
Major Diogo
RUA

1.2 O Bexiga dos italianos: os *capomastri* construtores e a arquitetura eclética do bairro (1890-1930)
Lindener Pareto Junior

Ensaio fotográfico *Bexiga 1991*, de Cristiano Mascaro

Bairro central eclético desde o início de sua ocupação e configuração urbana, o Bexiga foi espaço fundamental do canteiro de obras dirigido por mestres, sobretudo italianos,[1] que estiveram na linha de frente da produção e inovação arquitetônicas que caracterizaram o bairro na passagem do século 19 ao 20. O capítulo pretende abordar a história da produção da arquitetura eclética do bairro a partir da atuação de construtores que não eram nem mestres sem cuidado e muito menos construtores menores, mas a principal mão de obra que conduziu, projetando e construindo, a expansão da mancha urbana do Bexiga e de todos os grandes bairros centrais da cidade de São Paulo.

Os italianos no Bexiga

Qualquer debate sobre a história e as memórias da construção civil na cidade de São Paulo, na passagem do século 19 para o 20, geralmente expõe máximas e clichês um tanto controvertidos. Um deles, ainda difundido no imaginário urbano contemporâneo, entre a ficção e a realidade, reitera que os principais sujeitos que projetaram e construíram a cidade foram mestres de obras, principalmente italianos, e que em geral não dispunham de cabedal técnico ou ensino superior, atuando sempre de forma descuidada, provisória, como comenta Mino Carta:

> E os *capomastri* eram mestres de obras, ou nada mais que pedreiros, e conectavam a fantasia e a memória das igrejas das suas aldeias à ponta de um guarda-chuva, com o qual riscavam o chão, traçando ao vivo e na medida exata e total a planta da construção que se preparavam a erigir. O resto estava nas suas cabeças, e dava-se que já intuíssem, antes mesmo que se fincasse no espaço dos ventos, um templo ou um sobrado, mais ou menos como Michelangelo pressentia figuras dentro dos blocos de mármore de Carrara.[2]

A despeito da poesia do texto e da melancolia do autor, o trecho deve ser inscrito na perspectiva literária; vale dizer, a imagem dos construtores italianos riscando o chão com a ponta do guarda-chuva é de um âmbito literário que, contudo, continua a assombrar também a historiografia. Em outros textos, já desconstruídos pelas pesquisas de Sheila Schneck[3] sobre a construção do Bexiga, a mesma recorrência:

> A massa compacta do casario modesto foi surgindo sem qualquer projeto, da forma mais empírica possível. As residências eram

desenhadas pelos "*capomastri*", arquitetos que não usavam planta, ou arquitetos de "ponta de guarda-chuva", para usar a expressão utilizada pelo arquiteto Benedito Lima de Toledo. A planta era riscada no chão e as paredes levantadas a partir desse desenho.[4]

Com efeito, não se pode negar o imaginário e a fantasia, ou melhor, as transferências de modelos estéticos e arquitetônicos peninsulares para o Brasil, em um trânsito de ornatos com via de mão dupla. No entanto, continuar afirmando que os mestres de obras italianos riscavam o chão com as pontas de seus guarda-chuvas revela que pouco conhecemos da história de centenas de construtores que, oriundos da grande imigração,[5] fizeram da cidade de São Paulo seu espaço de adaptação, associação, culturas de classe[6] e estratégias de sobrevivência.

Portanto, a questão é mais complexa. Se eram tão importantes, se projetaram e construíram em todos os bairros centrais que paulatinamente tomaram o lugar das antigas chácaras, por que não conhecemos os seus nomes, suas identidades, suas histórias? Consideramos que a permanência de uma interpretação anacrônica a respeito dos mestres italianos na produção da cidade de São Paulo, nas primeiras décadas do século 20, é tributária de um emaranhado de questões que apontaremos, em linhas breves, adiante.

Permanências historiográficas: arquitetura italiana e ecletismo

A partir da ampla rede de construtores que povoou de casarios as ruas paulistanas, amparados pela legislação urbana e pelo urbanismo em construção, reiteradas vezes, nas memórias gerais e na historiografia, aprendemos que as edificações da São Paulo da *belle époque* foram obras de artesãos italianos inspirados nas imagens distantes da *vecchia patria* e na tratadística clássica. Depois de mais de um século de construções e demolições de edifícios e de memórias, a história dos italianos na construção civil ainda é repleta de lacunas e de anacronismos resultantes de poucas pesquisas com fontes primárias e dos inflexíveis juízos de valor a respeito do ecletismo como patrimônio e identidade de uma era.

Comecemos pelo clássico estudo de Anita Salmoni e Emma Debenedetti, *Arquitetura italiana em São Paulo*.[7] A despeito do tom ufanista e de muitas informações que não coincidem com as fontes primárias,[8] as autoras demonstraram a fundamental contribuição dos italianos na construção da cidade, seja nos quadros da arquitetura das classes mais abastadas, seja nas ruas dos bairros suburbanos e operários que se proliferavam a partir do loteamento das antigas chácaras no entorno do centro.

Ao se valerem das fontes primárias da Série Obras Particulares,[9] puderam verificar a presença constante de italianos assinando os mais variados projetos. Vale dizer que, nos idos dos anos 1950, as pesquisadoras apontaram de forma pioneira a importância de construtores como Luigi Pucci e Tommaso Gaudenzio Bezzi, responsáveis pela execução e projeto do Museu Paulista; dos nomes de construtores esquecidos, como Miguel Marzo, Carlos Milanese e Antonio Cavichioli, mestres que atuavam desde a última década de 1890, na Bela Vista, projetando casas simples ou de padrão médio, com fachadas neoclássicas ou em estilo floreal e que, em alguns casos, também fizeram parte da Diretoria de Obras e Viação dirigida por Victor da Silva Freire; assim como a presença marcante de Giulio Micheli e José (Giuseppe) Chiappori, responsáveis por um escritório de grande monta e construtores do Viaduto de Santa Efigênia (1910-1913).

Salmoni e Debenedetti encerram o levantamento documental em 1905, mas nossas pesquisas na Série Obras Particulares apontam a presença de italianos como mão de obra predominante no mercado da construção civil até a década de 1930, não somente em obras por encomenda, mas também em empreitadas em série, numa cadeia produtiva que distinguia o trabalhador da construção civil dos demais, como apontou Paulo César Xavier Pereira.[10] Soma-se a isso o fato de que os sujeitos citados ao longo da obra das autoras são pouco investigados, e muitas informações foram colhidas por meio de depoimentos de memórias e saudosismos de construtores vivos até então.

Contudo, o que assombra na obra das autoras é a atualidade dos apontamentos. Após 65 anos da data de publicação (1953), poucas foram as pesquisas que se debruçaram de maneira sistemática, baseadas em múltiplas fontes documentais, sobre a profusa atuação dos construtores italianos.[11] Além disso, os trabalhos que de alguma maneira tratam da questão do construtor italiano muitas vezes repetem de forma indiscriminada os termos e as conclusões da obra *Arquitetura italiana em São Paulo*.

Assim, é preciso historicizar o importante trabalho das mesmas e inscrevê-lo nas transformações e novas perguntas da historiografia da arquitetura e do urbanismo. Entre outras questões, a alardeada autopromoção dos mestres italianos à condição de arquitetos e engenheiros não dependeu apenas da maciça presença dos mesmos, mas também de um campo profissional em construção, ou seja, de um mercado de trabalho e um campo profissional que giravam a descoberto e não tinham ainda um quadro de engenheiros e arquitetos diplomados, que só depois da década de 1930 dominou o campo profissional e passou a atribuir aos italianos uma indistinção entre as categorias técnicas da construção civil que não foi invenção dos mesmos, mas fazia parte da própria mutação do canteiro e do desenho desde a Renascença. Processo que, a partir do século 20, envolveu os conflitos pela regulamentação da profissão de engenheiro, arquiteto e agrimensor e que culminou no corporativismo da lei de 1933.[12]

Ainda quanto às abordagens do tema, a historiografia tratou do ecletismo na arquitetura a partir da década de 1980. Contudo, quando abordou a atuação dos mestres de obras na consolidação da alvenaria burguesa, não pôde contemplar a miríade de construtores italianos e suas redes associativas. No pioneiro *Ramos de Azevedo e seu escritório*, Carlos Lemos[13] demonstrou a importância de Ramos de Azevedo na construção da São Paulo eclética, mas com foco no sujeito Ramos de Azevedo e suas obras monumentais. Escolha consciente e necessária diante de uma cidade que só passou a valorizar a produção do grande escritório a partir daquele momento. Porém, as centenas de italianos, trabalhadores que dominavam o cotidiano no escritório, entrariam para a historiografia como meros colaboradores do bem relacionado engenheiro-architecto Francisco de Paula Ramos de Azevedo.

Domiziano Rossi, Felisberto Ranzini, Domingos Pelliciota, dentre outros que atuaram no influente Escritório Técnico, foram sem dúvida protagonistas do cenário arquitetônico de sua época, mas suas trajetórias continuam sem uma análise mais detida, sendo reverberadas ainda na esteira da narrativa do ecletismo monumental engendrado pela atuação tentacular do escritório Ramos de Azevedo.[14]

Vale lembrar ainda que mesmo o ecletismo de Ramos de Azevedo foi por longa data excluído dos conceitos de boa arquitetura. A questão se deve também à atuação dos órgãos de preservação do patrimônio cultural edificado, especificamente da escola Iphan.[15] Assim que os próceres do movimento moderno na arquitetura constituíram o órgão máximo de preservação do patrimônio cultural edificado, a miscelânea dos estilemas históricos – difundida desde meados do século 19 – foi logo rotulada pelos defensores do concreto armado (e ao mesmo tempo do barroco de Aleijadinho como identidade da nação), como pastiche, bolo de noiva, colcha de retalhos, dentre outras expressões depreciativas que instituíram o Iphan e o modernismo na arquitetura como refrigérios da cultura oficial.[16]

Na esteira de tal juízo de valor, os construtores da arquitetura eclética, seus programas, escritórios, associações e trajetórias profissionais e pessoais se mostram ainda hoje marginalizadas, como notas *an passant* de um período que recentemente saiu do ostracismo acadêmico. Fato evidenciado, na década de 1980, pela publicação da obra *Ecletismo na arquitetura brasileira* (1987), coletânea de artigos sobre as manifestações arquitetônicas ecléticas em várias regiões do Brasil, passo importante para o início da superação das lacunas acima apontadas.[17]

Consideramos, portanto, que a exemplo do que se deu em relação à historiografia da imigração italiana em São Paulo,[18] os italianos da construção civil, sobretudo os construtores de bairros de classe média e operária, caíram também numa narrativa que prescindiu de uma história social mais ampla e que não considerou – entre contribuições importantes e escolhas deliberadas – os conflitos pela regulamentação da profissão, as imbricações e indistinções entre os termos que designavam o projetar e o construir,[19] o prestígio dos italianos na construção civil como operários sem patrões[20] e, como observou Garry Stevens[21] a respeito dos fundamentos sociais da distinção na arquitetura, a necessidade de um estudo social da arquitetura, como um campo de disputas, de conflitos e distinção. O que também inclui o fundamental repertório estético mobilizado pelas redes de profissionais espalhados pela cidade.[22]

Trata-se de inserir os construtores italianos de São Paulo nos quadros da formação dos campos da engenharia e da arquitetura, compreendê-los como parte fundamental da experiência que resultou numa nova ordem profissional que instituiu julgamentos implacáveis e, entre razões estéticas, étnicas e de classe, lançaram no esquecimento a principal mão de obra que construiu o Bexiga e outros tantos bairros da cidade.

Licença de arquiteto, licença de construtor: disputas pelo controle do campo

Ainda no bojo de tais disputas, em 1924 o governo estadual promulgou a Lei n. 2.022, de 17 de dezembro, que primeiro regulamentou o exercício das profissões de engenheiro, arquiteto e agrimensor no Brasil. À revelia dos movimentos corporativistas, dos institutos de engenharia, arquitetura e das escolas de ensino superior, a continuidade da atuação dos não diplomados, prevista na letra "d" do Artigo 1º, não pode ser vista como falha ou anomalia que a lei não conseguiu resolver. Isso porque, desde o último quartel do século 19, a mão de obra dominante que projetava e construía na cidade era composta por construtores não diplomados, majoritariamente formado por portugueses, germânicos, brasileiros e, paulatinamente, por esmagadora presença italiana. A maioria de não diplomados pressionou os arautos da nova ordem a considerar a experiência pregressa; vale dizer, bastava apresentar provas de competência para continuar atuando. Uma eventual aprovação dava ao interessado uma licença de arquiteto ou apenas de construtor, caso da maioria de italianos que atuavam em diversos bairros centrais, do Bexiga, caso dos irmãos Bianco (Branco), à Lapa, caso dos irmãos Corazza. Como resultado da Lei estadual n. 2.022 de 1924, a municipalidade aprovou a Lei n. 2.986 de 1926, de iniciativa do engenheiro-arquiteto e vereador Alexandre de Albuquerque, que buscava dificultar a atuação dos não diplomados:

> Artigo 4º – Os empreiteiros de obras particulares poderão registar seus nomes como constructores, mediante prova de competência, a juizo da Prefeitura, demonstrada na execução de obras na cidade de São Paulo ou em outras localidades, por um prazo não inferior a tres annos. Este registo deverá ser feito até 31 de dezembro de 1926.

A lei resultou no Registro de Constructores da Directoria de Obras e Viação da Prefeitura Municipal de São Paulo. Ao contrário dos registros municipais do final do século 19, o registro de 1926 é um exaustivo compêndio dos principais nomes da construção civil do período. De 246 nomes registrados, 198 eram não diplomados ou tinham uma licença de arquiteto da Secretaria de Agricultura, Comércio e Obras Públicas ou a licença de construtor, conforme a lei municipal apontada acima. Apenas 48 eram diplomados em escolas estrangeiras ou nas escolas de engenharia e arquitetura do Brasil, sobretudo na Escola Politécnica e no Mackenzie.[23]

Portanto, a mão de obra de projetistas, arquitetos e construtores registrada pelos poderes públicos competentes indica uma maioria de profissionais não diplomados atuando em toda a cidade. Além disso, na década de 1920, os registros apontam de forma invariável o domínio dos italianos na construção civil e doméstica. Não como meros continuadores das tradições dos *capomastri* italianos, mas numa disputa pelo controle do campo profissional e pelo mercado de trabalho, resistindo contra as novas definições de projetar e construir definidas pelas novas leis dos diplomados.[24] Tal era, portanto, a condição dos construtores que atuavam no Bexiga e em diversos outros bairros, desde a última década do século 19.

Construtores do Bexiga, construtores de São Paulo

Nem mestres sem cuidado e nem construtores menores, os construtores italianos do Bexiga alcançaram um prestígio inaudito entre os contratantes, brasileiros e estrangeiros, seja pela escolha deliberada pela mão de obra branca e estrangeira no pós-abolição, seja pela experiência da tradição pregressa, além do próprio fazer-se construtor nas centenas de canteiros de obras da cidade, uma vez que muitos deles nasceram em São Paulo na virada do século 19 para o 20. Com efeito, alguns construtores projetavam e construíam para si próprios, configurando uma atuação local, mais restrita ao bairro; muitos deles nem constam nos registros de empreiteiros e construtores da Diretoria de Obras. Outros, com atuação que remonta ao início do século 20, se tornaram profissionais recorrentes na região e não eram necessariamente moradores do bairro. Portanto, privilegiamos nesta abordagem aqueles que tiveram uma atuação mais duradoura, não só restrita às construções para uso próprio.

Para além da diversidade social e origens de tais construtores, Ana Lanna resume com precisão as formas de morar e trabalhar que produziram e que ainda estão presentes no bairro:

> Cortiços com casinhas em série ocupando os fundos dos longos lotes, porões habitados, casas isoladas ocupando o mesmo lote, sobrados individuais com requintes burgueses, casas com armazéns e lojas na frente, casas com oficinas nos fundos, casas com cocheiras. Enfim, uma pluralidade de arranjos que revelam a coexistência de diversos extratos sociais e para os quais a noção de habitação coletiva como precariedade não é nem adequado e nem suficiente para contemplar as diversidades.[25]

De fato, as tipologias edilícias apontadas pela autora não se aplicam somente ao Bexiga, mas eram comuns entre todos os construtores e em muitos dos bairros centrais da classe média de comerciantes e da classe trabalhadora, como Bom Retiro, Brás, Mooca e Barra Funda.[26] Ainda quanto ao repertório eclético, é preciso considerar os apontamentos de Annateresa Fabris: "Mas, como já dissemos, o ecletismo é também percorrido por um veio vernáculo, que lança mão de um repertório aprendido em catálogos, em revistas, em manuais, em cartões-postais, baseado na lembrança ou nas técnicas artesanais ensinadas nas Escolas de Artes e Ofícios".[27]

Entre o veio vernáculo, catálogos, liceus e uma cidade repleta de canteiros de obras, apresentamos abaixo uma tabela com os nomes mais recorrentes na região entre 1890 e 1930.[28]

Tabela 1. Construtores italianos que atuaram na construção do bairro entre 1890 e 1930

Nome	Escritório/residência	Designação/licença
1. Antonio Fugulin	av. Manoel Dutra 9	Arquiteto, construtor
2. Benedito Bettoi	av. Rodovalho Jr. 37	Arquiteto
3. Carlos Milanese	av. Líbero Badaró 17	Engenheiro-arquiteto
4. Francisco de Cordis	av. Bernardino de Campos 2A	Arquiteto
5. Francisco Prota & Filhos	av. São Bento 14 av. Frei Caneca 123A	Projetistas/arquitetos
6. Humberto Badolato	av. Maria José 50	Arquiteto, engenheiro-arquiteto
7. José Fugulin	av. São Vicente 20	Arquiteto, construtor
8. José di Grado	av. Brigadeiro Luís Antônio 1082	Arquiteto

Nome	Escritório/residência	Designação/licença
9. J. Travaglini & Filhos (Arthur Travaglini)	av. Líbero Badaró 10 2° andar av. Avanhandava 48	Projetistas/arquitetos
10. Luiz Bianco	av. Conselheiro Furtado 225	Arquiteto
11. Manoel Asson	-	Empreiteiro de obras
12. Miguel Marzo	av. Capitão Salomão 42	Arquiteto, construtor, empreiteiro, engenheiro
13. Paschoal Buono	av. Tapuias 133	Projetista-construtor só para o município da capital
14. Raphael Lanzara	av. Direita 36	Arquiteto
15. Rômulo Rossi	av. Peixoto Gomide 28	Arquiteto
16. Vicente Branco (Bianco)	praça da Sé 43 av. Conde de Sarzedas 220	Desenhista/projetista, construtor só para o município da capital

À exceção dos mestres mais velhos, como Asson, Badolato, Marzo e Milanese, todos os demais foram registrados pelo Crea-SP a partir de 1934, mesmo que aos poucos restringidos e censurados pelo corporativismo em consolidação. De fato, os nomes elencados representam apenas uma parcela dos construtores que atuaram e eventualmente moraram no bairro. Contudo, representam as principais características dos construtores do período. A priori, pais e filhos atuando juntos em pequenas empreiteiras familiares. Na década de 1930, os filhos se desvencilhando dos pais pioneiros e atuando individualmente, caso dos irmãos Prota, Travaglini, Fugulin e Branco (Bianco). Na impossibilidade de abordar todas as trajetórias, apresentamos adiante algumas delas.

Miguel Marzo e Carlos Milanese

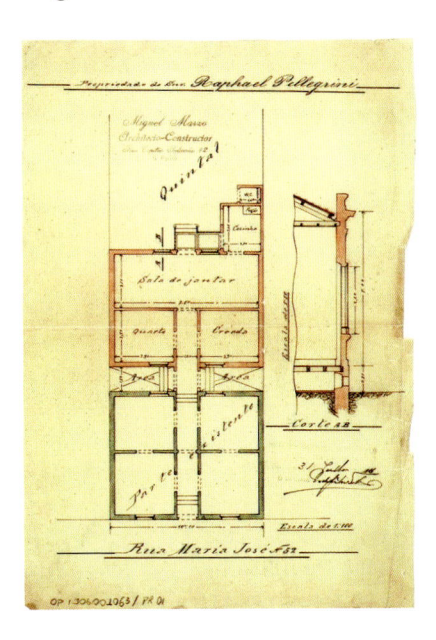

Projeto de ampliação de duas residências na rua Maria José 52, 1906, construtor Miguel Marzo

Da geração de italianos que se estabeleceu em São Paulo na década de 1890, Marzo teve presença marcante na região central, mas também foi projetista e empreiteiro que atuou nos bairros centrais para as classes trabalhadoras. Estabeleceu-se não só como exímio projetista, mas como grande empreiteiro executor de obras, fato mais raro entre italianos que trabalhavam por encomendas mais esparsas. Com escritório na rua Capitão Salomão, n. 42, entre 1906 e 1910, foi responsável por aproximadamente 120 projetos, entre obras novas e reformas. Miguel Marzo também é o característico exemplo da indistinção dos termos que identificavam os profissionais do período. Em seus projetos se intitulava *architecto-constructor*; no *Almanak Laemmert* foi identificado como dr. engenheiro, e Salmoni e Debenedetti[29] identificaram o mesmo como mestre de obras, sendo que nos registros da Diretoria de Obras (entre 1897 e 1900) foi categorizado como empreiteiro. Quanto a Carlos Milanese, com escritório na rua da Glória desde 1895, abriu um estúdio na rua Líbero Badaró, n. 17, formando o escritório Milanese e Marzo Engenheiros-Architectos. Marzo e Milanese eram tão requisitados e conhecidos nas primeiras décadas do século 20 quanto seu compatriota italiano, o engenheiro-arquiteto florentino Giulio Micheli. Em 1896, Carlos Milanese passou a trabalhar na Seção de Obras da Intendência Municipal, o que explica seu declínio como agente da iniciativa privada nos primeiros anos do século 20. Milanese e Marzo foram pioneiros na difusão do prestígio dos italianos na construção civil. Projetaram casas simples, em série, e de padrão médio, sobrados, armazéns e pequenas oficinas.

Os Irmãos Branco (Bianco)

Projeto para uma residência na rua 13 de Maio 80, 1920, arquiteto Luiz Bianco. Destaque para para os ornatos florais, platibanda, ventiladores, entrada lateral e gradis decorados na fachada

De uma geração posterior à Milanese e Marzo, os irmãos Branco foram figuras corriqueiras nas ruas do Bexiga a partir de década de 1910. Já naturais de São Paulo, atuaram sob a influência da força de trabalho italiana, evidenciando – como apontou Luigi Biondi – a presença predominante da mesma na condução dos rumos da cidade:

Carteira profissional, emitida pelo Crea-SP, de Vicente Branco

Os trabalhadores italianos e seus filhos e netos constituíram, a partir principalmente de 1880-1885 até os anos 1940, a maior parte da força de trabalho urbana nos diversos centros do estado de São Paulo e em particular na capital, dispersos nos vários setores de trabalho, como canteiros de obras, oficinas de modestas dimensões e grandes estabelecimentos industriais.[30]

De projetista a construtor, Vicente Branco atuou nas ruas da Liberdade, do Cambuci e do Bexiga. Entre 1913 e 1915, foi responsável por aproximadamente 35 projetos. Desde a década de 1910 atuava como projetista/desenhista, sendo que na década de 1920, diante da intensa atuação e experiência, liderou um grupo de construtores não diplomados para reivindicar seu direito de livre atuação junto aos poderes públicos. Ainda na década de 1920 foi possível verificar sua intensa atuação na rua 13 de Maio, projetando casas, cocheiras e garagens. Na década de 1930, foi presidente do Syndicato dos Industriaes de Construções Civis, tendo ido ao Rio de Janeiro tratar de uma questão central para o exercício de sua profissão: a continuidade da atuação dos construtores não diplomados. Branco foi representar centenas de construtores que, assim como ele, atuavam projetando e/ou construindo na cidade de São Paulo desde o início do século 20. Foi licenciado como "constructor só para o Município da Capital" pelo Conselho Regional de Engenharia e Arquitetura – Crea-SP em 1934.[31] Menos envolvido nas celeumas do exercício profissional, Luiz Bianco assinava seus projetos como *architecto* e *constructor*, tendo sido registrado também pelo Crea como arquiteto em 1934. Mesmo que não tenham atuado em conjunto a trajetória profissional toda, tiveram escritório técnico no centro da cidade, na praça da Sé, n. 43, nas décadas de 1920 e 1930.

Rafael Lanzara e o Casarão do Belvedere

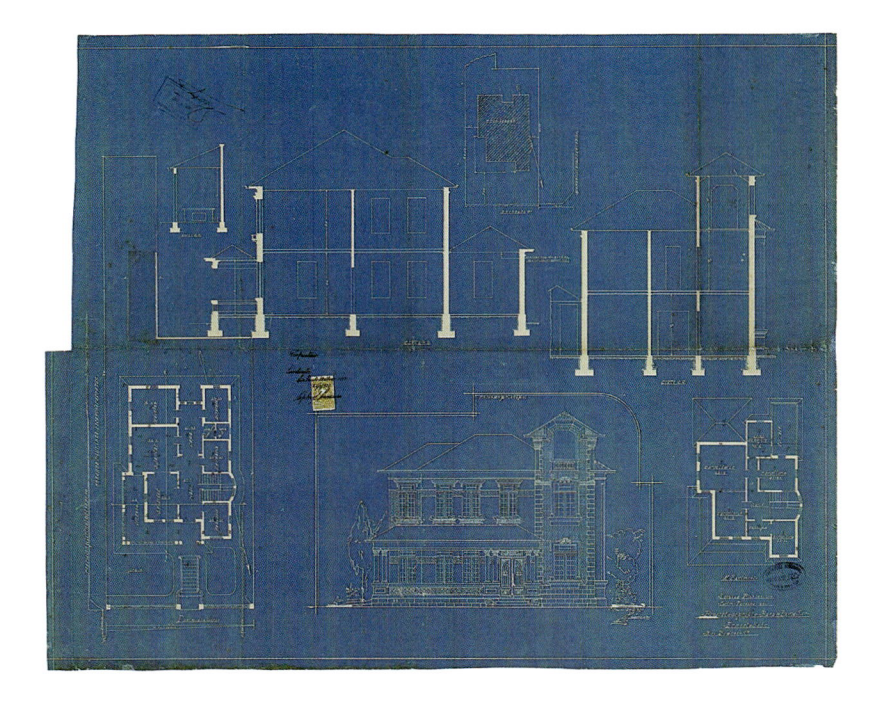

Projeto para um sobrado, 1927, construtor Rafael Lanzara

Destoando dos demais construtores italianos do bairro, Rafael Lanzara atuou para famílias mais abastadas. Entre os grotões dos antigos rios e córregos mutilados e escondidos pelas avenidas 23 de Maio e 9 de Julho, em frente às obras de revitalização da Vila Itororó, encontra-se o Casarão do Belvedere. Trata-se de um exemplar raro de um palacete projetado no final de década de 1920 na rua Pedroso, n. 267, e que ainda hoje sobrevive às pressões do mercado imobiliário.

Canteiro de obras, com fundações e início da construção em alvenaria de tijolo

Projetada e construída por Rafael Lanzara, arquiteto licenciado pelo Crea-SP, a casa da família Sohn, franceses da região da Alsácia, é exemplar material e simbólico das histórias cruzadas dos estrangeiros na cidade de São Paulo. Rafael Lanzara, filho de italiano e nascido em Jundiaí em 29 de abril de 1893, foi contratado pelo francês alsaciano de Estrasburgo, Ernest Sohn. Projetou, orçou meticulosamente e dirigiu a construção do monumental Casarão do Belvedere, que originalmente abrigou quatro gerações da família Sohn, a começar pelo casal Ernest e Juliette Alphonsine.

No início da década de 2000, o casarão quase veio abaixo por conta de imbróglios entre os herdeiros e as tentativas de preservação. Os vitrais da Casa Conrado, característicos nas casas das famílias mais ricas da cidade, acabaram vendidos, assim como a escadaria do saguão central. Desde 2003, sob os cuidados de um dos herdeiros do casal Sohn, o ator Paulo Goya, o Casarão do Belvedere resiste através do teatro e rodas de conversas sobre história da cidade e do patrimônio.

Humberto Badolato

Morador do bairro desde a década de 1890, Humberto Badolato foi o típico construtor italiano que projetou e construiu casas em série para aluguel. Sheila Schneck[32] o identificou entre os calabreses que haviam se estabelecido no bairro desde 1896. Consta nos registros da Hospedaria dos Imigrantes que chegou junto com o pai, o agricultor Vicenzo Badolato, em 24 de agosto de 1896, aos quinze anos de idade. Nos registros municipais da década de 1920 aparece como morador da rua

Maria José, n. 50, e com nacionalidade brasileira, provável naturalização. A despeito de termos identificado apenas dois projetos dele, em 1908 e 1909, voltamos a encontrá-lo na rua 13 de Maio em 1920, solicitando alvará de licença para a construção de uma casa e um polêmico viaduto, para "oferecer aos transeuntes uma ótima vista", ligando os fundos da casa da 13 de Maio à rua dos Ingleses, pedido indeferido pelos fiscais da Diretoria de Obras:

> Humberto Badolato, engenheiro arquiteto, deseja construir, nesta Capital, um predio em um terreno sito entre as ruas 13 de Maio e rua dos Inglezes, que devem ser retiradas 15m. do respectivo alinhamento, vem por isso consultar a V. Excia. Sobre essa construção que desejaria executar de acordo com o "CROQUIS" que á esta tem a honra de apresentar. O aludido predio, que terá uma altura de um andar ácima do nivel da rua, seria ligado á frente da aludida rua dos Inglezes, por meio de um pequeno viaducto que viria offerecer aos transeuntes, uma optima vista, parecendo tambem ao requerente, que desapareceriam os incovenientes que se notam das construcções existentes como sejam á vista das privadas, tilheiros e etc., nos fundos das ditas casas.[33]

Além das condições de privacidade reivindicadas pelo construtor, chama a atenção, mais uma vez, o uso dos termos/títulos de habilitação. No requerimento assinou como engenheiro arquiteto, na planta assinou como Arch. Humberto Badolato, nos registros municipais foi categorizado como *architecto* em 1926. No início da década de 1930 não alcançou as novas formas de registro do Crea-SP. Quanto ao indeferimento, os engenheiros fiscais alegaram um acordo entre a Diretoria de Obras e os proprietários dos lotes do Morro dos Ingleses, em 1912, se comprometendo a não interceptar a vista da cidade naquele espaço e desnível de 15 metros, indícios das disputas entre os saberes de um urbanismo em construção.

Os irmãos Fugulin

Ainda entre os construtores que moravam no bairro, os italianos Antonio Fugulin Jr. e José Fugulin, naturais da Comuna de Udine, região de Friul-Veneza Júlia, se destacaram entre aqueles que lançavam mão das plantas simples e fachadas menos ornamentadas. Projetaram e construíram casas simples para moradia própria e para aluguel. Em seus projetos, no lugar de fachada, traziam o *fasiada* em italiano. Ambos foram registrados pelo Crea-SP a partir de 1934 como arquitetos licenciados.[34]

Considerações finais

Entre construções novas e reformas, casas simples, de uso misto, cocheiras, garagens, pequenas oficinas e casarões para a classe média alta, os construtores do Bexiga, a despeito da uniformidade da legislação urbana, constituíram uma arquitetura multiforme que não só atendia aos anseios por moradia, aluguel, serviços e comércio, como atendiam também às misturas ornamentais típicas do neoclássico, neoflorentino, entre outras que envolviam também o estilo floreal ou *art nouveau*, estilos sempre adotados com soluções locais, que ultrapassavam seus cânones de origem e que estavam submetidos às redes, trânsitos e fronteiras entre o Novo e o Velho Mundo.

De fato, tais características não foram exclusividade do bairro e podem ser vistas onde quer que as grandes levas de imigrantes italianos tenham se fixado ao chegar à capital. Contudo, a diversidade de tipos de uso dos edifícios, a pluralidade das formas arquitetônicas e as maneiras de habitar coletivamente possuíam um grau de diversidade que evidencia um bairro sobretudo ligado ao comércio e aos serviços, ladeados pelos mais diversos tipos de habitação e formas de morar. Dos requerimentos da Série Obras Particulares também é possível observar que os italianos produziram sua arquitetura não somente para seus próprios compatriotas, mas rapidamente foram absorvidos pelas famílias locais ou por outros estrangeiros, como é o caso da família Sohn, franceses alsacianos. Também é preciso reiterar que os nomes dos profissionais elencados não constituem a totalidade dos que atuaram no bairro, mas dão a medida de suas principais características.

Finalmente, a história dos italianos construtores do Bexiga, espécie de laboratório de experimentações arquitetônicas e urbanísticas desde a década de 1890, deve ser também inserida nos quadros da força de trabalho do pós-emancipação, do mercado de trabalho e a absorção da mão de obra italiana, da burocracia municipal em construção e a cooptação técnica da mão de obra italiana qualificada, das disputas e dilemas pelo controle de um campo profissional que até a década de 1880 ainda era dominado, na construção civil e doméstica, por poucos mestres germânicos, portugueses e escravos pedreiros, que certamente não desapareceram dos canteiros. Em suma, é preciso ampliar pesquisas, redes e debates sobre esse momento crucial da expansão urbana da cidade de São Paulo.

Notas

1. Sobre o tema, ver: VERMEERSCH, Paula. *Por uma história social da arquitetura: os trabalhadores italianos na construção civil paulista (1870-1930)*.
2. CARTA, Mino. *Histórias da Mooca (com a bênção de San Gennaro)*, p. 36.
3. SCHNECK, Sheila. *Formação do bairro do Bexiga em São Paulo: loteadores, proprietários, construtores, tipologias edilícias e usuários (1881-1913)*; SCHNECK, Sheila. *Bexiga: cotidiano e trabalho em suas interfaces com a cidade (1906-1931)*.
4. MARZOLA, Nádia. *Bela Vista*, p. 63.
5. Cf. BIONDI, Luigi. *Imigração italiana e movimento operário em São Paulo: um balanço historiográfico*.
6. Sobre o tema, ver: FORTES, Alexandre; BATALHA, Claudio Henrique de Moares; SILVA, Fernando Teixeira da (Org.). *Culturas de classe: identidade e diversidade na formação do operariado*.
7. SALMONI, Anita; DEBENEDETTI, Emma. *Arquitetura italiana em São Paulo*. Objeto de uma única edição, em 1953, em língua italiana (reeditada em português pela Editora Perspectiva em 1981), a obra se tornou referência obrigatória para a história da arquitetura de São Paulo, dada a predominante presença de italianos na construção civil desde a última década do século 19.
8. Alguns nomes e categorias profissionais citados pelas autoras não conferem com o levantamento documental efetuado nos Livros de Registro de Construtores do Arquivo Municipal de São Paulo. Para mais informações ver PARETO JR., Lindener. *O cotidiano em construção: os práticos licenciados em São Paulo (1893-1933)*.
9. Depositada no Arquivo Histórico Municipal de São Paulo – AHM e pertencente ao Fundo Prefeitura Municipal, Subfundo Diretoria de Obras e Viação, a Série Obras Particulares é o principal corpus documental para os interessados na análise da história da produção arquitetônica na cidade de São Paulo. Compreender a Série Obras Particulares no âmbito da gestão municipal paulistana é, sobretudo, perceber a historicidade que permitiu sua gênese como documento fundamental da burocracia municipal, desde 1870, e sua posterior função como uma das mais importantes fontes de informação sobre as edificações particulares realizadas na cidade de São Paulo, entre 1870 e 1923, datas-limites da coleção disponível no arquivo. A Série é constituída por 429 volumes encadernados com datas entre 1870 e 1905, e mais de mil caixas-arquivos, contendo aproximadamente 70 mil processos dos anos de 1906 a 1923. No que tange ao teor dos requerimentos da Série, entre 1870 e 1893, se constituem em pedidos de alinhamento à Câmara, exigidos pelas Posturas Municipais desde os anos 1830. Em 1893, pela Lei nº 38, passou a ser exigida a aprovação de plantas das novas edificações junto à Intendência Municipal e, por conseguinte, um alvará de licença deveria ser lavrado pelos fiscais engenheiros, e a partir de 1899, pelo diretor da Diretoria de Obras e Viação, o engenheiro Victor da Silva Freire.
10. PEREIRA, Paulo César Xavier. *São Paulo: a construção da cidade:1872-1914*. Sobre os trabalhadores – pedreiros, arquitetos, engenheiros e empreiteiros – da área construção civil em São Paulo durante esse período, ver: ARASAWA, Claudio Hiro. *Engenharia e poder: construtores da Nova Ordem em São Paulo*; BENASSI, Karina. *Do artífice ao peão: a constituição e a quebra do reconhecimento do trabalhador da construção civil*; CERASOLI, Josianne. *Modernização no plural: obras públicas, tensões sociais e cidadania em São Paulo na passagem do século XIX para o XX*; HALL, Michel M. *Entre a etnicidade e a classe em São Paulo*; NEGRO, Antonio Luigi; GOMES, Flávio. *Além de senzalas e fábricas: uma história social do trabalho*; PARETO JR., Lindener. *Uma São Paulo dos Kanz, 1860-1915*; SILVA, Joana Mello de Carvalho e. *Um acervo, uma coleção e três problemas: a Coleção Jacques Pilon da Biblioteca da FAU USP*.
11. Cf. PARETO JR., Lindener. *Joaquim Cavalheiro: um arquiteto-construtor no Brás e na Mooca*; PARETO JR., Lindener. *Pândegos, rábulas, gamelas: os construtores não diplomados entre a engenharia e a arquitetura (1890-1960)*; SCHNECK, Sheila. *Formação do bairro do Bexiga em São Paulo: loteadores, proprietários, construtores, tipologias edilícias e usuários (1881-1913)* (op. cit.); SCHNECK, Sheila. *Bexiga: cotidiano e trabalho em suas interfaces com a cidade (1906-1931)* (op. cit.).
12. Cf. PARETO JR., Lindener. *Pândegos, rábulas, gamelas: os construtores não diplomados entre a engenharia e a arquitetura (1890-1960)* (op. cit.); FRANCISCO, Rita de Cássia. *Construtores anônimos em Campinas (1892-1933): fortuna crítica de suas obras na historiografia e nas políticas de preservação da cidade*; NOVO, Leonardo Faggion. *Entre arte e técnica: "arquiteturas políticas" na legitimação da profissão no Brasil (1920-1930)*.
13. LEMOS, Carlos A. C. *Ramos de Azevedo e seu escritório*. Do mesmo autor, ver também: LEMOS, Carlos A. C. *Alvenaria burguesa: breve história da arquitetura residencial de tijolos em São Paulo a partir do ciclo econômico liderado pelo café*.

14. Cf. PARETO JR., Lindener. *O cotidiano em construção: os práticos licenciados em São Paulo (1893-1933)* (op. cit.); SALVADORE, Waldir. *Italiano e nosso: Felisberto Ranzini e o "estilo florentino"*; BUENO, Beatriz Piccolotto Siqueira. Escritório Técnico Ramos de Azevedo, Severo & Villares: longevidade, pluralidade e modernidade (1886-1980).
15. Cf. PUPPI, Marcelo. *Por uma história não moderna da arquitetura brasileira: questões de historiografia*.
16. Cf. MICELI, Sérgio. Sphan: refrigério da cultura oficial. Do mesmo autor, ver: MICELI, Sérgio. *Nacional estrangeiro*: história social e cultural do modernismo artístico em São Paulo.
17. Cf. FABRIS, Annateresa (Org.). *Ecletismo na arquitetura brasileira*. A definição do termo/conceito ecletismo na história da arquitetura não é tarefa fácil. Solange Lima defende a hipótese do "ecletismo como categoria cuja operação encontrava-se em sintonia com um contexto de formação da sociedade burguesa e novas práticas de consumo propiciadas pelos resultados da Revolução Industrial" (LIMA, Solange Ferraz de. O trânsito dos ornatos: modelos ornamentais da Europa para o Brasil, seus usos (e abusos?)). Luciano Patetta sugere o ecletismo como uma longa duração para as variadas apropriações de estilos históricos por parte de uma burguesia em ascensão desde meados do século 18. A miscelânea de estilos históricos e a simultaneidade de vários *revivals* davam a tônica plural de possibilidades de uso para a moda e o gosto da burguesia em consolidação efetiva no século 19. O ecletismo seria a cultura arquitetônica adequada aos anseios de uma classe social imbuída de ideais progressistas e vaidosa de uma vida de conforto e benesses. Seria a cultura arquitetônica capaz de cumprir exigências tão concretas como as novas adequações de instalações técnicas, de serviços sanitários da casa, de novas tipologias de hotéis, lojas, escritórios, teatros e toda sorte de conforto material que fosse não apenas a expressão material da sociedade burguesa, mas sua própria quintessência. Numa simplificação, o ecletismo é parte essencial da sociedade burguesa e sua trajetória desde meados do século 19 é fragmentária, cheia de contradições e de plurais manifestações (Cf. PATETTA, Luciano. Considerações sobre o ecletismo na Europa). Ainda sobre o ecletismo, ver: FABRIS, Annateresa. Arquitetura eclética no Brasil: o cenário da modernização; SALGUEIRO, Heliana Angotti. *La Casaque D'Arlequin: Belo Horizonte, une capitale éclectique au 19ᵉ Siècle*; LIMA, Solange Ferraz de. *Ornamento e cidade: ferro, estuque e pintura mural em São Paulo, 1870-1930*.
18. Cf. BIONDI, Luigi. Op. cit., p. 27.
19. Cf. PARETO JR., Lindener. *Pândegos, rábulas, gamelas: os construtores não diplomados entre a engenharia e a arquitetura (1890-1960)* (op. cit.).
20. Cf. SILVA, Fernando Teixeira da. *Operários sem patrões: os trabalhadores da cidade de Santos no entreguerras*.
21. STEVENS, Garry. *O círculo privilegiado: fundamentos sociais da distinção arquitetônica*.
22. Cf. LIMA, Solange Ferraz de. O trânsito dos ornatos: modelos ornamentais da Europa para o Brasil, seus usos (e abusos?) (op. cit.).
23. Cf. PARETO JR., Lindener. *Pândegos, rábulas, gamelas: os construtores não diplomados entre a engenharia e a arquitetura (1890-1960)* (op. cit.), p. 198.
24. Para os imbróglios, disputas e mutações dos usos e significados dos termos mestre de obras, arquiteto, empreiteiro, construtor e engenheiro, ver PARETO JR., Lindener. Introdução. In PARETO JR., Lindener. *Pândegos, rábulas, gamelas: os construtores não diplomados entre a engenharia e a arquitetura (1890-1960)* (op. cit.).
25. LANNA, Ana Lúcia Duarte. O Bexiga e os italianos em São Paulo, 1890/1920, p. 125.
26. Ver: GENNARI, Luciana. *As casas em série do Brás e da Mooca: um aspecto da constituição da cidade de São Paulo*.
27. FABRIS, Annateresa. Arquitetura eclética no Brasil: o cenário da modernização (op. cit.), p. 138.
28. Tabela organizada a partir das obras particulares, dos livros de registros de construtores e de nossas pesquisas no Arquivo Histórico Municipal – AHM-SP. Para consulta mais detalhada dos dados relativos aos construtores, ver PARETO JR., Lindener. *Pândegos, rábulas, gamelas: os construtores não diplomados entre a engenharia e a arquitetura (1890-1960)* (op. cit.), capítulo 3 e Anexos.
29. Cf. SALMONI, Anita; DEBENEDETTI, Emma. Op. cit., p. 60.
30. BIONDI, Luigi. Op. cit., p. 26-27.
31. Cf. PARETO JR., Lindener. *Pândegos, rábulas, gamelas: os construtores não diplomados entre a engenharia e a arquitetura (1890-1960)* (op. cit.), p. 218.
32. SCHNECK, Sheila. *Bexiga: cotidiano e trabalho em suas interfaces com a cidade (1906-1931)* (op. cit.), p. 236.
33. Série Obras Particulares. Arquivo Histórico Municipal – AHM-SP. Ano: 1920. Rua Treze de Maio.
34. Para mais informações sobre os Fugulin, ver PARETO JR., Lindener. *Pândegos, rábulas, gamelas: os construtores não diplomados entre a engenharia e a arquitetura (1890-1960)* (op. cit.), Anexos.

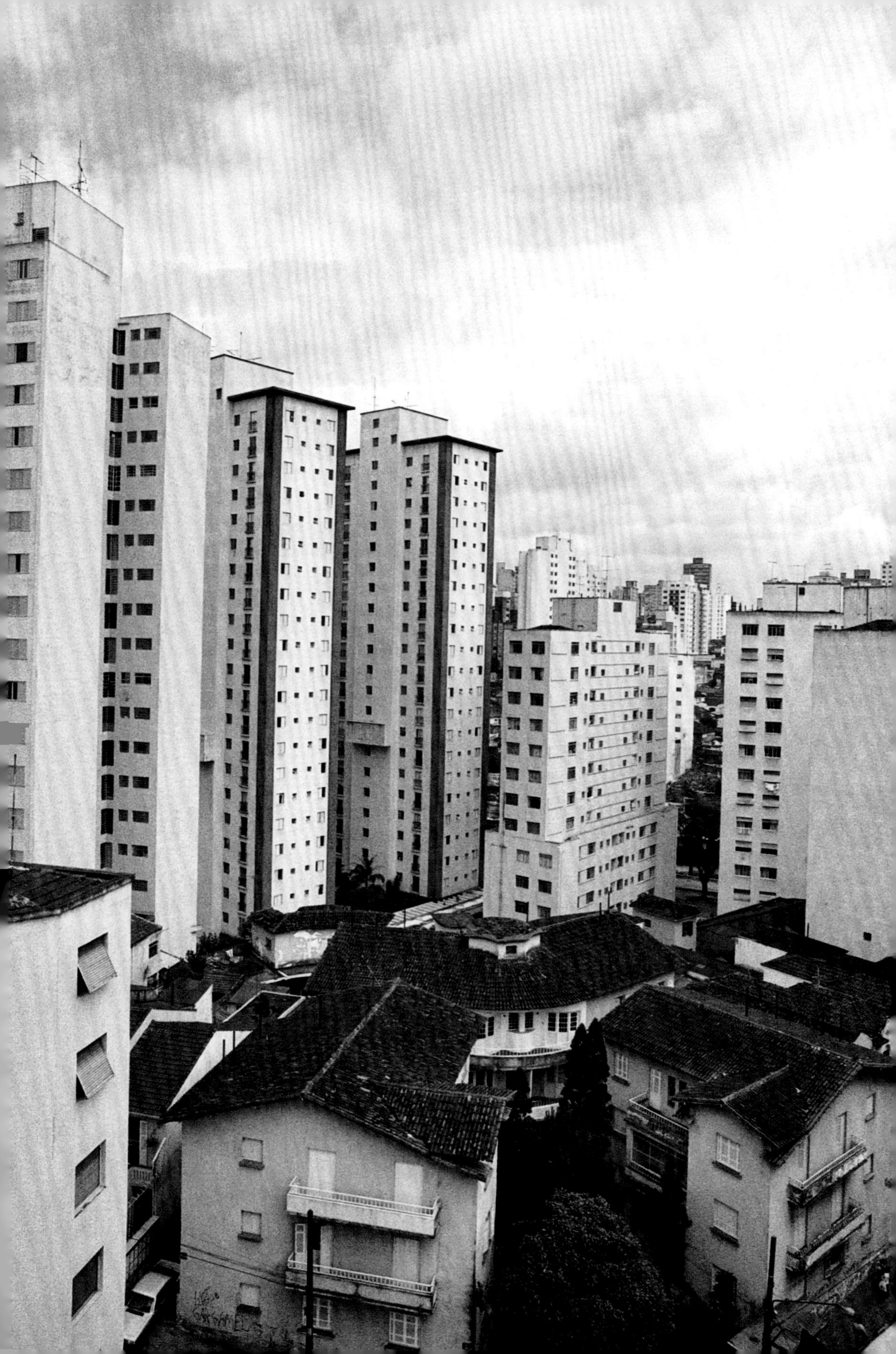

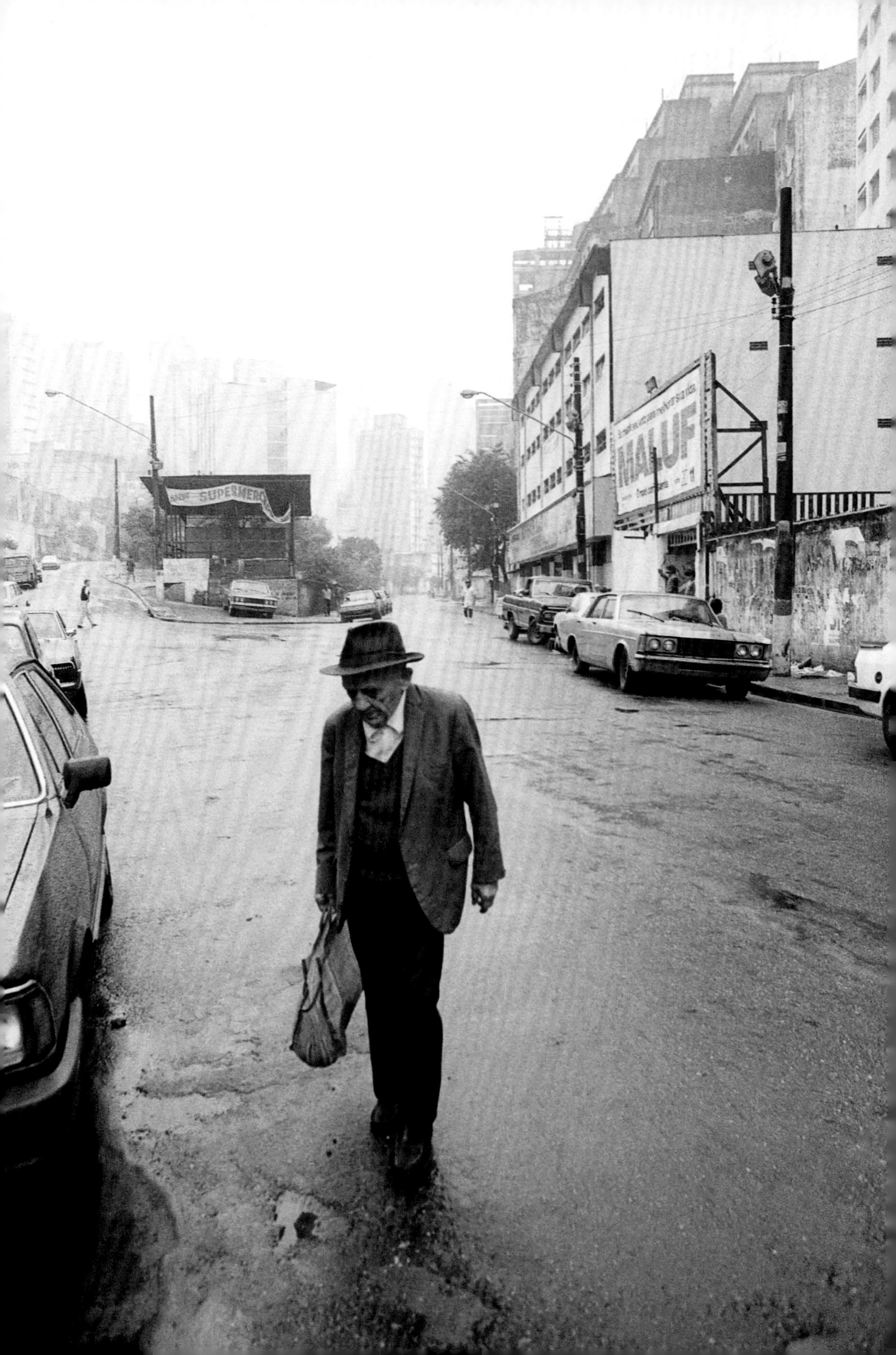
MALUF

1.3 As grandes obras viárias e os projetos de reabilitação
Joice Chimati Giannotto

Ensaio fotográfico *Bexiga 1991*, de Cristiano Mascaro

Comprimido entre os vetores de crescimento do centro da cidade e da avenida Paulista, o Bexiga recebeu grandes obras viárias que rasgaram seu tecido urbano por volta da década de 1970, desarticulando as relações que existiam anteriormente nesse espaço.

Em 1974, o poder público já havia identificado a necessidade de intervir no bairro, e de lá para cá foram propostos inúmeros projetos, a maioria não executada, que propõem intervenções pontuais e gerais, abrangendo praticamente todo o distrito da Bela Vista. Cabe destaque a três em especial: o Parque da Grota de Paulo Mendes de Rocha, de 1974; o Concurso Nacional de Ideias para a Renovação Urbana e Preservação do Bairro do Bexiga, de 1989-1990; e o Programa Casa Paulista, de 2012.

Ocupação da área

O pitoresco bairro do Bexiga não existe oficialmente nos mapas, mas está presente no imaginário paulistano e, desta maneira, resiste em algum lugar dentro do distrito da Bela Vista. Tentar estabelecer o que seriam os seus limites é uma tarefa complexa, pois existem diversas fontes que falam sobre o bairro trazendo perímetros distintos. É certo que o Bexiga está localizado entre o espigão da avenida Paulista e o centro velho de São Paulo, e que sofre com a pressão causada por esses dois vetores de crescimento, pois o que era uma região periférica da cidade, hoje faz parte de sua área central.

O bairro de imigrantes italianos, com terrenos estreitos e profundos, tipicamente residencial, sofreu com o crescimento da cidade. À medida que os loteamentos se expandiam e tomavam conta dos espaços vazios de maneira desarticulada entre si, houve a necessidade de se abrir novas vias para fazer novas conexões.

O bairro de topografia acidentada é cortado por uma série de cursos de água, que hoje não estão mais ao alcance dos nossos olhos, pois foram canalizados. Esses córregos, que por si só representam barreiras geográficas naturais, foram retificados e canalizados, acabando por ceder seus espaços a ruas e avenidas que ocuparam sua superfície e várzea.

O Córrego Itororó deu espaço para a avenida 23 de Maio; o Córrego Moringuinho está sob a Radial Leste-Oeste; os córregos Saracura e Anhangabaú estão escondidos sob a avenida 9 de Julho. Outros córregos, como o do Bexiga e o Saracura Pequeno, deram lugar às ruas da Abolição e Cardeal Leme.

Hidrografia da área do Bexiga

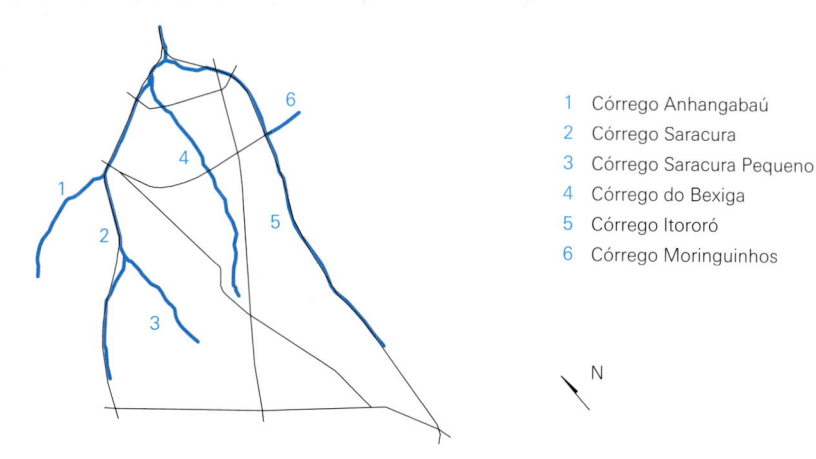

1 Córrego Anhangabaú
2 Córrego Saracura
3 Córrego Saracura Pequeno
4 Córrego do Bexiga
5 Córrego Itororó
6 Córrego Moringuinhos

A cidade se modernizou com a energia elétrica, as linhas de bonde e a telefonia. Recebeu seu primeiro automóvel por volta de 1904. Entre 1914 e 1924, as estradas municipais e estaduais foram melhoradas por Washington Luís. Na década de 1920, Ulhôa Cintra definiu o Plano de Avenidas, posteriormente desenvolvido por Prestes Maia e com considerável impulso após 1938. A instalação das importantes montadoras de automóveis e a interligação da região metropolitana com o território nacional por meio de grandes rodovias consagrou o uso do automóvel em detrimento do transporte de massa.[1]

Devido à sua localização estratégica na cidade, o Bexiga sofreu grande impacto com a abertura das novas vias, especialmente na década de 1970. A velocidade do automóvel foi priorizada e a escala humana foi esquecida. Obras como a Radial Leste-Oeste segregaram de maneira violenta o tecido urbano, criando áreas residuais e baixios de viadutos sem nenhum tratamento voltado para a conexão de pedestres, ou mesmo conexão visual entre as partes do bairro, que por consequência teve seu processo de decadência acelerado e mantém essas cicatrizes evidentes até hoje.

Nesse cenário, existem inúmeros projetos para reabilitar o Bexiga, que propõem desde intervenções pontuais até gerais, abrangendo praticamente todo o distrito da Bela Vista. A maioria desses projetos não saiu do papel. Aqui iremos abordar três deles: o Parque da Grota (1974), o Concurso Nacional de Ideias para a Renovação Urbana e Preservação do Bexiga (1989-1990) e o Programa Casa Paulista (2012).

Sistema viário principal da área do Bexiga

Nas páginas seguintes, ensaio fotográfico *Bexiga 1991*, de Cristiano Mascaro

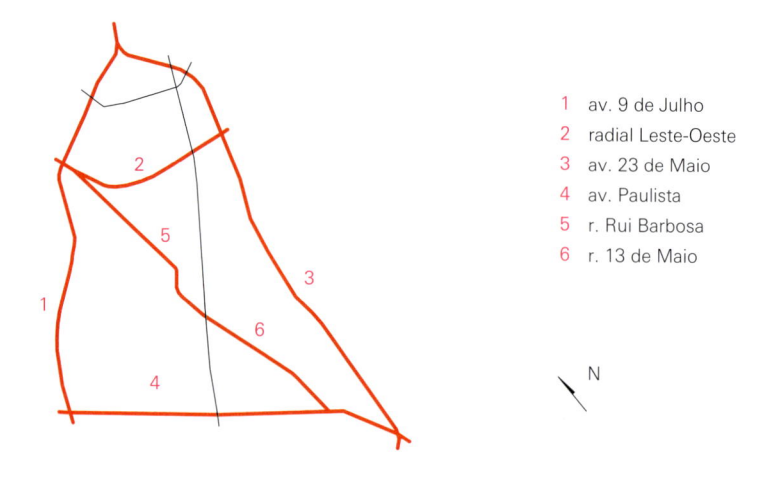

1 av. 9 de Julho
2 radial Leste-Oeste
3 av. 23 de Maio
4 av. Paulista
5 r. Rui Barbosa
6 r. 13 de Maio

LULA
PT
PAULO
RICARDO
LP/K7/CD
RICARDO
LP/K7/CD
Collor
PRN-PRESIDENTE
Nº 20
PARRILLA CLEMENTE Churrascos
CRISIS

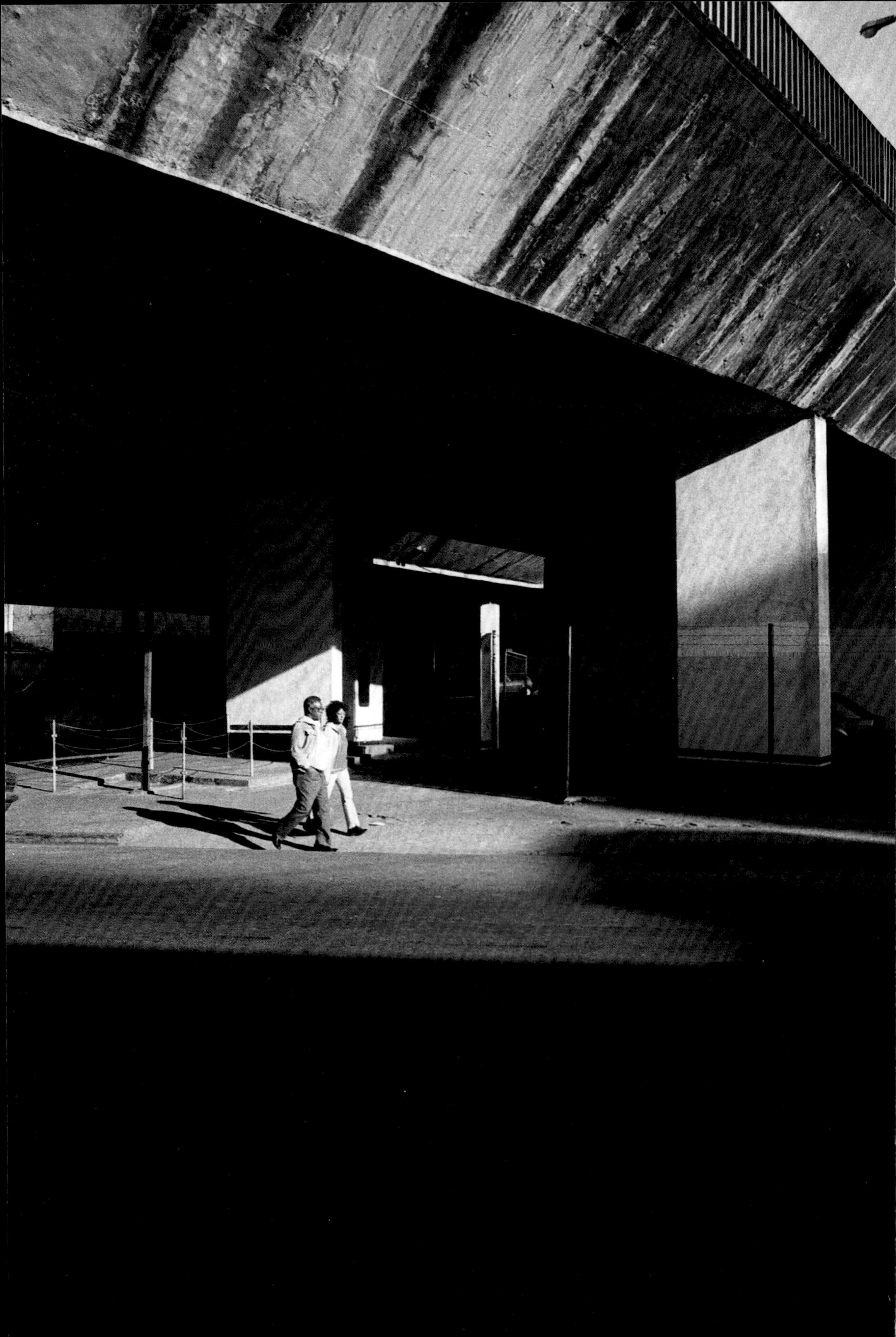

Parque da Grota (1974)

Em 1974, a decadência do bairro já chamava a atenção de órgãos públicos, como a Coordenadoria Geral do Planejamento Urbano – Cogep, que fez um estudo sobre a Bela Vista, subdividindo o bairro em seis áreas homogêneas entre si: Espigão, Grota, Cantinas, Martiniano e Baixada. Esse estudo identificou as áreas mais estagnadas e as que atraíam interesse do mercado imobiliário e tendiam a se desenvolver naturalmente. A partir desse levantamento, foi encomendado ao arquiteto Paulo Mendes da Rocha e sua equipe um projeto para reurbanizar a Grota do Bexiga,[2] uma de suas áreas mais degradadas localizada dentro do perímetro formado pela rua Sílvia, alameda Ribeirão Preto, alameda Joaquim Eugênio de Lima, rua dos Franceses e rua Doutor Luiz Barreto, com uma área aproximada de 34,5 hectares.[3]

Para esse projeto, a Cogep definiu os seguintes objetivos:

1. manter e ativar a Bela Vista como bairro predominantemente habitacional, aumentando a densidade demográfica com novos critérios de ocupação do solo e melhor aproveitamento dos recursos existentes na área: proximidade do centro, facilidade de transportes, infraestrutura urbana, comércio, serviços privados e institucionais.
2. incentivar e ampliar, no bairro, as atividades de recreação e cultura, já tradicionais no Bexiga, com vistas também à população de toda a cidade e ao turismo.

Para se atingir os objetivos da renovação urbana pretendida, foram previstos três tipos de intervenção: preservação, reurbanização e ordenação.[4]

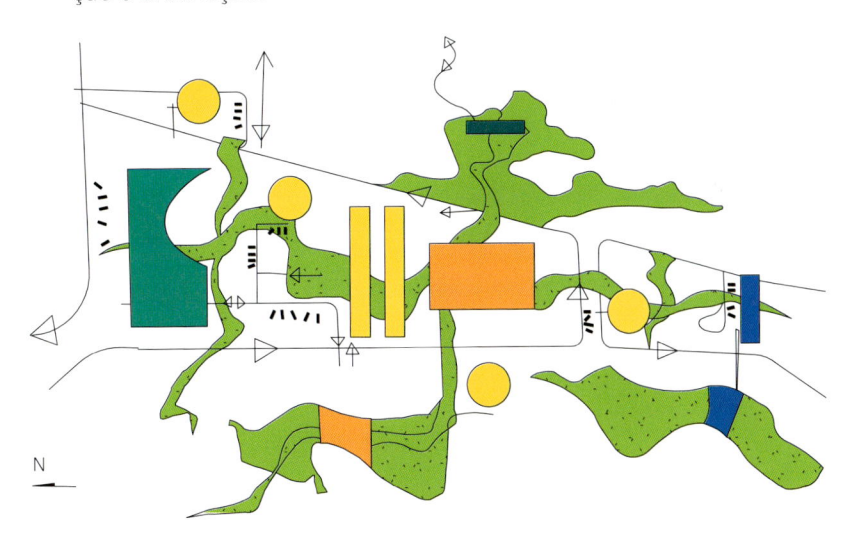

Setorização do Parque da Grota

- Habitação
- Educação e saúde
- Hotel
- Espetáculos e diversões
- Paisagismo
- Mirante

Ao analisar o projeto proposto e as preexistências da Grota, é possível observar uma intervenção radical em que "são mantidos os edifícios com mais de quatro pavimentos, em boas condições",[5] deixando no ar a demolição do restante das edificações, especialmente aquelas contidas dentro do perímetro direto do projeto que não indica nenhuma edificação preexistente em sua parte central.

Nesse projeto, Paulo Mendes da Rocha propôs intervenções considerando as temáticas abaixo:

- Habitação: criação de 984 unidades habitacionais, com áreas entre 50 e 70 metros quadrados, em edifícios de quinze andares. Os edifícios existentes seriam adequados para receber comércio e serviços no pavimento térreo e sobreloja, além de criar acessos em andares intermediários a partir das encostas.
- Educação e saúde: a partir do déficit mapeado pela Cogep, a proposta era a criação de uma escola com capacidade para 1.600 alunos em dois turnos, uma creche-parque para as crianças com menos de sete anos e um posto de saúde.
- Hotelaria: segundo a Cogep, havia o interesse de investidores em construir um hotel na parte alta da Grota. O arquiteto propôs um hotel de trezentos leitos interligado a uma piscina por meio de uma passarela.
- Espetáculos e diversões: a partir da vocação artística do bairro, foi proposto um centro de música popular e outras manifestações próximo à praça 14 Bis, com espaço para evoluções das escolas de samba, além de espaços para pequenas apresentações de música ao longo dos jardins.
- Sistema viário: haveria somente pequenas correções no traçado existente e a criação de 1.500 vagas de estacionamento.
- Paisagismo: seria enfatizado, com a integração de jardins particulares significativos, adensamento da vegetação existente nos taludes e encosta, bem como a criação de um mirante na parte alta da Grota.
- Zoneamento: é curioso notar que o projeto propôs um novo zoneamento para área apenas dois anos depois da promulgação da primeira Lei de Parcelamento, Uso e Ocupação do Solo – LPUOS da cidade, de 1972. A ideia era criar apenas duas zonas: a) área de reurbanização: é a área englobada pelo projeto propriamente dito; b) área de ordenação: deveria ser regulada por legislação específica que estabelecesse gabarito, recuos, ocupação de térreos e sobrelojas; preservasse visuais ao nível da rua com o uso de pilotis e a eliminação de muros no recuo frontal; estabelecesse a obrigatoriedade de recuo de fundo e evitasse os grandes paredões cegos voltados para o vale.

Esse projeto nunca foi executado, porém vale destacar alguns pontos: o projeto é pautado por conceitos modernistas aplicados ao urbanismo, que muitas vezes considerava o arrasamento da área de intervenção; propôs um novo zoneamento para a área apenas dois anos depois da promulgação da primeira LPUOS da cidade, o que traz indícios de que essa poderia ser falha em sua aplicação; e atualmente, com a LPUOS de 2016, predominam na região as Zonas Especiais de Interesse Social – Zeis, que, assim como no Parque da Grota, têm a proposta de adensar as residências da região.

Concurso Nacional de Ideias para a Renovação Urbana e Preservação do Bairro do Bexiga (1989-1990)

Pioneiro na integração da população local aos debates sobre o futuro do bairro, o Concurso Nacional de Ideias para a Renovação Urbana e Preservação do Bairro do Bexiga tratou a região de maneira ampla e no plano conceitual.

Esse concurso foi promovido pela Empresa Municipal de Urbanização – Emurb e seu objetivo era "valorizar soluções referenciadas nas especificidades de um 'lugar' na cidade".[6] Sua área de intervenção era delimitada por: avenida 9 de Julho, avenida 23 de Maio, rua Pio XII, rua Artur Prado, rua Carlos Sampaio, rua Doutor Fausto Ferraz, avenida Brigadeiro Luís Antônio, alameda Ribeirão Preto, rua Pamplona, rua São Carlos do Pinhal e rua Professor Picarolo.

Perímetro de intervenções do Concurso Nacional de Ideias para a Renovação Urbana e Preservação do Bairro do Bexiga

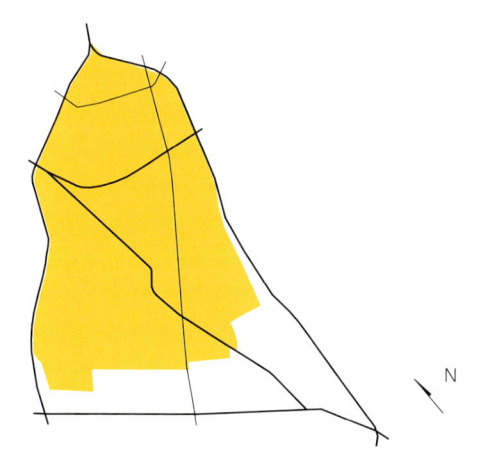

Houve dois dilemas nesse concurso: definir em imagens e atividades do que emergia do Bexiga e como arbitrar o retorno dessas visões. Para solucionar o primeiro, a estratégia foi dar voz aos moradores e usuários em debates públicos ao longo do concurso, o que levou à conclusão que nem mesmo a população local tinha claro o que se pretendia para o bairro. Para o segundo dilema estabeleceu-se que haveria várias esferas de decisão: a comissão organizadora, que definiu as premissas e fez a mediação dos anseios que balizaram a elaboração das propostas; o júri, que selecionou as propostas que tinham qualidades para ser debatidas com o público; a votação dos cidadãos, que elegeu a proposta vencedora; e a Câmara Municipal, que deveria deliberar sobre os impactos na legislação da época.[7]

Na primeira etapa participaram trinta trabalhos, sendo que para a segunda foram selecionados nove e por fim restaram três equipes finalistas. Foram desclassificados os que apresentavam maior fragilidade conceitual e formal, ou que não atendiam às premissas estipuladas para o projeto. Os pontos fortes dos trabalhos foram a leitura e o conhecimento do bairro, que resultaram em propostas claras e firmes sobre o processo de preservação e renovação. Os pontos fracos foram a falta de consistência na viabilidade arquitetônica, jurídica e financeira; intervenções insuficientes e pontuais; além de lacunas nas propostas para habitação. A abordagem superficial de algumas questões pode ter sido em decorrência da falta de definição precisa do programa do concurso. Os debates com a população permitiram conhecer o Bexiga real com seus conflitos, interesses e personagens. Os projetos finalistas foram selecionados por terem as propostas mais abertas e flexíveis.[8]

Dentre os finalistas, a Equipe Azul, do Recife, identificou três características físicas dominantes: espaços consolidados, espaços adensáveis e espaços de adensamento cauteloso. O bairro foi dividido em cinco subáreas:

- área próxima ao centro antigo, com urbanização consolidada;
- área próxima ao centro novo, com urbanização consolidada e predomínio residencial;
- área do grotão da Boa Vista, com topografia, irregularidades e estoque de lotes vagos de grande densidade;
- área próxima à avenida 23 de Maio, com verticalização espaçada e elementos marcantes como encostas, os arcos e a Vila Itororó;
- área central do bairro, com topografia homogênea, horizontalidade marcante e o local com maior simbolismo do bairro.

Os principais objetivos eram reabilitar a habitação de interesse social, implantar equipamentos sociais, registrar e socializar a memória do bairro, preservar as áreas com maior simbolismo, renovar áreas com maior alteração viária e verticalização, além de melhorar o desempenho do bairro cultural. Para tanto, seria implantado um sistema gerencial, seria criado o Espaço Bexiga, haveria constantes debates, e os estudos das intervenções seriam feitos a partir de análises quadra a quadra.[9]

A Equipe Vermelha, de São Paulo, tinha a proposta de redirecionar a energia do processo imobiliário que descaracterizava o bairro para a preservação e a melhoria do ambiente. Propôs um zoneamento com quatro zonas:

- estáveis, próximas à avenida Paulista, com bom padrão de edifícios e ruas;
- degradadas, próximas ao Centro, com edifícios que deveriam ser reutilizados;
- de preservação, próximas a rua 13 de Maio, que concentra a maior vida e patrimônio do bairro;
- de expansão, junto à avenida 23 de Maio, com o maior potencial de adensamento.

Para a habitação, a ideia era conservar e melhorar o estoque na área de preservação e aumentar a oferta na zona de expansão. Para a mobilidade, a proposta era desviar o trânsito de passagem para fora do bairro, criar linhas circulares dentro do bairro com micro-ônibus, criar estacionamentos e rede de vias de pedestres. As propostas deveriam ser financiadas por um fundo de empréstimos do IPTU e a longo prazo financiadas pela troca de coeficientes entre os imóveis. Seriam desenvolvidas diretrizes para o desenho urbano, e a população continuaria participando do processo por meio de formulários para votar e opinar.[10]

A Equipe Amarela, do Rio de Janeiro, concluiu que o bairro estava ilhado entre os arranha-céus da avenida Paulista e as avenidas 23 de Maio e 9 de Julho. A proposta era privilegiar os pedestres e o trânsito local, fazendo a interligação com bairros vizinhos através de ônibus tipo *trolley* e implantar linhas circulares para atender o deslocamento dentro do bairro. Pretendia-se manter as características de bairro popular, turístico, libertário e boêmio, além de preservar a mescla de classes sociais. Para tanto, a ideia era alargar as calçadas, incluir equipamentos, efetivar a rua 13 de Maio como um corredor cultural, criar um calçadão em frente à Igreja Nossa Senhora Achiropita, arborizar praças, criar novos espaços de lazer, criar uma universidade aberta de artes nos imóveis preserváveis do bairro e desadensar cortiços com a oferta de moradias de baixo custo.[11]

Para escolher a proposta vencedora foi feita uma votação com a participação de 894 pessoas, que indicaram também que as melhorias deveriam ser iniciadas pela rua 13 de Maio, seguida pela Vila Itororó e a Escola de Samba Vai-Vai. A Equipe Azul foi a vencedora, seguida das equipes Vermelha e Amarela. Seus integrantes foram chamados para trabalhar junto à Emurb para desenvolver o projeto, porém não houve implantação efetiva, pois o bairro foi congelado devido ao seu processo de tombamento, que só foi concluído em 2002.[12]

As três propostas finalistas buscaram compreender o bairro em seu contexto mais amplo; todas propuseram alterações ao zoneamento vigente na época.[13] Embora as leituras e classificações sejam diferentes entre as equipes, é possível reconhecer que algumas áreas sempre são indicadas como as mais precárias dentro do bairro. Outro destaque nesse projeto é que fica evidente que o poder público precisa empenhar um esforço maior para não que não haja trabalhos paralelos para um mesmo lugar, o que resultou em congelamento de uma década do bairro, que permaneceu estagnado. O alinhamento entre as diversas esferas do poder público poderia direcionar melhor os esforços e conseguir atingir resultados mais efetivos em suas ações.

Programa Casa Paulista (2012)

Este programa é uma inciativa do estado de São Paulo para promover parcerias público-privadas – PPP com o objetivo de ofertar unidades habitacionais para famílias com renda bruta mensal de até dez salários mínimos. A proposta era oferecer 10 mil unidades para a população inserida na faixa de renda relativa ao programa e que comprovasse trabalhar na área central da cidade. As premissas desse programa foram divulgadas pelo Conselho Gestor do Programa Estadual de Parcerias Público-Privadas – CGPP do estado de São Paulo no Chamamento Público n. 004/2012, para a apresentação de estudos técnicos, modelagem de projetos para oferta de habitação, requalificação da área central e incremento e qualificação de espaços públicos. O programa atingia os distritos da Sé, República, Santa Cecília, Bom Retiro, Pari, Brás, Belém, Cambuci, Liberdade, Bela Vista e Consolação, que foram agrupados em setores e subdivididos em recortes. Três recortes do setor B – República / Bela Vista estão dentro do território do Bexiga: 4 – Grota do Bexiga, 5 – Bela Vista (Brigadeiro) e 6 – Ligação Leste-Oeste (23 de Maio).

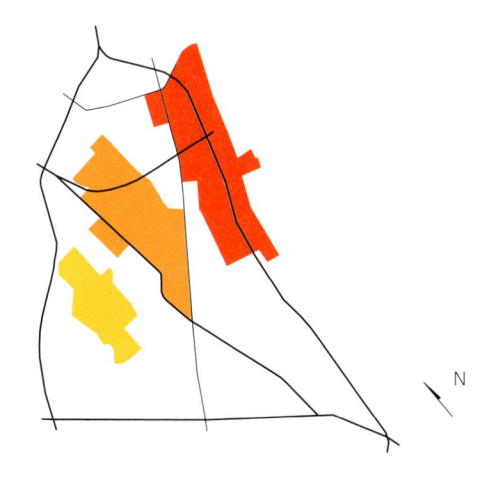

Recortes do Programa Casa Paulista

- B4 Grota do Bexiga
- B5 Bela Vista
- B6 23 de Maio

O edital fez o diagnóstico da situação existente e propôs diretrizes e desafios. Porém, alguns pontos ficaram obscuros, como, por exemplo, o trecho que fala sobre o Corredor Cultural e Gastronômico, afirmando que apesar de estar sob influência de uma Zona Especial de Preservação Cultural – Zepec, sofreu transformações com a abertura da Radial Leste-Oeste, que na realidade foi construída antes do Plano Diretor Estratégico de 2002, que classificou a área como Zepec.[14] A abertura das grandes avenidas fragmentou o tecido urbano do bairro, afetou parte do patrimônio cultural material e imaterial do território e alterou as dinâmicas locais. No entanto, não fica claro se a diretriz era buscar novas interligações ou consolidar a nova condição, uma vez que a própria divisão de distritos da cidade já trata a parte do Bexiga, junto ao largo da Memória, como distrito da Sé.[15]

Construção da ponte de interligação Leste-Oeste, São Paulo, 1969-1970

As diretrizes para o setor B são:

a) ofertar moradias em intervenções simultâneas em diversos imóveis, compartilhando-se programas de usos coletivos e ofertando ocupação que potencialize o uso misto dos recortes.
b) [...][16]
c) priorizar a mobilidade do pedestre e a integração com o transporte público, especificamente as estações do metrô e dos corredores de ônibus, propondo a melhoria dos espaços de circulação existentes e promovendo novas possibilidades de permeabilidade de pedestres entre as quadras.

d) aumentar a taxa de permeabilidade quando da construção de novos imóveis, valorizando a função hídrica urbana das áreas de fundo de vale.
e) utilizar instrumentos restritivos da legislação urbana como forma de valorização e desenvolvimento da ocupação do território, mais precisamente da limitação de gabarito nas áreas de Zepec e do potencial construtivo de quatro vezes e ocupação de 70% do lote sobre as áreas de Zeis 3.
f) reconverter o patrimônio construído existente com consequente recuperação das edificações de interesse histórico.
g) explorar a identidade cultural e o potencial turístico da área central e do bairro do Bixiga, através da produção de habitação, da valorização do espaço público e do patrimônio edificado, e da construção vinculada de novos equipamentos sociais, comerciais e culturais.
h) considerar a integração, sempre que possível, de soluções ambientais e de eficiência energética, incorporando economia no uso de energia, água e conforto térmico e acústico; sistema de captação e reuso de água; fontes alternativas de energia. Deverá considerar também a otimização da coleta de lixo reciclável e destinação adequada a resíduos.[17]

Requisitos de uso e ocupação do solo para os recortes B4, B5 e B6

Uso e ocupação do solo	B4 – Grota do Bixiga	B5 – Bela Vista	B6 – 23 de Maio ligação Leste-Oeste
HIS	184	320	376
HMP	73	240	260
Comércio/serviços	2.700m²	12.000m²	11.300m²
Gabarito	15m	15m	48m
Edifícios	Incluir o patrimônio histórico nas ações do programa	Incluir o patrimônio histórico nas ações do programa	10.800m² de área construída de equipamentos públicos

O edital definiu as responsabilidades que o parceiro privado da PPP deveria assumir, entre as quais talvez o item mais polêmico fosse a outorga de poderes do poder público para a entidade privada no sentido de promover as desapropriações necessárias para a execução dos projetos.[18] No anexo II do edital constam as diretrizes urbanísticas e edilícias que deveriam ser contempladas nos projetos de todos os setores: a diversidade arquitetônica, evitar a segregação urbana, evitar o condomínio fechado para cidade, incentivar o uso misto, concentrar intervenções junto aos transportes de massa.[19]

Havia também diretrizes específicas para cada um dos recortes do programa. As estratégias fundiárias para os recortes do Bexiga previam que, apesar de os lotes disponíveis gerarem oportunidades dispersas, os empreendimentos deveriam estar próximos e articulados entre si, de forma a potencializar os efeitos da intervenção. A infraestrutura pública deveria criar passagens animadas, conectar espaços públicos existentes e propostos em rede; criar parques de encosta e praças; implantar escolas, creches, telecentros e centros de tecnologia da informação. Para o uso e ocupação do solo foram criados programas específicos para cada recorte, conforme quadro a seguir:[20]

Requisitos de uso e ocupação do solo para os recortes B4, B5 e B6

Recorte	B4	B5	B6	Total
CA máximo	4,00	2,50 a 6,00	2,50 a 6,00	---
CA projetado	1,50	1,38 a 1,70	2,02 a 5,49	---
Habitação – HIS	184 un 9.038,70m²	320 un. 17.116,00m²	652 un. 34.860,00m²	1.156,00 un. 61.014,70m²
Habitação – HMP	73 un. 4.965,60m²	239 un. 16.292,00m²	448 un. 31.099,00m²	760 un. 52.356,60m²
Comércio e serviços	2.728,00m²	12.039,00m²	17.681,00m²	32.448,00m²
Equipamento público	5.939,10m²	15.768,00m²	10.840,00m²	32.547,10m²
Construção passarela			1.542,00m²	1.542,00m²
Ampliação do passeio público	8.831,00m²	1.277,00m²		10.108,00m²
Ampliação de área verde	12.365,43m²	2.213,29m²	838,00m²	15.416,72m²
Total	43.867,83m²	64.705,29m²	96.860,00m²	204.433,12m²

O Instituto de Urbanismo e Estudos para a Metrópole – Urbem foi o único a apresentar uma proposta para os recortes inseridos no Bexiga. A proposta atende às demandas do edital e atende às legislações vigentes à época. Subdivide os recortes em catorze empreendimentos, com sugestões de unificação de lotes e dos dados numéricos de seu estudo de viabilidade. Ao cruzar os dados numéricos, é possível encontrar lacunas nos valores apresentados, e é interessante notar que nenhum dos empreendimentos propostos chega ao coeficiente de aproveitamento máximo permitido pelo zoneamento. Analisando de maneira global, verifica-se que o projeto vai além do que é solicitado originalmente no edital.

Este é o mais recente dos projetos apresentados e até o presente momento não foi iniciado. Apesar de ter sido concebido antes da LPUOS de 2016, já vem ao seu encontro, procurando ampliar a oferta de moradias populares na região.

Considerações finais

As grandes obras viárias que priorizaram o automóvel muitas vezes negligenciaram a escala humana e as relações preexistentes nos tecidos urbanos que foram seccionados por elas. No Bexiga, as novas avenidas aceleraram o processo de decadência do bairro ao não tratar de maneira adequada as áreas residuais e as interferências físicas e visuais por elas criadas.

A Cogep detectou desde a década de 1970 a necessidade de intervir na Bela Vista e, consequentemente, no Bexiga. Assim surgiu o projeto para o Parque da Grota, 1974, de Paulo Mendes da Rocha, que adotava premissas típicas do urbanismo moderno praticado na época, demandando a demolição de grandes extensões, hoje inseridas em áreas envoltórias de bens tombados e em Zepecs. Outro fator peculiar a esse projeto é a sugestão de alteração da legislação de zoneamento vigente à época, apenas dois anos após ser promulgada. A Grota hoje

Ensaio fotográfico *Bexiga*
1991, de Cristiano Mascaro

encontra-se estagnada, com áreas encortiçadas e com visíveis marcas de sua degradação.

O Concurso Nacional de Ideias para a Renovação Urbana e Preservação do Bairro Bexiga, 1989-1990, foi inovador quanto à participação da população e tímido quanto às proposições finais, refletindo a recessão da década de 1980, conhecida como a década perdida. As propostas das três equipes finalistas também sugeriam alterações na legislação de zoneamento, fato que podemos tratar como um indicador de problemas na leitura urbana durante o processo da legislação de 1972, que sofreu inúmeras alterações durante as três décadas em que esteve vigente. As propostas trazem uma grande preocupação com as preexistências e fica evidente a desarticulação entre as várias esferas do poder público, especialmente a Emurb e o Conselho Municipal de Preservação do Patrimônio Histórico, Cultural e Ambiental da Cidade de São Paulo – Conpresp, que atuavam em frentes independentes e culminou com o congelamento do bairro por mais de uma década, enquanto era arrolado o processo de tombamento, causando mais estagnação e degradação ao território.

Quase duas décadas depois, em 2012, surge o Programa Casa Paulista, com uma premissa bem elaborada para cada um de seus recortes. O programa não visava um projeto arquitetônico, mas a entrega de unidades habitacionais, que, no entanto, teriam alguma qualidade e integração ao tecido urbano garantidas pelos critérios de seu edital. Nota-se a falta de interesse de investidores por essa área, pois somente o Urbem apresentou uma proposta. O programa foi polêmico, chegou a ser suspenso por liminar que alegava participação insuficiente da população, falta de transparência, critérios de desapropriação questionáveis com a outorga desse poder ao parceiro privado, o que poderia gerar conflito de interesses.

Em comum aos três projetos está a busca pelo adensamento residencial na região, o que se deve à sua localização estratégica dentro da cidade e das oportunidades que ainda estão contidas em seu território. Apoiando essa percepção em comum, o Plano Diretor Estratégico – PDE de 2014 e a LPUOS de 2016 reestruturaram o zoneamento local e propõem um adensamento residencial em Zeis e Zona Eixo de Estruturação da Transformação Urbana – ZEU, pois têm imóveis subutilizados e encortiçados em uma região extremamente central da cidade, que está muito bem localizada em relação aos transportes coletivos de massa. Esses mecanismos podem potencializar a atração de investidores para a construção de moradias de interesse social e de classe média, bem como trazer uma esperança de que as profundas cicatrizes deixadas pelas grandes obras viárias e a degradação do bairro evidente nas últimas décadas comecem a ser tratadas.

Notas

1. Cf. REIS FILHO, Nestor Goulart. *São Paulo – vila, cidade, metrópole*.
2. Ver: ARTIGAS, Rosa (Org.). *Paulo Mendes da Rocha*.
3. MARZOLA, Nádia. *Bela Vista*; COGEP. *Grota da Bela Vista*; ROCHA, Paulo Mendes da. Parque da Grôta: reurbanização da sub-região da Grôta do bairro da Bela Vista.
4. ROCHA, Paulo Mendes da. Op. cit.
5. Idem, ibidem.
6. FELDMAN, Sarah. Por que um concurso de ideias, p. 80.
7. PAES, Célia da Rocha. A cidade, o homem – uma identidade.
8. FELDMAN, Sarah. Op. cit.
9. Idem, ibidem.
10. Idem, ibidem.
11. Idem, ibidem.
12. RODRIGUES, Cristiana Gonçalves Pereira. *Concursos públicos urbanos 1989-1994: projetos de fragmentos da cidade*.
13. SÃO PAULO (Município). Lei n. 7.805, de 1 de novembro de 1972. Dispõe sobre o parcelamento, uso e ocupação do solo do município e dá outras providências.
14. Sobre o Plano Diretor Estratégico, ver: SÃO PAULO (Município). Lei n. 16.050, de 31 de julho de 2014. Aprova a Política de Desenvolvimento Urbano e o Plano Diretor Estratégico do Município de São Paulo e revoga a Lei n. 13.430/2002; SÃO PAULO (Município). Lei n. 16.402, de 22 de março de 2016. Disciplina o parcelamento, o uso e a ocupação do solo no município de São Paulo, de acordo com a Lei n. 16.050, de 31 de julho de 2014 – Plano Diretor Estratégico.
15. GIANNOTTO, Joice Chimati. *Fedora e o Bixiga: uma comparação entre os projetos para o bairro do Bixiga (1974, 1990 e atualidade)*; GIANNOTTO, Joice Chimati. Fedora e o Bixiga: projetos e planos para o bairro paulistano.
16. Este item é referente às ferrovias que não estão presentes no Bexiga.
17. CGPPP DO ESTADO DE SÃO PAULO. Chamamento Público n. 004/2012.
18. Idem, ibidem.
19. SEHAB. Anexo 2 do edital – Diretrizes para as intervenções urbanas.
20. Idem, ibidem.

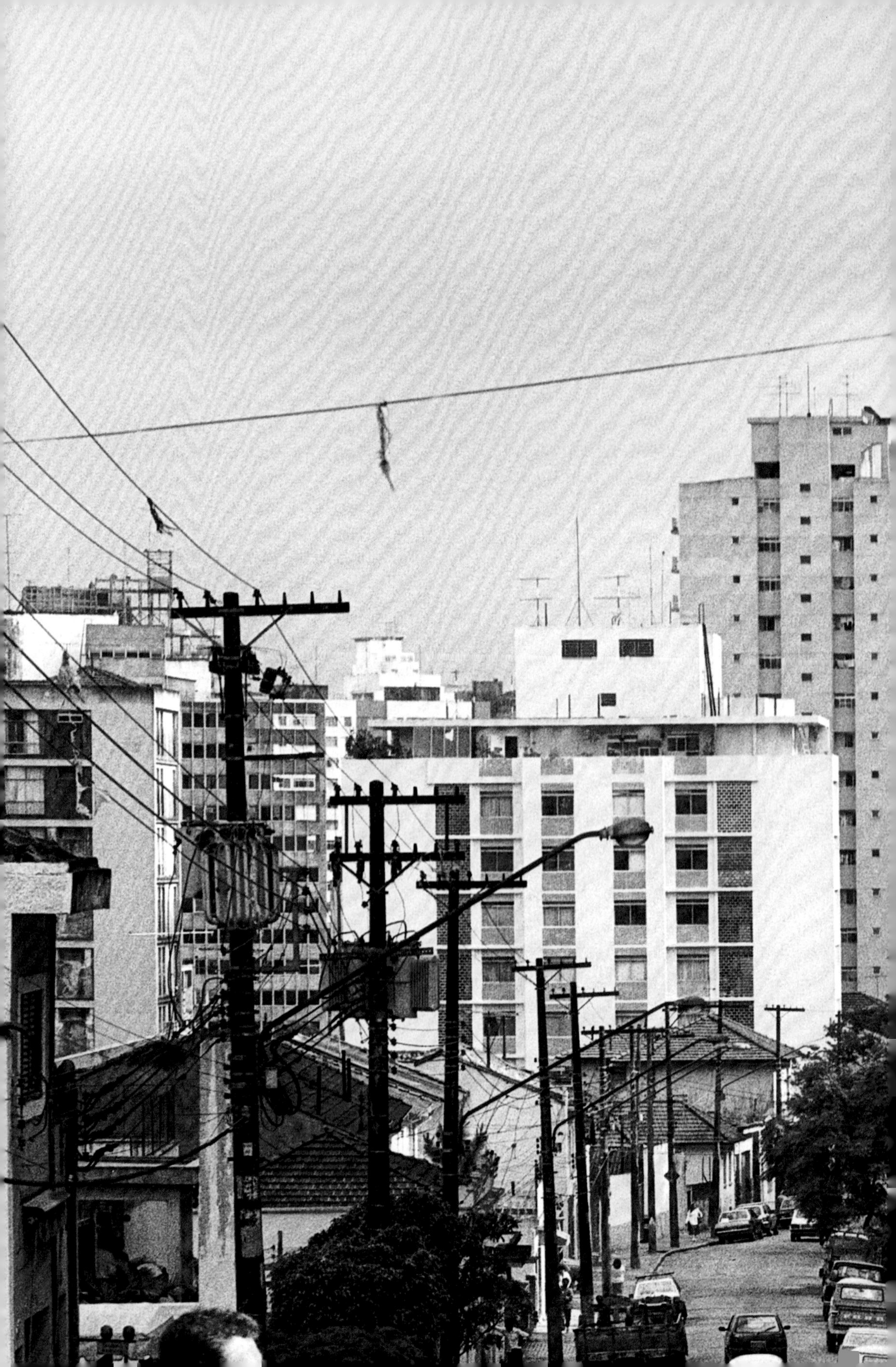

2
O tempo da memória

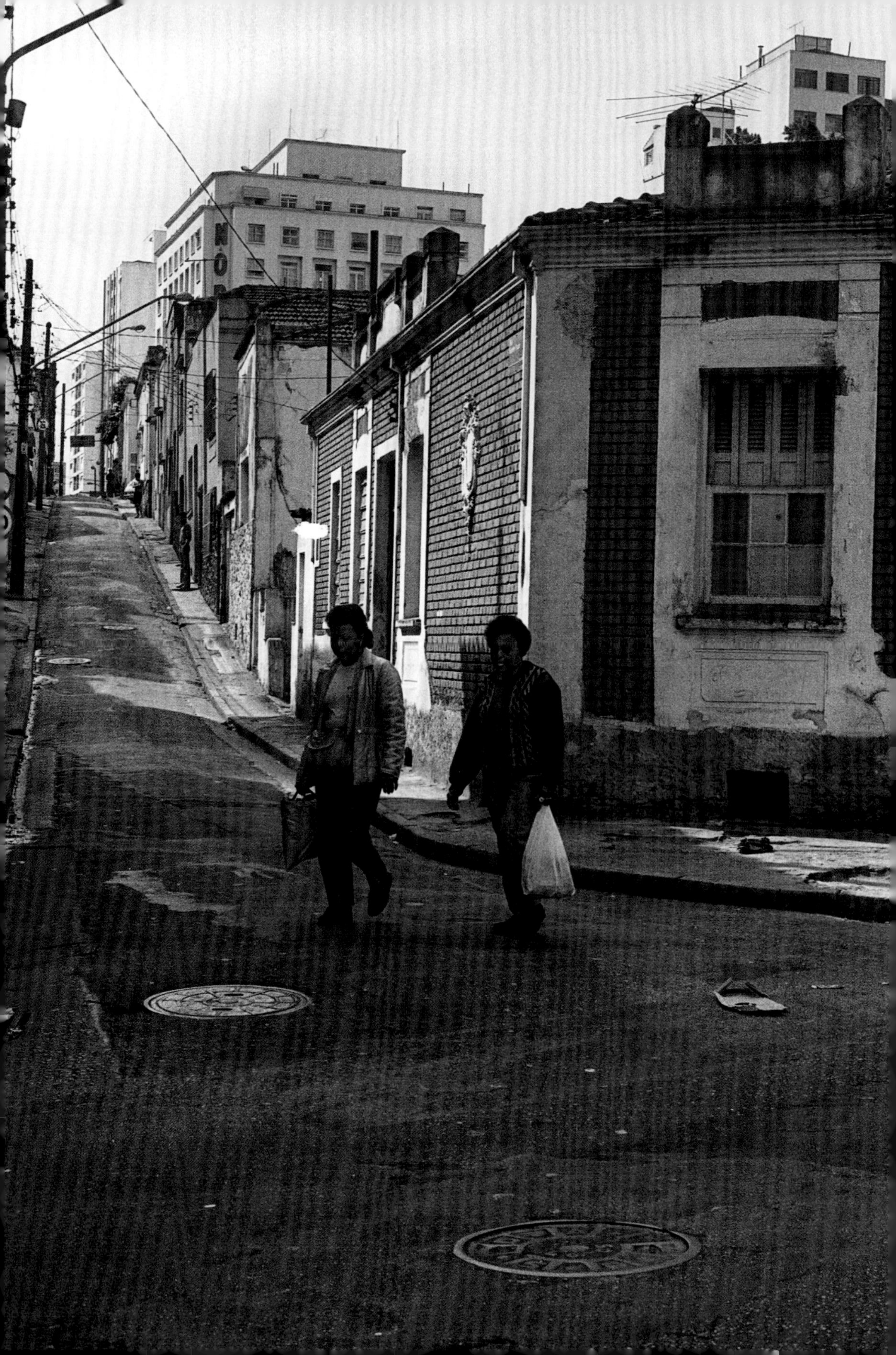

2.1 Memória e preservação do patrimônio: o Igepac como fonte de informação e pesquisa

Ana Paula de Moura Souza Pavan
Lícia de Oliveira

Ao lado e na dupla anterior, ensaio fotográfico *Bexiga 1991*, de Cristiano Mascaro

O presente texto pretende contribuir para o entendimento da metodologia aplicada nos trabalhos técnicos de Inventário Geral do Patrimônio Ambiental, Cultural e Urbano de São Paulo – Igepac SP, desenvolvidos pelo Departamento de Patrimônio Histórico – DPH durante a década de 1980. Os Igepacs contavam, então, com um olhar ampliado em relação aos conceitos de preservação do patrimônio, em coerência com o pensamento preservacionista e com as recomendações internacionais da época, o que resultou num intenso trabalho de identificação dos bens culturais na cidade de São Paulo, bem como em uma rica e específica produção de material, ela mesma uma forma de preservação da memória urbana de São Paulo.

Esse material hoje está reunido no Núcleo de Documentação e Pesquisa, que trabalha na organização e extroversão desse acervo para pesquisadores internos e externos.

O DPH e sua missão

> *A cidade de São Paulo é um palimpsesto – um imenso pergaminho cuja escrita é raspada de tempos em tempos, para receber outra nova, de qualidade literária inferior, no geral. Uma cidade reconstruída duas vezes sobre si mesma, no último século*
> Benedito Lima de Toledo, *São Paulo: três cidades em um século*

Há mais de quatro décadas, o Departamento do Patrimônio Histórico – DPH é responsável pela pesquisa e difusão de informações relativas aos bens tombados, ao patrimônio cultural da cidade e atua como órgão técnico de apoio ao Conselho Municipal de Preservação do Patrimônio Histórico, Cultural e Ambiental da Cidade de São Paulo – Conpresp. Nos últimos anos, o DPH vem procurando desenvolver um sistema de gerenciamento da informação capaz de integrar, organizar, preservar e disseminar o conteúdo informacional do departamento, formando, assim, o Núcleo de Documentação e Pesquisa.

A documentação presente nesse núcleo foi gerada e acumulada física e eletronicamente pelo corpo técnico do DPH ao longo de suas atividades, como as aprovações e orientações de intervenções em bens protegidos; instruções de tombamento; projetos de conservação e restauro; pesquisas históricas e antropológicas e, principalmente, os inventários.

Os Igepacs constituem uma das séries mais emblemáticas do DPH, que sistematiza o trabalho de reconhecimento e identificação dos bens de valor cultural e ambiental da cidade. Toda a documentação gerada pelo fichamento desses bens, bem como os relatórios, discussões e publicações, está à disposição para consulta ao público, constituindo-se em informações primárias valiosas para várias pesquisas sobre o desenvolvimento urbano da cidade.

O DPH e suas transformações

Durante boa parte do século 20, a cidade de São Paulo foi um símbolo de modernidade, de riqueza e de pujança social e econômica, expressa em sua arquitetura e imagem urbana. A acanhada cidade de taipa, como tantas outras em todo o Brasil, foi se transformando, ganhando contornos verticais, indústrias e novos programas arquitetônicos, como cinemas, lojas de departamento e hotéis, que lhe conferiam um iniciante caráter cosmopolita. Contudo, essa constante e vertiginosa transformação na paisagem paulistana não aconteceu sem que a história da cidade fosse escrita e reescrita várias vezes. Ou seja, para se efetivar, teve que permitir uma série de demolições e novas construções, com novas linguagens e sistemas construtivos, elaboradas por personagens de origens diversas.

Para entender a metodologia empregada nos trabalhos de preservação na cidade de São Paulo , bem como a formação e o significado da documentação gerada pelos processos de preservação desenvolvidos para ela, faz-se necessário conhecer um pouco da história do órgão municipal de preservação, o DPH, que se remete ainda aos anos 1930, com a criação do Departamento de Cultura.[1]

Em 1935, a partir do anteprojeto elaborado por Paulo Duarte, foi criado o Departamento de Cultura e Recreação da Prefeitura Municipal de São Paulo, que contou com Mário de Andrade como seu primeiro diretor.[2]

Em 1945, o Departamento de Cultura foi vinculado à Secretaria de Cultura e Higiene e, dois anos depois, desmembrado em duas secretarias: a de Higiene e Saúde e a de Educação e Cultura, incluindo, nesta, o antigo Departamento de Cultura.

Trinta anos mais tarde houve uma nova formulação das atividades administrativas relacionadas à cultura e, com a Lei n. 8.204 de 1975, foi criada a "Secretaria Municipal de Cultura, destinada a promover o desenvolvimento de atividades, instituições e iniciativas de natureza artística e cultural no âmbito do Município", que contava, entre suas atribuições, criar, organizar e manter rede de bibliotecas públicas e arquivos com a "documentação relacionada com a história da cidade de São Paulo" e, por fim, "planejar e executar medidas necessárias ao levantamento, ao tombamento e à defesa do patrimônio artístico e cultural do Município".[3]

Nesse ato legislativo, o então Departamento de Patrimônio Artístico-Cultural foi criado como um dos órgãos da Secretaria Municipal de Cultura – SMC, e o arquiteto Murillo de Azevedo Marx foi o primeiro diretor. Entre as principais funções desse departamento estava: proceder à fiscalização de obras e monumentos artísticos do município; garantir a disposição de documentos e outros materiais de valor histórico e artístico a fim de que possibilitem a pesquisa e o estudo sobre a história da cidade de São Paulo e administrar os museus de propriedade do município. Sua ambiciosa estrutura era formada pela Seção de Contabilidade, a Divisão de Arquivo Histórico, a Divisão de Documentação Artística, a Divisão de Administração e a

Divisão de Preservação, esta última encarregada da preservação do patrimônio histórico da cidade.

Meses mais tarde, a estrutura do departamento foi alterada,[4] separando a Divisão de Documentação Artística, que originou o Departamento de Informação e Documentação Artísticas – Idart. As demais seções deram origem ao DPH, formado, então, pela Divisão de Iconografia e Museus, Divisão de Arquivo Histórico e a Divisão de Preservação, esta composta por cinco seções técnicas: Levantamento e Pesquisas; Crítica e Tombamentos; Programas de Revitalização; Projeto, Restauro e Conservação; e Divulgação e Publicações, além das Seções Administrativas e do Laboratório de Restauro.[5]

Em 1985, pela Lei Municipal n. 10.032, foi criado o Conpresp, um órgão colegiado de assessoramento vinculado à SMC, composto por membros nomeados pelo prefeito.[6]

Os anos 2000 foram marcados por uma série de mudanças no organograma do DPH. Visando a "implantação sistêmica de programas museológicos relativos ao patrimônio da Cidade", em 2004 a Divisão de Iconografia e Museus originou o Museu da Cidade de São Paulo.[7] Em 2010, a atuação do DPH foi ampliada com a oficialização de setores já atuantes, mas não constavam no organograma da secretaria: Casa da Imagem de São Paulo, Centro de Arqueologia de São Paulo, Pavilhão das Culturas Brasileiras e, em caráter experimental, o Centro de Memória do Circo. Sua estrutura passou a compreender, então, uma divisão administrativa e as três divisões técnicas que eram os pilares do DPH: Divisão do Arquivo Histórico de São Paulo, Divisão do Museu da Cidade de São Paulo e Divisão de Preservação. Nesta última, a Seção Técnica de Divulgação e Publicação e o Laboratório de Restauro foram extintos, tendo sido criada a Seção Técnica de Monumentos e Obras Artísticas.[8]

Em 2012, a Divisão do Arquivo Histórico de São Paulo passou a ser um departamento dentro da SMC[9] e mais tarde, em 2016, através do Decreto n. 57.528,[10] a Divisão de Museu da Cidade passou a funcionar como o Departamento de Museus Municipais. Desta forma, o tradicional suporte tríplice do DPH (museus, documentos e patrimônio) foi totalmente transformado, e o Departamento de Patrimônio Histórico passou a contar apenas com a antiga Divisão de Preservação e o Centro de Arqueologia, reunidas sob uma única supervisão de preservação.

O estabelecimento de núcleos de trabalho foi oficialmente detalhado em 2018, com o Decreto n. 58.207, que revogou o ato de 2016, e toda a SMC foi redesenhada. O DPH passou a ser integrado por:

I   Supervisão de Salvaguarda – SS, com:
    a)   Núcleo de Projeto, Restauro e Conservação – NPRC;
    b)   Núcleo de Identificação e Tombamento – NIT;
    c)   Núcleo de Monumentos e Obras Artísticas – NMOA;
II   Centro de Arqueologia de São Paulo – Casp;
III   Núcleo de Documentação e Pesquisa – NDP;
IV   Núcleo de Valorização do Patrimônio – NVP.

Essas transformações impactaram sobremaneira os trabalhos desenvolvidos pelo DPH ao longo dos anos, na medida em que novas atribuições e demandas foram surgindo. Assim, a Divisão Preservação, atual Supervisão de Salvaguarda, se especializou na proteção e preservação dos bens culturais do município por intermédio de inventários e propostas de tombamento e regulamentações de áreas envoltórias, na análise de intervenções em edifícios e áreas protegidas, no desenvolvimento de projetos de restauro dos bens tombados pertencentes ao departamento.[11]

Dentre esses trabalhos merece destaque os Igepacs, trabalho sistemático desenvolvido no departamento desde os anos 1980, com metodologia própria e em consonância com os termos mais contemporâneos no trato dos bens culturais e durante os quais farta documentação e registro da cidade foram e são acumuladas.

Processo de Preservação do Patrimônio Ambiental, Cultural e Urbano na Cidade de São Paulo: os Igepacs

As primeiras ações de preservação do patrimônio histórico ocorridas na cidade de São Paulo foram empreendidas ainda na década de 1930, com o tombamento pelo Iphan da Igreja de São Miguel Paulista – também conhecida por Capela de São Miguel ou Capela de São Miguel Arcanjo.[12] Até a década de 1970, outros edifícios paulistanos foram protegidos em âmbito nacional, em sua maioria ícones do passado colonial paulista, seguindo a concepção de patrimônio histórico como a excepcionalidade e a monumentalidade artística e histórica, conforme apresentado pelo Decreto-lei n. 25 de 1937, que assim conceitua o patrimônio no Brasil.[13]

Outras ações de proteção legal foram realizadas na cidade de São Paulo a partir da criação do Conselho de Defesa do Patrimônio Histórico, Arqueológico, Artístico e Turístico – Condephaat, em 1968, que passa a se responsabilizar pelos tombamentos na cidade até o final dos anos 1980, quando foi criado o Conpresp. Contudo, outros trabalhos de proteção do patrimônio paulistano são realizados nesse período, seja por intermédio do planejamento da cidade, seja nos trabalhos empreendidos pelo DPH, criado em 1975.[14]

As ações municipais para a preservação na cidade de São Paulo se iniciaram em 1974, com a contratação, pela Coordenadoria Geral de Planejamento – Cogep (órgão da antiga Secretaria de Planejamento), dos arquitetos Carlos Lemos e Benedito Lima de Toledo para realizar uma pesquisa acerca do patrimônio arquitetônico na área central de São Paulo. Tal iniciativa era bastante inovadora para a prefeitura, que pouco se ocupava das constantes demolições e descaracterizações das edificações e dos espaços públicos que promoviam profundas transformações da paisagem. Inúmeros foram os bens perdidos e caminhos apagados nesse processo de formação da metrópole paulistana.[15]

Esse trabalho teve como objetivo o registro dos bens arquitetônicos, elencados segundo critérios históricos, de antiguidade e interesse arquitetônico. A priori foram estudadas manchas que comportassem tanto os exemplares edificados quanto o tecido urbano, totalizando um conjunto de duzentos bens. A listagem foi principalmente fundamentada na concepção tradicionalmente aceita de eleição de bens excepcionais ou remanescentes em função dos ciclos econômicos, cujas marcas nem sempre eram facilmente identificáveis, aliados às técnicas construtivas predominantes.

Na ausência de uma proteção legal, muitos desses bens se perderam e outros, como o Colégio Caetano de Campos, não foram demolidos por conta da mobilização popular em prol de sua preservação.[16]

Após esse episódio, tornou-se evidente a necessidade de atenção e proteção dos bens culturais da cidade, e a Cogep solicitou aos mesmos arquitetos a continuidade do trabalho iniciado. Detalhes dos bens eleitos foram documentados, e começou a ser esboçada uma noção mais ampla do patrimônio, incorporando, ainda que timidamente, aspectos socioculturais, de formação morfológica urbana, inserindo a noção de patrimônio ambiental urbano. Ao mesmo tempo, foram esboçadas propostas que visassem a valorização dos bens eleitos, como o então inovador conceito de transferência do direito de construir.[17]

Tal trabalho foi posteriormente incorporado pela Cogep, com a criação de listas de imóveis protegidos através da Lei n. 8.328 de 1975, sob a denominação de Z8-200, uma espécie de lei de zoneamento, mas que dependia da aprovação na Câmara Municipal.[18]

Em 1977, por ocasião da implantação da linha Leste do metrô, foi solicitado ao DPH,[19] em parceria com a Cogep, o estudo urbano e o inventário da área de interferência da implantação dessa linha.

Tal trabalho foi denominado Patrimônio Ambiental Zona Metrô Leste e vislumbrava não apenas a simples identificação de bens de valor histórico e artístico, mas também uma abordagem cultural e ambiental mais ampla, acompanhando as discussões internacionais sobre o patrimônio ambiental urbano daquele momento e que permitia também objetivar uma inserção funcional dos bens e áreas ao tempo presente, graças a sua interface com o planejamento urbano.[20]

Na publicação final desse trabalho, o método de pesquisa foi assim explicado:

> O conhecimento e a análise da trama urbana, quer no seu conjunto, quer nos seus elementos isolados, representam aspectos a serem abordados ao se estudar a história paulistana. Contudo, o conhecimento de sua população através de uma análise de suas origens, de seu conhecimento, de seus aspectos contemporâneos, tais como a distribuição espacial, suas características, suas necessidades e aspirações, suas manifestações culturais, também é fundamental na identificação e seleção dos bens culturalmente significativos – uma vez que acreditamos só ser justificável a preservação da herança ambiental e arquitetônica da cidade se esta permanecer integrada nas suas funções vitais e contemporâneas.[21]

Desse estudo resultou uma lista de 72 bens a serem enquadrados como Z8-200, dos quais, após consulta popular, apenas seis foram efetivamente listados. Tal redução deu-se graças aos intensos conflitos de interesse por parte dos proprietários dos imóveis que entendiam a preservação como uma desapropriação indireta.[22]

Da experiência desses dois trabalhos abordando as questões de patrimônio a partir de um olhar mais amplo é que se desenvolveu o conceito e o método aplicado para o desenvolvimento do Igepac, realizados pelo DPH nas décadas de 1980 e 1990.

Na Constituição Federal de 1988, artigo 216, as formas de proteção dos bens culturais são ampliadas para além do tombamento, incluindo inventários, registros, vigilância e desapropriação. O termo patrimônio cultural surge em substituição a patrimônio histórico, abrangendo os bens de natureza material e imaterial.

O Igepac caracteriza-se pelo desenvolvimento de um inventário realizado a partir da leitura da formação urbana de determinado território, considerando seus aspectos históricos, morfológicos, sociais e culturais, acompanhando o conceito de patrimônio ambiental urbano, como discutido na época: "Patrimônio ambiental urbano é um sistema de objetos, socialmente apropriados, percebidos como capazes de alimentar representações de um ambiente urbano".[23]

A proposta do Igepac era estudar primeiramente as áreas mais centrais, de ocupação mais antiga, e daí seguir para os bairros mais periféricos, promovendo a leitura e o entendimento de toda a cidade. Tais estudos deveriam ser incorporados às propostas de planejamento urbano, de modo a permitir uma valorização dos bens eleitos e a preservação de seu esquema social.

Quanto à metodologia aplicada nos trabalhos, no *Caderno Igepac* n. 1 encontra-se a seguinte explicação:

> Na elaboração de uma metodologia de inventário para a cidade de São Paulo foi levada em conta, primordialmente, as características que a diferem de outras cidades brasileiras já inventariadas. Aqui são raros os imóveis remanescentes do período colonial considerados de rigoroso apuro estilístico. Assim o Igepac-SP tem uma função de reconhecimento de sentido diferenciado do aplicado em cidades como, por exemplo, Salvador ou Olinda; aqui o inventário tem como função descobrir e eleger o patrimônio ambiental urbano de interesse óbvio e outros, muitas vezes camuflados na malha urbana, estratificada por restos de demolições dos vários períodos de sua existência e escondidos por detrás de todo aquele aparato publicitário que polui a paisagem paulistana.[24]

Da análise do material produzido, percebe-se uma abordagem no sentido da preservação do patrimônio, não mais ligada à excepcionalidade e à monumentalidade, mas no entendimento do bem cultural como parte de um ambiente urbano complexo, repleto de relações paisagísticas, históricas, sociológicas e culturais.

O olhar atento para as iniciativas paulistanas de preservação permite-nos perceber que elas não foram iniciativas empíricas isoladas, e sim resultantes de uma transformação paulatina na conceituação de patrimônio cultural naqueles anos no Brasil. e muito se deve aos cursos de especialização promovidos pela FAU USP na década de 1970, que ventilaram o meio intelectual preservacionista brasileiro à época, refletindo nos estudos e propostas realizados no período.[25]

O primeiro Igepac realizado foi no bairro da Liberdade, entre 1982 e 1983, e contou com uma equipe interdisciplinar formada por arquitetos, historiadores e sociólogos. Nesse trabalho, o bairro foi dividido em subáreas e estas em manchas, considerando sua evolução urbana, levantamento da legislação de usos e ocupação do solo, leitura da paisagem e uma proposta de intervenção, a ser incorporada pelos planos de desenvolvimento da cidade. Não houve, à época, nenhum plano de proteção legal do patrimônio elencado, seja por prever uma incorporação ao planejamento, seja por São Paulo não contar ainda com um conselho naqueles anos.[26]

A proteção do bairro da Liberdade veio a acontecer apenas recentemente, após uma detalhada revisão e entendimentos dos conceitos iniciais e, claro, do patrimônio ali ainda presente. Tal trabalho revela, mais uma vez, o Igepac como um caminho seguro para a preservação urbana, bem como a eficácia desse método e conceitos adotados.

Nota-se que as ações do DPH por meio do Igepac vinham de encontro ao pensamento preservacionista da época, até mesmo se antecedendo às ações legais federais. Durante a década de 1980, outros Igepacs foram desenvolvidos na cidade, sempre avançando a partir da área central para as mais periféricas, configurando um dos principais trabalhos desenvolvidos pelo órgão. Com a criação do Conpresp e o início dos tombamentos municipais a partir da década de 1990, uma nova e grande demanda foi surgindo no órgão, como a análise de intervenções em imóveis protegidos. Aos poucos, os Igepacs foram se tornando mais raros, ao mesmo tempo em que os estudos de pedidos de proteção, de origens variadas, se ampliaram.

Memória e patrimônio: o Igepac como fonte de informação e pesquisa

Todos os trabalhos realizados pelo DPH geraram uma série de registros e documentos que explicam o patrimônio cultural urbano paulistano. Como visto, a metodologia empregada para a elaboração dos Igepacs foi essencial para estabelecer esse entendimento. A pesquisa intensa e a discussão de equipes multidisciplinares embasam a investigação da área a ser inventariada.

A princípio, o método de trabalho do Igepac consiste no levantamento das origens dos bairros, sua configuração inicial, transformações e características socioeconômicas, as legislações incidentes na área, o histórico das edificações e do tecido urbano e perspectivas de transformação. O trabalho de campo consiste no levantamento de aspectos geográficos e morfológicos da área, no levantamento arquitetônico das edificações, seus usos e estado de conservação, das referências visuais de importância nos bairros. Depois da fase de levantamento e pesquisa, os pesquisadores aprofundam os estudos das subáreas até a elaboração de fichas. Nessa fase, geram-se vários registros documentais: fotografias (ampliações, miniaturas e negativos), fichas de campo preliminares, fichas de inventário, mapeamentos, atas de reuniões, relatórios, levantamentos e fichamentos bibliográficos e documentais, revisões, croquis de quadras fiscais, desenhos, entrevistas (áudio e transcrições) e pareceres que retratam o panorama completo da região estudada.[27]

Após o cumprimento de suas funções, a documentação gerada durante esse processo é arquivada, a fim de possibilitar a consulta e o fornecimento de subsídios para trabalhos futuros da municipalidade e do próprio DPH, como, por exemplo, nas futuras intervenções nos edifícios e áreas protegidas.

Em 1991, durante o congresso internacional Patrimônio Histórico e Cidadania, promovido pelo DPH, a então diretora Déa Felenon discorreu sobre as atribuições do departamento, e sua fala ficou registrada no livro *O direito à memória*.[28] Felenon enfatizou a importância das políticas de preservação do patrimônio cultural por meio do "reconhecimento, proteção, tombamento, valorização e divulgação de seu patrimônio histórico, artístico, arqueológico e ambiental", patrimônio esse formado por "bens imóveis, móveis, documentos escritos e iconográficos (particularmente os de suporte fotográfico)".[29]

Nesse mesmo congresso, Antonia Heredia Herrera – pesquisadora que, desde 1954, dedica-se ao estudo da história e da arquivologia[30] – expôs que diante do atraente leque de manifestações artísticas, a documentação, que é também patrimônio histórico, poderia passar despercebida.[31] Ressaltou que os arquivos não são um amontoado de papéis velhos, mas sim um conjunto estruturado e não arbitrário que testemunha as atividades dentro do âmbito de ação de pessoas ou de organizações. Cabe aos arquivos e seus profissionais darem visibilidade a esse tesouro por meio da organização, sistematização, preservação dos documentos e da prestação de serviços ao público, porém com o apoio das altas esferas administrativas e legisladores.

A importância na documentação dos trabalhos de preservação, conservação e restauro do patrimônio cultural é tema presente desde o século 19, quando as discussões a respeito da preservação do patrimônio começam a se acentuar. O registro do patrimônio arquitetônico, contudo, pode ainda ser remontado aos trabalhos de Giovanni Battista Piranese, por meio de seus desenhos, que documentaram a arquitetura clássica no território italiano.

Preocupação semelhante é demonstrada nos trabalhos do arquiteto francês Eugène Emmanuele Viollet-le-Duc, que também estudou e documentou a arquitetura medieval francesa. Le Duc chamava a atenção para a importância do levantamento exaustivo e documentação dos edifícios para então se desenvolver a restauração dos bens.

No ambiente italiano, Camillo Boito e posteriormente Gustavo Giovanonni também recomendavam a importância do aspecto documental durante as restaurações.

A Carta de Veneza de 1964 também salienta a importância da documentação durante os trabalhos de restauração e conservação do patrimônio, que devem ser norteados por um método claro e de critérios, segundo seu artigo 16:

> Todos os trabalhos de conservação, de restauro e as escavações deverão ser sempre acompanhados pela compilação de documentação precisa, sob a forma de relatórios analíticos ou críticos, ilustrados com desenhos e fotografias. Todas as fases dos trabalhos de desobstrução, de consolidação, de recomposição e de reintegração, assim como os elementos técnicos e formais identificados no decurso dos trabalhos, deverão ser anotados. *Esta documentação deverá ser guardada nos arquivos de um organismo público e colocada à disposição dos investigadores, recomendando-se a sua publicação.*[32]

Percebe-se, portanto, que a documentação nos trabalhos de preservação do patrimônio é parte fundamental do processo de preservação, tanto nos trabalhos de restauração, quanto no desenvolvimento de inventários e tombamentos, e que por si só constituem uma forma de preservação. A Carta ressalta ainda que os documentos devem ser organizados, mantidos e disponibilizados ao público.

Essa recomendação, em aparência evidente, deveria ser uma prática consolidada há muito tempo e parte integrante de intervenções. Infelizmente isso não ocorre como deveria. Entretanto,

Ensaio fotográfico *Bexiga*
1991, de Cristiano Mascaro

são propostas que já compareciam em textos de Viollet-le-Duc, em meados do século 19 e que são reiteradas por Camillo Boito e pela Carta de Atenas (item VII, c), sendo essenciais para a elaboração de um projeto fundamentado e para o controle da obra, bem como para a divulgação e apreciação crítica dos resultados obtidos.[33]

Considerando isto, vemos que a reunião de documentos é natural e inevitável e nunca será aleatória ou subjetiva. A riqueza das informações e a quantidade de documentos gerados e acumulados pelo DPH ao longo de sua história consolidam a herança cultural mantida no que hoje se constitui o Núcleo de Documentação e Pesquisa do DPH.

O desejo de organizar a informação gerada e acumulada pelo DPH é antigo. Desde o final da década de 1980 existiam iniciativas para a organização da informação na Divisão de Preservação, que inclui livros técnicos e documentos em diversos suportes, requisitados com muita frequência.

Nos últimos dez anos, o DPH tem procurado desenvolver um sistema de gerenciamento da informação capaz de integrar, organizar, preservar e disseminar o conteúdo informacional da documentação produzida e acumulada física e eletronicamente pelo corpo técnico ao longo de suas atividades, seguindo o previsto na legislação federal e municipal, que regulamentam o direito constitucional dos cidadãos de acesso às informações públicas, a gestão de documentos e as regras para a definição da política de gestão documental.[34]

Em 2018 foi criado o Núcleo de Documentação e Pesquisa do DPH,[35] com a finalidade de atender esses dispositivos legais de acesso à informação e elevar o nível de eficiência do órgão mediante o aperfeiçoamento e o uso das tecnologias da informação em favor da preservação das informações de natureza patrimonial, em especial os conjuntos arquitetônicos da cidade de São Paulo. Além disso, presta-se a dar serviços de assistência informacional de forma a contribuir e, consequentemente, manter a memória da preservação do patrimônio na cidade.

Conclusão

Durante a década de 1980, o Departamento de Patrimônio Histórico deu início aos seus primeiros trabalhos de preservação do patrimônio paulistano a partir do conceito de patrimônio ambiental urbano, segundo o qual é formado não apenas por suas formas arquitetônicas, ambientais e geográficas, mas também por uma rede social e cultural que o qualifica. Nesse sentido, desenvolveu-se uma metodologia específica de inventário denominada Igepac, que pretendia conhecer e estudar a cidade de São Paulo a partir dos bairros centrais, de ocupação mais antiga, sentido bairros mais periféricos. Tal trabalho foi desenvolvido por uma equipe multidisciplinar que compunha os quadros do DPH à época e resultou numa série documental desses lugares, como levantamentos, fotografias, desenhos à mão, fichas de inventário, estudos de paisagem e morfologia, entre outros.

Na falta de um conselho que pudesse efetivar a proteção legal dos imóveis, espaços e logradouros da época, muitos deles se perderam ou apenas foram protegidos a partir da constituição do Conpresp em 1989. Assim, a documentação levantada durante os Igepacs constitui, em muitos casos, importante fonte material para os trabalhos de preservação, intervenção e restauração dos edifícios, além dos estudos de áreas envoltórias.

Tal documentação está hoje reunida no Núcleo de Documentação e Pesquisa do DPH, que procura catalogar e proteger esse material, permitindo a sua extroversão para novos pesquisadores.

Desta forma, o acervo documental do DPH e os trabalhos de catalogação e identificação, podem ser considerados uma forma válida de preservação da memória da cidade de São Paulo, em consonância com as mais remotas recomendações de salvaguarda do patrimônio cultural no mundo ocidental.

Ensaio fotográfico *Bexiga 1991*, de Cristiano Mascaro

Notas

1. O Departamento de Cultura contou com a colaboração de grandes intelectuais do cenário paulista, como: Mário de Andrade (1893-1945), poeta, romancista, crítico de arte, musicólogo; Sérgio Milliet (1898-1966), escritor, pintor, poeta, ensaísta, crítico de arte e de literatura, sociólogo e tradutor brasileiro; Paulo Duarte (1899-1984), biógrafo, poeta, arqueólogo, memorialista, jornalista e professor universitário. Todos eles participaram ativamente em vários projetos culturais na cidade de São Paulo, revolucionando o modo de pensar e agir dos paulistanos. Colaboram com a Semana de Arte Moderna de 1922, com grande repercussão no Brasil e no mundo.
2. SÃO PAULO (Município). Acto n. 861, de 30 de maio de 1935. Organiza o Departamento de Cultura e de Recreação.
3. SÃO PAULO (Município). Lei n. 8.204, de 13 de janeiro de 1975. Dispõe sobre a criação da Secretaria Municipal de Cultura e dá outras providências.
4. SÃO PAULO (Município). Lei n. 8.252, de 20 de maio de 1975. Dispõe sobre a criação Departamento de Informação e Documentação Artísticas e dá outras providências (ata de Instalação do Conpresp).
5. Idem, ibidem.
6. SÃO PAULO (Município). Lei n. 10.032, de 27 de dezembro de 1985. Dispõe sobre a criação de um conselho municipal de preservação do patrimônio histórico, cultural e ambiental da cidade de São Paulo.
7. Cf. SÃO PAULO (Município). Decreto n. 44.470, de 8 de março de 2004. Dispõe sobre a criação do Museu da Cidade de São Paulo.
8. SÃO PAULO (Município). Decreto n. 51.478, de 11 de maio de 2010. Dispõe sobre a reorganização do Departamento do Patrimônio Histórico – DPH.
9. SÃO PAULO (Município). Lei n. 15.608, de 28 de junho de 2012. Dispõe sobre a criação do Arquivo Histórico de São Paulo.
10. SÃO PAULO (Município). Decreto n. 57.528, de 12 de dezembro de 2016. Dispõe sobre a reorganização e as atribuições da Secretaria Municipal de Cultura, cria e altera a denominação de equipamentos culturais, bem como altera a denominação e a lotação dos cargos de provimento em comissão que especifica.
11. Após a criação do Conpresp, o município passou a realizar os tombamentos municipais, de demandas externas variadas.
12. De acordo com o Iphan, a Capela de São Miguel Arcanjo foi tombada pelo Iphan em 1938, por meio do Processo n. 180, juntamente com a Igreja Nossa Senhora do Rosário em Embu.
13. "Art. 1. Constitui o patrimônio histórico e artístico nacional o conjunto dos bens móveis e imóveis existentes no país e cuja conservação seja de interesse público, quer por sua vinculação a fatos memoráveis da história do Brasil, quer por seu excepcional valor arqueológico ou etnográfico, bibliográfico ou artístico". BRASIL (Presidência da República). Decreto-lei n. 25, de 30 de novembro de 1937. Organiza a proteção do patrimônio histórico e artístico nacional.
14. Alguns estudos e pedidos de tombamento eram realizados pelo corpo técnico do DPH e encaminhados para o tombamento no Condephaat, na ausência de um conselho próprio.
15. Cf. Uma política para salvar os bens culturais de São Paulo, p. 24.
16. O Colégio Caetano de Campos foi tombado pelo Condephaat em 1976, após intensa mobilização popular que impediu a demolição por ocasião das obras do metrô.
17. Cf. Uma política para salvar os bens culturais de São Paulo (op. cit.).
18. Cf. BAFFI, Mirthes I. S. O Igepac SP e os outros inventários da Divisão de Preservação do DPH: um balanço, p. 169.
19. O DPH foi criado em 1975, na Secretaria Municipal de Cultural. Os primeiros trabalhos desenvolvidos pelo departamento versavam sobre projetos de restauro e intervenções nos bens tombados pelo Iphan na cidade. O primeiro estudo e inventário realizado pelo departamento foi o estudo do Outeiro da Freguesia do Ó e o Eixo Histórico de Santo Amaro, apenas em 1979.
20. Cf. BAFFI, Mirthes I. S. Op. cit., p. 170.
21. Idem, ibidem.

22. Cf. ANDRADE, Paula Rodrigues. *O patrimônio da cidade: arquitetura e ambiente urbano nos inventários de São Paulo da década de 1970*, p. 132.
23. MENESES, Ulpiano Bezerra de. Patrimônio ambiental urbano: do lugar comum ao lugar de todos, p. 45.
24. BAFFI, Mirthes I. S. Op. cit., p. 179.
25. Na década de 1970, a FAU USP promoveu dois cursos de especialização em patrimônio histórico. O primeiro deles, em 1974, denominado Curso de Preservação e Restauro de Monumentos, foi uma iniciativa do governo do estado de São Paulo, através do Condephaat e da FAU USP e, posteriormente, o Iphan. Foi responsável por introduzir o conceito de patrimônio cultural nos meios acadêmicos e contou com a coordenação do arquiteto Luis Saia e com aulas ministradas por Hugges de Varine, consultor da Unesco e diretor do Icom naqueles anos, além de outras importantes figuras brasileiras e estrangeiras. Tal curso, segundo diversos relatos, parece ter sido responsável por uma mudança de pensamento em relação ao tratamento dos temas relativos ao patrimônio histórico, sendo inclusive nesse momento que o conceito de patrimônio cultural e a Carta de Veneza de 1964 foram inicialmente introduzidos. Em 1978, ocorreu novo curso de especialização, intitulado Patrimônio Ambiental Urbano, organizado pelos professores arquitetos Carlos Lemos e pela geógrafa Maria Adélia de Souza e contando com a participação não só de arquitetos, mas também de geógrafos, além de técnicos estrangeiros. Importantes figuras do patrimônio no Brasil participaram desses dois cursos do patrimônio no Brasil, daí sua relevância nas propostas de preservação da década de 1970 e 1980 em todo o país.
26. Cf. SCHENKMAN, Raquel. Identificação e proteção do patrimônio ambiental, cultural e urbano do bairro da Liberdade: atualização e retomada do Igepac-SP, p. 3.
27. Conforme exposto por Ana Lúcia F. M. S. Bragança Winther, arquiteta do DPH, durante a apresentação da abertura do processo de tombamento do bairro de Perdizes ao Conpresp em 2011. SÃO PAULO (Município); WINTHER, Ana Lúcia F. M. S. Bragança. Instrução de tombamento. Processo n. 2009-0.064.434-2.
28. Essa publicação é parte do material discutido nesse congresso.
29. CUNHA, Maria Clementina Pereira da (Org.). *O direito à memória: patrimônio histórico e cidadania*, p. 31.
30. A espanhola Antonia Heredia Herrera contribuiu com inúmeros trabalhos e artigos sobre o tema, destacando-se o livro *Archivística general: teoría y práctica*, de 1986.
31. Cf. CUNHA, Maria Clementina Pereira da (Org.). Op. cit., p. 113.
32. Carta de Veneza – carta internacional sobre conservação e restauração de monumentos e sítios, p. 107. Grifo das autoras.
33. Cf. KÜHL, Beatriz Mugayar. Notas sobre a Carta de Veneza, p. 316. Da mesma autora, ver: KÜHL, Beatriz Mugayar. As transformações na maneira de se intervir na arquitetura do passado entre os séculos 15 e 18: o período de formação da restauração.
34. BRASIL (Presidência da República). Constituição da República Federativa do Brasil de 1988; BRASIL (Presidência da República). Lei n. 8.159, de 8 de janeiro de 1991. Dispõe sobre a política nacional de arquivos públicos e privados e dá outras providências; BRASIL (Presidência da República). Lei n. 12.527, de 18 de novembro de 2011. Regula o acesso a informações previsto no inciso XXXIII do art. 5º; SÃO PAULO (Município). Decreto n. 29.745, de 14 de maio de 1991. Estabelece normas de avaliação e destinação para os documentos da administração pública do município de São Paulo e dá outras providências; SÃO PAULO (Município). Decreto n. 53.623, de 2 de dezembro de 2012. Regulamenta a Lei Federal n. 12.527, de 18 de novembro de 2011; SÃO PAULO (Município). Decreto n. 57.783, de 3 de julho de 2017. Dispõe sobre a Política de Gestão Documental e o Sistema de Arquivos do Município de São Paulo.
35. Oficializado com a promulgação do documento: SÃO PAULO (Município). Decreto n. 58.207, de 24 de abril de 2018. Dispõe sobre a reorganização da Secretaria Municipal de Cultura, altera a denominação e a lotação dos cargos de provimento em comissão que especifica, bem como transfere cargos para o Quadro Específico de Cargos de Provimento em Comissão.

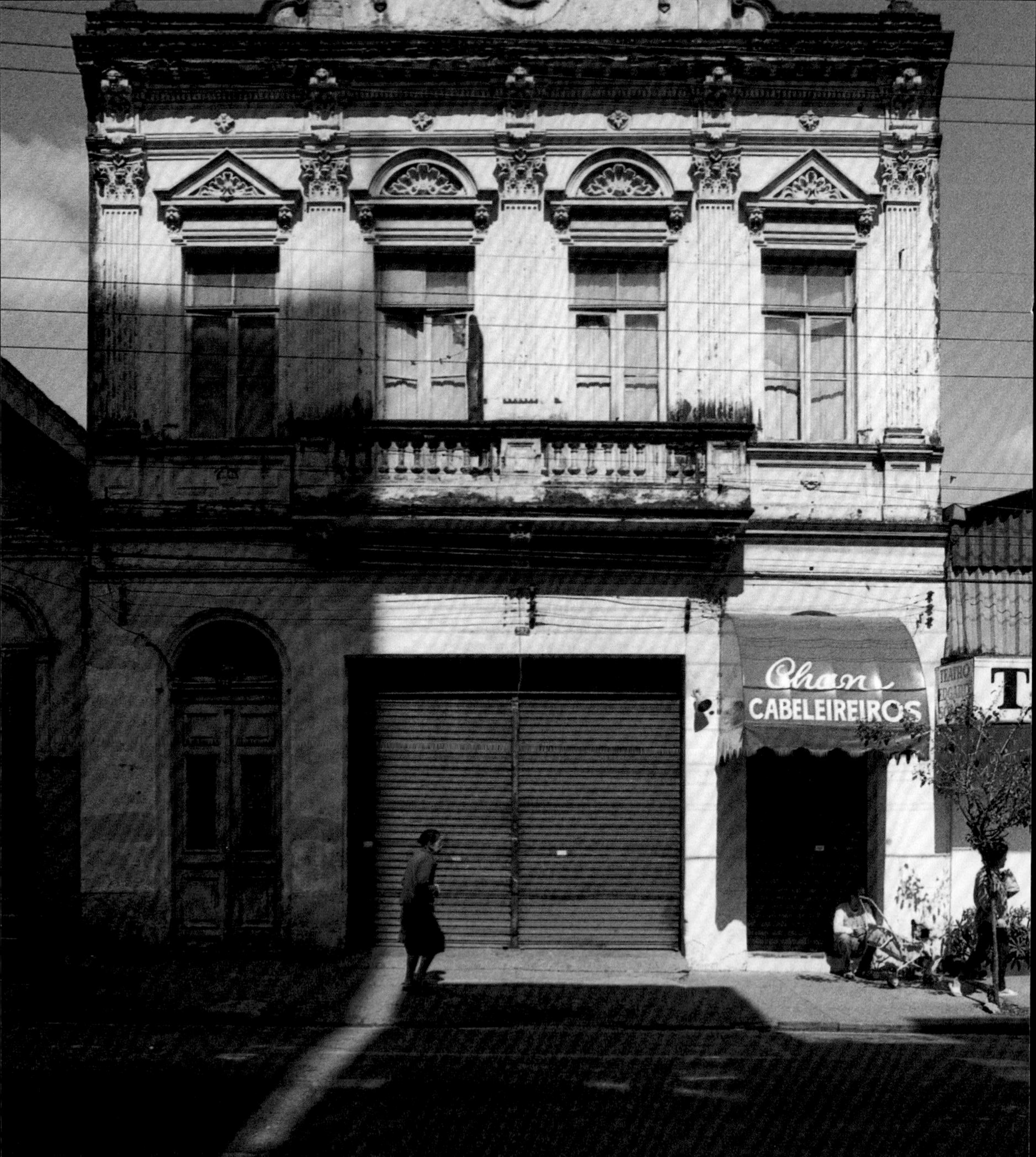
CABELEIREIROS
TEATRO

2.2 Processo de preservação do bairro do Bexiga
Vânia Lewkowicz Katz
Cecília de Moura Leite Ribeiro

Ensaio fotográfico *Bexiga 1991*, de Cristiano Mascaro

O estudo do bairro do Bexiga/Bela Vista integrou o programa sistemático de inventários urbanos, desenvolvido pelo DPH na década de 1980, denominado Inventário Geral do Patrimônio Ambiental e Cultural da Cidade de São Paulo – Igepac SP. Essa área foi inventariada por meio da realização de levantamentos e reconhecimento de elementos urbanos importantes localizados num perímetro selecionado. A abertura de processo de tombamento, em 1990, definiu um extenso perímetro de proteção e, em 1993, uma nova resolução viria modificá-lo com a definição de três áreas especiais. Em 2002, após a realização de novas revisões e atualizações, o conjunto final de bens de interesse foi tombado pelo Conpresp. Em 2013, foram realizados novos registros fotográficos dos imóveis para uma análise comparativa da situação das edificações tombadas no bairro com a de anos anteriores.

Criação do DPH

Desde a década de 1930, com a criação do Departamento de Cultura paulistano e do atual Iphan, o poder público procurou organizar ações visando à valorização do patrimônio histórico da cidade de São Paulo. Além desse interesse, sempre houve uma grande preocupação com a proteção desse patrimônio cultural devido à intensidade e à velocidade de transformações urbanas na cidade. Muitos testemunhos importantes deixaram de existir nesse processo vertiginoso de crescimento.

Com o intuito principal de zelar por essa memória paulistana, o Departamento do Patrimônio Histórico – DPH foi criado pela Lei n. 8.204 em 1975,[1] integrando a Secretaria Municipal de Cultura – SMC e um sistema inovador de proteção patrimonial: o zoneamento municipal de preservação.

Complementando a atuação do DPH foi criado o Conselho Municipal de Preservação do Patrimônio Histórico, Cultural e Ambiental da Cidade de São Paulo – Conpresp, pela Lei n. 10.032 de 1985.[2] Constitui-se como órgão de assessoramento cultural vinculado, também, à Secretaria Municipal de Cultura, que tem por principal atribuição deliberar sobre pedidos de tombamento de bens culturais, integrando e fortalecendo o sistema municipal de preservação do patrimônio histórico.

Igepac

A Divisão de Preservação, que integrava a estrutura original do Departamento do Patrimônio Histórico, iniciou, em 1983, a elaboração metodológica e técnica do Igepac SP.

Esse inventário caracteriza-se como um trabalho sistemático de reconhecimento, documentação, proteção e divulgação do que constitui o patrimônio ambiental e cultural da cidade de São Paulo. Nesse sentido, são inventariados não apenas os bens consagrados como monumentais, mas também modos de organização do espaço urbano e suas várias etapas e formas de evolução.

O objetivo do Igepac SP fundamenta-se na questão central da memória e identidade urbanas. Desde sua concepção, ressaltou-se a necessidade de o inventário, como método de reconhecimento territorial, integrar as políticas e planos de desenvolvimento urbano no que diz respeito às áreas a serem preservadas e outras sujeitas à renovação urbana.

Igepac Bela Vista – 1984

O estudo da área do Bexiga/Bela Vista integrou esse programa sistemático do Igepac SP desenvolvido pelo DPH a partir da década de 1980.[3] A finalidade era identificar os bens considerados de interesse existentes no perímetro estudado do bairro: "Para a elaboração do Igepac foi eleito um perímetro de trabalho que abarca grande parte dos bairros mais antigos da cidade de São Paulo (Liberdade, Bela Vista, Consolação entre outros)".[4]

As intensas modificações urbanas, decorrentes de alterações no sistema viário, foram analisadas pela arquiteta Célia da Rocha Paes:

> O Bexiga manteve uma intensa integridade sociocultural e espacial até as intervenções viárias da década de 60, executadas pelo poder público para melhorar a ligação entre o Centro e o Novo Centro na avenida Paulista (Rui Barbosa/Treze de Maio) e do próprio centro com os bairros Leste/Oeste (Radial Leste). As intervenções viárias provocaram uma ruptura no tecido viário do bairro, sem conseguir fixar atividades no seu entorno, criando um espaço intermediário entre a via e o bairro. A diferença de níveis da Rui Barbosa cria ainda um impedimento visual de percepção local. Provocaram a partilha do território, a desconsideração da memória e a expulsão de alguns setores mais frágeis dos grupos sociais locais.[5]

Para o desenvolvimento desse inventário,[6] obedecendo a metodologia adotada no Igepac, a área de estudo foi definida a partir dos seguintes parâmetros:

- localização dos principais caminhos do período colonial (séculos 16 a 18);
- perímetro urbano segundo a Planta Geral da Cidade de São Paulo de 1897, de Gomes Cardim (quando a expansão urbana passa a ocorrer de forma acelerada);
- divisão da cidade em zonas de acordo com o Código de Obras Arthur Saboya (1934);

- localização de regiões com perspectiva de transformação no início da década de 1980;
- características topográficas e predominâncias de usos e tipologias arquitetônicas singulares.

Definido o perímetro, foi realizada pesquisa histórica e de formação urbana do bairro, bem como detalhado trabalho de campo compreendendo:

- levantamento de edifícios significativos do ponto de vista histórico e arquitetônico localizados na área e subáreas preestabelecidas;
- reconhecimento de elementos urbanos caracterizadores (conjuntos arquitetônicos, logradouros);
- levantamento de componentes urbanos e geomorfológicos (escadarias, muros de arrimo, encostas recobertas de vegetação);
- fichamento com registro fotográfico dos imóveis.

Igreja Nossa Senhora Achiropita, 25 jan. 2020
Zel Café, 28 mar. 2019

A análise territorial da Bela Vista/Bexiga definiu cinco momentos/espaços de ocupação, que se constituíram em referências para a preservação da legibilidade urbana do bairro da Bela Vista. A proposta de intervenção era a de contribuir para um possível ordenamento e direcionamento das prováveis transformações futuras que tanto as manchas consignadas, como as subáreas nas quais se estabeleceram e, consequentemente, o território como um todo, viriam a sofrer.

A partir da análise das diferentes zonas que se articulavam na área trabalhada, foram definidos setores específicos, por meio de características sociofuncionais marcantes, subdividindo a área em sete subáreas:

- Subárea 1 – Centro;
- Subárea 2 – rua Maria José;
- Subárea 3 – rua 13 de Maio;
- Subárea 4 – Morro dos Ingleses;
- Subárea 5 – Grota;
- Subárea 6 – rua Pedroso;
- Subárea 7 – rua Paraíso.

Foram indicadas, como instrumentos para proteção e intervenção, as seguintes propostas para a área inventariada:

- mudança de zoneamento;
- aplicação do artigo 80 do Decreto n. 11.106/74, que dispõe sobre o zoneamento e regulamenta o parcelamento, uso e ocupação do solo;
- aplicação da Lei n. 8328/75 – Z8-200, a fim de preservar os imóveis de caráter histórico, artístico, cultural e paisagístico;
- propostas de preservação com relação às áreas não ocupadas por edificações e que apresentam valor ambiental.

Poucos anos após a finalização dessa etapa do Igepac Bexiga, duas ações administrativas e políticas foram tomadas pela prefeitura: a organização de um concurso nacional de propostas para a renovação e a preservação do bairro, e a proteção e o reconhecimento da área a partir da utilização do instrumento legal do tombamento municipal, criado em 1985, mas cuja aplicação efetiva pelo Conpresp se deu a partir de 1989.

Casa Mestre Ananias, 25 jan. 2020

Zel Café, 9 mai. 2019
Vila Itororó, 25 jan. 2020

O Concurso Nacional de Ideias – 1987-1992

Precedendo a abertura de processo de tombamento do bairro da Bela Vista, foi instituído o Concurso Nacional de Ideias para a Renovação Urbana e Preservação do Bexiga, por iniciativa da antiga Empresa Municipal de Urbanização – Emurb, atual SP-Urbanismo, com apoio do DPH e do Instituto de Arquitetos do Brasil – IAB São Paulo. O processo teve início durante a gestão do prefeito Jânio Quadros (1985-1988) e continuidade e finalização durante a administração da prefeita Luiza Erundina (1989-1992).

O concurso, aberto a equipes de arquitetos e urbanistas do país inteiro, foi estruturado em duas etapas. Na primeira foi constituída a comissão julgadora e elaboradas as premissas para julgamento das propostas,[7] a partir de uma série de consultas à população, registros fotográficos produzidos por Cristiano Mascaro e debates abertos. Realizada uma exposição pública dos projetos concorrentes, a comissão julgadora selecionou as três propostas que participariam da segunda fase do concurso.[8]

Na segunda fase, conforme relato da arquiteta Clara Correia d'Alambert, "realizaram-se reuniões entre a organização do concurso e as equipes finalistas com o objetivo de elaborar uma cartilha, que divulgasse e esclarecesse as propostas em discussão. Em dezembro de 1990, houve uma assembleia final, na qual ocorreu a votação popular que escolheu a proposta vencedora".[9]

O concurso objetivou o desenvolvimento de projeto urbano que articulasse os *interesses da preservação e da renovação urbana* desejada para a região, ao estabelecer *zoneamento específico e a definição de incentivos fiscais*.

Foram apresentadas propostas de requalificação de ruas, espaços públicos, moradias, preservação da memória e do patrimônio histórico. A equipe vencedora foi a Equipe Azul, constituída pelo escritório ArqGrupo, de Recife (PE), composta por Amélia Reynaldo (coordenadora), Ana Lúcia Barros, Katia Costa Pinto, Maria José Marques, Suely Maciel, Teresa Uchoa e Antônio Montenegro.

Nessa fase final do concurso, os estudos do DPH para definição do processo de tombamento do bairro pelo Conpresp já estavam em etapa adiantada, como veremos a seguir. Assim, conforme parecer do arquiteto Eudes de Mello Campos Jr.:

> Como os objetivos tanto da proposta vencedora quanto da proposta final de tombamento em elaboração eram convergentes – pois ambas almejavam a manutenção das características ambientais básicas daquele bairro, nada mais natural que as equipes responsáveis pelos dois projetos, que seguiam paralelos, procurassem um entendimento.[10]

Em junho de 1992 a equipe vencedora encaminhou a versão final do plano denominado Área de Preservação e Renovação Urbana do Bexiga, desenvolvido a partir de trabalhos conjuntos com as equipes técnicas do DPH e da Emurb. Essa proposta embasou minuta de projeto de lei que foi encaminhado à Câmara Municipal de São Paulo que previa a criação de instrumentos legais e propostas urbanísticas que integrassem a preservação e a valorização do patrimônio do bairro, com sua necessária renovação urbana. Destacavam-se a definição de Zonas Especiais de Preservação – ZEPs e Zonas Especiais de Interesse Social – Zeis.

Como resultado das eleições municipais do final de 1992, outras prioridades foram estabelecidas pelo novo governo, que retirou o projeto de lei da Câmara, não se efetivando o plano longamente debatido e elaborado.

Abertura de processo de tombamento – 1990

O DPH, após a finalização do Igepac Bela Vista, passou a receber consultas para que fossem analisados pedidos de alterações e demolições de imóveis registrados nesse inventário. Além disso, foi consultado pelo órgão estadual de preservação – Conselho de Defesa do Patrimônio Histórico, Arqueológico, Artístico e Turístico do Estado de São Paulo – Condephaat sobre o interesse de preservação de imóveis referentes ao bairro.

E, a partir da Moção n. 455/89, de autoria do vereador José Índio Ferreira do Nascimento, a Câmara Municipal apelou ao Executivo, solicitando "determinar junto aos órgãos competentes a preservação do bairro do Bexiga em sua integridade urbanística e social, diante da especulação imobiliária".[11]

Sintetizando essa situação, o DPH encaminhou ao Conpresp uma solicitação de abertura de processo de tombamento relativa àquele bairro paulistano.[12] Ao pedido foi anexada cópia do relatório do Igepac Bela Vista, em dois volumes, elaborado pela Divisão de Preservação em 1984. Esse trabalho dava a real dimensão do valor histórico, arquitetônico e ambiental representado por aquela área. Sua atualização

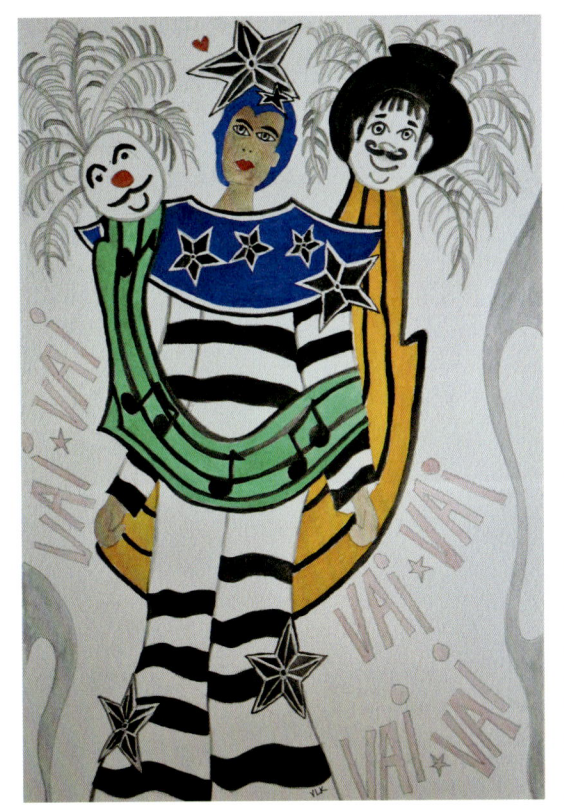

Vai-Vai, 25 jan. 2020

Rua Alfredo Ellis 272, 2 set. 2018

e o respectivo plano de preservação seriam desenvolvidos nas fases seguintes de instrução do processo de tombamento.

O Conpresp, por decisão unânime e a partir do parecer da conselheira Yasuko Tominaga da Secretaria Municipal de Habitação – Sehab, delibera, pela Resolução n. 11/90, a abertura do Processo de Tombamento n. 1990-0.004.514-2. Essa resolução definiu uma extensa área de proteção preliminar para tombamento, que correspondia ao perímetro original de pesquisa do Igepac, em 1984.

A partir dessa Resolução, *todos* os imóveis localizados no perímetro de abertura de tombamento – centenas de edificações – foram colocados sob jurisdição do Conpresp e do Departamento do Patrimônio Histórico, nos termos do Artigo 21 da Lei n. 10.032, de 1985.[13]

A partir dessa decisão, inicia-se também a atualização e a complementação dos estudos desenvolvidos no Igepac, com novos trabalhos de campo e pesquisas históricas. Esses estudos resultaram em proposta final de tombamento da Divisão de Preservação do DPH,[14] que contemplou os seguintes elementos da paisagem urbana do Bexiga para preservação:

- conformação geomorfológica;
- traçado viário;
- parcelamento fundiário;
- vegetação (especialmente arbórea);
- conjuntos edificados;
- elementos urbanos de natureza variada (escadarias, muros de arrimo etc.).

O desenvolvimento dessa proposta, concomitante ao acompanhamento do Concurso de Ideias, resultou nas seguintes diretrizes principais de tombamento:

- proposta de tombamento de um conjunto de imóveis classificados em três níveis de proteção (NP-1, NP-2 e NP-3);
- proposta de regulamentação de gabarito e recuos, caso a caso, para um conjunto de imóveis que compõe o espaço envoltório dos bens tombados, classificados no nível de proteção NP-4E;
- delimitação de três áreas especiais de preservação, no interior da área geral de tombamento do bairro da Bela Vista, em vista da importância histórica, arquitetônica, geomorfológica ou urbanística, peculiar a cada uma:
  1) Área Especial do Bexiga
  2) Área Especial da Vila Itororó
  3) Área Especial da Grota;
- tombamento de dois logradouros públicos de particular interesse para a paisagem urbana da Bela Vista;
- definição de diretrizes de preservação para essas diferentes situações de tombamento e proteção ambiental, incluindo-se aí a proteção da vegetação de porte arbóreo de maior interesse.

Considerou-se que esse conjunto de medidas para a preservação dos elementos urbanos mais significativos da Bela Vista constituía-se, além do reconhecimento já tardio da importância histórica e afetiva desse bairro para a cidade de São Paulo, num balizamento para os futuros, e necessários, trabalhos de compreensão e intervenção nessa área tão complexa.[15]

Essa proposta técnica para o tombamento definitivo, acompanhada da minuta de Resolução e listagem contendo os bens inventariados e propostos para proteção, com seus níveis de preservação, foi endossada pela Divisão de Preservação[16] e encaminhada pela diretora do DPH, historiadora Déa Ribeiro Fenelon, ao Conpresp, em novembro de 1992.

Contudo, as mesmas alterações políticas resultantes das eleições municipais daquele ano, que impediram o prosseguimento da discussão do projeto de lei do Concurso de Ideias, adiaram a deliberação do conselho referente a esse processo.

Modificação da abertura de Processo de Tombamento – 1993

O processo retornou ao DPH em junho de 1993 para revisão da listagem dos imóveis a ser preservados. A proposta foi então encaminhada novamente ao Conpresp e, em reunião realizada em 23 de setembro de 1993, foi aprovada a Resolução Conpresp n. 01/93,[17] que *modificou a abertura de processo de tombamento* definida pela Resolução n. 11/90.

Em seu Artigo 2º, essa nova Resolução estabeleceu que estariam em processo de tombamento os elementos constituidores do ambiente urbano incluídos em três áreas do bairro denominadas Bexiga, Vila Itororó e Grota, que correspondiam às chamadas áreas especiais propostas para tombamento em 1992. Além dessas áreas, foi definido, também, um conjunto de bens listados no Anexo I, correspondendo a imóveis isolados com interesse de preservação, situados fora dos limites das três áreas especiais, mas no interior do perímetro definido em 1990 para o estudo inicial de tombamento do bairro.

Tombamento do Bairro da Bela Vista – 2002

A proposta final de tombamento partiu dos estudos do Igepac Bela Vista e daqueles realizados entre 1989 e 1992, quando da abertura do processo. Revisados e atualizados em 2001, com detalhado trabalho de campo realizado pelos arquitetos Clara Correia d'Alambert, Ronaldo de Albuquerque Parente e Paulo César Gaioto Fernandes, resultou em lista final de imóveis e conjuntos localizados nas três áreas especiais, bem como de elementos urbanos e imóveis isolados a serem tombados.[18]

Mapa do Tombamento
Resolução n. 22/2002

Perímetros

☐ Igepac Bela Vista

☐ Área especial Bexiga

☐ Área especial Grota

☐ Área especial Vila Itororó

Nível de preservação

NP 1
NP 2
NP3

Diretrizes

Gabarito máximo 12,00m
Sem recuo frontal
Recuo lateral opcional de um dos lados

Gabarito máximo 7,00m
Área permeável ajardinada
60% área do lote

Gabarito máximo 12,00m
Sem recuo frontal
Recuo lateral opcional de um dos lados

Esse levantamento resultou em complementação das fichas cadastrais dos imóveis, com registros fotográficos atualizados, incluídos num banco de imagens e arquivados no atual Núcleo de Documentação e Pesquisa do DPH. Essas fichas incluem análise dos imóveis quanto a aspectos arquitetônicos, históricos, de conservação e de ambiência, além de croquis de localização. Durante a revisão, os imóveis que haviam sido demolidos foram retirados da listagem.

Essa proposta final de tombamento, consolidada na Resolução n. 22, de 10 de dezembro de 2002,[19] pautou-se pelo reconhecimento de importantes características urbanas e ambientais do bairro:

– permanência da conformação geomorfológica natural;
– valor histórico, arquitetônico, ambiental e afetivo das edificações remanescentes da ocupação original do bairro (final do século 19);
– preponderância de usos mistos;
– traçado viário;
– definiu parâmetros para intervenções futuras, percebendo a vocação do bairro e o grande potencial turístico de âmbito nacional;
– identidade do bairro – preocupação com a população residente na Bela Vista.[20]

Como princípio organizador do tombamento, mantiveram-se as três áreas especiais de preservação, definidas em 1992, justificadas pela sua importância histórica, arquitetônica, geomorfológica e urbanística, além do conjunto de imóveis isolados e outros elementos urbanos:

I   Área do Bexiga: 569 imóveis
II Área da Vila Itororó: 36 imóveis
III Área da Grota: 80 imóveis
IV Imóveis isolados: 217 imóveis
V   Elementos urbanos:
    a) praça Amadeu Amaral;
    b) praça Dom Orione;
    c) escadaria das ruas 13 de Maio e dos Ingleses;
    d) encostas e muros de arrimo da rua Almirante Marques de Leão;
    e) arcos da rua Jandaia.[21]

O tombamento definiu três níveis de preservação dos imóveis e dos elementos tombados:

– Nível de Preservação 1 – NP1: prevê a preservação integral do bem tombado (características arquitetônicas da edificação, externas e internas).
– Nível de Preservação 2 – NP2: prevê a preservação parcial do bem tombado (características externas da edificação, existindo a possibilidade de preservação de algumas partes internas).
– Nível de Preservação 3 – NP3: prevê a preservação parcial do bem tombado (características externas, a ambiência e a coerência com o imóvel vizinho classificado como NP1 e NP2, prevendo a possibilidade de recuperação das características arquitetônicas originais).[22]

Mapa com perímetro do Igepac e síntese do tombamento da Bela Vista

- Igepac Bela Vista (1983)
- Área da Grota
- Área do Bexiga
- Área da Vila Itororó

1. Arcos da rua Jandaia
2. Escadaria das ruas 13 de Maio e dos Ingleses
3. Praça Dom Orione
4. Encostas e muros de arrimo da rua Almirante Marques de Leão
5. Praça Amadeu Amaral

A. Av. 9 de Julho
B. Rua Rui Barbosa
C. Av. Brigadeiro Luís Antônio
D. Rua 13 de Maio
E. Av. 23 de Maio

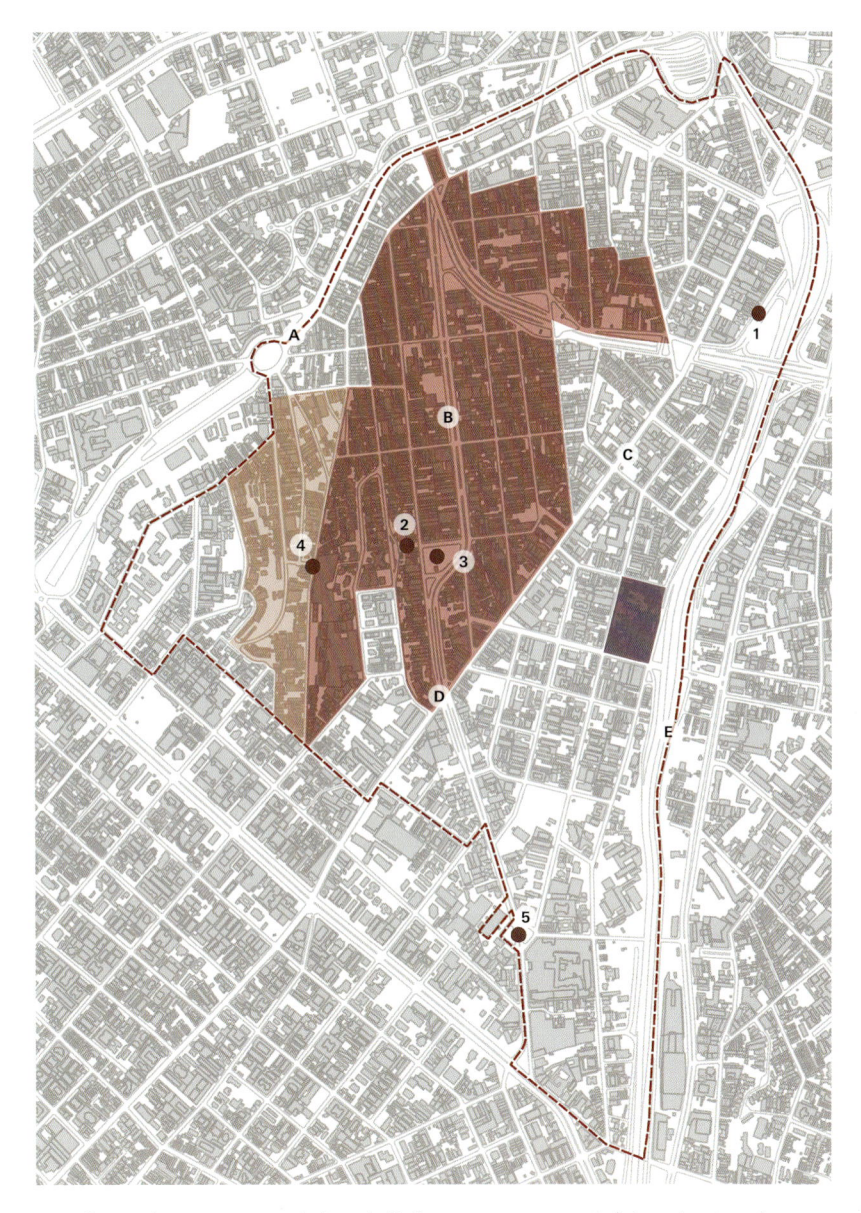

O tombamento também definiu espaços envoltórios dentro das áreas especiais de preservação para garantir a manutenção das características ambientais dos bens tombados, respeitando a coerência com o imóvel vizinho classificado como NP1, NP2 ou NP3.

Em comunicação no encontro Arquimemória 3, a arquiteta Clara Correia d'Alambert apresentou as principais tipologias arquitetônicas reconhecidas no bairro da Bela Vista, de acordo com a época de construção das edificações, que balizaram os estudos desenvolvidos em 2001:

> No final do século 19 e início do século 20 as edificações residenciais de estilo eclético "italianizante" são representadas por construções geralmente térreas, no alinhamento, com um recuo lateral; porão alto, entrada lateral, platibanda e elementos decorativos em argamassa na fachada;

Nas primeiras décadas do século 20, as edificações residenciais são representadas por sobrados ecléticos, com recuo e pequeno jardim frontal, ou no alinhamento, sem recuos laterais;

Nas primeiras décadas do século 20, as edificações comerciais, de serviços ou uso misto de estilo eclético ou sem estilo definido, são representadas por construções de uso comercial ou de serviços geralmente de pequeno porte, térreas, no alinhamento e sem recuos laterais e as de uso misto, com comércio ou serviço no térreo e uso residencial nos andares superiores, baixo gabarito (2 a 3 pavimentos) no alinhamento e sem recuos laterais.

Foi a partir das décadas de 1930 e 1940 que apareceram os prédios residenciais, de estilo art déco ou sem estilo definido, edifícios de baixo gabarito geralmente com térreo mais 2 ou 3 pavimentos, caracterizados arquitetonicamente pela predominância de linhas retas e fachadas marcadas por terraços salientes no alinhamento e sem recuos laterais (geminados).

Na década de 1950, surgem exemplares de arquitetura moderna, com implantação no meio do lote com recuos, como o conjunto de residências localizadas na área da Grota (r. Dr. Seng).

Nas décadas de 1950/1960, surgem edifícios no alinhamento, sem recuos laterais e sem estilo definido, com linhas simplificadas de gabarito médio, em geral, de 6 a 8 pavimentos.[23]

Estado de conservação dos imóveis tombados – 2013

Em 2013, uma década após o tombamento definitivo da área do Bexiga/Bela Vista e com o objetivo de avaliar os resultados dessa medida, foram realizados novos registros fotográficos de aproximadamente quinhentos imóveis tombados pela resolução de 2002.

Esse trabalho foi coordenado pela então Seção Técnica de Programas de Valorização do Patrimônio – STPVP, e os registros foram executados pelos fotógrafos Francisco Saragiotto Neto e Kurt Wiedel, da Divisão de Preservação/DPH.

As fotos foram realizadas exatamente nos mesmos locais e, na medida do possível, nos mesmos ângulos que as imagens registradas em 2002, quando da finalização do processo de tombamento.

Em seguida foi organizado um banco de imagens, colocando-se as fotos das fachadas dos imóveis nos anos 2002 e 2013, lado a lado, com a informação do endereço, possibilitando uma avaliação comparativa preliminar do estado de conservação e de eventuais alterações ocorridas nos imóveis.[24]

Imóvel na alameda Joaquim Eugênio de Lima 30, fotos comparativas de 1982, 2002 e 2013

Imóvel na avenida Brigadeiro Luís Antônio 804, fotos comparativas de 1982, 2002 e 2013

Imóvel na rua dos Ingleses 136, fotos comparativas de 1982, 2002 e 2013

Imóvel na rua dos Franceses 67, fotos comparativas de 1982, 2002 e 2013

Conclusão

O DPH, como vimos, vem desenvolvendo ações de preservação no bairro do Bexiga/Bela Vista há mais de trinta anos, sempre com o objetivo de resguardar sua identidade cultural e registrar sua memória social.

Foi com esse intuito que se propôs, em 2002, por meio do tombamento, a preservação das características físicas e ambientais das áreas e dos bens em que estas se mantinham mais íntegras e mais expressivas dos valores culturais de interesse.

Nesse sentido, os registros fotográficos comparativos de 2002 e de 2013 revelam que poucas alterações e descaracterizações ocorreram nas fachadas das edificações e conjuntos arquitetônicos tombados.

Essa constatação preliminar indica que um dos objetivos do instrumento legal do tombamento – a preservação das características arquitetônicas das edificações – foi realizado, preservando-se os elementos constituidores do ambiente urbano do bairro, que justificaram seu tombamento definitivo em 2002.

No entanto, e como já havia sido previsto na década de 1990, com a realização do Concurso de Ideias para essa área, a renovação e a preservação físicas, bem como a melhoria das condições sociais de áreas urbanas complexas como o Bexiga dependem de um conjunto integrado de medidas urbanísticas, legais e políticas das várias instâncias de governo.

O tombamento, ou outros instrumentos institucionais de proteção do patrimônio (zoneamento, registros, inventários etc.), apesar de relevantes como reconhecimento cultural e proteçao legal, como constatado no caso do bairro do Bexiga, não são suficientes para solucionar as complexas necessidades e demandas dessa área da cidade de São Paulo.

Notas

NA. Agradecemos aos seguintes funcionários do DPH: Walter Pires, arquiteto, pela colaboração e revisão deste capítulo; Ana Paula Pavan, coordenadora do Núcleo de Documentação e Pesquisa, pelo fornecimento das imagens comparativas do bairro em plena pandemia de Covid-19; Bruna Bacetti, estagiária de arquitetura, pela concepção do mapa e organização das imagens do bairro.

1. SÃO PAULO (Município). Lei n. 8.204, de 13 de janeiro de 1975. Dispõe sobre a criação da Secretaria Municipal de Cultura e dá outras providências.
2. SÃO PAULO (Município). Lei n. 10.032, de 27 de dezembro de 1985. Dispõe sobre a criação de um conselho municipal de preservação do patrimônio histórico, cultural e ambiental da cidade de São Paulo.
3. Para detalhamento da metodologia do Igepac, ver: DPH. *Inventário geral do patrimônio ambiental, cultural e urbano de São Paulo*. Cadernos do Igepac SP 1: aspectos metodológicos.
4. Segundo o texto de apresentação do trabalho de inventário da Bela Vista, da Seção Técnica de Crítica e Tombamento, constante do seguinte documento: CONPRESP. Processo Administrativo n. 1990-0.004.514-2. Tombamento do Bairro da Bela Vista, v. 1, p. 16. Ver também: SÃO PAULO (Município). Conselho Municipal de Preservação do Patrimônio Histórico, Cultural e Ambiental da Cidade de São Paulo – Conpresp.
5. PAES, Célia da Rocha. *Bexiga e seus territórios*.
6. Sob coordenação-geral da arquiteta Leila Regina Diêgoli, a equipe de estudo era formada pelas historiadoras Maria das Graças Fontes de Almeida, Maria Imaculada Forlani, Tânia M. Martinez e a estagiária Yara Schreiber sob a coordenação sociológica de Margarida Cintra Gordinho. O levantamento de campo e diagnóstico foram realizados pelos arquitetos Edgard T. D. do Couto e Raquel D. R. Santos e as estagiárias Márcia M. L. de Melo, Ana Maria G. Auge e Marta M. Araújo. As fichas e arte-final foram elaboradas pelos arquitetos Raquel D. R. Santos e Normando José Martinez Santos e as estagiárias Márcia M. L. de Melo, Ana Maria G. Auge. O levantamento fotográfico foi realizado pelo arquiteto Michael Robert Alves de Lima e pelo fotógrafo Wilson Weigl. SÃO PAULO (Município). *Igepac-Bela Vista*.
7. Conforme o relatório elaborado pela comissão, constante de: SEHAB. Portaria n. 304/87. Designa comissão p/fixar critérios p/concurso público – Reurbanização do Bixiga.
8. EMURB. Concurso Nacional de Ideias para a Renovação Urbana e Preservação do Bexiga. As três equipes finalistas, que participaram da segunda etapa, foram as seguintes: Equipe azul, coordenada por Amélia Reynaldo, de Recife (vencedora); Equipe Vermelha, coordenada por José Moraes, de São Paulo; Equipe Amarela, coordenada por Demetre Anastassakis, do Rio de Janeiro. Cf. RODRIGUES, Cristiana Gonçalves Pereira. *Concursos públicos urbanos 1989-1994: projetos de fragmentos da cidade*, p. 88-96. O resultado final foi comentado em artigo por Célia da Rocha Paes, coordenadora do concurso: PAES, Célia da Rocha. A cidade, o homem – uma identidade.
9. D'ALAMBERT, Clara Correia. Bela Vista – o desafio da renovação de um bairro paulistano preservado, p. 12. Da mesma autora, ver: D'ALAMBERT, Clara Correia; FERNANDES, Paulo Cesar Gaioto. Bela Vista: a preservação e o desafio da renovação de um bairro paulistano.
10. Segundo parecer técnico do arquiteto Eudes de Mello Campos Jr. da Seção Técnica de Crítica e Tombamento constante do documento: CONPRESP. Processo Administrativo n. 1990-0.004.514-2. Tombamento do Bairro da Bela Vista (op. cit.), v. 2, p. 263.
11. CÂMARA MUNICIPAL DE SÃO PAULO. Moção n. 455/89, de autoria do vereador José Índio Ferreira do Nascimento, apela ao Executivo. São Paulo, 1989. Apud MARRETI, Thales. *O concurso de ideias para o Bexiga (1989-1992)*, p. 147-148.
12. Ver: Memorando n. 146/90 (STCT/Pres/DPH), de autoria do arquiteto e, naquele momento, chefe da Seção Técnica de Crítica e Tombamento, Eudes de Mello Campos Jr. In CONPRESP. Processo Administrativo n. 1990-0.004.514-2. Tombamento do Bairro da Bela Vista (op. cit.), p. 2
13. SÃO PAULO (Município). Lei n. 10.032, de 27 de dezembro de 1985. Dispõe sobre a criação de um conselho municipal de preservação do patrimônio histórico, cultural e ambiental da cidade de São Paulo (op. cit.).

14. O parecer final de tombamento foi elaborado pelo arquiteto Eudes de Mello Campos Jr., conforme CONPRESP. Processo Administrativo n. 1990-0.004.514-2. Correção da Resolução n. 22/2002 – Tombamento do Bairro da Bela Vista (op. cit.), v. 2, p. 263-267.
15. Informação n. 1098/92, relatório do arquiteto Walter Pires, então chefe da Seção Técnica de Crítica e Tombamento – STC, da Divisão de Preservação/DPH. In CONPRESP. Processo Administrativo n. 1990-0.004.514-2. Tombamento do Bairro da Bela Vista (op. cit.), p. 330-331.
16. Informação n. 1100/92, relatório da arquiteta Leila Regina Diêgoli, então diretora da Divisão de Preservação/DPH. In CONPRESP. Processo Administrativo n. 1990-0.004.514-2. Correção da Resolução n. 22/2002 – Tombamento do Bairro da Bela Vista (op. cit.), p. 332.
17. CONPRESP. Resolução n. 01/93. Revisão de abertura de processo de tombamento.
18. Ver parecer técnico no documento CONPRESP. Processo Administrativo n. 1990-0.004.514-2. Correção da Resolução n. 22/2002 – Tombamento do Bairro da Bela Vista (op. cit.), p. 490-571.
19. CONPRESP. Resolução n. 22/2002. Tombamento do bairro da Bela Vista.
20. Parâmetros presentes nas considerações iniciais de: CONPRESP. Resolução n. 22/2002. Tombamento do bairro da Bela Vista (op. cit.).
21. Idem, ibidem, Artigo 2º.
22. Idem, ibidem, Artigo 7º.
23. D'ALAMBERT, Clara Correia. Bela Vista – o desafio da renovação de um bairro paulistano preservado (op. cit.), p. 6-9.
24. A realização dos registros fotográficos e sua organização contaram com a colaboração da estagiária de arquitetura Jéssica Silva em 2012-2013.

Ensaio fotográfico *Bexiga*
1991, de Cristiano Mascaro

jornal da bela vista
BELA VISTA
Gazeta do Bixiga
BIXIGA ESTÁ EM FESTA
JBV

2.3 Cultura e preservação: Museu Memória do Bixiga – Mumbi
Ingrid Hötte Ambrogi

Armando Puglisi, Armandinho do Bexiga. Ensaio fotográfico *Bexiga 1991*, de Cristiano Mascaro

O desafio do presente capítulo é revelar o Bexiga como um bairro memória da cidade de São Paulo, como um microcosmo urbano que, de maneira peculiar, promove a convivência das diferenças em um *pas de trois* na proteção mútua do bairro por seus moradores. Catalisador dessa aura, o Museu Memória do Bixiga – Mumbi é o grande propagador de iniciativas pró-memória desse território.

Christian Norberg-Schulz,[1] apoiado no filósofo Edmund Husserl, utiliza o campo da fenomenologia aplicada à arquitetura para chegar ao conceito de *espírito do lugar*. Norberg-Schulz retoma assim a antiga noção romana do *genius loci*, elo sagrado vinculado ao habitar, o estar em paz, o sentir estar em um lugar protegido.

Tal caracterização torna possível afirmar que no Bexiga há um espírito do lugar, ressignificado em torno de uma essência vinculada ao imigrante e às tradições, que mantém, estabiliza e conduz a uma maneira de estar no mundo. Essa maneira cotidiana cria códigos de convivência humana, que se tornam mais evidentes nas festas e eventos que traduzem o que há de mais consolidado nas tradições mantidas no bairro. Mas, na vida cotidiana, o Bexiga, sempre foi – e continua a ser – o reduto dos artesãos, artífices e artistas, um bairro receptivo aos novos habitantes que chegam diariamente à cidade, tanto migrantes como imigrantes.

Essa multiplicidade tem seus reflexos nas memórias e nos registros das tradições do bairro, que têm sido preservados em arquivos diversos, dentre eles no Museu Memória do Bixiga. Em seu acervo há peças que remontam ao século 19, uma coleção de jornais que trazem matérias sobre o Bexiga desde os anos 1930, fotografias, entre outros materiais. Além da salvaguarda de um acervo importante, tem buscado ao longo de sua existência se tornar um elo entre diferentes grupos mantenedores das tradições e da preservação do bairro, tais como a tradicional festa da Igreja da Nossa Senhora Achiropita, os ensaios da Escola de Samba Vai-Vai, o desfile de blocos carnavalescos, o grupo Ilú Obá De Min vinculado à cultura africana, grupos de ativistas ambientais que buscam salvaguardar os patrimônios construídos e naturais, como as casas tombadas e as nascentes de alguns rios da região, dentre outros tantos grupos e ações no bairro.

O museu se torna um polo irradiador de ações de preservação e resgate de tradições do Bexiga. Segundo notícias de jornal disponíveis no acervo e relatos presentes em seu livro de memórias,[2] Armandinho do Bixiga – alcunha de Armando Puglisi (1931-1994), agitador cultural da região – está diretamente vinculado à algumas das ações mais importantes presentes ainda hoje no bairro: a criação da feira de artes e antiguidades, a festa do Bolo do Bexiga, que comemora o aniversário da fundação cidade de São Paulo, o apoio à revitalização da tradicional Festa da Nossa Senhora Achiropita, dentre outras.

Puglisi, conforme revela em suas memórias, conta com a ajuda de Waldisa Rússio Camargo Guarnieri (1935-1990) para a efetivação do museu. Em 1982, a professora de museologia faz a primeira proposta museológica para o Museu Memória do Bixiga,[3] entendendo-o como um centro de referência ao qual estariam vinculados os diferentes equipamentos e características de patrimônio construído e ambiental do bairro. Seu estudo busca transformar o museu em espaço vivo, onde o essencial é a interação entre o objeto e o homem. Em certo sentido, o próprio bairro seria o museu.

Outro evento importante realizado no espaço público e cultural do Bexiga, o Museu de Rua – iniciativa da prefeitura de São Paulo – cria exposições da história de diferentes bairros da cidade por intermédio de painéis com fotografias e pequenos textos da história local, dentre eles uma exposição no Bexiga. Inicialmente as exposições do Museu de Rua são realizadas no centro velho de São Paulo, expondo fotografias icônicas da cidade, como as de Militão de Azevedo (1879-1905) e Aurélio Becherini (1879-1939), por meio de painéis colocados no mesmo ângulo em que as fotografias foram realizadas, gerando uma perspectiva de comparação das diferentes imagens em alguns locais do centro mais antigo da cidade de São Paulo, como largo São Bento, praça da Sé, largo São Francisco, dentre outros.

Essa iniciativa se inicia em 1977, quando o arquiteto, fotógrafo e museólogo Júlio Abe Wakahara fica responsável pelo acervo do Museu Histórico da Imagem Fotográfica da cidade de São Paulo.[4] Diante da exuberância do acervo pouco conhecido, entende que este não poderia ficar restrito às prateleiras do departamento, mas deveria ser divulgado para a população da cidade. O Museu de Rua busca então desencadear, por meio da imagem, a memória apagada de uma cidade desconhecida pela população.

Em países novos, seduzidos pelo progresso ditado por nações economicamente hegemônicas, nem sempre a memória da cidade é reconhecida pela maioria da população como algo a ser preservado. Daí a relevância e a necessidade de se buscar a memória da cidade, abrir a caixa-preta onde se esconde, buscar compreender o que ocorre nesse espaço particular da realidade local, em especial os valores reivindicados por moradores e seus modos de reconhecer a cidade. Parafraseando o sociólogo Maurice Halbwachs, a memória pode ser definida como o que ainda é vivo na consciência do grupo, para o indivíduo e para a sua comunidade.[5]

O Museu de Rua, após sua primeira fase, cria novas exposições a partir de fotografias guardadas em arquivos pessoais de antigos moradores dos bairros de São Paulo. Júlio Abe Wakahara, ao se interessar por um bairro, busca reconstituir a história do lugar através dos fragmentos materiais e das memórias dos antigos moradores. A essência do lugar era capturada por meio de fotografias familiares e histórias cotidianas, entrelaçadas às descobertas de pesquisadores especialistas da temática. Assim, o tema da exposição passa a ter um vínculo com as pessoas do lugar, que passam a valorizar ainda mais seu território e sua história. Histórias do cotidiano que estreitam os vínculos com a história mais institucionalizada, que, ao entrelaçar seus conteúdos, geram um amálgama entre o passado e o presente, a história oficial e a não oficial.

Um dos primeiros a se viabilizar fora do centro velho foi o Museu de Rua com o tema "A história do Bexiga contada pelos seus moradores", montado em três logradouros do bairro: praça da Bandeira, praça Pérola Byngton e rua Rui Barbosa, em dezembro de 1979.[6] Experiência significativa, reforça a necessidade de preservar suas histórias e mobiliza seus moradores, em especial o agitador cultural Armandinho do Bixiga – este, que já recolhia documentos e jornais com a intenção de criar um arquivo documental, passa a receber também objetos antigos e resolve criar o Museu Memória do Bixiga em uma sala da casa que alugava para Paulo Santiago, parceiro dessa criação.

O Museu Memória do Bixiga passa a guardar objetos do cotidiano de antigos moradores, artefatos variados e curiosos (como uma geladeira de madeira), utensílios domésticos de diferentes épocas e instrumentos de trabalho – da parteira do bairro, do afiador de facas, do alfaiate, dentre outros. Objetos protegidos da desaparição, que retratam as características do lugar e das pessoas que lá viviam, que guardam a história cotidiana do bairro marcada por uma população vinculada ao trabalho manual, com traços e hábitos populares.

É bom lembrar que os artesãos, em sua origem, eram os que realizavam toda espécie de trabalho vinculado às artes. O saber fazer de um mestre artesão une, desde a Antiguidade, a *teknê* grega e a *ars* latina – a habilidade artística e a capacidade produtiva – com especial vínculo na região que hoje é a Itália, onde tem grande reconhecimento social.

No Bexiga, a tradição dos trabalhos de artífices se mantém, aspecto pesquisado pelo Centro de Preservação Cultural – CPC, vinculado à Universidade de São Paulo – USP, que elabora um mapeamento dos artesãos do bairro no estudo *Bixiga em artes e ofícios*,[7] que revela a manutenção e a transformação dos ofícios e de suas oficinas de trabalho.

Após a exposição do Museu de Rua no Bexiga, Armando Puglisi e Paulo Santiago, que criaram em 1981 o Museu Memória do Bixiga na sala da casa inicial, buscam um outro imóvel para organizar a instituição, e encontram abandonado na mesma rua um pequeno palacete. Passam a ocupar o imóvel e a organizar o museu nesse espaço, que ao longo do tempo se torna um local de interesse público e de propriedade federal, com posse destinada à instituição.

Outra iniciativa que visava salvaguardar a cultura imigrante do bairro foi a promoção da grafia Bixiga, trocando o "e" pelo "i", aproximando o nome do bairro à maneira de falar do imigrante italiano (italianismo). Armandinho, em suas memórias, conta que os italianos sempre pronunciaram "Bixiga" e que, em 1962, ao criar o jornal *O Bixiga*, toda a imprensa o critica dizendo que um homem tinha mudado o nome do bairro. Ao que ele responde lembrando que o bairro nem existia oficialmente, era um estado de espírito.

Anteriormente, Juó Bananére, pseudônimo de Alexandre Marcondes Machado (1892-1933), utiliza a sátira e a irreverência em suas paródias de poemas clássicos, imitando na forma de escrever a fala dos italianos, que ao falar o português tinham uma pronúncia característica, registrada no fragmento do poema "Os meus otto anno", encartado no livro *La divina increnca*:

O Chi sodades che io tegno
D'aquillo gustoso tempigno,
C'o stava o tempo intirigno
Brincando c'oas molecada.
Che brutta insgugliambaço,
Che troça, che brinfgadêra,
Imbaxo das bananêra,
Na sombra dus bambuzá.[8]

Museu de Rua do Bexiga,
São Paulo, 1982

Sede do Museu Memória do
Bixiga – Mumbi, São Paulo

Vale ressaltar a importância do acervo fotográfico do Museu de Rua do Bexiga, hoje pertencente ao Mumbi, que contém aproximadamente 2.300 imagens de tamanhos, técnicas, origens, épocas e temas diversos. Muitos aspectos da vida cotidiana do bairro, como os times de futebol locais, grupos de samba, blocos carnavalescos, casamentos, passeios para o litoral, festas, enchentes, desmoronamentos, entre outros temas, estão presentes nessa coleção de imagens.

Na atualidade, a imagem atrelada ao uso do celular é uma promessa de aproximação com a população em geral. No entanto, é preciso conhecer alguns meandros do uso das imagens, seu valor histórico e revelar por que algumas imagens são raras, o que as faz diferentes de outras.

Deve-se salientar a reflexão sobre a fotografia enquanto objeto material que, para Roland Barthes (1915-1980), contém dois aspectos essenciais: a conotação e a denotação.[9] O primeiro diz respeito à mensagem fotográfica propriamente dita, que é elaborada nos diferentes níveis de produção da fotografia, como escolha, tratamento técnico, enquadramento, ou seja, faz parte da estrutura fotográfica.

Para o autor, a leitura da fotografia é sempre histórica. Depende dos saberes do leitor, lembrando línguas ideográficas, não como representação de signos, mas como uma cópia que significa a pura denotação da realidade de acordo com o conhecimento de mundo do leitor, sua consciência política, seu repertório. A fotografia potencialmente "faz de um objeto inerte uma linguagem e transforma a incultura de uma arte 'mecânica' na mais social das instituições".[10] Por isso, Peter

Burke vê na fotografia o valor documental que pode ser considerado como evidência para a história, bem como para a construção de um discurso sobre o passado.[11]

A museologia, em um diálogo com os aportes teóricos/metodológicos advindos da chamada nova história cultural,[12] ao ampliar seu campo de ação para o espaço urbano, abriu nas últimas décadas um vasto campo de pesquisa no qual novos objetos, ou mesmo novas abordagens de velhos objetos, colocaram-se como possibilidade de pesquisa, conforme Jacques Le Goff.[13]

Para ele, a cidade é um vasto campo de estudos que permite a compreensão de sua própria existência como um artefato humano, em um dado local geográfico. Assim como para Ulpiano Bezerra de Meneses, a cidade como artefato é gerada pelo homem e apropriada por ele, de forma que "todo artefato é, ao mesmo tempo, produto e vetor de relações sociais. Assim, a cidade é também *lugar onde agem forças múltiplas*: produtivas, territoriais, de formação e pressões sociais etc.".[14]

Fotografias do acervo do Museu Memória do Bixiga – Mumbi

A relação sujeito/espaço se expressa, na perspectiva de Milton Santos, na apropriação do lugar. Para tanto, "o espaço, considerado como um mosaico de elementos de diferentes eras, sintetiza, de um lado, a evolução da sociedade e explica, de outro lado, situações que se apresentam na atualidade".[15] Ressalta ainda que a debilidade do acesso à informação faz com que as sociedades hegemônicas se beneficiem das subdesenvolvidas, especialmente quando esta última não tem acesso à informação. Isso pode ser aplicado tanto na esfera global quanto na local. O abandono das teorias holísticas – sempre passíveis de generalizações perversas – reforça, segundo Massimo Canevacci, o retorno à busca pela legitimidade do particular, da incoerência existente nas cidades, de seus conflitos identitários.[16]

A reflexão acima, além de dar pistas sobre questões relativas à população que veio morar no Bexiga, pode se revelar por intermédio das fotografias. A diversidade se reflete no modo de habitar, no comércio, no lazer e na trajetória e constituição do Bexiga, ainda que obedeçam uma tradição em que a ocupação dos melhores espaços, os altos do bairro, ocorra pelos mais abastados – caso da parte próxima ao topo, onde ingleses moradores na região instalam um clube de golfe, parte do bairro conhecida desde então como Morro dos Ingleses. Em contraposição, a Grota do Bexiga está vinculada à população mais pobre.

As populações de imigrantes constituíram o Bexiga e ao longo do tempo vão se transformando e recebendo novos habitantes, como escravos fugidos, escravos forros, portugueses, italianos, entre outros europeus. O espaço vai ganhando outros migrantes e imigrantes que buscam refúgio no bairro. Chegam os nordestinos, que vêm durante meados do século 20 para tentar a vida em São Paulo; atualmente chegam os imigrantes da América Latina, África, Ásia, que somam com suas contribuições à gama cultural do bairro.

Fotografias do acervo do Museu Memória do Bixiga – Mumbi

A presença massiva de italianos torna, em certa medida, o bairro identificado com a tradição de cantinas que priorizam a culinária italiana. A partir dos anos 1960, há uma migração de nordestinos que igualmente são acolhidos. Ao longo do tempo, muitos desses novos habitantes vão sendo contratados, segundo relata Armando Puglisi em suas memórias, como cozinheiros das cantinas e restaurantes locais, sendo que atualmente boa parte dos restaurantes tem cozinheiros do Nordeste do Brasil. Com o decorrer dos anos, se tornam donos de restaurantes e alguns passam a oferecer um cardápio da culinária nordestina.

As construções de um imaginário histórico remetem a princípios universais, considera as permanências mentais que, segundo Pesavento "é verdadeiramente, com o advento da história cultural que o imaginário se torna um conceito central para a análise da realidade, a traduzir a experiência do vivido e do não vivido, ou seja, do suposto, do desconhecido, do desejado, do temido, do intuído".[17]

Dessa maneira, a construção de uma aura de permeabilidade no bairro do Bexiga, especialmente na convivência entre diferentes grupos, promove, de um lado, a absorção dos costumes e, de outro, a manutenção de tradições. Mostra a possibilidade de agregar pessoas sem medo da perda da identidade. O congraçamento pode ser observado em festas como a de Nossa Senhora da Achiropita, padroeira do bairro, ligada à colônia italiana, que amplia em suas festividades a participação de toda a comunidade, divulgada pela mídia, que reforça a tradição italiana do bairro.

Da mesma maneira, a Escola de Samba Vai-Vai, reduto do samba paulista, tem a participação dos moradores sem distinção nos ensaios, que são realizados na rua e aos quais todos se reúnem, seja para participar ou assistir.

A preservação do patrimônio do Bexiga passa pela visibilidade das pessoas que dão sentido a esses bens. A história deve congregar os múltiplos olhares e sentimentos dos habitantes das cidades, tornar a memória algo vivo e desejado pela maioria, possibilitar uma reconexão que possa ser desencadeada pelas tecnologias de uso cotidiano, seja nos grandes centros, seja em regiões afastadas, em especial o entrelaçamento das memórias, a criação de acervos que preservem, incluindo os sujeitos, para possibilitar a preservação do patrimônio.

A difusão da informação serve para o conhecimento de fatos históricos, bem como para valorizar o patrimônio institucional. Portanto, dar visibilidade às instituições é mostrar as várias faces da história, bem como difundir o conhecimento tanto para as comunidades locais quanto para os que visitam esses espaços.

O Museu Memória do Bixiga é o território e o território é o museu.

Fotografias do acervo do
Museu Memória do Bixiga
– Mumbi

Notas

1. NORBERG-SCHULZ, Christian. O fenômeno do lugar.
2. MORENO, Júlio. *Memórias de Armandinho do Bixiga* (depoimento).
3. GUARNIERI, Waldisa Rússio Camargo. Justificativa de uma proposta museológica para o Museu Memória do Bixiga.
4. O Museu Histórico da Imagem Fotográfica da cidade de São Paulo – STIMF era uma seção da Divisão de Iconografia e Museus – DIM, da qual Júlio Abe Wakahara foi diretor posteriormente (1983-1984). Cf. ARRUDA, Beatriz Cavalcanti de. *O Museu da Cidade de São Paulo e seu acervo arquitetônico*, p. 29.
5. HALBWACHS, Maurice. *La mémoire collective*.
6. "A história do Bexiga contada pelos seus moradores" foi o quinto Museu de Rua. Cf. ARRUDA, Beatriz Cavalcanti de. *O Museu da Cidade de São Paulo e seu acervo arquitetônico* (op. cit.), p. 29.
7. HIKIJI, Rose Satiko Gitirana; SILVA, Adriana de Oliveira (Org.). *Bixiga em artes e ofícios*.
8. BANANÉRE, Juó. *La divina increnca*, p. 33.
9. BARTHES, Roland. A mensagem fotográfica.
10. Idem, ibidem, p. 25.
11. BURKE, Peter. *Testemunha ocular: o uso de imagens como evidência histórica*.
12. Idem, ibidem.
13. LE GOFF, Jacques. *Por amor às cidades*.
14. MENESES, Ulpiano T. Bezerra de. O museu na cidade X a cidade no museu. Para uma abordagem histórica dos museus de cidade, p. 199.
15. SANTOS, Milton. *Espaço e método*, p. 22.
16. CANEVACCI, Massimo. Sincretismo cultural das metrópoles.
17. PESAVENTO, Sandra Jatahy. *História & história cultural*.

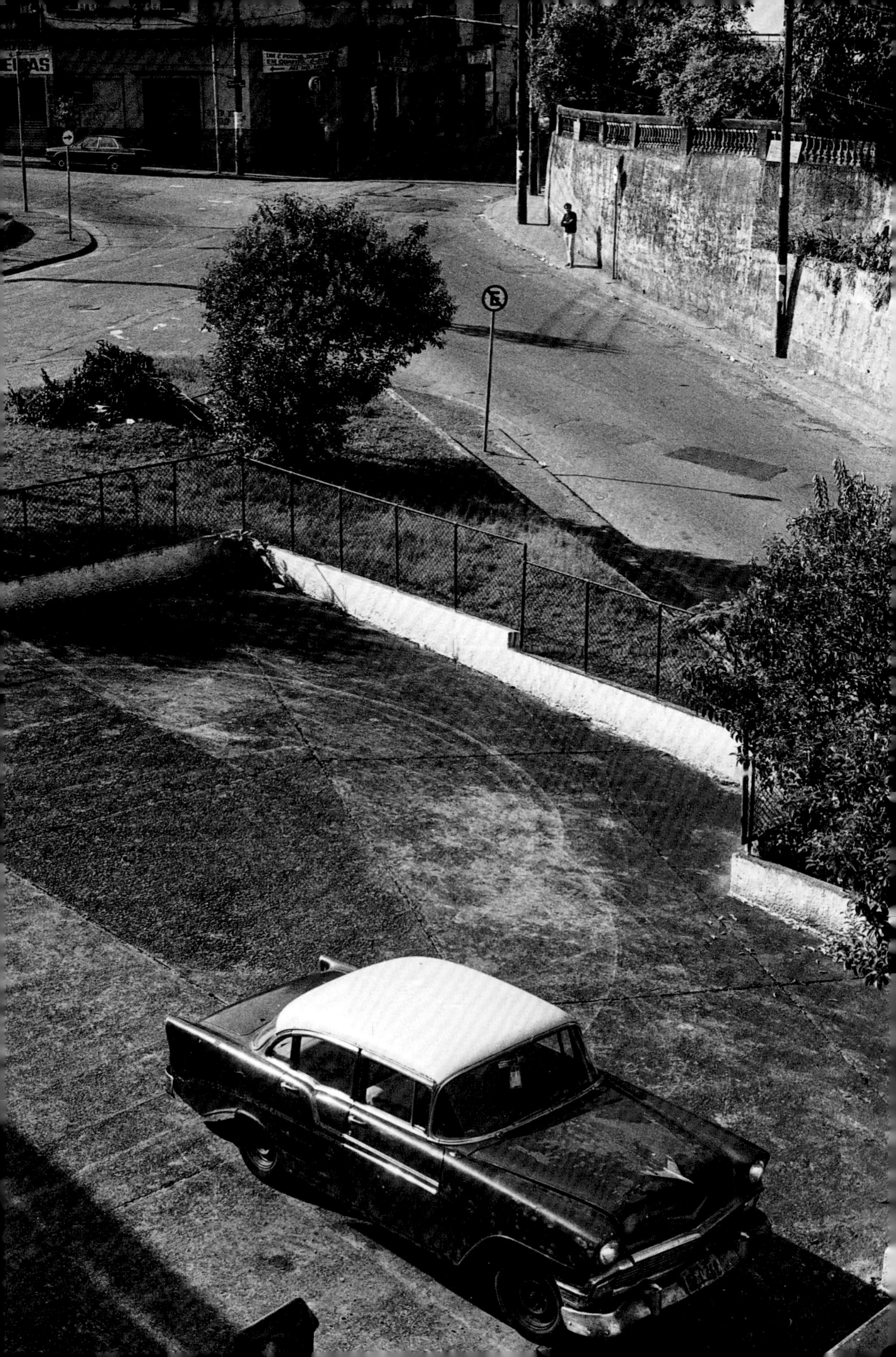

2.4 O Centro de Preservação Cultural no Bexiga: de estrangeiro a habitante
Gabriel Fernandes

Ensaio fotográfico *Bexiga 1991*, de Cristiano Mascaro

O presente artigo pretende apresentar reflexões em torno da presença do Centro de Preservação Cultural – CPC no bairro do Bexiga. Órgão da Pró-Reitoria de Cultura e Extensão Universitária da Universidade de São Paulo, o CPC tem por missão promover ações e reflexões em torno do patrimônio cultural da universidade – o que o torna, a princípio, uma presença estrangeira e, em certa medida, invasora, no território escolhido para estar sediado desde 2004. Localizado, contudo, em um imóvel tombado caracterizado pelo acúmulo de diversas camadas de significado e de memória, disputado por vários grupos, posicionado no coração do Bexiga, o CPC se vê envolto há pelo menos quinze anos por uma realidade urbana complexa, marcada por uma multiplicidade de manifestações e referências culturais de grupos das mais variadas origens, que tornam impossível a sua redução aos estereótipos usuais com os quais a região é identificada. Seja pelas responsabilidades em torno do uso qualificado do imóvel conhecido como Casa de Dona Yayá, seja pela impossibilidade de ignorar as manifestações de seu entorno, o CPC vem desde 2004 desenvolvendo estratégias de diálogo com a realidade que o envolve. São apresentadas, então, as trajetórias entrelaçadas desses dois personagens (o CPC e a Casa de Dona Yayá) e as relações entre eles e o bairro do Bexiga, seus limites, desafios e potencialidades. Finalmente, considerando a problemática patrimonial envolvida e as trajetórias apresentadas, são desenvolvidas reflexões em torno da ação de cultura e extensão universitária no campo do patrimônio cultural de um modo geral e em particular no bairro do Bexiga.

Uma casa velha na esquina da Major Diogo

Certa vez, em uma das inúmeras visitas de grupos que o Centro de Preservação Cultural sempre recebera em sua sede na Casa de Dona Yayá, uma visitante em particular foi responsável por nos apresentar uma narrativa igualmente inédita e surpreendente a respeito daquele lugar – narrativa radicalmente distinta da que em geral mobilizávamos para conduzir as visitas, baseada em trabalhos de pesquisa histórica.[1] Aquela senhora, cujo nome hoje infelizmente nos escapa, narrara na ocasião uma fascinante história a respeito de uma personagem conhecida pela alcunha de Dona Yayá.

Segundo a visitante, a Dona Yayá apresentada em sua história teria sido órfã – assim como ficou precocemente órfã a Yayá descrita nos trabalhos acadêmicos que conhecíamos. Tal como a Yayá descrita pela academia, aquela também era a proprietária do casarão que levava seu nome no bairro do Bexiga e no qual estávamos instalados. Vivia igualmente isolada naquele grande terreno cujas dimensões constrastavam com as edificações vizinhas, em geral caracterizadas por testadas pequenas e fundos compridos.

Apresentada a personagem, a narrativa desenvolvida pela visitante começaria a se desviar de forma mais acentuada daquela que tínhamos por oficial. Por ser órfã, a personagem descrita pela visitante teria instalado em seu casarão uma espécie de orfanato particular: conhecedora das dificuldades de viver sem pai e mãe, Dona Yayá, senhora caridosa, recolheria das imediações crianças carentes para lhes oferecer casa, alimento, roupas e, sobretudo, carinho.

Detalhe do mapa Sara Brasil, São Paulo, 1930. Destaque para a Casa de Dona Yayá

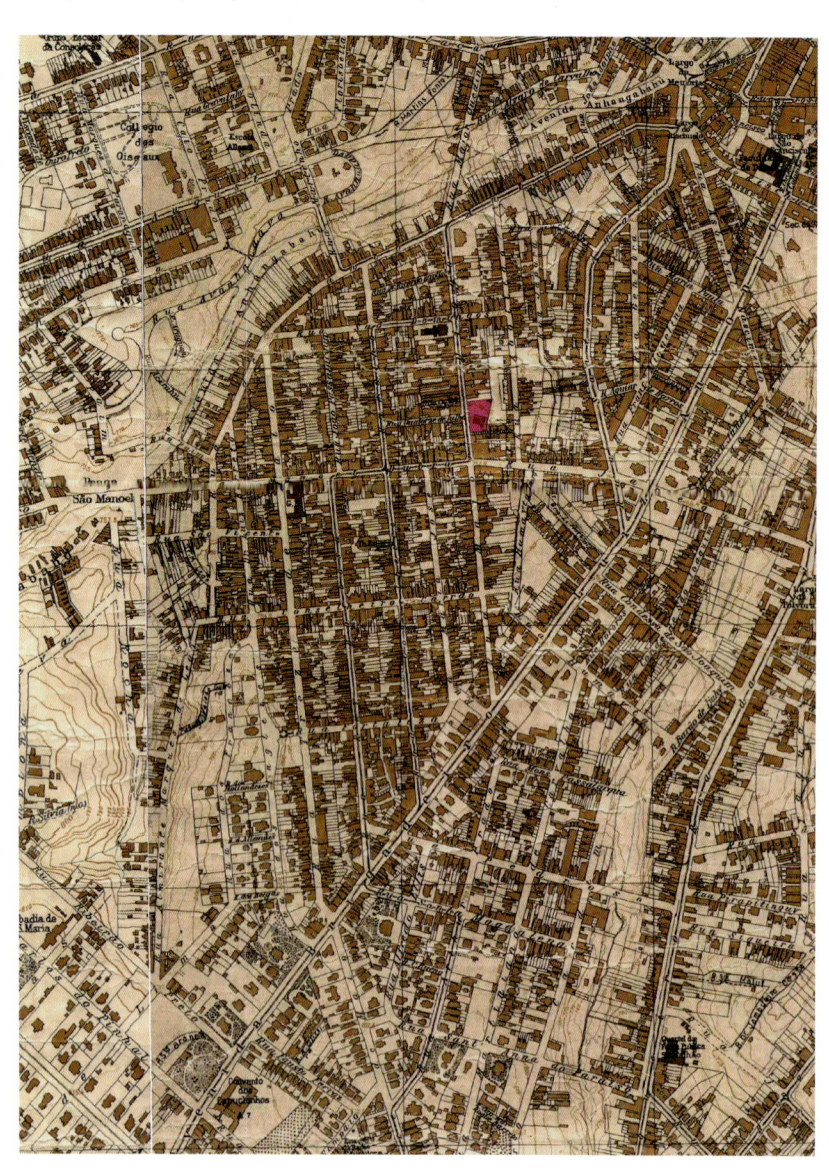

O fato narrado obviamente desviava de qualquer outra descrição da trajetória daquela casa e de sua personagem mais célebre, já que todas as fontes conhecidas indicavam uma história completamente distinta – e com certeza mais trágica. Indagada sobre como ficou

sabendo dessa fantástica história, a visitante alegara ter encontrado, certa vez, um sujeito misterioso que, da mesma forma rápida como havia entrado em sua vida, também teria desaparecido. Moradora recente do bairro do Bexiga, ainda se habituava às narrativas do lugar, a seus personagens e aos novos vizinhos – amparava-se, portanto, nas poucas informações que conhecia, entre as quais a história narrada a ela por esse ermitão misterioso. O relato teria chegado ao tal sujeito porque ele próprio teria morado na Casa de Dona Yayá: igualmente órfão e sem recursos, teria sido uma das crianças acolhidas pela senhora bondosa que morava naquela enigmática casa amarela.

A fábula, então, se revelaria no fechamento da narrativa: o narrador misterioso, fonte dessa história fantástica contada pela nossa visitante, viu-se ainda pequeno obrigado a fugir da Casa de Dona Yayá, pois as crianças que lá moravam, gananciosas e cruéis, almejavam elas próprias se apoderar da riqueza da velha senhora. Amotinadas, certa noite teriam causado uma confusão enorme no local, chegando mesmo a *matar* a velha Yayá para se apropriar do imóvel e de sua fortuna. Não compactuando com tal traição, o narrador original teria fugido nessa mesma noite para nunca mais voltar àquela casa. Anos mais tarde, encontrando nossa visitante-narradora, teria então passado adiante a história para que mais pessoas pudessem conhecer o trágico destino daquela velha senhora que queria apenas fazer o bem.

A narrativa possui a estrutura de uma fábula, com direito a moral: afinal, da maneira como nos foi contada, dava a impressão de que se queria alertar o ouvinte de que "quando se dá a mão, pede-se o braço" ou coisa parecida. A história tem características parecidas com as dos *cautionary tales* ou narrativas similares. E, além do mais, contrastava profundamente com tudo o que sabíamos – ou pensávamos saber – a respeito do lugar em que nos encontrávamos: de fato, teria vivido na Casa de Dona Yayá uma mulher que, conforme atestavam fontes confiáveis trabalhadas pelas suas principais pesquisadoras, havia perdido os pais ainda adolescente.

Chamada Sebastiana de Mello Freire e herdeira de uma enorme fortuna acumulada por sua aristocrática família, Yayá era natural de Mogi das Cruzes. Contudo, a presença dela ali não se dava pelo eventual e altruísta desejo de acolher crianças em situação de rua: a casa de que era proprietária havia sido adaptada para que ela pudesse se tratar de transtornos mentais, diagnosticados quando ainda era jovem e morava na região do Centro Novo de São Paulo, na rua 7 de Abril. Interditada em virtude de sua condição, foram seus curadores que adquiriram o imóvel e a instalaram no local, transformando o então casarão aburguesado em um verdadeiro sanatório particular, segundo a recomendação dos mais célebres médicos psiquiatras que atuavam no país. Ficando reclusa na casa durante quatro décadas e cuidada por profissionais, amigas e familiares, Yayá faleceria em 1961, sem herdeiros – motivo pelo qual todo seu espólio (a casa incluída) seria destinado à Universidade de São Paulo após alguns anos de disputa judicial. Mantido fechado por vários anos, apenas no fim dos anos 1980 a Universidade iniciaria estudos e trabalhos de conservação e restauro do imóvel, abrindo-o ao público somente nos anos 2000. O fechamento da casa por tanto tempo colaborou para o cultivo de uma atmosfera de mistério a respeito de um velho e enigmático imóvel tão distinto de seus vizinhos e tão contrastante com um bairro já em certa medida verticalizado e distante dos tempos em que foi caracterizado por chácaras e chalés.

Mesmo tendo por lastro o reconhecido, sistemático e amplo trabalho de pesquisa científica já realizado em torno do imóvel em que nos encontrávamos, ao nos depararmos com tão fascinante e fantástica narrativa fomos repentinamente provocados a encarar aspectos simbólicos daquele bem cultural que ignorávamos. A Casa de Dona Yayá – até então pouco misteriosa para nós, já que nos sentíamos confortavelmente instalados sobre um conjunto confiável de informações que a explicavam e contextualizavam – de repente se transformara num objeto novo, dadas as possíveis articulações simbólicas que ela virtualmente estabelecia com outros sujeitos. E com essa experiência aprendemos na prática o caráter aberto e inconcluso que possui o patrimônio cultural.

Casa de Dona Yayá: patrimônio cultural no Bexiga

É dessa personagem (Dona Yayá), dessa casa – localizada em uma esquina na rua Major Diogo, no número 353, hoje reconhecida como patrimônio cultural da cidade e do estado de São Paulo – e de sua inserção nesse bairro que tratará o presente artigo. Mais especificamente, trataremos do trabalho no campo do patrimônio cultural aí desenvolvido pela instituição que hoje a habita e da qual é guardiã, o Centro de Preservação Cultural.

Vinculado à Pró-Reitoria de Cultura e Extensão Universitária da Universidade de São Paulo – PRCEU USP, o CPC é um órgão responsável por pautar e promover ações e reflexões sobre o patrimônio cultural na USP. Instalado na Casa de Dona Yayá desde 2004 – após ter sido por mais de uma década responsável pelos trabalhos de pesquisa e de preservação do imóvel –, o CPC vem promovendo no local práticas patrimoniais de valorização de sua condição de bem cultural da Universidade e de lugar de memória das questões de gênero e saúde mental, em função da trajetória de sua mais ilustre moradora.

Contudo, mais do que apresentar a trajetória da presença do CPC na Casa de Dona Yayá, pretendemos aqui discutir questões ligadas à identificação, preservação, gestão e valorização de um bem cultural com fortes (e por vezes conflitivas) camadas de significado, como é a Casa, inserido em um território também disputado em suas representações, reivindicadas pelos mais diversos grupos sociais e articuladoras de relações simbólicas diversas.

Como procuraremos demonstrar – e como autores diversos já nos vêm alertando nos últimos trinta anos[2] –, o trabalho com bens culturais (independente de sua natureza, material ou imaterial) não deve se limitar à mera enunciação de características supostamente objetivas que eventualmente o situem na história da arquitetura, da arte ou da cidade. Mais do que fontes de pesquisa, mais do que documentos que testemunham técnicas construtivas, formulações estético-estilísticas ou padrões e formas de ocupação do espaço urbano, os bens culturais assim se constituem porque se articulam a processos de construção de identidades, subjetividades, narrativas, memórias, rituais e práticas de distintos grupos sociais – e apenas podem permanecer na condição de bem cultural se tais relações simbólicas e referências culturais forem devidamente salvaguardadas. Tal salvaguarda por vezes implica a preservação física do bem cultural – e, por vezes, mesmo na sua des-

Detalhe do mapa Vasp-Cruzeiro, São Paulo, 1954. Destaque para a Casa de Dona Yayá

truição ou na ritualização de sua destruição.[3] Nesse sentido, além da necessária caracterização físico-construtiva detalhada de determinado bem arquitetônico ou urbanístico, revela-se necessário o reconhecimento dos sentidos atribuídos ao bem por diferentes grupos – os significados, desejos e anseios a ele associados e as relações estabelecidas (simbólicas ou pragmáticas).

Nessa perspectiva, a narrativa sobre Yayá apresentada na abertura deste texto ilustra o potencial dialógico que possui o trabalho com o patrimônio cultural: uma análise mais atenta da história que nos foi narrada pela visitante apontaria para paralelismos e desvios relevantes entre a história falsa da Yayá dona de orfanato e a história verdadeira registrada nos trabalhos de pesquisa sobre a Casa. Entre as convergências, o protagonismo – ainda que relativo, em ambos os casos – de uma mulher órfã e rica. Relativo, claro, pois de um lado, no caso da história "falsa", o protagonismo se desloca para o narrador (homem) misterioso que teria levado adiante a história de Yayá. De outro lado, no caso da história "verdadeira", o protagonismo de Yayá é relativizado pela predominância das vozes masculinas em posição de poder que sempre falaram em seu nome (os médicos e curadores, sobretudo, registrados nas fontes documentais disponíveis sobre a personagem), reponsáveis por isso mesmo pela multiplicação de teorias da conspiração em torno de sua interdição.

Detalhe do Gegran, São Paulo, 1974. Destaque para a Casa de Dona Yayá

A bondade da Yayá acolhedora de órfãos se reflete na fama que a Yayá real tinha de dedicar parcela considerável de sua fortuna a obras de caridade. O caráter misterioso com que é descrita a Casa na narrativa fantástica reflete-se no fato de o imóvel ter de fato permanecido fechado durante anos após o falecimento de Yayá – e mesmo pelos inúmeros boatos espalhados pela vizinhança de que uma velha louca ali viveria isolada antes de sua morte –, enquanto o bairro se verticalizava e alterava sua feição. Os desvios e ausências da narrativa aparentemente fantasiosa também são relevantes: nenhuma menção é feita à loucura ou aos demais personagens da Casa que acompanhavam o tratamento de Yayá. Ou seja: se conduzíssemos uma análise mais profunda e rigorosa do discurso e do conteúdo dessa e de outras narrativas, fatalmente seríamos levados a identificar novas camadas de significado para a Casa de Dona Yayá, novas articulações simbólicas e eventualmente novos valores de preservação.

Lidar com um bem cultural como a Casa de Dona Yayá, portanto, não se limita a identificar suas fases estilísticas e construtivas, preservar suas características materiais ou discutir se ela deve ser mais bem caracterizada como sede de chácara, chalé de tijolos ou sanatório particular. Sua inserção no bairro, enquanto bem cultural, não deve se limitar a tomá-la um mero índice do passado, documento do seu processo de urbanização ou registro de diferentes fases pelas quais o bairro passou. Ao nos depararmos com narrativas como essa, aparentemente difusas no meio social, encaramos o desafio de reconhecer e bem salvaguardar suportes materiais de referências culturais que ocorrem e se manifestam no espaço urbano, em uma rede difusa de sujeitos e de objetos cuja evidenciação tem o potencial de contribuir para a melhor compreensão do que e como os bens culturais deveriam ser preservados. Ao longo do artigo, discutiremos como esses aspectos interferem na gestão dos bens culturais a partir da Casa e de sua inserção no bairro.

Antes de avançar, mais duas considerações sobre o trabalho com o patrimônio cultural a partir do que já foi exposto. Em primeiro lugar, a narrativa do orfanato que apresentamos nos faz lembrar imediatamente de Clifford Geertz e seu clássico texto "Uma descrição densa: por uma teoria interpretativa da cultura". Nele, é apresentada a narrativa de um acontecimento histórico que teria ocorrido no Marrocos no início do século 20, relatado a ele por um outro antropólogo que, por sua vez, ouvira a história de um informante em um trabalho de campo. Em resumo, trata-se de um episódio de conflito, com resultados trágicos, ocorrido entre grupos de mercadores judeus, tribos berberes e tropas francesas.[4] A intenção de Geertz com esse relato era discutir a necessária descrição densa dos gestos e tradições simbólicas dos diferentes grupos envolvidos a fim de melhor compreender o episódio, mas o autor também faz considerações relevantes sobre a relação entre a narrativa histórica, a memória e a construção de mitos. Ao discutir o texto antropológico, ele reitera a necessidade de não negar sua condição de ficção. Segundo o autor,

> Trata-se, portanto, de ficções; ficções no sentido de que são "algo construído", "algo modelado" – o sentido original de *fictio* – não que sejam falsas, não factuais ou apenas experimentos de pensamento. Construir descrições orientadas pelo ator dos envolvimentos de um chefe berbere, um mercador judeu e um soldado francês uns com os outros no Marrocos de 1912 é claramente um ato de imaginação, não muito diferente da construção de descrições semelhantes de, digamos, os envolvimentos uns com os outros de um médico francês de província, com a mulher frívola e adúltera e seu amante incapaz, na França do século 19. Neste último caso, os atores são representados como hipotéticos e os acontecimentos como se não tivessem ocorrido, enquanto no primeiro caso eles são representados como verdadeiros, ou pelo menos como aparentemente verdadeiros. […] As condições de sua criação e o seu enfoque (para não falar da maneira e da qualidade) diferem, todavia uma é tanto uma fictio – "uma fabricação" – quanto a outra.[5]

Permitamo-nos alguma licença poética: não só a observação sobre o caráter igualmente ficcional de textos tanto falsos como verdadeiros pode ser aplicada às narrativas de Yayá que já apresentamos (ao da Yayá dona de orfanato e ao da Yayá oficial), como talvez ela possa ser aplicada aos bens culturais, eles próprios, enquanto representações que são de si mesmos. Nesse sentido, trata-se de pensar na Casa de Dona Yayá, por exemplo, não só como o acúmulo de técnicas construtivas, marcas estilísticas e padrões de urbanização (tratando-a, portanto, como documento em sentido vulgar), mas também como ficção, incorporando o que há de fantástico, de mítico ou mesmo de mitificador em torno dela (a casa mal-assombrada no meio do Bexiga, a casa da velha louca, ou mesmo a casa-orfanato etc.). Em vez de desmitificar o patrimônio (como costumam querer fazer as abordagens tradicionais, tomando os bens culturais como supostos objetos de uma ciência dura e exata), trata-se de incorporar essas múltiplas narrativas em seu entendimento. O célebre trabalho de Simon Schama[6] sobre a relação entre paisagem, memória e história também constitui referência interessante, ao incorporar na mesma narrativa personagens históricos reais com personagens literários e ficcionais na compreensão das paisagens por ele descritas.

Em segundo lugar, cabe ressaltar que mesmo o trabalho com um bem cultural aparentemente isolado – ou um monumento, em sentido vulgar – nos permite superar velhas dicotomias como aquelas entre o patrimônio material e imaterial ou entre monumentos isolados e o assim chamado patrimônio ambiental urbano. Tomando a Casa de Dona Yayá como referência cultural relevante para grupos variados (coletivos feministas, grupos ligados à luta antimanicomial, grupos interessados na valorização turística do bairro do Bexiga ou simplesmente grupos interessados na memória de Yayá ou no caráter algo pitoresco do casarão), é impossível analisá-la isoladamente – seja em relação ao contexto urbano, seja na relação de sua materialidade com os sentidos que lhe são atribuídos. Como nos lembra Meneses, "se todo patrimônio material tem uma dimensão imaterial de significado e valor, por sua vez todo patrimônio imaterial tem uma dimensão material que lhe permite realizar-se".[7]

Não se trata também de considerá-la ou não um documento da urbanização do bairro: não é essa dimensão que vai inseri-la ou não no patrimônio mais amplo do Bexiga, por exemplo, mas é o reconhecimento das relações que ela estabelece com esses vários grupos de interesse, bem como o papel que exerce como suporte para outras manifestações culturais, que vai caracterizá-la numa perspectiva patrimonial ampliada.

Trajetória da Casa de Dona Yayá

Como ilustrado pela narrativa apresentada na abertura deste artigo, ainda há muito a se investigar a respeito das várias representações construídas em torno da Casa de Dona Yayá que potencialmente circulam pela cidade. Contudo – e ainda que com algumas lacunas, sobretudo relacionadas ao período posterior à morte de Yayá –, o CPC tem o privilégio de contar com um estudo sistemático da trajetória da Casa e de sua personagem iniciado pela pesquisadora Marly Rodrigues em 1988[8] e ampliado desde então. Trata-se ainda, com efeito, do mais avançado estudo disponível sobre o bem cultural, complementado apenas recentemente pelo trabalho de jovens pesquisadoras como Mayra Carvalho França[9] e Thays Guimarães.[10]

Conforme depoimento de Nestor Goulart Reis Filho,[11] primeiro diretor da antiga Comissão de Patrimônio Cultural (órgão que deu origem ao atual CPC), a Casa de Dona Yayá teria sido um dos primeiros alvos do trabalho da recém-criada comissão responsável por pensar os bens culturais da Universidade de São Paulo. Logo no início de seus trabalhos, foi encomendada à pesquisadora Marly Rodrigues uma pesquisa histórica sobre a Casa e à arquiteta Regina Tirello, especialista em questões ligadas à preservação de bens arquitetônicos e integrados, uma pesquisa de prospecção da trajetória construtiva do imóvel. Auxiliaram os trabalhos, ainda, Antonio Luiz Dias de Andrade (conhecido no meio patrimonial pela alcunha Janjão) e professores da FAU USP, como Julio Katinsky. Ao escritório de Luis Antonio Magnani e Victor Hugo Mori foi solicitado o levantamento métrico e arquitetônico.

O trabalho combinado de Rodrigues[12] e Tirello,[13] assim como as reflexões mais recentes de Costa[14] revelaram três grandes fases do imóvel, caracterizado pela sequência de ampliações e de atualizações estilísticas e ornamentais. De um embrião com quatro cômodos caracterizado pelas pesquisadoras como um chalé de tijolos – hoje localizado no núcleo central da Casa –, os sucessivos proprietários e ocupantes do imóvel promoveram uma espécie de espiral crescente de ampliações ao seu redor. Ao menos quatro proprietários foram identificados: José Maria Talon, Afonso Augusto Miliet, João Guerra e, finalmente, Sebastiana de Mello Freire – Dona Yayá.

Não cabe aqui caracterizar detidamente cada uma das etapas, fartamente descritas (sobretudo em suas configurações ornamentais) nos estudos de Tirello.[15] A primeira fase, a do chalé de tijolos, corresponde ao período em que a Casa estava associada a uma ampla chácara – não muito distinta das demais propriedades rurais que ainda caracterizavam o território do Bexiga em fins do século 19 – de propriedade de José Maria Talon. Não há nenhuma evidência do ano de edificação desse chalé, mas sabe-se que em 1888 a construção já existia e fora transferida a Miliet. Também deve ser anterior a 1881, pois acredita-se que uma pequena edificação com angulação semelhante à da Casa registrada na Planta da Cidade de São Paulo da Companhia Cantareira de Esgotos, produzida nesse ano, seja um primeiro registro do imóvel: o arruamento da região que posteriormente seria conhecida como Bexiga encontra-se vazia de construções, com exceção da referida indicação.

Miliet e Guerra ampliaram o chalé, aburguesando-o e transformando-o em residência suburbana com ornamentação eclética – e com uma sucessão de estilos que variava do clássico a algo que lembraria o art nouveau. Ambos eram imigrantes, enriquecidos em São Paulo com a atividade comercial. Não fazendo parte dos mesmos extratos aristocráticos superiores que se moviam na direção de bairros como Campos Elíseos, Higienópolis ou para a avenida Paulista, Miliet e Guerra atuaram no sentido de transformar esse imóvel periférico e deslocado dos vetores de expansão dos bairros das elites paulistanas em seu próprio palacete eclético – ainda que sem a assinatura de um arquiteto famoso e sem a coerência estilística do ecletismo que conhecemos daqueles bairros.

A Casa da Major Diogo, portanto, registra o processo de urbanização do bairro do Bexiga ao acumular as muitas adaptações e agenciamentos promovidos e negociados (com a materialidade existente e com o entorno com o qual dialogava) desses personagens que circulavam pela cidade na virada do século e em suas primeiras décadas. Justamente por se caracterizar por uma residência aburguesada, com dimensões razoavelmente confortáveis (mais modestas que as de um palacete e com certeza superiores às das construções populares), localizada em território ainda em formação e em processo de urbanização não muito distante do Centro, mas suficientemente afastada dele, tal construção teria parecido bastante adequada aos curadores de Sebastiana de Mello Freire para ser transformada em um verdadeiro sanatório particular.

Conforme a sistemática pesquisa realizada por Rodrigues nos documentos relacionados à interdição de Dona Yayá, bem como na imprensa de época, ela teria sido diagnosticada como portadora de transtornos mentais, o que levaria seus médicos a recomendarem sua mudança para ares mais bucólicos e calmos, distantes da agitação da rua 7 de Abril, onde ficava o palacete em que morava. O fato de ser a gestora única da fortuna de sua família, em função da morte precoce dos pais e dos irmãos, bem como por apresentar comportamentos considerados excêntricos, sempre abriu caminho para a formulação de teses variadas de que o diagnóstico que levara a sua interdição teria sido resultado de um ardil por parte de amigos da família e de seus futuros curadores. Yayá, afinal, era uma mulher adulta, solteira, que se recusava a casar. Profundamente religiosa e bastante dedicada à fé católica, espantava pela quantidade de recursos que promovia na forma de caridade. Era fascinada por fotografia e produzia e revelava suas próprias imagens. Boatos de que dirigia o próprio carro pela cidade, por exemplo, num arroubo juvenil extravagante e supos-

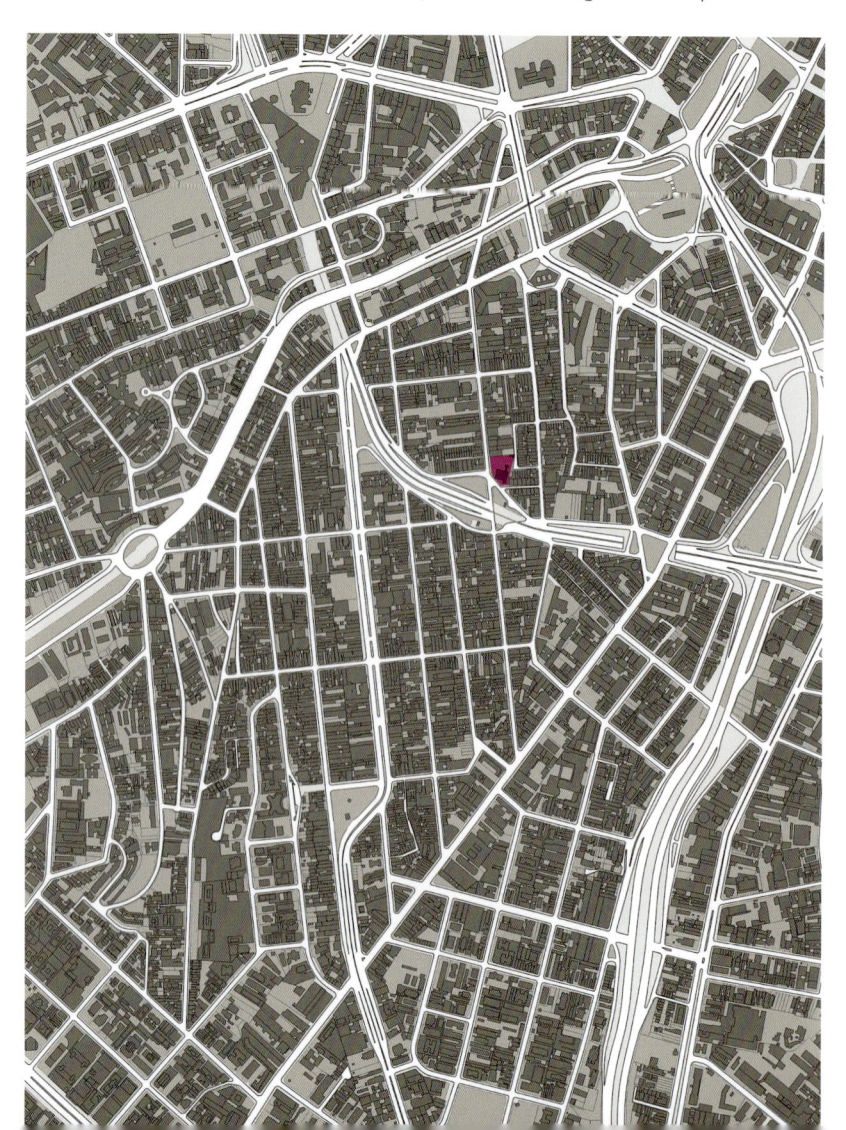

Mapa de localização da Casa de Dona Yayá, São Paulo. Elaborado pelo autor com base no Mapa Oficial da Cidade de São Paulo

tamente irresponsável, circulam até os dias de hoje sem qualquer evidência mais concreta.

Independente das eventuais teorias de conspiração que continuam a fascinar os interessados na memória de Yayá, bem como dos efetivos problemas de saúde mental que a acometiam, seu diagnóstico, interdição e reclusão na Casa que ficaria conhecida por sua alcunha certamente se inserem no contexto de uma sociedade e de uma ciência médica ainda marcada pelo machismo estrutural, bem como por uma ciência psiquiátrica que ao longo do século 20 viria a ser alvo das críticas e da reflexão que hoje conhecemos: o estigma social da loucura, a forma como ela é socialmente construída e a maneira como ao louco se relegava uma situação de efetivo aprisionamento médico como instrumento de tratamento e cura constituiriam elementos constantes na trajetória de Yayá que marcariam sua presença na casa da rua Major Diogo, deixando traços materiais e suportes de identidade e memória – tornando-a, portanto, suporte material propício à sua configuração como lugar de memória para as questões de gênero e saúde mental.

Com efeito, Yayá recebia o melhor tratamento possível aos olhos da medicina de sua época, pois era desenvolvido em um privilegiado sanatório particular. Segundo Marly Rodrigues:

> Em seus aposentos, rigorosamente limpos, tudo era segurança. Móveis, apenas os absolutamente necessários. A cama e uma cadeira higiênica eram pregadas ao chão. O piso era liso, sem emendas. As janelas deixavam passar apenas ar e luz.
>
> Permaneciam os antigos hábitos domésticos, como a preparação dos doces para o consumo anual da casa e os trabalhos manuais das senhoras durante a tarde. Permaneciam também os rituais, entre eles o de se comemorar o aniversário de Yayá com um jantar especial para o qual eram convidadas algumas pessoas. Por tradição, servia-se peru, preparado com temperos especiais no fogão de barro do quintal. A homenageada nunca esteve presente à mesa. Pressentia-se Yayá.[16]

Adaptações médicas foram realizadas no imóvel: varandas foram fechadas com vidros para ampla iluminação e resistência aos sons exteriores, os ambientes receberam aspecto hospitalar, os caixilhos foram reforçados, dispositivos de controle e vigilância foram implantados e, finalmente, nos anos 1950, quando Yayá já se encontrava em situação de debilidade avançada e mobilidade reduzida, seria construído um solário que avançava sobre o jardim da Casa e representaria um último contato da paciente com o mundo exterior.

Yayá faleceu 1961, tendo permanecido quatro décadas reclusa no imóvel. Após um período de litígio, a propriedade foi definitivamente incorporada ao patrimônio da Universidade de São Paulo, conforme pregava a legislação do período. Nos anos seguintes, o terreno em que se encontrava – que já havia sofrido recortes e desmembramentos anteriores, desde a época da chácara, gerando, por exemplo, a vila operária que se localiza junto aos fundos da Casa – seria mais uma vez mutilado, em virtude das obras rodoviárias que levaram à construção do elevado popularmente conhecido como ligação Leste-Oeste: a Casa, por pouco, não foi ela própria alvo de demolição em decorrência do caráter de arrasa-quarteirão daquela intervenção. O casario com o qual a Casa se comunicava ao longo da rua Major Diogo até a rua Manoel Dutra foi inteiro demolido, permanecendo o imóvel, a partir de então, em condição ainda mais misteriosa para quem passava de carro, em alta velocidade, visto que ficara ainda mais descontextualizado de seu entorno.

Imagine, portanto, aquele casarão fechado – seja em virtude do tratamento de Yayá durante seu período de vida, seja em decorrência do abandono após sua morte – durante anos em um bairro que, conforme nos sugere um mapa como o Sara, já havia se consolidado nos anos 1930 e nos próximos anos viveria intensa transformação. Yayá, afinal, era quase vizinha do Teatro Brasileiro de Comédia: imagine a movimentação e agitação com a qual a Casa viria a conviver. Conforme apontamos no início, seria a condição misteriosa de residência da velha louca ou de lugar mal-assombrado que viria a caracterizar a relação da vizinhança com a Casa. Conforme Marly Rodrigues:

> A memória dos vizinhos alcança, no máximo, trinta anos. O tempo anterior se perdeu nas transformações do bairro. Poucos são os antigos moradores, os de hoje guardam lembranças de outras vidas, experiências e espaços.
>
> Da casa, eles sabem de quem morava, apenas por ouvir dizer. Era uma "senhora de boa família", "gente fina", "de dinheiro", "parece que louca", várias pessoas "'viviam dela" e empregados.[17]

Finalmente, Marly Rodrigues nos sintetiza alguns dos sentidos (mito da loucura feroz, mito da loucura forjada, mito da loucura mística e mito do reverso da loucura) associados a esse objeto arquitetônico ao mesmo tempo tão introjetado na memória do Bexiga e tão deslocado dele:

> Para o observador, na Casa de Dona Yayá morava a loucura, dona de mistérios, detonadora de fantasias e forjadora de mitos, representações do real, como os que têm marcado a figura de Sebastiana. [...]
>
> "Mito do reverso da loucura" na razão ainda que tardiamente recuperada, redentora de todo o estigma e tragédia que cercaram Yayá. "Estive muito tempo fora do mundo. Agora estou voltando", teria dito ela em um momento antes de expirar.[18]

Narrativas em disputa

O processo de patrimonialização da Casa, em suas várias dimensões e distintos momentos – de identificação, inventariação, tombamento, preservação, comunicação e valorização – constitui fenômeno privilegiado para avaliar como se dão disputas de narrativas e de estabelecimento de valores (bem como de seu apagamento) em torno de bens culturais.

Nesse sentido, interessa-nos menos recuperar detalhadamente sua trajetória arquitetônica do que refletir sobre os sentidos atribuídos à Casa, sobretudo a partir dos anos 1980, quando se inicia o processo de sua patrimonialização. Acreditamos que o pedido inicial de tombamento, protocolado no Conselho de Defesa do Patrimônio Histórico, Arqueológico, Artístico e Turístico – Condephaat ainda na primeira metade daquela década, se dera em um contexto de reiteração e valorização da imagem de um Bexiga pitoresco, turistificado, adequado à imagem desejada por uma parcela de seus empresários como o bairro das cantinas italianas – ainda que seja inescapável destacar o papel exercido por uma liderança empresarial como a de Walter Taverna nesse processo (nome tradicionalmente ligado à caracterização do Bexiga como um bairro essencialmente italiano), dada sua capacidade de articulação política e social. De certo modo, o pedido talvez ainda se valesse da velha e conhecida lógica da retórica da perda de que nos fala José Reginaldo Santos Gonçalves.[19]

Taverna considerava, por exemplo, que a casa deveria ter destinação cultural, associada à memória do idealizado Bexiga italiano já de alguma forma perdido ou em risco de extinção:

> A história dessa casa confunde-se um pouco com a história de nosso bairro: antigamente essa área era bela, exuberante; tínhamos bonde, cinema, os homens e mulheres eram elegantes, *mas o progresso o descaracterizou* e, atrás de letreiros luminosos e construções modernas, *hoje temos um bairro abandonado e um passado esquecido*. A recuperação dessa casa não é uma simples recuperação de formas, mas também de lembranças. [...]
>
> O espaço depois de recuperado será utilizado como centro cultural, lá teremos entre biblioteca e cursos variados, a concentração do arquivo histórico do bairro, da *imigração italiana e o reencontro de nossas origens*.[20]

Não cabe abordar mais detidamente o assunto agora, mas trata-se de um posicionamento ilustrativo das conhecidas disputas em torno da evidenciação ou apagamento das referências a distintos grupos sociais nesse bairro tão plural: afrodescendentes, italianos, nordestinos, entre outros. Ainda que nada haja na trajetória da Casa de Dona Yayá que faça referência direta à memória da imigração italiana – a não ser, talvez, pelos eventuais *capomastri* que se especula terem participado em algum momento de sua construção –, sua imagem e apropriação é mobilizada a fim de ajudar a protagonizar a presença italiana no Bexiga.

O tombamento pelo órgão estadual viria a ocorrer apenas em 1998 – já aproveitando e anexando o importante estudo de Marly Rodrigues, uma das principais responsáveis por evidenciar a centralidade da presença de Yayá na Casa. Com efeito, a Yayá de Marly Rodrigues orientaria inúmeras representações da personagem que hoje se verificam em páginas de memorialistas amadores na internet ou em matérias jornalísticas, bem como em representações artísticas: duas peças de teatro recentes a respeito da personagem,[21] por exemplo, encerram suas tramas exatamente da mesma forma, replicando a narrativa desenvolvida por Rodrigues ao fazer menção à frase atribuída a Yayá no momento de sua morte: "Estive muito tempo fora do mundo. Agora estou voltando".[22]

Ao longo dos anos 1990, a destinação da Casa seria sistematicamente discutida pela antiga Comissão de Patrimônio Cultural da USP (antecessora do atual CPC). Na virada do século, foi promovido um concurso de ideias para o uso qualificado do imóvel, com vistas à cessão do espaço a terceiros com a contrapartida da conservação, restauração e destinação da Casa condizentes com sua memória e valores associados. Devido a problemas burocráticos, o concurso não se efetivou, e a própria Comissão,[23] agora tornada Centro de Preservação Cultural, passaria a ocupar a Casa de Dona Yayá. Conforme Maria Cecília França Lourenço, diretora da CPC à época:

> A memória se constitui por fragmentos do passado e interessa pela crítica que se possa fazer, mais do que por um saudosismo, fetichização ou melancolia de um tempo que não volta. A memória, como a história, significa seleção e construção de nexos capazes de nos fazer avançar, neste caso contra o preconceito e as marcas datadas de valores de época, identificados com forças conservadoras e temerosas do novo.[24]

Em 2002 também ocorreria o tombamento da Casa em nível municipal, no contexto do processo mais amplo de patrimonialização do bairro da Bela Vista,[25] herdeiro direto do então pioneiro estudo do bairro ligado ao Inventário Geral do Patrimônio Cultural de São Paulo – Igepac SP. Como se sabe, trata-se de uma experiência relevante de inventariação cujas origens se confundem com a discussão, bastante em voga nos anos 1970 e 1980, do conceito de patrimônio ambiental urbano. Contudo, conforme Danielle de Santana,[26] o Igepac, apesar de seu pioneirismo, não aprofundou o efetivo reconhecimento e a análise das dinâmicas culturais e da apropriação social do território estudado.

Nesse sentido, parece-nos que o tombamento da Bela Vista concluído em 2002 deixou de incorporar mesmo o pouco dos processos de construção de significados identificados pelo Igepac SP, limitando-se a enunciar uma imensa lista de edificações individuais reuni-

Registro da visita do bloco carnavalesco Yayartes, ligado à União de Mulheres de São Paulo, à Casa de Dona Yayá, fev. 2018

das ainda segundo uma perspectiva (nesse momento certamente já ultrapassada) de valorização de atributos estilísticos, construtivos e arquitetônicos – ou, quando muito, de identificação de exemplares de padrões de urbanização. Os bens culturais, em vez de serem tratados como referências culturais, continuaram a ser considerados apenas como monumentos ou documentos isolados – que, quando tomados em conjunto, até permitem o estabelecimento de certa narrativa sobre o bairro, sem, contudo, avançar no entendimento mais amplo de um território com fluxos culturais e processos de produção e disputa de significados mais complexos. Simone Toji[27] destaca como a mudança de paradigmas de patrimonialização no interior dos órgãos de preservação não se dá de forma linear e progressiva, mas pela convivência de concepções distintas (em decorrência mesmo da manutenção de espaços de poder, de corporativismo e de monopólio de discursos). Desta forma, o inventário de edificações expresso no tombamento de 2002 não potencializa o reconhecimento de uma rede que articule os sentidos, significados e referenciais simbólicos ligados à Casa de Dona Yayá em sua inserção no bairro; ela se constituiu apenas um entre centenas de outros pontos isolados na listagem.

As ações de intervenção sobre a Casa também foram alvo de disputas. Um precoce projeto de intervenção, assinado pelo escritório YMR Arquitetos Associados, previa, por exemplo, a reconstituição da Casa à feição de uma típica sede de chácara, pois entendia-se, no fim da década de 1980 e início da de 1990, que o mais importante para o local era constituir-se de um índice de um passado perdido do Bexiga. Mais do que documento da urbanização do bairro – visto que tal intervenção afetaria profundamente a materialidade do imóvel e, portanto, seu próprio caráter documental –, a Casa era vista como um monumento desse Bexiga de chácaras perdido, última relíquia sobrevivente ao ímpeto destruidor que teria acompanhado o crescimento e a verticalização do bairro. Julio Katinsky, por exemplo, para quem a configuração da Casa encontrava-se "maltratada", considerava que

> Apesar de bastante depredada, a Casa de dona Yayá ainda mostra as características acima apontadas *[de casa de chácara nos arredores do núcleo urbano paulistano, similar a outras casas rurais paulistas]*. É meu parecer que nisso se funda a maior razão para sua preservação: é um derradeiro testemunho, dentro do atual centro urbano de São Paulo, de um exemplar que, sem os detalhes modernizantes, deveria se contar às centenas na periferia de São Paulo.[28]

Já os coautores do projeto, Lúcio Gomes Machado e Eduardo de Jesus Rodrigues, alegavam que, apesar da inescapável força simbólica exercida pela trajetória e memória de Yayá, ainda era o caráter de signo de um Bexiga de chácaras o mais importante a guiar as intervenções. Essa orientação implicava o efetivo apagamento dos traços materiais da presença de Yayá – e, por extensão, dos suportes materiais que fazem referência à loucura, ao enclausuramento da mulher, ao tratamento da saúde mental e à memória da personagem. Pretendia-se demolir o solário construído para Yayá nos anos 1950 e refazer a varanda que havia sido fechada para o tratamento da enferma, bem como desmontar todos os elementos relacionados à hospitalização da Casa (caixilhos, pisos, pinturas etc.). Esse projeto, mutilador da memória de Yayá, foi – talvez felizmente – considerado caro demais e descartado. Segundo os autores:

> A presença de dona Yayá na casa que leva seu nome evidentemente é muito forte. A excepcionalidade de sua história poderia levar a tratar a casa como referência para sua memória. No entanto, a própria casa, um dos últimos exemplares de chácaras urbanas, em localização privilegiadíssima, pareceu ser preponderante, sem, no entanto, que se esquecesse sua antiga proprietária e benfeitora da Universidade à qual legou diversos imóveis.[29]

Finalmente, cabe destacar o papel exercido pela União de Mulheres de São Paulo ao pautar a memória de Dona Yayá, desde os anos 1990, enquanto emblema da luta feminista e das questões de gênero e saúde mental. Sediada também na região do Bexiga, desde 2000 a União de Mulheres mantém o bloco carnavalesco Yayartes, que surgiu não só para celebrar a memória da personagem, mas também para alertar para o fato de a Casa, até aquele momento, permanecer fechada e sem destinação aparente. O trabalho de ativismo e militância da União de Mulheres constitui exemplo de ação da sociedade civil organizada na disputa em torno dos apagamentos e das mobilizações promovidos na gestão de um bem cultural, resistindo ao soterramento de memórias e à ativação do patrimônio na esfera pública. Todos os domingos anteriores ao carnaval, o Bloco Yayartes, como parte de seu cortejo, ocupa simbolicamente a Casa de Dona Yayá – eventualmente entoando "Daqui não saio, daqui ninguém me tira..." –, ativando o espaço como lugar de memória e referência cultural.

O Centro de Preservação Cultural e sua presença na Casa de Dona Yayá

Embora tenha exercido papel de protagonista no encaminhamento de propostas de uso e de preservação da Casa de Dona Yayá por mais de quinze anos, quando o Centro de Preservação Cultural passa a ocupar definitivamente o imóvel em 2004, sua chegada ao bairro do Bexiga ocorre de fato na condição de um estrangeiro: coloca-se desde o início o desafio do enraizamento e estabelecimento de plataformas de diálogo com o território. Trata-se de uma instituição em princípio estranha ao lugar, repentinamente ocupando uma casa repleta de mistérios aos olhos da vizinhança em função de ter permanecido tantos anos fechada.

Ana Lanna e Juliana Prata,[30] respectivamente diretora e arquiteta do órgão no período em que ele se instalou na Casa, pontuam a necessidade de pautar e reiterar o caráter público da instituição e do espaço que se abria à vizinhança: desde o início foram promovidas ações de valorização do espaço, como a realização de apresentações artísticas, visitas mediadas, atividades para infância, entre outras. Além disso, em 2009 o CPC promoveria um concurso de fotografias sobre o bairro do Bexiga e alguns anos depois promoveria um projeto de bordado nos jardins da Casa com moradores do bairro.

Desse conjunto inicial de ações mais pontuais e endógenas, o órgão passou a pensar e a executar atividades de maior alcance, indo até outros agentes localizados no entorno para dialogar e agir em comum.[31]

Comecemos pela ação educativa. O CPC promove ações ligadas à assim chamada educação patrimonial desde antes de sua instalação definitiva na Casa de Dona Yayá: mesmo durante as atividades de conservação e restauro eram promovidas visitas públicas ao canteiro de obras. Com a mudança para a Casa, sistematizaram-se tais visitas, bem como uma parceria com escolas do entorno a fim de pautar no ensino formal questões ligadas à preservação.

Tais incipientes atividades, contudo, talvez possam hoje ser associadas àquilo que Paulo Freire[32] eventualmente chamava de invasão cultural, na medida em que tinham como foco explicar aos visitantes e ao público escolar as características do imóvel, de sua história e seus supostos valores culturais. Conforme recente avaliação que promovemos a respeito da trajetória da ação educativa do CPC,[33] notamos que de uma abordagem inicial ainda bastante ancorada numa perspectiva patrimonial tradicional, caminhou-se no sentido da promoção de atividades mais dialógicas.

Maria Lúcia Bressan Pinheiro e José Hermes Martins Pereira,[34] por exemplo, pontuam que tais atividades deveriam tomar a casa mais como um local de encontro e de promoção das referências culturais dos participantes que propriamente como o protagonista do processo educativo. Ampliou-se, portanto, o desejo de entrar em contato com o mundo cultural dos eventuais interlocutores do CPC que habitavam sua vizinhança, com a cultura urbana na qual estivessem inseridos e com suas próprias percepções do bairro do Bexiga e da Casa de Dona Yayá.

Nesse sentido, a seguir apresentamos duas atividades inseridas no contexto da ação de difusão cultural do CPC que apontam para uma maior dialogicidade com o entorno e com um entendimento do patrimônio cultural do bairro do Bexiga em diálogo com a Casa.

A primeira delas é o projeto Bixiga em Artes e Ofícios (2010-2012), promovido na gestão de José Tavares Correia de Lira à frente do órgão e coordenado pelas antropólogas Rose Satiko Gitirana Hikiji e Adriana de Oliveira Silva. O projeto pretendia inventariar, de forma colaborativa, práticas culturais difundidas no território conhecido por Bexiga, de modo a consolidar a presença do CPC no bairro e melhor entender o complexo patrimonial no qual ele estava inserido.

Por meio de oficinas de escrita etnográfica, fotografia, vídeo e de elaboração de cartografias afetivas, o Bixiga em Artes e Ofícios envolvia a população moradora do bairro, bem como demais interessados, não só nos processos de escuta e reconhecimento, mas no próprio protagonismo das práticas de levantamento e inventariação.

Com efeito, identificaram-se lugares, formas de expressão, celebrações e saberes que se manifestam no território, segundo o recorte do levantamento de artes e ofícios – o projeto se constituiu de fato em um verdadeiro inventário de referências culturais. Os resultados – livro, site de internet e exposição montada na Casa de Dona Yayá entre 2012 e 2013 – revelam o Bexiga para além de seus estereótipos mais usuais (sobretudo aqueles ligados ao Bexiga italiano e ao bairro das cantinas), evidenciando a presença de variados grupos sociais (e especialmente aqueles ligados à herança africana).

Além disso, o projeto tencionou mesmo a forma como os próprios moradores representam o bairro, explorando diferentes entendimentos do local habitado, de seus limites físicos e afetivos e das formas de se referir a ele – explicitando, por exemplo, disputas em torno da toponímia: grupos distintos identificam-se ora com Bela Vista, ora com Bexiga, ora com o eventualmente folclorizado Bixiga e até mesmo com a mais jovem expressão "Bê Vê"[35] ("B.V", de forma não distinta à maneira como certos grupos se referem à Zona Leste pela sigla "Z.L."). Os fluxos culturais identificados com certeza apresentam um Bexiga mais complexo e culturalmente mais rico que aquele narrado pela resolução de tombamento de 2002. Mais do que um amontoado de arquiteturas pontuais e saudosas de um passado idealizado, trata-se do entendimento do patrimônio cultural em ação, como processo social vivo na cidade. Após a conclusão do levantamento, contudo, o projeto infelizmente não teve efetiva continuidade.

Outro projeto a ser destacado é o Trafegar pelos Rios do Bixiga, desenvolvido em 2013, que redundou na exposição *Hidrofaixas: rios visíveis do Bixiga*, montada em 2015 na Casa de Dona Yayá. Desenvolvido em parceria com os artistas e educadores do Coletivo Mapa Xilográfico (Diogo Rios, Milene Valentir e Tábata Costa), o projeto envolveu a realização, também de forma colaborativa com os interessados e com o público do entorno, de intervenções performáticas nos três rios canalizados da região da Bela Vista que estão diretamente relacionados à trajetória do Bexiga e à memória de distintos grupos que ocupam o bairro.

O planejamento e a realização das oficinas foi objeto de uma atividade, ocorrida no fim de 2013: a partir de uma proposta inicial do grupo de artistas, os participantes construíram um barco sobre rodas que foi usado para navegar pelos rios invisíveis que estão presentes no cotidiano da região. Os rios são os seguintes: Córrego do Bexiga (que corre sob a rua Japurá, no vale que se comunica diretamente com a Casa de Dona Yayá); Rio Saracura em seus vários braços (no vale em que hoje se encontra a avenida 9 de Julho) e Rio Itororó (no vale em que atualmente corre a avenida 23 de Maio). Cada uma das intervenções ocorreu em um domingo de novembro de 2013, mobilizando participantes e moradores. O cortejo envolvia a liberação contínua de um rastro de tinta azul ao longo do caminho do barco, marcando simbolicamente a presença do rio e sua ausência forçada no cotidiano da cidade. Em alguns pontos o barco ancorava para receber a fala de moradores e interessados.

O grupo reunido pelo projeto continuou a atuar autonomamente, vindo a se constituir no Bloco Fluvial do Peixe Seco, coletivo de intervenção que vem atuando no espaço urbano desde então. Os resultados desse projeto foram expostos em 2015 na Casa de Dona Yayá, fechando um ciclo de identificação e valorização de referências culturais presentes no território.

Essa experiência, apesar da escala pequena se comparada com os problemas estruturais do bairro, ajuda-nos a pensar em possibilidades de articulação entre memória, território e os grupos aí inseridos. Construída de forma colaborativa, ela evidencia a relação entre a geomorfologia do Bexiga, suas condições ambientais, a construção da paisagem e a sedimentação (e por vezes soterramento) de memórias. Ativa o patrimônio cultural não de forma moralista (não sugerindo, por exemplo, o retorno a um passado idealizado), mas por meio do enfrentamento de tensões e conflitos materializados no espaço urbano.[36]

Com esse conjunto de experiências, também buscamos explorar possibilidades de atuação no campo do patrimônio cultural que rompessem com a linearidade com que tradicionalmente os processos de patrimonialização são tratados: pesquisas e inventários realizados exclusivamente por especialistas, seguidos de ações de preservação com foco exclusivo no saber técnico e na materialidade e, por fim, iniciativas de valorização e comunicação de bens culturais que se limitam à tentativa de conscientizar os habitantes a respeito de um conjunto de valores que eles não compartilham e que não fazem parte de seus cotidianos. Ao contrário, essas experiências, ainda que não perfeitas ou isentas de problemas, sugerem processos em que o polo da valorização e da comunicação se une ao polo da inventariação e do reconhecimento. Com essa sucessão de atividades também buscamos explorar modos de transformar a presença do CPC no Bexiga, deixando de ser um invasor estrangeiro e passando a se tornar mais um habitante em meio a uma rede multifacetada de agentes e viventes.

Por um patrimônio tenso, em processo

Pretendemos com este trabalho apresentar um panorama das questões que permeiam a presença do Centro de Preservação Cultural no bairro do Bexiga, bem como aquelas relacionadas à gestão da Casa de Dona Yayá como um bem cultural da cidade.

Procuramos argumentar, ao longo desta exposição, sobre a necessidade de maior articulação, bem como um adequado reconhecimento dos vários anseios, desejos e processos de significação que se estabelecem entre os viventes de um dado território e seus bens culturais. Tais processos são raramente isentos de conflitos e tensionamentos. Ao contrário, são muitas vezes contraditórios e rugosos, distantes do aspecto por vezes monolítico, hermético e bem-acabado que se deseja à pauta patrimonial. Identidades, memórias e valores culturais são antes campos de disputa de construção de narrativas e posições de poder, para além do que os usuais anseios por autenticidade, originalidade e ancianidade que abundam na comunidade patrimonial possam sugerir. Conforme José Reginaldo Santos Gonçalves,

> Caberia ao pesquisador, para entender de modo mais sistemático o campo dos patrimônios e dos museus, dedicar tanta atenção às práticas de preservação quanto ao seu avesso, as práticas de destruição, as quais acompanham as primeiras como uma sombra. Se assim procedemos, é possível perceber que a noção mesma de "identidade" não apresenta de fato a estabilidade e a coerência que muitas vezes lhes é atribuída. Os objetos e espaços materiais que a "representam" não conhecem necessariamente a solidez e a determinação que lhes atribuímos, uma vez que, ao serem construídos, usados, reconstruídos e preservados, sofrem simultaneamente os efeitos constantes da destruição, na medida mesmo em que são permanentemente transformados. Nos processos de produção social das identidades, estas não resultam de um exclusivo trabalho coletivo de construção e preservação, uma vez que as práticas de destruição lhes são igualmente indispensáveis. No plano individual ou coletivo, somos, antes de tudo, o que esquecemos e descartamos.[37]

Nesse sentido, esperamos contribuir para a construção de uma pauta para formulação de políticas e execução de ações patrimoniais que entenda os bens culturais em ação, o patrimônio antes como processo social que como um conjunto de coisas acabadas cuja dimensão de valor se estabelece plena apenas com sua preservação material. O reconhecimento das tensões e conflitos na construção de identidades e as disputas de narrativas na sedimentação de memórias são elementos tão fundamentais à salvaguarda do patrimônio cultural quanto a preservação de aspectos construtivos ou a documentação de padrões de urbanização.

Por outro lado, contudo, nosso recorte é o de uma instituição que promove ações patrimoniais na perspectiva da cultura e extensão universitária – sem, portanto, as preocupações próprias dos gestores e formuladores de políticas públicas nem a escala que se espera dessas políticas. Reconhecemos, portanto, seus limites. Acreditamos, porém, que a reflexão que sugerimos possa contribuir para o debate da democratização das políticas de patrimônio cultural e para a incorporação de práticas participativas e dialógicas em sua concepção e execução.

Notas

1. O autor é funcionário do Centro de Preservação Cultural da Universidade de São Paulo, onde ocupa o cargo de especialista em laboratório desde 2012.
2. Cf. MENESES, Ulpiano Bezerra de. Repovoar o patrimônio ambiental urbano.
3. Ainda que não seja a intenção principal deste artigo, cabe ressaltar que seria bastante saudável ao campo do patrimônio enfrentar o tabu da associação automática entre proteção do patrimônio e preservação material. Sobre o assunto, conferir os interessantes trabalhos de Goyena – sobre a destruição dos Budas de Bhamyian no Afeganistão – e Gonçalves: GOYENA, Alberto. *A demolição em sete obras: patrimônio, arquitetura e esquecimento*; GONÇALVES, José Reginaldo Santos. O mal-estar no patrimônio: identidade, tempo e destruição.
4. Cf. GEERTZ, Clifford. Uma descrição densa: por uma teoria interpretativa da cultura, p. 6.
5. Idem, ibidem, p. 11.
6. SCHAMA, Simon. *Landscape and Memory*.
7. MENESES, Ulpiano Bezerra de. O campo do patrimônio cultural: uma revisão de premissas, p. 31.
8. RODRIGUES, Marly. *A Casa de Dona Yayá*.
9. FRANÇA, Mayra. *Memória e imprensa: usos e apropriações da biografia de Sebastiana de Mello Freire em dois momentos (1920-1980)*.
10. GUIMARÃES, Thays. A Casa de Dona Yayá: as formas de expor uma construção variada de memórias sociais.
11. Cf. CAMARGO, Monica Junqueira; EQUIPE do Centro de Preservação Cultural da Universidade de São Paulo. Memória CPC: depoimento do professor Nestor Goulart Reis Filho.
12. RODRIGUES, Marly. A Casa de Dona Yayá.
13. TIRELLO, Regina. Um trabalho arqueológico: a descoberta dos murais artísticos e a estratificação arquitetônica de uma velha casa no Bexiga.
14. COSTA, Sabrina Studart Fontenele. A Casa de Dona Yayá: registros de suas domesticidades no Centro de Preservação Cultural da USP.
15. TIRELLO, Regina. Um trabalho arqueológico: a descoberta dos murais artísticos e a estratificação arquitetônica de uma velha casa no Bexiga (op. cit.); TIRELLO, Regina. Restauro digital de arquitetura histórica de cronologia complexa: a Casa de Dona Yayá.
16. RODRIGUES, Marly. A Casa de Dona Yayá (op. cit.), p. 34.
17. Idem, ibidem, p. 53.
18. Idem, ibidem, p. 57.
19. GONÇALVES, José Reginaldo Santos. *A retórica da perda: discurso nacionalista e patrimônio cultural no Brasil*; GONÇALVES, José Reginaldo Santos. O mal-estar no patrimônio: identidade, tempo e destruição (op. cit.).
20. TAVERNA, Walter. Patrimônio e comunidade, p. 169. Itálicos do autor deste artigo.
21. ALVAREZ, Analy. *Fora do mundo* (texto e direção). Teatro Sérgio Cardoso, 2016; CIA. TEATRAL HUMANÔIDE. *Yayá*. Casa de Dona Yayá, 2017.
22. Apud RODRIGUES, Marly, A Casa de Dona Yayá (op. cit.), p. 57.
23. Para mais detalhes do processo, ver: CAMARGO, Monica Junqueira. Memória CPC: professora Maria Cecília França Lourenço.
24. LOURENÇO, Maria Cecília França. Pensar o patrimônio, p. 14.
25. Cf. SOMEKH, Nadia. A construção da cidade, a urbanidade e o patrimônio ambiental urbano: o caso do Bexiga, São Paulo; D'ALAMBERT, Clara Correia; FERNANDES, Paulo Cesar Gaioto. Bela Vista: a preservação e o desafio da renovação de um bairro paulistano.
26. SANTANA, Danielle de. *Do Igepac ao território de interesse da cultura e da paisagem*.
27. TOJI, Simone. O patrimônio cultural brasileiro e a antropologia enquanto fazer técnico: a expressão de um Estado contraditório e os dilemas no "uso da diversidade".
28. KATINSKY, Julio. Casa de Dona Yayá – uma apreciação.
29. MACHADO, Lucio Gomes; RODRIGUES, Eduardo de Jesus. O projeto de restauro e reciclagem da Casa de Dona Yayá, p. 158.
30. LANNA, Ana Lúcia Duarte; PRATA, Juliana Mendes. O CPC-USP e a Casa de Dona Yayá: questões de gestão de um patrimônio cultural.
31. Agradeço a João Pedro Barbosa pelo auxílio em recuperar essa trajetória.
32. FREIRE, Paulo. *Extensão ou comunicação?*
33. Cf. FERNANDES, Gabriel de Andrade. Educação e patrimônio na Casa de Dona Yayá: experiências do Centro de Preservação Cultural da USP.
34. PINHEIRO, Maria Lúcia Bressan; PEREIRA, José Hermes Martins. Educação patrimonial no Centro de Preservação Cultural "Casa de Dona Yayá": balanços e novos desafios.
35. Cf. SHIMODA, Leticia Yumi; MATTAR, Luciana Lischewski; SANTOS, Raissa Monteiro dos. Bixiga em artes e ofícios: caminhos de um mapeamento.
36. Para uma descrição mais detalhada da oficina, ver: FERNANDES, Gabriel de Andrade; BITTENCOURT, Beatriz; FRÓIS, Maíra; TAVARES, Priscila. Educação e memória na Casa de Dona Yayá: relato da oficina-intervenção Trafegar pelos rios do Bixiga.
37. GONÇALVES, José Reginaldo Santos. O mal-estar no patrimônio: identidade, tempo e destruição (op. cit.), p. 225.

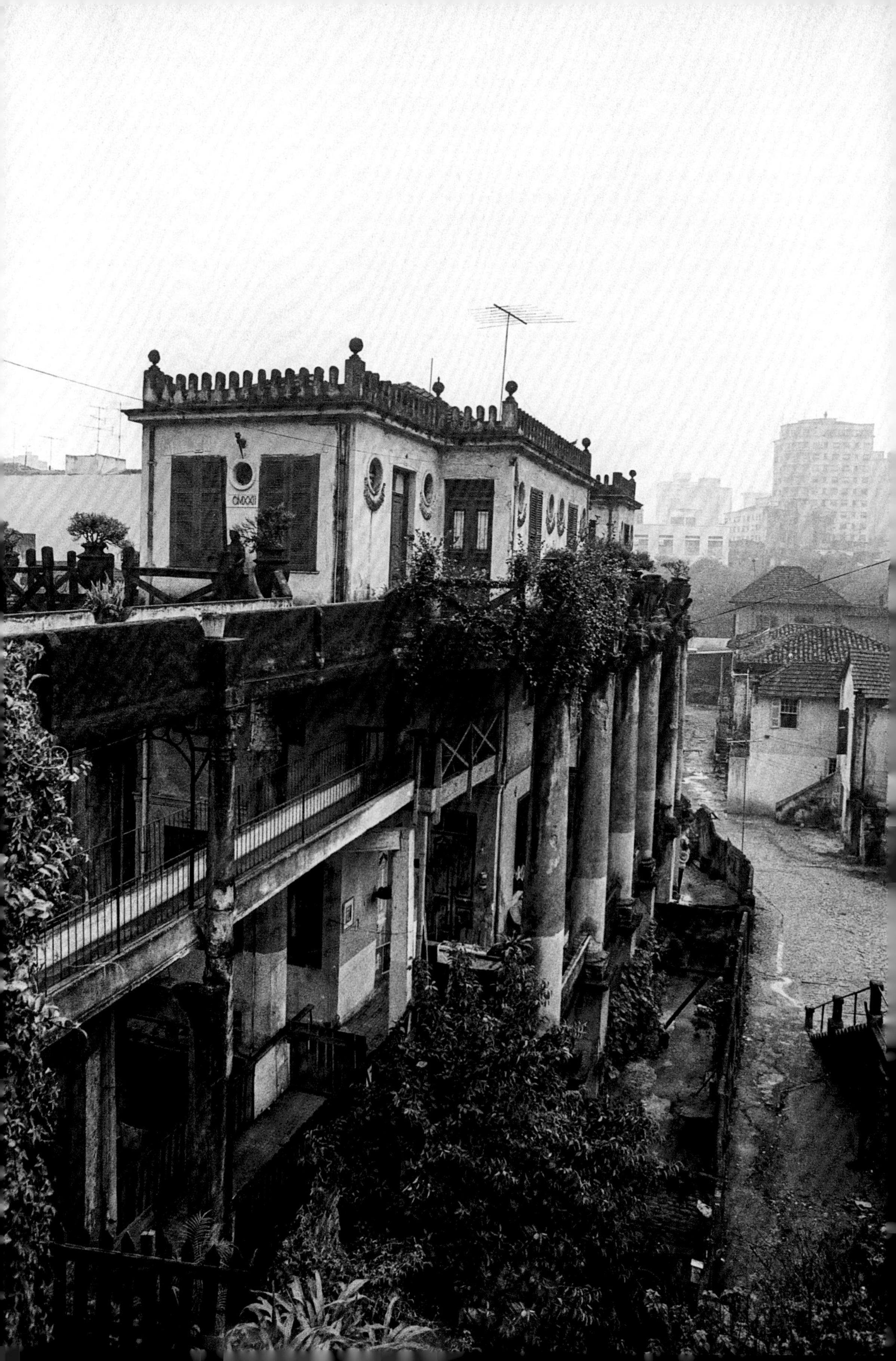

2.5 A restauração como instrumento de coesão social: o caso da Vila Itororó, no centro de São Paulo
Benjamim Saviani

Ensaio fotográfico *Bexiga 1991*, de Cristiano Mascaro

Com a conclusão da primeira etapa das ações de restauração da Vila Itororó, novas perspectivas se consolidaram. Essas perspectivas interessam à pesquisa aplicada diretamente no campo da restauração,[1] bem como para a compreensão do desenvolvimento social, cultural e histórico em torno daquele conjunto arquitetônico. Paralelamente ao canteiro de obras, um centro cultural foi instalado em caráter experimental, possibilitando a transformação das relações entre o conjunto arquitetônico e a comunidade local, procurando mitigar as traumáticas rupturas recentes. Com isso tem sido possível levar para a sociedade civil uma discussão sobre a prática da restauração e o uso do patrimônio histórico, atingindo um público que vai além do estrito meio acadêmico. O rico ambiente produzido nesse processo permitiu a produção e a divulgação de novos estudos e o desenvolvimento de discussões sobre uma temática que vai desde as pesquisas diretas com o patrimônio construído até o papel que isso pode desempenhar nas cidades contemporâneas. Este texto pretende apresentar algumas dessas discussões, suas origens, desdobramentos e outras descobertas que essas experiências têm possibilitado.

O território

O local onde se situa a Vila Itororó[2] é composto por uma série de cursos d'água e geografia acidentada. De certa forma, esses fatores condicionaram o crescimento da cidade de São Paulo nos primeiros séculos, bem como a construção daquele conjunto arquitetônico, localizado em uma área ainda em expansão.[3] O terreno está situado próximo a um bairro tradicionalmente burguês, com uma paisagem ainda pouco verticalizada em relação ao restante da região central. O excesso de umidade era então visto como indesejável, pois causava insalubridade e doenças. Em contrapartida, tal fator implicava em considerável redução do custo da terra urbana para uma região que estava começando a ser urbanizada no começo do século 20.

Ali viria a se instalar Francisco de Castro, descendente de portugueses e representante comercial nos setores têxtil e cafeeiro, que teve o projeto pessoal de construir uma casa para si, circundada por casas de aluguel para geração de renda. Passa então a se dedicar também ao mercado local da construção civil, não só com a Vila Itororó, mas também a partir de outros empreendimentos.

Morfologia e ocupação

A área de interesse, hoje, configura-se em onze edificações acrescidas de um galpão industrial anexo ao conjunto, datado de pelo menos 1930.[4] Cada uma das outras edificações continha mais de uma unidade habitacional, sendo que algumas incorporaram usos mistos, com equipamentos de lazer e cultura, ou atividades industriais, dependendo do período histórico, em meio aos usos de moradia. Para identificar os edifícios, o projeto recente as discrimina como edifícios de 1 a 11, além do Galpão.

A Vila Itororó é construída entre as décadas de 1910 e 1920. O proprietário morre em 1932, endividado por conta da quebra do mercado cafeeiro, e com isso a Vila, já hipotecada, vai a leilão. Durante a década de 1930, os edifícios têm como proprietários os credores da hipoteca, até que finalmente, na década de 1940, sua propriedade é conferida à Santa Casa de Indaiatuba, um hospital beneficente que

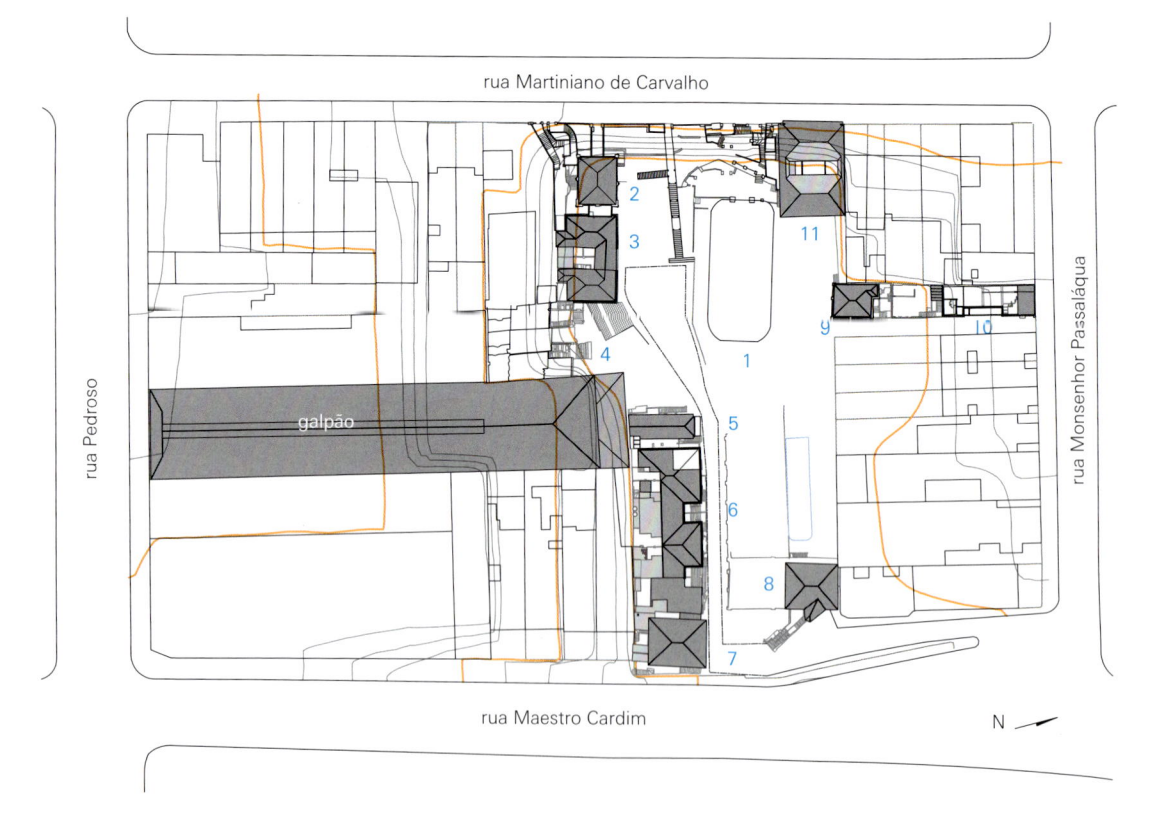

Implantação atual da Vila Itororó, São Paulo. A numeração dos edifícios corresponde à setorização de projeto

passa a gerir os recursos dos aluguéis pagos pelos inquilinos. Essa instituição será a proprietária dos imóveis até sua desapropriação, ocorrida recentemente.

Além da configuração arquitetônica incomum, outro aspecto de certa excepcionalidade da Vila Itororó em relação a outras vilas coevas é a forma de ocupação. Situada na divisa entre um bairro burguês e um bairro de artesãos e mestres de ofício, aparentemente foi destinada a famílias de classe média nos primeiros dez anos de sua construção. As casas têm tipologias residenciais com espaços confortáveis, e é provável que fossem alugadas integralmente.[5] Com o tempo, a situação fundiária se tornou precária, o que coincide com o empobrecimento da área central devido às mudanças socioterritoriais ocorridas em meio à crise habitacional da década de 1970. Na Vila Itororó isso é sentido com o surgimento de condições de moradia insalubres e desordenadas em algumas casas, mas nunca em todas.

Acreditamos que em seus primeiros anos a Vila fosse dividida (embora não segregada), distinguindo as classes sociais mais altas (proprietário, locatários mais abastados e possíveis serviços) das classes mais baixas (locatários em geral), uma vez que existiam cercamentos separando as casas voltadas para a rua Martiniano de Carvalho em relação às demais, como é possível ver na iconografia reunida. Possivelmente a Vila Itororó se configurava como duas: a vila de cima, voltada para a rua mais próxima da Bela Vista, e a vila de baixo, voltada para a várzea. Após a morte do construtor, essa divisão teria se dissolvido, ocasionando a subdivisão do palacete em um apartamento por andar (todos eles alugados) e a instalação de um clube na zona mais baixa. É apenas nesse período que uma ligação coletiva, clara e direta, é estabelecida entre a rua superior e o espaço inferior, por intermédio da escadaria de concreto presente até hoje, construída no lugar da antiga garagem, datando de pelo menos a década de 1940.

Vila Itororó vista a partir do vale, anterior à atual avenida 23 de Maio

Piscina do clube, c. 1970

Vila Itororó, São Paulo. A casa em primeiro plano foi reformada e transformada em palacete por Francisco de Castro, entre 1918-1922

A configuração interna dos edifícios apresenta disposições do programa arquitetônico recorrentes entre si: sala de visitas ou dormitório para os chefes de família na frente; demais dormitórios no centro; cozinha e, eventualmente, sanitários, nos fundos. Essas tipologias foram sistematizadas por nossos estudos em esquemas descritivos, revelando, inclusive, algumas peculiaridades: se, por um lado, algumas tipologias são padrões disseminados à época, outras são menos comuns na construção civil típica do período. Curiosamente, algumas delas são muito similares àquelas empregadas em alguns empreendimentos modernistas pioneiros, como no caso das residências operárias da Gamboa projetadas por Gregori Warchavchik e Lúcio Costa – o que reforça as hipóteses da historiografia da arquitetura brasileira sobre permanências de esquemas construtivos do século 19 nas experimentações modernistas iniciais.

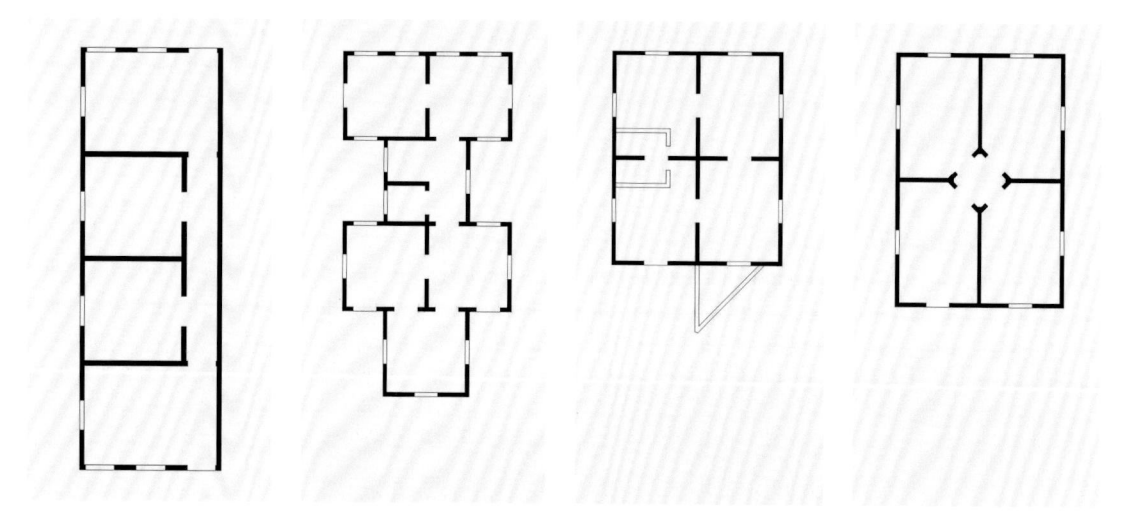

Esquema para as tipologias 1, 2, 3 e 4

Os primeiros projetos de reabilitação arquitetônica do conjunto foram feitos na década de 1970, sem o precedente de pesquisa documental e levantamento arquitetônico sistemáticos. Os estudos que mencionamos foram possíveis graças aos levantamentos métricos dos edifícios,[6] que realizamos a partir do processo de revisão dos projetos. Esse processo abriu caminho para a constatação de uma série de valores culturais importantes vindos a partir das tipologias edilícias e dos sistemas construtivos das edificações, pois representam o estado da arte na construção civil durante o período de edificação (virada do século 19 para o 20), rico em experimentações.

Ações recentes (2013-2019)

Após um longo processo iniciado ainda na década de 1970, a Vila Itororó é tombada como conjunto arquitetônico pelos órgãos municipal e estadual de tutela do patrimônio – Conpresp, em 2002,[7] e Condephaat, em 2005[8] –, onde as casas compreendidas possuem distintos níveis de proteção. Ato contínuo, declarado como de interesse público, o conjunto passa por um processo de desapropriação que culmina com a conflituosa e polêmica remoção dos moradores que ali viviam durante o período 2011-2013, passando a posse ao estado de São Paulo que, em seguida, a concede à prefeitura a tutela do espaço, com a condição de conservar os imóveis e implementar um centro cultural. Inicialmente, para viabilizar essas condições, a prefeitura encomendou um projeto arquitetônico ao arquiteto Décio Tozzi, entregue em 2012 a partir dos estudos realizados desde a década de 1970; o projeto fora licitado, mas a licitação não foi contratada.

Em 2013, com a mudança de gestão municipal, a nova administração percebeu ser difícil implementar a licitação feita e procurou viabilizar o projeto por mecenato, realizando um chamamento público. Nesse contexto, o Instituto Pedra, organização privada sem fins lucrativos, decidiu propor em 2014 um projeto cultural inscrito na lei federal de incentivo à cultura, e com isso realizou a coordenação e a gestão dos trabalhos de restauração e readequação. Devido às dimensões do conjunto arquitetônico, o espaço foi setorizado administrativamente para concentrar os esforços de captação (já dificultados pelo advento da crise econômica, a partir de 2015), correspondendo a três etapas. A primeira delas consistiu no levantamento métrico e projeto das edificações, projetos para os espaços comuns, e obra de quatro conjuntos (5-6-7-11), a partir das revisões recentes no programa de usos. Também ocorreram as ações mais intensivas de pesquisa e mobilização do público, por meio de um centro cultural provisório. Nosso intuito é fazer um balanço dessa primeira etapa, concluída recentemente.

Centro Cultural Canteiro Aberto

Quando o projeto cultural foi desenhado,[9] tinha-se em mente a implementação de um centro cultural tradicional que previa, em linhas gerais, a restauração das fachadas e reconfiguração estrutural dos imóveis, ocasionando diversas vezes a demolição total de seu espaço interno. Ocupando esses espaços, conforme programa definido pela prefeitura, usos culturais diversos e amplos, como espaços de alimentação, uma biblioteca infantil, museus sobre o local e algumas salas multiuso; para os espaços comuns, uma requalificação paisagística ampla.

Com a viabilização do financiamento, à medida que o planejamento inicial de obras era feito, deparou-se com uma mudança de diretrizes da Secretaria Municipal de Cultura, que desenvolveu uma visão crítica com relação aos usos do espaço, sua futura gestão e o projeto colocado até então. Entendeu-se que a manutenção de um centro cultural tradicional acarretaria custos muito altos, incrementando significativamente os gastos com o orçamento público e podendo mesmo não ter êxito, sobretudo pela proximidade a um espaço da cidade já muito consolidado – o Centro Cultural São Paulo. A isso se somou a não concordância com o programa de usos até então colocado. Foi iniciada, então, a busca por um modelo de gestão mais sustentável do ponto de vista financeiro, com a diversificação dos usos, mais adequados à condição de conjunto arquitetônico e capazes de suprir demandas diversas em relação a um modelo já consolidado (e estrito) de centro cultural.

Dessa forma, a gestão do projeto optou por investir em uma ampla pesquisa, capaz de oferecer subsídios à reflexão sobre os novos usos, abrindo o projeto para o envolvimento com a comunidade. Valendo-se de estruturas amplas e mais bem conservadas, como o galpão industrial, onde foram instalados os escritórios de canteiro de obras, foi

Galpão antes das obras, 2014

possível adequar esse espaço para atividades de formação de público. Organizou-se, com isso, o Centro Cultural Canteiro Aberto, que deveria funcionar durante o período de obras, com a finalidade de questionar a ideia de um centro cultural tradicional para a Vila Itororó e, juntamente com o público, pensar em novos usos para o conjunto arquitetônico, que tivessem maior correspondência com as demandas desse novo público em formação.

A programação se desenvolveu a partir de três eixos temáticos: visitas guiadas ao canteiro de obras, disponibilidade do espaço para

Usos espontâneos do galpão: playground e aula de acordeon

usos espontâneos (onde o público é convidado a permanecer no espaço de forma livre, improvisada e desburocratizada) e oficinas de formação, muitas das quais utilizando as estruturas do canteiro de obras quando disponíveis, como a marcenaria, por exemplo. Com o tempo, foram incorporadas outras atividades culturais, como cinema, teatro, circo, ioga e dança de salão, tanto para fruição quanto para a capacitação do público, além de parcerias e compartilhamento do espaço físico com outras entidades que também desenvolvem atividades abertas, como uma unidade FabLab e o Goethe Institute. Esporadicamente, também, são realizadas atividades de discussão científica e acadêmica, como seminários teóricos e práticos, aulas, rodas de discussão, oficinas, workshops etc., para o debate e a divulgação do projeto de restauração, pesquisas correlatas e atividades de formação no campo do patrimônio.

O envolvimento de ex-moradores (que organizaram sua luta contra a desapropriação em um movimento de moradia, obtendo alguns êxitos no processo, como sua realocação no mesmo bairro) e habitantes do entorno é considerado fundamental para a legitimidade das ações. Nas atividades com limitação de público são previstas vagas preferenciais para pessoas dessas procedências, a fim de estimular a permanência de vínculo desses grupos com o lugar, procurando também manter sua centralidade regional. Além disso, a programação regular conta com estímulos à participação ativa dos ex-moradores, de forma não compulsória, na construção de leituras sobre o lugar, e eventualmente na tomada de decisões a respeito de usos e valores a serem preservados e rememorados. Nomeadamente, citamos os depoimentos de vivências, recolhidos em trabalho de pesquisa coordenado pelas pesquisadoras Ana Castro e Sarah Feldman,[10] fomentado pelo projeto cultural, e a organização de festas comunitárias, como a festa junina, que possuía papel agregativo importante quando se habitou a Vila Itororó. O evento hoje se realiza no espaço do galpão, até o momento em que o espaço comum do conjunto arquitetônico esteja novamente apto à livre frequentação de público.

Tradicional festa junina na Vila Itororó, São Paulo, 2006

Festa junina no galpão, organizada durante o período de obras, São Paulo, 2016

Obra e programação cultural

A dupla dimensão que adquiriu o projeto cultural trouxe incrementos mútuos para a construção de um conhecimento sobre a Vila Itororó, desde a dimensão dos edifícios até a dimensão de sua inserção no bairro, como equipamento cultural para a comunidade. No caso, tanto as pesquisas para a restauração fizeram-se presentes e influenciaram a programação para o público, quanto a divulgação do projeto e sua programação cultural influenciaram o escopo dessas pesquisas.

Como exemplos dessa dinâmica podemos destacar, por um lado, eventos motivados a partir dos trabalhos de restauração:

Seminários abertos – palestras, debates e visitas ao canteiro de obras em todas as edições da Jornada do Patrimônio até o momento

(2016, 2017, 2018, 2019), evento organizado pela Secretaria Municipal de Cultura.

Seminários específicos – Partindo das dificuldades de diagnóstico suscitadas pelo Palacete, edifício icônico do conjunto, foi realizada uma parceria para discutir estratégias de levantamento do edifício, com dois grupos de pesquisa científica: GCOR-Arquitetura[11] e Diaprem.[12] Essa parceria originou, em 2015, um seminário direcionado a um público especializado, para discutir o tema do levantamento arquitetônico a partir de suas principais metodologias: levantamento direto (Instituto Pedra), fotogrametria (GCOR-Arquitetura) e escaneamento laser 3D (Diaprem). Além do seminário, foram realizadas atividades de emprego do *laserscanner* 3D, que também geraram novas bases de dados para o levantamento do edifício. Dessa forma, ao mesmo tempo em que foi promovida formação específica, foi gerado conhecimento diretamente ligado à restauração.

Workshops de ofícios – Através de parceria com a empresa construtora que atua na obra, a Concrejato, em 2016 foi realizado um workshop demonstrativo sobre a reprodução de ornatos em gesso e ferro-cimento, aberto a um público inscrito e não específico.

Por outro lado, destacamos demandas vindas da programação e do público, que impactaram o canteiro de obras:

Instalações artísticas – a partir de um trabalho de curadoria, foram promovidas duas instalações artísticas: em 2015, *Padrões da Vila*, de Monica Nador, em que foram recolhidos elementos visuais presentes na Vila Itororó e coletivamente transformados em estênceis que foram utilizados na ornamentação do Galpão; em 2016, *Panapanã*, de Carla Zacagnini, em que foi produzido um borboletário com floreiras móveis, com o objetivo de conduzir reflexões com o público durante as visitas à obra e fruição dos espaços comuns.

Parcerias em eventos artísticos – por algumas ocasiões a Vila Itororó hospedou peças de teatro em/de importantes eventos/companhias nacionais: em 2015, *O filho*, montagem do Teatro da Vertigem, que demandou alterações no espaço da marcenaria para acomodar os cenários; em 2016, *Cidade Vodu*, montagem do Teatro de Narradores, realizada nos pátios do canteiro de obras, por conta da Mostra Internacional e Teatro de São Paulo – MIT. Ambas foram sucesso de bilheteria, promovendo maior aproximação do público com a Vila Itororó, especialmente porque as temáticas abordadas apresentam correlação com o histórico do local. Além disso, destacamos a presença de outros eventos, como a XI Bienal de Arquitetura de São Paulo em 2017, que teve obras expostas entre o canteiro de obras e o galpão, também com temáticas relacionadas ao lugar.

Parcerias no canteiro – o interesse pelo canteiro de obras e seus monumentos motivou, durante o período 2016-2018, uma parceria com o Goethe Institut – São Paulo para a utilização ostensiva de uma das casas do conjunto. Para tanto, foram realizados reparos pontuais e de consolidação do edifício, utilizado pelo programa de residências artísticas "Goethe na Vila", promovendo vivências entre artistas e público, paralelamente ao canteiro de obras.

Construções coletivas – os espaços de uso comum mais intenso foram viabilizados por workshops de construção: o Mobiliário do Galpão, que até hoje serve de apoio ao público, foi concebido e construído coletivamente em 2015, por meio de um workshop promovido em parceria com o grupo Constructlab (França/Alemanha), inaugurando o centro cultural no galpão; o espaço para as residências do programa Goethe na Vila teve seu layout concebido e construído através de um workshop realizado em 2016, em parceria com o coletivo alemão Raumlabor. Os reparos no mobiliário do galpão, bem como novas propostas, também foram feitos em diferentes ocasiões recentemente, por meio de iniciativas coletivas.

Festas e refeições – como consequência dos eventos de maior envolvimento coletivo, são realizadas atividades de interação, como festas e refeições produzidas por todos, fator muito agregativo entre trabalhadores e público envolvidos. Essa prática originou o projeto Cozinha Pública, que se instalou no galpão a partir de 2017 e consiste em uma cozinha coletiva de livre acesso do público (mediante inscrição prévia), em torno da qual se reúnem pessoas para atividades culinárias esporádicas e grupos de trocas de receitas culinárias, que se encontram periodicamente.

Clínica pública de psicanálise – trata-se de um projeto que prevê a acessibilidade às terapias psicanalíticas mediante atendimento gratuito. A proposta encontrou lugar na Vila Itororó motivada pelos eventos traumáticos advindos da desapropriação dos então moradores e acabou por realizar sessões periódicas no local, hoje disponíveis a interessados em geral.

Cabe destacar que as estruturas realizadas serviram tanto para o público que visita o local, como para as equipes que nela trabalharam. Além disso, por conta da publicidade do projeto, a divulgação pública dos trabalhos pôs em contato espontâneo com o projeto acervos bibliográficos e fotográficos de particulares, inéditos e fundamentais para uma leitura iconográfica do lugar.

Para os dois últimos casos, sobretudo, é importante ressaltar que se tratou de experiências-piloto que criaram vínculos com o local, formando um público próprio e assíduo, influenciando o programa de usos do conjunto arquitetônico. Experiências como essas mostram de que forma o Centro Cultural Canteiro Aberto se constituiu como um

Reforma de ampliação do Palacete, c. 1920

laboratório em que foram experimentadas múltiplas possibilidades, dentre as quais algumas efetivamente tiveram êxito como lastro em um novo programa de usos.

Francisco de Castro e amigos
Trabalhadores

Novas diretrizes para a restauração

Paralelamente, o trabalho de restauração da arquitetura também sofreu alterações, à medida que as novas demandas se consolidavam e era verificada uma grande dificuldade de implementação do desenho disponível, devido às suas incongruências com relação à realidade morfológica existente. Tal aspecto pode ter se intensificado, acreditamos, devido às dificuldades de realização dos projetos em meio a um conturbado processo de desapropriação no qual, de fato, os arquitetos não tiveram acesso aos imóveis, sendo compelidos a fazer uma série de suposições, com base na documentação histórica disponível, para chegar a uma proposta de usos e intervenção.

Entretanto, como a situação geral dos imóveis é de degradação bem avançada, e muitas alterações foram feitas ao longo de todo o histórico de ocupação, essa estratégia revelou-se insuficiente para a execução em obra, pois não deu conta de documentar as características físicas em questão. Procedemos, então, à realização de inventários, prospecções, novas pesquisas históricas e uma campanha de levantamento arquitetônico de todos os imóveis, de maneira

Vila Itororó, São Paulo, década de 1930

Vila Itororó antes do início das obras, São Paulo, 2014

individuada, em processo preliminar aos novos projetos, o que trouxe à tona uma série de descobertas, as quais, amplificadas pela complexidade da temática na Vila Itororó, colocam-se como estudos de caso que atestam a importância da pesquisa aplicada para a correta orientação de um projeto de restauração. No caso da Vila Itororó, sobretudo, elas próprias se tornaram um condicionante da revisão de diretrizes: em virtude dos remanescentes encontrados e documentados, entendeu-se que a *tipologia* e as *técnicas construtivas* dos edifícios, tanto quanto a ambiência das fachadas, traziam importantes valores histórico-artísticos a serem preservados.

Descobertas recentes

As técnicas construtivas são as mais variadas e tornam-se, junto com as tipologias e morfologia do conjunto, elementos centrais que justificam a preservação arquitetônica. Todos os edifícios construídos por iniciativa de Castro são compostos em alvenarias portantes de tijolos, com eventuais reforços em estrutura de argamassas de baixa resistência, concreto armado, ou vigamento lígneo e metálico. A variedade de materiais e a discrepância no dimensionamento estrutural desses elementos denota reaproveitamento de material, o que incrementa a inventividade das soluções. Além disso, as estruturas horizontais alternam-se quase sempre entre assoalhos de madeira para as áreas internas e lajes de abobadilhas para áreas externas ou áreas molhadas. De datação incerta são as protolajes cimentícias, com armaduras improvisadas utilizando elementos em serralheria, ou sistemas tipo *deployé* (lajes experimentais protomodernas estruturadas em camadas de material cimentício sobre telas metálicas. Esses elementos também se veem presentes nas casas modernistas de Warchavchik).

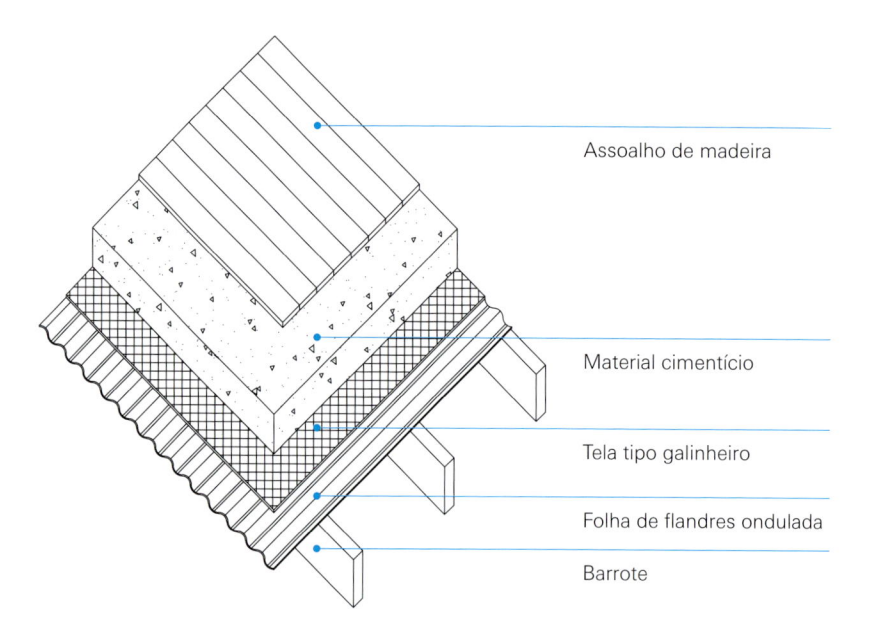

Esquema construtivo do sistema *deployé* encontrado na Vila Itororó

Assoalho de madeira

Material cimentício

Tela tipo galinheiro

Folha de flandres ondulada

Barrote

    A descoberta de tais elementos altera significativamente a visão sobre o objeto de estudos, bem como os princípios que irão guiar a restauração. Curiosamente, tais descobertas só foram possíveis mediante um estudo direto do objeto, com rigor metodológico. As novas descobertas terminaram por influenciar as diretrizes de conservação sustentadas pelo projeto, uma vez que novos valores culturais foram trazidos à luz.

    Se antes os critérios de preservação se fundamentavam apenas na excepcionalidade de alguns edifícios, hoje entendemos a Vila Itororó como também um dos poucos remanescentes da arquitetura civil em São Paulo durante a transição da cidade oitocentista para a moderna metrópole do século 20. As tipologias dos edifícios testemunham essa memória, juntamente com a grande quantidade de pinturas parietais encontradas em praticamente todos eles. Além de demonstrar a construção civil convencional, o conjunto apresenta experimentos de novos sistemas construtivos que viriam a se consolidar mais tarde, compartilhados pelo movimento moderno.

    Como vemos, o tratamento da matéria, que ocorre de forma quase arqueológica, é fundamental para a constituição de narrativas sobre o cotidiano da moradia na região central de São Paulo ao longo do século 20. Por sua vez, o tratamento das superfícies na Vila Itororó se mostra um problema central no âmbito de sua restauração, talvez ainda não plenamente resolvido, mas com certeza com avanços significativos. Dentre eles podemos destacar a decisão de se prospectar sistematicamente as pinturas parietais internas expondo planos inteiros em vez de janelas de prospecção, e revelando simultaneamente os distintos planos de ornamentação, que antes se sucediam nas fases decorativas dos edifícios. Afinal, as pinturas parietais também fazem parte de uma intensa sucessão de períodos e gostos, dos quais resulta impossível (e imprudente) selecionar um como mais significativo, à revelia dos demais. A sucessão temporal na Vila Itororó é também uma cacofonia de vestígios materiais com difícil leitura linear que, por isso mesmo, compõe uma singular visão de conjunto.

Tratamento das pinturas parietais após a restauração

Consolidação de uma unidade habitacional improvisada

Caráter inovador

As ações da Vila Itororó podem representar a quebra de uma série de paradigmas em relação a projetos dessa natureza, como podemos destacar:

Rigor científico – para o sucesso na abordagem a um monumento complexo, a ênfase dada à pesquisa é fundamental para o sucesso do projeto. Como vimos, tal investimento permitiu uma série de descobertas que terminaram por influenciar os critérios de restauração. Além disso, dada a amplitude das possibilidades de uso, é possível que as descobertas da arquitetura possam influenciar também o programa de usos mais definitivo. Por ora, destacamos que as pesquisas em arquitetura já influenciam a programação do Centro Cultural. Este, como retorno, trouxe demandas que influenciaram, por sua vez, diversas operações no canteiro de obras.

Manejo de recursos públicos – ao disponibilizar partes do conjunto para o público antes da conclusão total da obra, é possível oferecer ganhos em tempo recorde à comunidade envolvida. Isto se torna vantajoso em um momento de crise econômica, como o que o país vive, em que não se tem garantido um afluxo de recursos financeiros, especialmente para o campo da cultura e para obras de grande porte como essa. Além disso, o uso ostensivo é capaz de garantir a manutenção dos edifícios que vão sendo gradualmente disponibilizados, além de gerar pressão social para o prosseguimento do projeto.

Esse último aspecto de fato se verificou com o desenrolar dos trabalhos, uma vez que a proposta do Centro Cultural Canteiro Aberto, tal como prevista inicialmente, tinha um limite de recursos e de tempo para operar. Correndo o risco de fechar as portas em 2018, pela impossibilidade de o Instituto Pedra seguir realizando a sua gestão, o Canteiro Aberto foi encampado pela Secretaria Municipal de Cultura graças às reivindicações do público, e hoje permanece em ativo funcionamento como um novo local público de cultura no município.

Envolvimento da sociedade – aproximar a comunidade dessa maneira possibilita a execução de uma obra aberta, capaz de ouvir de forma muito sensível as demandas daqueles que de fato irão utilizar os serviços oferecidos, testando quais delas são mais pertinentes do que outras, para um programa de usos futuro. Além disso, é capaz de promover capacitação e um senso de envolvimento com o patrimônio, ao aproximar a comunidade não somente do monumento, mas dos ofícios envolvidos com o canteiro de obras. Isto reforça o caráter público do patrimônio, permitindo apropriações verdadeiramente democráticas dos bens de interesse coletivo.

Embora já se tenha formulado ações pontuais no sentido de promover apropriação comunitária do patrimônio cultural via canteiro de obras, não temos notícias de ações tão ostensivas e estruturantes como na Vila Itororó. Se por um lado tivemos como ponto de partida as obras abertas, ou canteiros-escola na Europa, que promovem visitas guiadas ou mesmo permitem a utilização de suas estruturas pelo público (como a marcenaria, por exemplo), são raros os casos onde essas ações se tornaram decisivas para a definição do programa de usos e das estratégias de restauração.

Essa condição se dá agora, acreditamos, devido a uma somatória de peculiaridades que envolvem a Vila Itororó: a peculiaridade de sua arquitetura e história; a polêmica envolvendo a instalação de um centro cultural em um histórico local de moradia, antes, de forma centralizada e hierárquica; as lacunas nas pesquisas histórica e direta, relacionadas ao objeto de estudos; o caráter residencial de sua arquitetura; a escala do monumento, que se constitui em parte como um conjunto urbano.

Outro fator capaz de permitir essa peculiaridade é, na verdade, uma contradição inerente ao funcionamento do Estado brasileiro. Se por um lado a tradição republicana nacional apresenta um histórico caráter autoritário e centralizador, o funcionamento da burocracia estatal não é capaz de oferecer controle integrado em todas as dimensões das ações públicas.

Com isso, o Estado não exerce um rigoroso controle de qualidade em relação aos serviços contratados de forma terceirizada, por falta de critérios técnicos que regulem o trabalho em campos sensíveis, como no caso da cultura e, especificamente, envolvendo ações de restauração. Tal condição abre margem à contratação de projetos com pouco rigor metodológico em pesquisa.

Além disso, as ações governamentais raramente são estruturadas de forma integrada, permanecendo subordinadas às políticas de secretarias específicas. Dessa forma, uma ação complexa, como a restauração de um monumento com características individuais e urbanas, culturais e sociais, simultaneamente, fica à margem de uma compreensão integrada. A Vila Itororó, hoje, é oficialmente subordinada apenas à Secretaria Municipal de Cultura, possuindo ainda pouca relação com secretarias ligadas ao desenvolvimento urbanístico, por exemplo.

Podemos observar que as políticas ligadas ao patrimônio cultural raramente acabam encontrando respaldo nas ações de planejamento urbanístico. Isso ocorre em parte devido ao funcionamento burocrático setorizado em secretarias de Estado, como mencionamos, mas também devido a uma crise entre competências no campo da arquitetura e urbanismo, em que, desde os momentos de maior crescimento do país (por exemplo, sob regimes autoritários, nos anos 1970), o ensino como um todo se voltou para formações cada vez mais específicas e menos abrangentes.

Em contrapartida, o caráter aparentemente centralista do Estado, sobre o qual falamos, foi aos poucos rompido com a redemocratização do Brasil, no final da década de 1980, o que permite hoje a convivência simultânea da sociedade com dois paradigmas de Estado, no mesmo aparato burocrático: um, mais centralista e autoritário, e outro, com ações que permitem aberturas democráticas pontuais.

Se isso gera, por um lado, certa dificuldade em se coordenar ações de governo integradas, por outro, pode abrir margem para ações experimentais que procuram promover abordagens integradas para problemas complexos, como é o caso desse projeto.

As ações recentes na Vila Itororó promoveram diálogos entre secretarias municipais. Um dos possíveis caminhos apontados com isso é um futuro modelo de gestão estruturado como uma espécie de condomínio entre instituições que participem da Vila Itororó, comportando agentes públicos e privados, desde que sempre com interesse público preestabelecido.

Conclusões

A Vila Itororó passou por um processo de reconhecimento enquanto patrimônio da cidade de São Paulo em torno dos últimos cinquenta anos. Esse processo foi complexo e controverso, envolvendo questões relativas ao direito à moradia no centro da metrópole, que sempre se relacionaram ao entendimento sobre o que é socialmente reconhecido como patrimônio, em sentido amplo. No desenrolar disso é possível verificar que a relação entre ambos os paradigmas (moradia e patrimônio) é tanto mais conflituosa quanto mais restrito for o entendimento acerca do que é patrimônio, ou tanto mais integradora quanto mais ampliado for esse mesmo entendimento.

Os estudos recentes sobre a Vila Itororó apontam que, para a preservação de seus remanescentes materiais, essa mesma dinâmica é válida, uma vez que os valores culturais que justificam a preservação do conjunto são difusos em relação à visão consagrada pelo senso comum acerca do que é um monumento, ou seja: valores como primor artístico, projeto regulador, regularidade e ordem na composição etc., em alguns casos inexistem, ou foram marcadamente subvertidos ao longo da história dos edifícios em questão. Esse processo de subversão, por sua vez, se mostra tão relevante para a salvaguarda material quanto os remanescentes materiais mais antigos. Trata-se da ampliação do reconhecimento de valor em relação aos paradigmas convencionalmente aceitos de um monumento.

A nosso juízo, isso se deve ao protagonismo ocupado pela Vila Itororó nos processos de produção da cidade em sua região central, ao longo de todo o século 20, pois os valores culturais que justificam a sua preservação coincidem com os valores ligados à história da construção civil na metrópole paulistana. Um dos poucos remanescentes de um período de transição entre a província imperial e a metrópole industrial, quando se edificou muito e intensamente, o conjunto ostenta uma gama de soluções construtivas tradicionais mescladas a experimentações motivadas pela escassez de materiais e recursos, aliada à inventividade do *ethos* construtivo modernista ainda nascente e à constante sobreposição de camadas históricas. Em seguida, a precarização das condições de moradia lhe imprime uma marca indelével,

Moradores da Vila Itororó, década de 1970

de outras soluções igualmente inventivas, cada vez mais motivadas pela escassez de recursos, e que ali podem ter se historicizado.

Nesse sentido, a Vila Itororó desponta como um antimonumento, em que o valor monumental pode estar também na solução inglória, no primor inacabado ou mesmo no primor arruinado pelo tempo, quase destruído, sínteses de um projeto de metrópole nunca concluído – talvez uma contribuição significativa de São Paulo para o campo do patrimônio arquitetônico em todo o Brasil.

Acreditamos que apenas uma abordagem integrada e *de fato* multidisciplinar será capaz de mediar os conflitos que envolvem a Vila Itororó. Somente assim será possível proporcionar uma verdadeira preservação do conjunto arquitetônico, uma vez que as motivações sociais para isso são, justamente, o senso de pertencimento ao local e a significação de determinado local para a sociedade que realiza a sua salvaguarda.

Notas

NA. Versão atualizada e adaptada em relação à versão publicada em inglês: SAVIANI, Benjamim. Restoration as a Social Cohesion Instrument: Vila Itororó in Central São Paulo.

1. Ver: KÜHL, Beatriz Mugayar. O tratamento das superfícies arquitetônicas como problema teórico da restauração.
2. Sobre a Vila Itororó, ver: TOLEDO, Benedito Lima de. *Vila Itororó*.
3. Ver: AB'SÁBER, Aziz Nacib. *Geomorfologia do sítio urbano de São Paulo*.
4. Cf. SARA BRASIL S/A. *Mappa Topographico do Municipio de São Paulo*, fl. 51.
5. Nos registros iconográficos do Arquivo Pessoal Milu Leite (referido aos primeiros anos da Vila Itororó), é possível ver anúncios com os dizeres "Aluga-se casa com 5 cômodos" – indicando que a forma de aluguel era referida à unidade habitacional completa. Ademais, convém salientar que uma tipologia de cinco ambientes remete a uma ocupação unifamiliar. Cf. VILA ITORORÓ. Arquivo pessoal Milu Leite.
6. Sobre o tema, ver: DOCCI, Mario; MAESTRI, Diego. *Manuale di rilevamento architettonico e urbano*.
7. CONPRESP. Resolução n. 22/2002. Tombamento do bairro da Bela Vista.
8. CONDEPHAAT. Processo n. 22.372/82. Tombamento da Vila Itororó.
9. Sobre o tema, ver: MENESES, Ulpiano Bezerra de. Os usos culturais da cultura.
10. CASTRO, Ana; FELDMAN, Sarah. *Vila Itororó: uma história em três atos*.
11. Grupo de Conservação e Restauro da Arquitetura e Sítios Históricos – GCOR-Arquitetura, do Departamento de Arquitetura e Construção da Faculdade de Engenharia Civil, Arquitetura e Urbanismo da Universidade Estadual de Campinas – DAC/FEC-Unicamp.
12. Development of Integrated Automatic Procedures for Restoration of Monuments – Diaprem – da Università degli Studi di Ferrara.

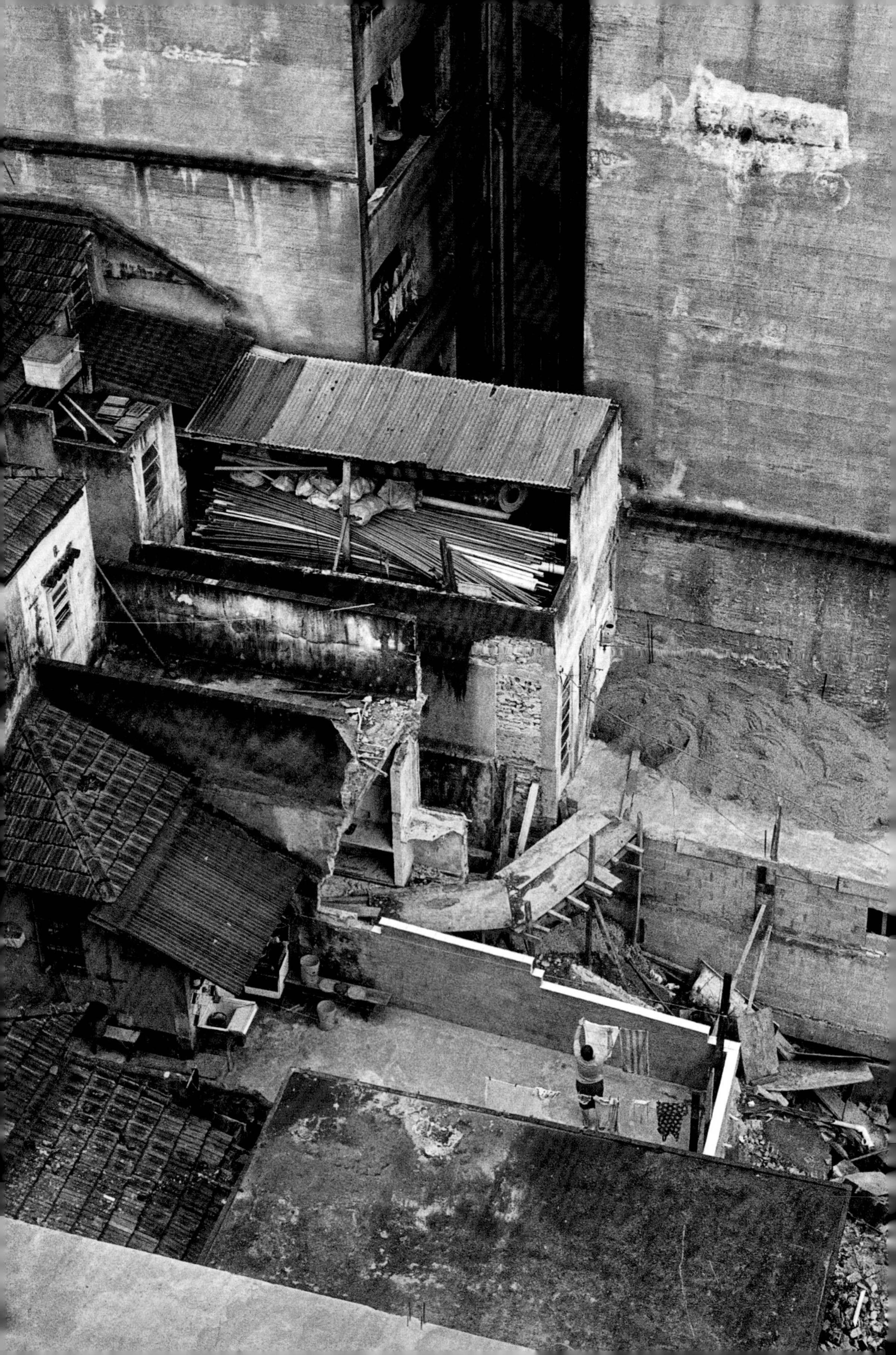

2.6 Escola Paulista de Restauro: educar para não restaurar. Uma ação de cidadania empresarial no Bexiga
Francisco Zorzete, Fernanda Romão e Katia Kreutz

Ensaio fotográfico *Bexiga 1991*, de Cristiano Mascaro

A Escola Paulista de Restauro – EPR é um projeto de capacitação e pesquisa na área de preservação de patrimônio cultural, promovendo cursos, palestras, seminários, pesquisas e oficinas. Por meio de parcerias com o poder público e privado, sua proposta é mobilizar a sociedade civil para a importância da conscientização nessa área, ao mesmo tempo em que a paisagem urbana é transformada. Durante sete anos, teve sua sede em um casarão tombado no bairro do Bexiga, em São Paulo, no qual foram realizadas atividades práticas de restauro. Atualmente apoiada pela Companhia de Restauro, com formato itinerante, a Escola busca, por meio de programas profissionalizantes, a reinserção de jovens e adultos no mercado de trabalho, pela formação de marceneiros, pedreiros, carpinteiros, encanadores, eletricistas, pintores, entre outros. Além disso, os cursos são voltados para profissionais, engenheiros e arquitetos, interessados em aprofundar seus conhecimentos sobre o restauro. A Escola também desenvolve pesquisas para entender a real situação dos gestores/administradores de bens tombados na cidade de São Paulo.[1]

EPR, uma ação de impacto socioambiental no bairro do Bexiga, zona central de São Paulo

Idealizada pelo artista plástico e restaurador Francisco Zorzete (um dos fundadores da Companhia de Restauro), a Escola surgiu para intervir no processo de abandono do patrimônio cultural e histórico do bairro do Bexiga e da cidade de São Paulo. Grande parte dos imóveis tombados pelo Patrimônio Histórico municipal encontra-se na área central da cidade, uma fatia considerável dos quais está localizada no tradicional bairro do Bexiga, que se tornou objeto integral de tombamento em 2002, por meio do Inventário Geral do Patrimônio Ambiental, Cultural e Urbano de São Paulo – Igepac SP.[2] Motivado pelo desejo de contribuir para a disseminação da cultura da preservação e conscientização dos habitantes do bairro, rumo ao segundo passo mais importante no processo de proteção da salvaguarda cultural e patrimonial depois do ato de tombamento, o idealizador da Escola Paulista de Restauro desenhou uma proposta de atuação objetivando a capacitação profissional em técnicas de restauro. O propósito foi formar mão de obra especializada nessa área, oferecendo aulas teóricas e práticas, ensinando não apenas técnicas, mas, acima de tudo, trabalhando a valorização do patrimônio local. Para tanto, as aulas ocorriam dentro de um casarão histórico, localizado no próprio bairro do Bexiga, que serviu como laboratório para as práticas de conservação e restauro. Os profissionais capacitados poderiam, assim, realizar uma transformação na paisagem urbana, atitude que beneficiaria todos os cidadãos e, principalmente, os moradores do Bexiga, fazendo nascer uma ação da EPR com forte impacto social local.

Durante sete anos (2005-2012), a sede da Escola esteve localizada em um casarão de concepção italiana, construído na primeira década do século 20, de grande valor histórico e cultural para o bairro do Bexiga e para a capital paulista. Um dos objetivos era restaurar o próprio casarão, em um laboratório prático para os alunos. Posteriormente, após cumprir seu objetivo inicial e com a venda da casa, as atividades da Escola se tornaram itinerantes.

A história desse que é um dos mais famosos bairros paulistanos, o Bexiga, confunde-se com as primeiras atividades de colonizadores portugueses no planalto paulista. Sua topografia acidentada era pouco atraente à ocupação, devido à existência de vários capões na região. Tais características foram propícias ao abrigo de escravos negros fugidos. No início do século 19, o local ainda tinha o aspecto de cidade pequena, com casas e igrejinhas modestas. A segunda metade desse século se caracterizou pelo boom da economia cafeeira, que, com a implantação das ferrovias e o surgimento de novos bairros, elevou São Paulo de simples entreposto comercial para considerável núcleo urbano. A capital da província passou por um processo de transformação cultural sem precedentes em sua história.

O trecho de terra conhecido como Sítio do Capão passou por vários proprietários até 1794, quando a chácara foi identificada com o nome do Bexiga. Depois de sucessivas vendas e transferências de posse, em 1878, entre as ruas derivadas do retalhamento da chácara encontrava-se a rua Antonio Prado. Posteriormente, recebeu o nome pelo qual é conhecida até hoje: rua Major Diogo, em homenagem ao paulistano Diogo Antonio de Barros, responsável por instalar na cidade a primeira fábrica de tecidos de algodão. A partir do século 20, o local enfrentou grandes transformações, que culminaram na implantação da via Leste-Oeste, determinando a demolição de um quarteirão inteiro da rua.[3]

A família que construiu o imóvel da Major Diogo, n. 91, foi a Almeida Nogueira. Provenientes da cidade de Bananal, na divisa entre São Paulo e Rio de Janeiro, faziam parte do grupo de cafeicultores do Vale do Paraíba cuja tradição e fortuna foram consolidadas com a produção inicial do café no país. Os primeiros que levam esse nome surgiram no município de Baependi (MG), para onde os ancestrais da família se mudaram em virtude do ouro disponível nas Gerais. Os Almeida Nogueira ficaram assim conhecidos somente a partir de José Luís de Almeida Nogueira, renomado professor da Faculdade de Direito do Largo São Francisco, deputado por São Paulo e senador do estado. Foi ele o responsável pela construção da casa no Bexiga, provavelmente datada do início do século 20.

Essa porção da cidade, próxima ao centro antigo, foi considerada patrimônio da cidade, e o imóvel foi reconhecido como relevante e listado no conjunto do tombamento. Na resolução do Conpresp n. 22/2002, considerou-se que o bairro guardava como inalteradas suas características relativas ao traçado urbano e ao parcelamento do solo. Além disso, preconizou um considerável número de edificações de valor histórico, arquitetônico, ambiental e afetivo. Inegavelmente, o casarão é um deles. Sua implantação no lote e seus aspectos formais, cuja aparência denota a forte presença da colônia italiana no bairro, destacam-no como um dos elementos mais relevantes daquela paisagem urbana.

Curso Restauro de Madeira

A concessão da casa para a EPR

O historiograma da Escola Paulista de Restauro data de julho de 2005, quando lhe foi cedido o casarão pelos herdeiros da família Almeida Nogueira e iniciadas suas atividades, contando com a coordenação da Oscip Museu a Céu Aberto – Cultura, Ecologia e Desenvolvimento – MCA e da Companhia de Restauro, com o apoio subsequente de parceiros públicos e privados. A concessão tinha como acordo a manutenção do imóvel pelas instituições coordenadoras, atuando em sua preservação e restauração.

Em seus quatorze anos existência (sete deles na sede do Bexiga), a Escola realizou diversos cursos, nos quais foram concedidas bolsas de estudos para os moradores do bairro do Bexiga, visitas monitoradas, reformas estruturais e trabalhos de conservação na casa, tendo desenvolvido o Projeto Executivo de Restauro e Adaptação do imóvel, aprovado pelo Conselho Municipal de Preservação do Patrimônio Histórico, Cultural e Ambiental da Cidade de São Paulo – Conpresp, além de formalizar as seguintes parcerias institucionais:

– Evonik Degussa: patrocinadora do projeto em 2009, parceria por meio da qual foram realizados os cursos Restauro de Madeira, Pintura Mural, Mosaico e Argamassas;

– Instituto Robert Bosch: apoiador do projeto e patrocinador do Ateliê Bosch de Restauro;

– Fundação Casa: instituição parceira na realização de cursos de capacitação para jovens internos da unidade Pirituba;

– Museu Brasileiro da Escultura – Mube: realização de cursos de restauro na sede do Museu: Metodologia de Projeto e Fontes de Recursos para Execução de Restauros;

– Grupo Redimunho de Investigação Teatral: parceria estabelecida em 2006, com uso do espaço para ensaios e apresentações. O grupo foi vencedor do prêmio da Associação Paulista de Críticos de Arte – APCA de melhor texto de 2007, pelo espetáculo *A casa*. Em 2008, apresentou *Vesperais nas janelas*, com média de público de 1.400 espectadores por temporada.

Os cursos de capacitação da EPR e as bolsas de estudos para moradores do Bexiga

Os cursos da programação da Escola foram realizados com a participação tanto da comunidade local quanto de alunos de outros municípios e até de outros estados. Os moradores do bairro do Bexiga e arredores não pagaram pelo curso, uma vez que receberam bolsa para a realização do mesmo. O projeto formou centenas de pessoas, um terço delas bolsistas em situação de vulnerabilidade social. Uma das missões da EPR é promover a autossustentabilidade, utilizando os recursos de apoiadores e de alunos pagantes para possibilitar a formação de bolsistas, cumprindo seu objetivo de capacitação de mão de obra, da qual o mercado da restauração tanto carece. A conscientização desse papel social sempre foi uma das forças motrizes do projeto, buscando formas de trabalhar ao lado de organizações sociais, coletivos e instituições que promovam esses ideais. Vale destacar e agradecer também a participação de excelentes colaboradores, profissionais da área de restauro e professores dos cursos, que se dispuseram a tomar parte dessas atividades de cunho social, agregando seus conhecimentos de forma significativa para a história da Escola.

O primeiro programa de cursos e oficinas da Escola Paulista de Restauro teve início em 2005, com o curso de Metodologia de Projeto de Restauro para Bens de Interesse Histórico, ministrado pela arquiteta Ana Marta Ditolvo. O conteúdo foi desenvolvido tendo como objeto de estudo o casarão do Bexiga – que resultou no projeto de restauro do imóvel e sua posterior aprovação. Os alunos participaram dos processos de levantamento métrico arquitetônico e diagnóstico, procedimentos que foram cruciais para o projeto. O principal objetivo desse curso foi instrumentalizar profissionais das áreas de arquitetura, engenharia, artes e história para atuar na restauração do patrimônio histórico. Entre os temas abordados estavam as cartas patrimoniais, órgãos de preservação do patrimônio, inventário e tombamento, pesquisa histórica, vistoria técnica, diagnóstico, anteprojeto, projeto executivo, obra e instrumentos de viabilização.

Outro curso que fez parte da programação inicial da Escola foi o de Iluminação Monumental e de Patrimônio Histórico, por Plínio Godoy. Também foi realizada uma visita monitorada gratuita ao Edifício da Agência Central dos Correios e Telégrafos, durante suas obras de restauro, em 2006. Nesse mesmo ano, foi acrescentado ao programa o curso de Pesquisas Cromáticas, por Katia Regina Magri e Sidney José Fischer. Ainda em 2006 foram realizadas palestra e visita monitorada à Catedral da Sé, no centro de São Paulo. Também foram criados os cursos Princípios Teóricos da Restauração e Conservação de Bens, por Dilene Zaparoli, Maquete de Arquitetura com Foco no Patrimônio Histórico, por André Aaltonen, e programada outra visita monitorada, dessa vez ao Edifício Altino Arantes.

O ano de 2007 trouxe uma nova leva de atividades para a Escola. A programação incluiu os cursos de Restauro em Madeira – Módulo Básico, por Márcio Leitão; Princípios Teóricos do Restauro, por Dilene Zaparoli; Recursos para Restauro, por Luis Cesar Corazza; e Foliação a

Ouro, por Perla Larsen, além de uma visita monitorada ao Castelinho de Pirituba, com o arquiteto Paulo Danilo Machado.

Já em 2008, a Escola desenvolveu uma programação em parceria com o Museu Brasileiro da Escultura – Mube. O primeiro desses cursos aconteceu na sede do Museu. Foi ministrado pela arquiteta Ana Marta Ditolvo (Metodologia de Projeto de Restauro), com a participação do advogado Luis César Corazza (Fontes de Recursos para Execução de Restauro) e do diretor da Companhia de Restauro, Francisco Zorzete.

O conteúdo de Metodologia de Projeto de Restauro foi o mesmo do curso anterior desse tema. Já os tópicos de Fontes de Recursos para Execução de Restauro incluíram: recursos da administração pública (com ou sem licitação), mecenato, doação e patrocínio, condomínio, Banco Nacional de Desenvolvimento Econômico e Social – BNDES, Conselho Federal Gestor do Fundo de Defesa de Direitos Difuso – CFDD, bancos, agências e instituições. O conteúdo abordou também leis de incentivo à cultura e renúncia fiscal, nas três esferas (federal, estadual e municipal).

O ano de 2009 foi um dos mais produtivos da Escola, iniciando-se com o curso Restauro de Madeira. Pela primeira vez em seus mais de cem anos de história, o casarão do Bexiga teve seu andar térreo transformado em um atelier prático. Patrocinado pela empresa alemã Evonik, o curso foi ministrado por César Fonseca, profissional formado na Alemanha. Foi aberto para diversos públicos, mas teve foco na inclusão de alunos em situação de vulnerabilidade social, por meio de bolsas de estudo.

O conteúdo desse curso abrangeu conceitos teóricos e atividades práticas, passando pela introdução ao restauro, a importância da conservação e técnicas de restauração, até o conhecimento e o manuseio das ferramentas utilizadas no restauro da madeira, o trabalho com encaixes de peças e a recuperação de janelas, possibilitando aos alunos analisarem a estrutura física do material a ser restaurado. Além do detalhamento dessas técnicas, os participantes aprenderam sobre o papel das pessoas envolvidas com bens históricos: o proprietário do imóvel, os engenheiros e arquitetos, os restauradores e defensores do patrimônio. O curso incluiu os conceitos do restauro e a importância de preservar o antigo; conservação, restauração, renovação e reconstrução; reconhecimento de estilos (épocas); conhecimentos e manuseio de ferramentas manuais, instrumentos para medir e riscar. Abordou ainda os encaixes mais utilizados em madeira, assim como o restauro de janelas, isolamento acústico e ferragens.

Uma das parcerias institucionais da Escola, nesse período, foi com o Centro Integrado de Estudos e Programas de Desenvolvimento Sustentável – Cieds, que colaborou com a indicação de alunos bolsistas. Outra instituição parceira foi a Associação Profissionalizante BM&F. O curso contou ainda com a participação de integrantes do grupo de teatro Redimunho. Entre os pagantes havia estudantes de arquitetura, artesãos e professores, muitos deles tendo experimentado durante as aulas seu primeiro contato prático com técnicas de restauro em madeira.

Ainda em 2009, o curso de Restauro de Pintura Mural deu continuidade à programação com o patrocínio da empresa Evonik, sendo ministrado por Perla Larsen. Também aberto a diversos públicos, seu conteúdo uniu teoria e prática. Entre os alunos estavam artesãos,

Curso Restauro de Madeira, com ateliê para aulas teóricas e práticas

artistas plásticos, historiadores, arquitetos e estudantes, inclusive de outros estados, com uma quota de bolsistas. Os resultados das aulas práticas puderam ser vistos nas paredes do casarão do Bexiga: diversas pinturas e faixas decorativas foram encontradas pelos alunos durante as prospecções. Até mesmo sob a pintura de algumas portas foram encontrados desenhos de flores.

Para intervir em uma pintura mural é necessário analisá-la profundamente, resgatando seus diversos estratos, fragmentos e analisando as patologias, a situação do suporte em que está inserida, as técnicas e os materiais utilizados na sua execução. Por isso, o curso de Pintura Mural abrangeu teoria e história das pinturas, leis de preservação, o trabalho do restaurador, conservação e restauração, patologias, diagnósticos, intervenções, além de práticas de prospecções pictóricas estratigráficas e exploratórias, decapagens, preenchimento de fichas de patologias, execução de faixas murais e pintura em estêncil.

Curso Restauro de Pintura Mural, que teve o Casarão do Bexiga como laboratório prático para os alunos

Continuando a programação de cursos em 2009, ainda com o patrocínio da Evonik, foi realizado o curso Restauro de Mosaico, por José Paulo Strano, também aberto a pagantes e bolsistas. O conteúdo uniu teoria e prática, incluindo a abordagem de conceitos e o contato com a arte do mosaico e materiais utilizados, além do conhecimento e da realização prática das técnicas ensinadas. Entre os tópicos conceituais desse curso estavam a observação de peças com essa técnica e o conhecimento do histórico do mosaico (romano, bizantino, Gaudí, contemporâneo). Quanto aos materiais, abordou-se a escolha e a função, além do emprego e da seleção de sucatas adequadas. As práticas abrangeram as técnicas direta e inversa, além do modo de se fazer um mosaico.

Curso Restauro de Mosaico

Por fim, também patrocinado pela Evonik, o curso Restauro de Argamassa foi ministrado por Márcio Leitão, com a participação tanto de pagantes quanto de bolsistas. Os alunos aprenderam sobre o histórico das argamassas, seus tipos, manipulação e patologias, além de técnicas e substâncias usadas no restauro. O conteúdo detalhado incluiu histórico e necessidades do emprego das argamassas; sua obtenção na Antiguidade, o advento entre os cretenses, etruscos e egípcios; meios de obtenção atualmente; química aplicada demonstrativa; construção das paredes e tipos de argamassas, suas composições para cada aplicação; argamassa de recobrimento; técnicas e cuidados; manipulação e doenças das argamassas, patologias e etiologias; agentes degradantes das superfícies; efeitos deletérios observados nas paredes; terapêuticas aplicáveis e graus de sucessos; técnicas e substâncias empregadas; agentes que preservam as argamassas e cuidados durante a realização dos projetos. O curso contou com a projeção de fotos e a manipulação do material, incluindo mistura e espatulação (amassamento) para cada caso e indicação (pictórica, escultórica ou parietal).

Já a programação de 2010, agora sem o apoio de patrocinadores, incluiu a realização do curso de Fundição em Bronze, com José Carlos de Barros e Perla Larsen. O conteúdo abrangeu a identificação de materiais, processos de fundição (cera perdida e areia), execução de moldes e formas (argila, fibra, silicone, gesso), restauro de partes faltantes (solda, processos de limpeza superficial e profunda, pátinas, processos químicos, proteção final e aplicação de ceras).

Entre os demais cursos ministrados na Escola em 2010 destacam-se o de Arte Musiva (Mosaico), semelhante ao realizado em 2009, com José Paulo Strano; Metodologia de Projeto de Restauro, também com o mesmo currículo dos cursos anteriores, ministrados por Ana Marta Ditolvo, assim como o curso Madeiras: Anatomia, Diagnóstico de Patologias e Tratamentos de Construções Históricas, com Éder Rede.

Já em 2011, a Escola promoveu, com patrocínio da empresa White Martins e ministrado por técnicos da Companhia de Restauro (arquitetos, serralheiros, engenheiros de segurança, entre outros), o curso A Solda na Escultura (Construção e Restauração). Foram duas turmas, com vagas para alunos bolsistas, abrangendo toda a metodologia de projeto de restauro de bens culturais, nesse caso específico de esculturas em ferro com o uso de solda. As aulas foram teóricas e práticas (solda elétrica), tendo como objeto de referência o monumento a García Lorca, de autoria de Flávio de Carvalho, situado na praça das Guianas, em São Paulo. Os tópicos abordados incluíram: metodologia de projeto de restauro, tipos de soldas e suas aplicações, tipos de equipamentos, metais utilizados na solda, a restauração da escultura como patrimônio cultural, equipamento de proteção individual – EPI (óculos, luvas, botas, máscara, avental etc.) e Monumento a García Lorca (histórico, projeto, aprovação, visita à obra na praça das Guianas).

A experiência na Fundação Casa

No ano de 2009, em parceria com a Fundação Casa – Centro de Atendimento Socioeducativo ao Adolescente, a Escola realizou um trabalho de capacitação em técnicas de restauro dos jovens internos da unidade de Pirituba, tendo como objeto de estudos e laboratório prático a Capela Santa Cruz de Pirituba, próxima à unidade. A capela foi construída em 1894 pelos proprietários da então Chácara Paraíso. O primeiro ato religioso oficial foi realizado em 1913. Posteriormente, em 1926, o imóvel foi doado à Mitra Diocesana de São Paulo. Por fim, em 2001, quando a unidade Pirituba da então Febem foi inaugurada, a capela já se encontrava em ruínas e o jardim, abandonado.

Restauro de capela histórica na unidade de Pirituba da Fundação Casa

Através de uma parceria com a Fundação Casa, o projeto socioeducativo do Curso de Restauro na Unidade Pirituba teve o objetivo de ensinar aos internos técnicas de restauro, com estudos teóricos e trabalhos práticos na Capela Santa Cruz de Pirituba, em módulos de

três meses, duas vezes por semana. As aulas incluíram a história do planeta Terra / Brasil / estado / cidade / Bairro de Pirituba; história da capela; tombamento; bens de interesse histórico; inventário; cartas patrimoniais; metodologia de restauro (identificação do imóvel, pesquisa histórica, vistoria técnica, levantamento métrico e arquitetônico, documentação fotográfica, prospecções arquitetônicas, arqueológicas e pictóricas, diagnóstico, estado de conservação, cronologia arquitetônica, anteprojeto, programa de usos, proposta de intervenção, projeto executivo, arquitetônico e estrutural, projetos complementares – lógica, hidráulica, águas pluviais, iluminação interna e monumental/externa, elétrica, ar-condicionado, gás, combate e proteção a incêndio, sistema de para-raios, acessibilidade a portadores de necessidades especiais, segurança, acústica, comunicação visual/sinalização, valorização do entorno, paisagismo, repelente contra pombos). Foram estudados também orçamento e cronograma de obras.

Como parte do curso, os alunos da unidade de Pirituba tiveram aulas de introdução à fotografia para a documentação fotográfica da capela, além da importância da utilização de EPIs. Foram realizadas por profissionais, com assistência dos alunos, visitas técnicas à capela; limpeza e instalação dos acessos; levantamento métrico, identificação de materiais e desenhos de cobertura, forro, paredes e piso (revestimentos); esquadrias (portas e janelas); instalações elétricas; entorno – jardim, mina de água e cerca; diagnóstico/mapeamento; representação gráfica/legenda; prospecções arquitetônicas e pictóricas; projeto de restauro – solução; telhado – limpeza e substituições de telhas; madeiramento/entelhamento – tipologia: francesa, capa e canal; forro; alvenaria de tijolos e revestimentos; argamassas; esquadrias, portas e janelas; madeira, ferro, vidros, fechaduras, fechos; impermeabilizações dos pisos; drenos; pintura – esmalte sintético e acrílica; jardim – dreno e palmeiras.

Agentes Histórico – AH no Parque da Independência

O projeto Agentes Históricos – AH teve como objetivo a capacitação de quarenta jovens em situação de risco, inscritos na Casa de Cultura e Cidadania, situada na Vila Guacuri, periferia de São Paulo, para atuarem como agentes históricos no Parque da Independência, no Ipiranga. Ministrado nas dependências do próprio parque e nas salas da Casa de Cultura e Cidadania, o programa deu continuidade aos trabalhos de restauração, preservação e divulgação desse importante patrimônio histórico brasileiro, visando iniciar um programa permanente de conscientização da população visitante. A iniciativa foi realizada pela Escola Paulista de Restauro com o patrocínio da AES Eletropaulo, por intermédio do Fundo Municipal dos Direitos da Criança e do Adolescente e do Conselho Municipal dos Direitos da Criança e do Adolescente – órgão vinculado à Secretaria de Participação e Parceria da Prefeitura do Município de São Paulo.

O curso extracurricular teve duração de sessenta dias e foi ministrado por uma equipe de historiadores, tornando os jovens aptos a atuarem como guias do Parque da Independência, promovendo a conscientização sobre a preservação do patrimônio cultural e ambiental. O conteúdo incluiu aulas expositivas, com a orientação dos alunos quanto à comunicação e padrões de comportamento. Os tópicos principais envolveram o conjunto ornamental de chafarizes do parque, a Casa do Grito, o Museu de Zoologia e o Horto Botânico. Os materiais didáticos utilizados foram palestras, apostilas, recursos audiovisuais, visitas e bibliografia complementar. Agentes Históricos foi o primeiro projeto a reunir conservação do patrimônio, educação e geração de renda. A estimativa de público indiretamente beneficiado foi de 70 mil visitantes/mês.

O destrato do casarão

O compartilhamento do espaço da casa com o Grupo Redimunho de Investigação Teatral permitiu sua manutenção durante vários anos, contando com o auxílio dos próprios atores do grupo na monitoração do espaço. Porém a falta de recursos – e, principalmente, de entidades apoiadoras/patrocinadoras – fez com que a realização de cursos pela Escola Paulista de Restauro diminuísse a partir de 2010, o que resultou no desuso e no consequente destrato do imóvel.

O novo uso da casa

A casa que serviu de sede para a Escola pelo período de sete anos acabou sendo vendida pela família Almeida Nogueira para o empresário Houssein Jarouche, proprietário da loja de móveis Micasa, inicialmente com o intuito de abrir no local um hotel-boutique, mas que acabou se tornando um espaço de exposições e manifestações artísticas. Portanto, a partir de 2012, a Escola passou a atuar em busca de espaços alternativos para a realização de seus cursos, com um programa de aulas em formato itinerante.

O novo uso do imóvel tombado na Major Diogo, por sua vez, teve como objetivo transformá-lo em um ateliê de residência artística. O casarão se tornou o escritório principal de Houssein Jarouche e ganhou o nome de Plataforma 91. A intenção por trás do projeto é também funcionar como editora, estúdio de design e gravadora. A exposição que inaugurou a Plataforma, em 2013, trouxe obras do fotógrafo norte-americano Billy Name, que gerenciou a Factory, de Andy Warhol, durante a década de 1960.

Conclusões

Nos últimos anos temos observado uma mudança de ótica nas organizações, com o surgimento de ideias como criação de valor compartilhado,[4] capitalismo consciente, responsabilidade social nas empresas[5] (e desenvolvimento sustentável).[6] Percebe-se uma revisão de valores das empresas em relação ao impacto que desejam causar na sociedade, com o surgimento de diversos tipos de negócios híbridos que buscam em sua essência atingir objetivos outrora impossíveis de ser compatibilizados: a geração de valor financeiro e de valores socioambientais. A Companhia de Restauro, coordenadora da Escola Paulista de Restauro, é uma empresa que atua na lógica desse hibridismo organizacional, buscando, em suas ações, gerar um impacto social positivo e contribuir ativamente para a causa na qual atua: a conservação, a preservação e o restauro dos bens históricos.

Foi no âmbito dessa cultura organizacional que a ideia da Escola foi concebida e vem sendo desenvolvida. O modelo de gestão adotado ao longo desses anos demonstra que é possível a realização desse tipo de projeto, por intermédio da criação de uma rede de parcerias e de investidores que acreditam que a transformação que desejamos é responsabilidade também das empresas privadas, não sendo apenas dever do Estado ou de organizações sociais e de movimentos advindos da sociedade civil. Nesse contexto, as parcerias público-privadas, os *impact investments* e outras formas de captação de recursos devem ser estimulados, para que tais projetos alcancem sustentabilidade financeira e possam ser replicados, beneficiando assim um número maior de pessoas.

Continuamente em busca de recursos para viabilizar suas atividades, agora em formato itinerante, a Escola Paulista de Restauro segue buscando patrocinadores ou apoiadores que se posicionem como empresas cidadãs, investindo em um projeto que une o resgate do patrimônio histórico à capacitação profissional de jovens e adultos em situação de vulnerabilidade social; ou profissionais da área buscando novos conhecimentos.

Nosso desejo é de que a experiência da Escola Paulista de Restauro no Bexiga seja apenas o começo, uma experiência parcial, a ser completada, de uma gama de possibilidades envolvendo inciativas que visam contribuir para o desenvolvimento local e a preservação da memória e da cultura do bairro. Iniciativas como essa podem impactar famílias inteiras, por meio da participação de um único integrante nesse sistema de aprendizagem, de conscientização e de valorização do patrimônio cultural.

Para o ano de 2019, as novas ações da coordenação da Escola incluem a busca por parcerias, dando continuidade ao trabalho de conscientização da população sobre a importância do patrimônio histórico e atuando na capacitação de mão de obra para essa área. Além disso, a equipe tem realizado uma extensa pesquisa de imóveis tombados na cidade de São Paulo, junto a um trabalho de orientação aos proprietários, com a criação de conteúdo informativo sobre os bens de interesse histórico que precisam ser preservados no município. O plano inclui também a organização de palestras, simpósios e seminários para disseminar o conhecimento e a importância de "educar para não restaurar".

Notas

1. Sobre cidadania empresarial, ver: ICE – Instituto Cidadania Empresarial. Negócios de impacto.
2. CONPRESP. Resolução n. 22/2002. Tombamento do bairro da Bela Vista.
3. Sobre as ruas de São Paulo, ver: PORTO, Antonio Rodrigues. *História da cidade de São Paulo através de suas ruas*.
4. Cf. PORTER, Michael E.; KRAMER, Mark R. The Big Idea: Creating Shared Value.
5. Cf. WBCSD. *How We Drive Sustainable Development*; MARREWIJK, Marcel van. Concepts and Definitions of CSR and Corporate Sustainability: Between Agency; HENDERSON, David. *Misguided Virtue: False Notions of Corporate Social Responsibility*.
6. Cf. WCED. *Our Common Future*; SACHS, Ignacy. Desenvolvimento mundial: uma ideia sobre desenvolvimento populacional.

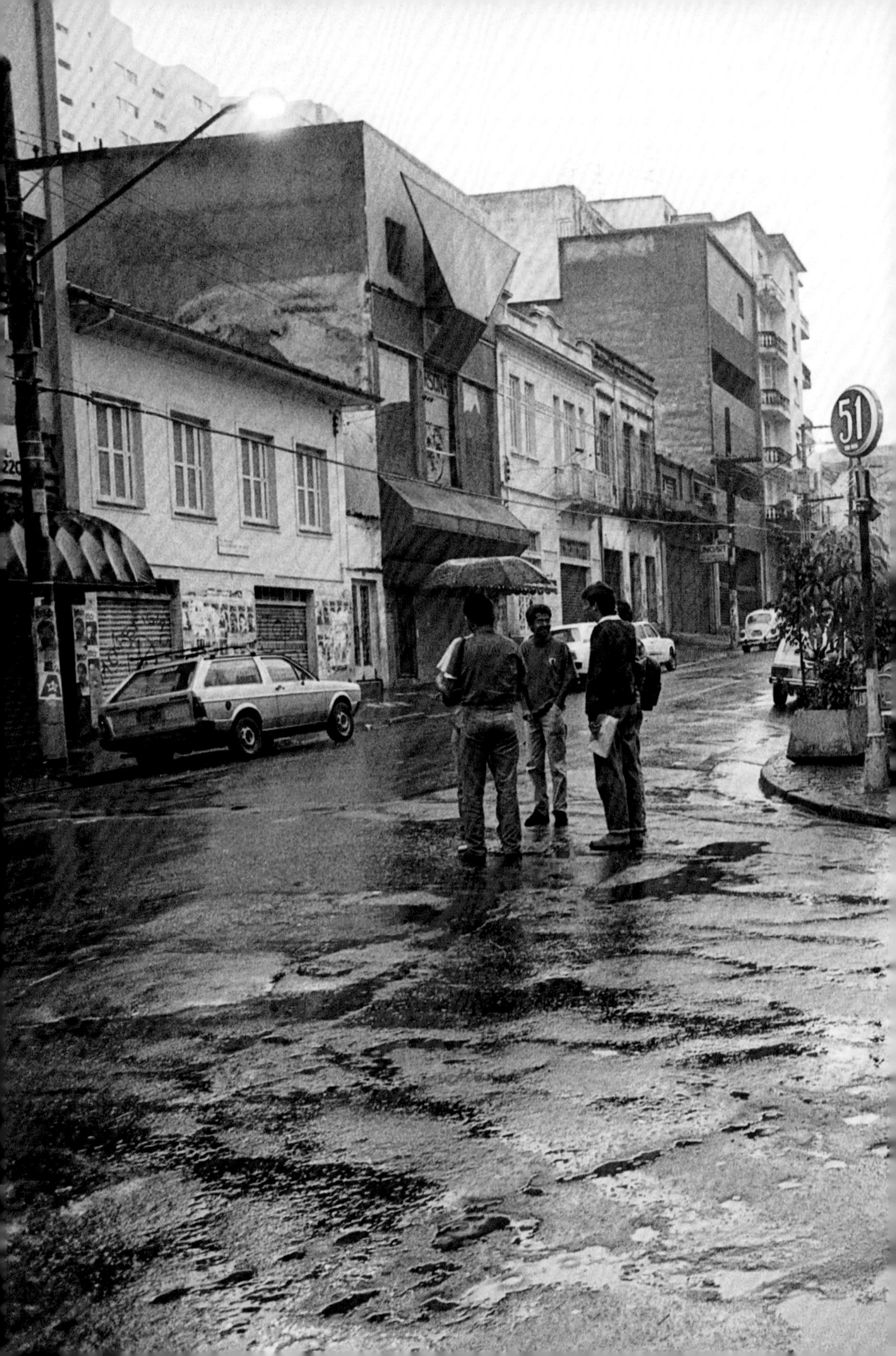
51

3

O tempo do presente e do futuro

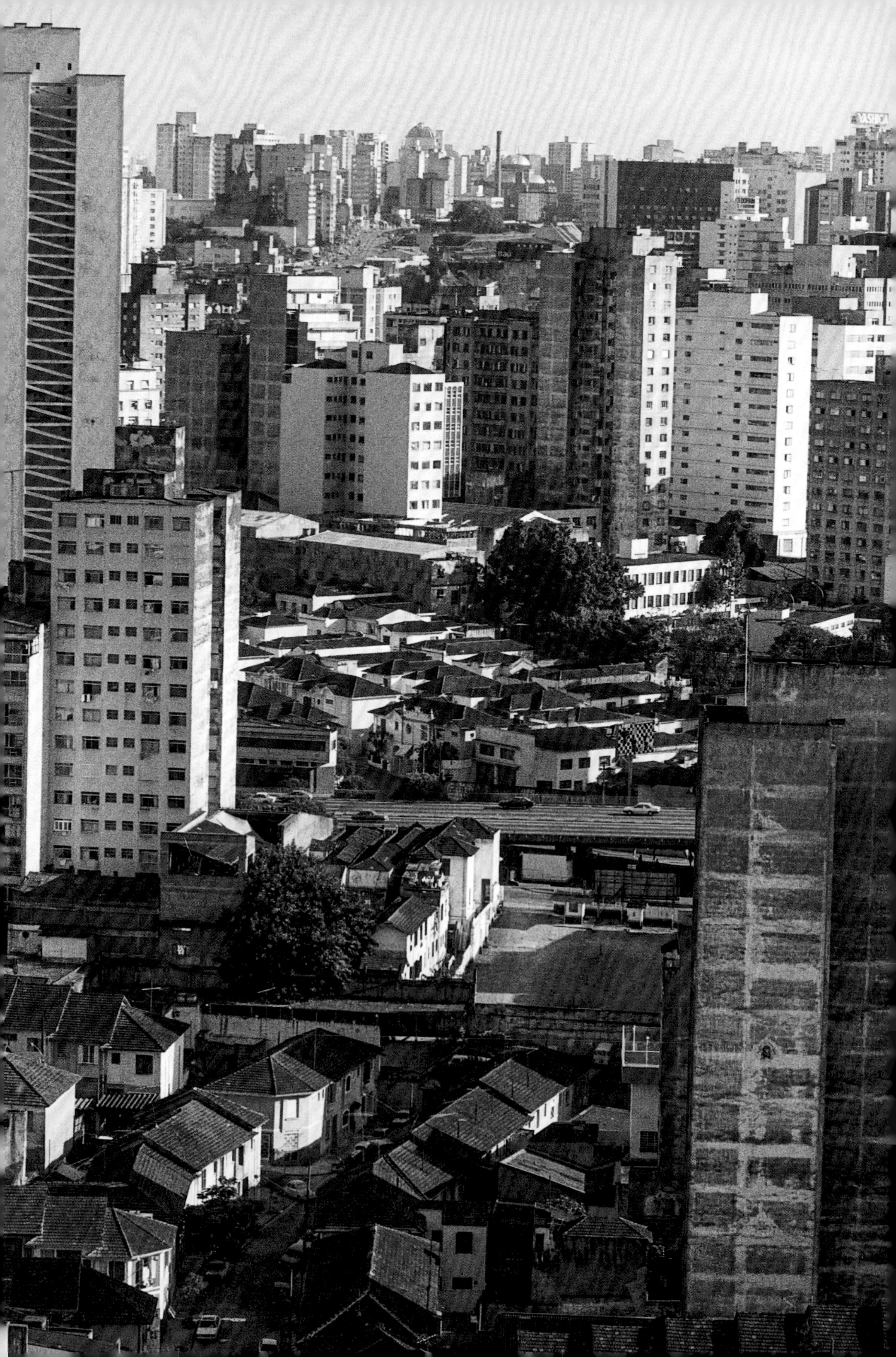
YASHICA

3.1 A produção imobiliária formal no bairro da Bela Vista

Hugo Louro e Silva
Ana Carolina Nader Scripilliti

Ao lado e na dupla anterior, ensaio fotográfico *Bexiga 1991*, de Cristiano Mascaro

O contexto

Na pesquisa desenvolvida, a relação entre a preservação do patrimônio imóvel promovida pelo poder público – aqui também denominado Estado – e o desenvolvimento urbano promovido pelo mercado imobiliário tornou-se tônica para o entendimento da relação produtiva entre o Estado como agente regulador e a iniciativa privada, setor que detém o risco comercial e financeiro do desenvolvimento dessa atividade.

De um lado, o poder público é o primeiro responsável pela preservação e regulação do ambiente construído urbano e, do outro, o mercado imobiliário formal que, por meio da verticalização, definida como a multiplicação do solo possibilitada pelo uso do elevador,[1] toma para si o papel de protagonista da produção urbana economicamente viável em resposta às políticas pautadas pelo Estado como agente regulador.

Este capítulo analisa, no contexto do bairro da Bela Vista, como a iniciativa privada de produção imobiliária residencial se comportou antes, durante e depois da implementação do perímetro de tombamento, considerando que os lançamentos imobiliários desenvolvidos também estiveram sujeitos à conjuntura econômica brasileira recente.

Nesse cenário foram identificados os 58 lançamentos imobiliários promovidos pela iniciativa privada no bairro da Bela Vista, período que vai de janeiro de 1985 a dezembro de 2018, e que após análise de características e perfis permitiram pontuar mudanças significativas na produção e, logo, no consumo de espaço privado produzido pelo mercado desse segmento nessa região.

Nos anos pesquisados, é possível também sugerir que os empreendedores e o Estado não foram concorrentes ou adversários no decorrer das últimas décadas nessa região, mas que a sintonia produtiva de ambos permitiu o início de uma transformação paulatina territorial, somado às suas competências complementares para a almejada transformação urbana.

O tombamento

O processo de tombamento do bairro da Bela Vista, região popularmente identificada como Bexiga, se alongou por doze anos até sua conclusão. Esse processo começa a ser pautado a partir da iniciativa popular em 1990 e, por conta de sucessivos eventos, demandou à municipalidade a preservação dos patrimônios imóveis da região e culminou na Resolução n. 22,[2] garantindo a proteção desse patrimônio imóvel.

O perímetro que se manteve até a documentação final da resolução de tombamento tem início na avenida 9 de Julho com a praça das Bandeiras, à altura da rua João Adolfo, segue pela avenida 23 de Maio, rua do Paraíso, avenida Bernardino de Campos, praça Oswaldo Cruz, rua 13 de Maio, praça Amadeu Amaral, incluindo o reservatório da Sabesp, continuando pela rua 13 de Maio, rua Carlos Sampaio, rua Fausto Ferraz, avenida Brigadeiro Luís Antônio, alameda Ribeirão Preto, rua Pamplona, rua Itapeva, rua Rocha, praça 14 Bis, encerrando-se por fim na avenida 9 de Julho.

Logo após a garantia de proteção geral da área, surgiram outros documentos e regulamentações que revisaram e determinaram lote a lote os bens imóveis de valor histórico, dando partida em 2002 à publicação final da resolução com uma listagem de bens e determinação de áreas especiais de proteção, conforme deliberado pelo poder público.

Atualmente, o bairro da Bela Vista abriga mais da metade dos bens tombados listados pelo Departamento de Patrimônio Histórico – DPH em São Paulo, mas, apesar disso, as políticas de conservação dos mesmos aparentam continuar rarefeitas e ineficientes, posto a depreciação física que a falta de manutenção aos mesmos imóveis evidencia a cada quarteirão no bairro.

Quando essa problemática é aprofundada, como em estudos já publicados, entende-se que esse método de proteção patrimonial imóvel cauteriza quase todas as alternativas de transformação urbana por intermédio do desenvolvimento imobiliário privado.

Em sua dissertação de mestrado,[3] Ana Carolina Nader Scripilliti aponta em uma amostra alguns imóveis dentre os quais é possível constatar essas ocorrências (total de 33 imóveis) e entre os quais já foi possível verificar os efeitos dessa política de conservação, como no caso do imóvel da rua dos Franceses, n. 115, ou então da rua São Vicente, n. 185.

Acima, imóvel na rua dos São Vicente 185, fotos comparativas de 1980 e 2017

Abaixo, imóvel na rua dos Franceses 115, fotos comparativas de 1980 e 2017

Nesse contexto, observamos que, empiricamente, podemos afirmar que a preservação da geometria do bem construído por intermédio do simples tombamento, com o intuito de congelamento do status quo material de um imóvel, não garantiu o êxito na manutenção da identidade cultural da região.

Em contraponto, seus espaços vazios e não construídos se tornaram potenciais receptores de transformações urbanas, independente do seu teor qualitativo, como pontuaremos a seguir.

A verticalização

Conforme relatado no trabalho já mencionado de Scripilliti, o bairro da Bela Vista, apesar de sua proximidade geográfica com o centro histórico de São Paulo e a emblemática avenida Paulista, aparenta permanecer inerte à evolução e à valorização do município, como se estivesse parado no tempo, preservando suas características formais originais imersas em uma atmosfera de abandono, seja do ponto de vista da preservação física, seja do perfil da maior parte de seus moradores originais que já não compõem mais esse contexto cultural.

O estudo da materialização de projetos no bairro, interpretada como a concretização do meio construído conforme as normas, regulações, processos econômicos e práticas culturais de determinado local, podendo definir a forma dos espaços urbanos através de processos distintos sob atuação dos agentes públicos e privados,[4] mostra a evolução do traçado urbano baseado em propostas de intervenções perimetrais externas a essa área, caracterizando a Bela Vista como um bairro até então subestimado pelo poder público e empreendedores pela sua capacidade de transformação.

O Plano Diretor Estratégico de 2014 – PDE-2014,[5] do município de São Paulo, traz novas expectativas para a região: são regulamentados os Eixos de Estruturação da Transformação Urbana – EETU em grande parte do perímetro da Bela Vista, demonstrando o esforço de intenções da municipalidade em direcionar a iniciativa privada para o adensamento populacional e construtivo para essa área, constituídos pela marcação de parte do seu território como Zona de Estruturação Urbana – ZEU.

O PDE-2014 estabelece como ZEU uma zona urbana onde há interesse público no fomento do adensamento urbano por meio da verticalização, incentivando a intervenção de empreendedores que desejam investir nesse perfil de projeto. Porém, ao mesmo tempo que o poder público prestigia parcela do território com esse incentivo, emprega em boa parte desse território restrições através da Resolução de Tombamento do Bexiga.[6]

No Mapa de potencialidades de transformações urbanas no Bexiga[7] é possível observar o cruzamento de informações entre espaços considerados vazios, como estacionamentos e terrenos baldios, construções sem valor histórico, ou seja, as que não aparecem listadas pelo DPH no processo de tombamento, e ainda as consideradas não verticalizadas, com menos de quatro pavimentos, juntamente com as informações das propostas do novo PDE-2014.

Partindo de bases disponibilizadas em 2017 pelo site Geosampa,[8] criou-se um mapa no qual é possível visualizar o cruzamento dessas informações, revelando os espaços passíveis de transformação urbana no bairro.

Mapa de potencialidades
de transformações urbanas
do Bexiga, São Paulo

- OUC
- Perímetro resolução 22/2002
- Verticalizados (acima de 4 pav) ou tombados
- Espaços passíveis de transformação

Zepec_Bir
Zeu
Zoe
Zc
Zeis-3
Zes-5

A área da Grota, por exemplo, tem como proposta uma Zona Especial de Interesse Social do tipo 1 – Zeis-1 desde o Plano Diretor Estratégico de 2002 – PDE-2002, porém a transformação desse perímetro nunca se concretizou, mesmo após o PDE-2014, que continua marcando-a como Zeis, mas agora do tipo 5 (Zeis-5).

O Mapa de potencialidades de transformações urbanas no Bexiga mostra também que já não há muitos espaços para intervenções na extensão da chamada Grota, sendo a maior parte de edificações existentes verticalizadas, contradizendo a designação do plano de que a Zeis-5 consiste em áreas compostas de lotes ou conjuntos de lotes vazios ou subutilizados.[9]

Outra área prevista pelo PDE-2014 e pela Lei de Parcelamento, Uso e Ocupação do Solo – Luos-2016[10] é a Zona Especial de Preservação Cultural – Bens Imóveis Representativos – Zepec-BIR, que se compõe de bens imóveis que a municipalidade julga como representativos culturalmente e que, neste caso, também estão listados lote a lote pela Resolução n° 22/2002.[11]

Nesse sentido de leitura de território, a maior superfície livre do bairro é uma Zona de Ocupação Especial – ZOE, onde hoje estão as propriedades periféricas ao Teatro Oficina[12] usadas pelo mesmo para apresentações. Esse perímetro foi objeto de projetos de empreendimentos imobiliários recente de seus proprietários legítimos, bem como alvo de largas discussões sobre sua ocupação, lideradas por representantes de movimentos culturais locais, e que culminou na delimitação dessa área como um espaço protegido por regulamentações específicas.

A parte territorial, que pertence à Operação Urbana Centro – OUC[13] no PDE-2002, se transforma no PDE-2014 em uma Zona de Centralidade – ZC, delimitando porções de território voltadas à promoção de atividades de ocupação para a centralidade urbana, com coeficientes máximos limitados a seis vezes a área de cada terreno, e alguns poucos trechos determinados para fomento de áreas verdes ou espaços públicos comuns, principalmente em avenidas e baixos de viadutos.

Com todos esses marcos regulatórios interferindo na simplificação do desenvolvimento urbano desse território do município de São Paulo, diretamente ou em caráter envoltório, não parece precipitado afirmar que a iniciativa privada não é fomentada a intervir nessa região.

Um bairro com parte de seu território tombado pela municipalidade e que, como será demonstrado a seguir, possui ao mesmo tempo uma estabilidade histórica na valorização dos imóveis novos concebidos pelo mercado imobiliário formal pode ser um paradigma urbanístico que talvez insinua em seu gérmen uma direção conciliatória entre os interesses pendulares das atividades de preservação e da produção imobiliária privada.

A produção

A quantificação da produção imobiliária formal no bairro da Bela Vista foi extraída do banco de informações da Empresa Brasileira de Estudo de Patrimônio – Embraesp, que possui os registros e catálogos de todos os lançamentos imobiliários ocorridos no município de São Paulo desde janeiro de 1985 e é atualizado periodicamente.

Com essas informações e a verificação in loco desenvolvida pelos autores, catalogou-se a localização de todos esses empreendimentos imobiliários de perfil residencial, o que foi atualizado para esta publicação com dados de 1985 até dezembro de 2018, revelados no mapa de Empreendimentos imobiliários concebidos pela iniciativa privada entre janeiro de 2002 e dezembro de 2018.

Para essa pesquisa, propôs-se como recorte da análise um levantamento completo dos empreendimentos residenciais, hoteleiros ou mistos lançados do início histórico do banco de informações até 31 de dezembro de 2018.

Após o referido filtro, foram catalogados todos os 58 empreendimentos imobiliários promovidos pelo mercado imobiliário privado dentro da região denominada como Bela Vista e levados a mercado para comercialização de unidades habitacionais entre janeiro de 1985 e dezembro de 2018, relacionados integralmente em duas tabelas, e localizados por códigos no mapa de empreendimentos imobiliários.

Verticalização da Grota do Bexiga, com empreendimentos anteriores a 1985

Nas tabelas estão sintetizados os empreendimentos com informações diversas – código de referência, data de lançamento, data de entrega da obra, nome do empreendimento, endereço oficial, quantidade de dormitórios, total de unidades concebidas e área privativa de cada unidade –, além do preço médio de comercialização por metro quadrado[14] em tempo do lançamento, corrigido monetariamente pela infração.[15]

Empreendimentos concebidos pela iniciativa privada entre jan. 1985 e dez. 2001

Cód.	Lançamento	Entrega	Nome empreendimento
1	agosto 1985	outubro 1985	Lucilene
2	setembro 1985	junho 1987	L'Hermitage
3	setembro 1985	maio 1987	Flat Service Plaza Concorde
4	maio 1986	maio 1988	Monte Carlo Residencial Flat
5	maio 1986	maio 1987	Orpheo
6	junho 1986	setembro 1987	São Paulo City Flat
7	junho 1986	setembro 1988	Metropolis Flat Service
8	agosto 1986	janeiro 1989	Paradise Residence
9	setembro 1986	novembro 1988	Central Soft
10	outubro 1986	março 1989	Maison Madeleine
11	novembro 1986	novembro 1988	Sunset Street Residence
12	setembro 1987	abril 1989	Caribe
13	setembro 1987	setembro 1989	La Maison
14	dezembro 1987	dezembro 1989	Center Tower
15	abril 1989	abril 1989	Maison Rochelle
16	junho 1989	junho 1989	Cleide
17	outubro 1989	outubro 1992	Central Point
18	fevereiro 1990	março 1990	Plaza Inn Centro
19	junho 1992	junho 1992	Lady Nina
20	setembro 1993	abril 1995	Atlanta
21	março 1994	março 1997	Cleveland
22	junho 1994	julho 1996	Provence Appartaments
23	outubro 1994	abril 1997	Saint Paul Ville
24	março 1995	agosto 1997	Four Seasons Residence
25	maio 1996	março 1999	Bretagne Appartements
26	setembro 1996	fevereiro 1999	Avenida das Américas
27	dezembro 1996	dezembro 1999	Universe Executive Flat
28	agosto 1998	fevereiro 2002	Central Towers Paulista
29	outubro 1998	dezembro 1999	The Plaza Fifty Residence
30	março 2000	abril 2001	Villaggio Guarnieri
31	agosto 2000	agosto 2000	Metrópolis
32	junho 2001	outubro 2003	Alfredo Ellis
33	outubro 2001	setembro 2004	Home Stay Paulistano
34	outubro 2001	abril 2004	Helbor Home Flex Jardins
35	fevereiro 2004	junho 2006	The Hampton
36	setembro 2004	agosto 2007	Vereda Paraiso

Endereço	Dorm	Total unidades UH	Área Útil UH	Preço médio
r. Almirante Marques de Leão 656	1	108	38,09	US$ 426,26
r. dos Franceses 177	3	14	161,00	459,43
r. dos Franceses 325	1	60	35,35	768,98
r. Santo Amaro 379	1	96	38,42	874,27
r. Almirante Marques de Leão 336	1	28	37,17	933,07
r. Asdrubal do Nascimento 108/114	1	44	29,63	829,11
av. 9 de Julho 1071	1	40	33,68	667,19
r. Artur Prado esq. r. Pio XII	2	60	58,80	860,17
r. Genebra 180	1	72	31,11	1.114,82
r. Santa Madalena 291	2	40	63,43	979,64
r. Manoel Dutra 312	1	120	41,00	870,02
r. Artur Prado 369	3	30	121,00	1.073,71
r. Artur Prado 449	3	26	110,17	837,64
r. Santo Amaro 310	1	154	26,26	1.172,43
r. Santa Madalena 51	3	48	112,00	1.705,36
r. Genebra 230/244	1	96	26,87	2.872,33
r. Santo Antônio 550	1	204	39,00	1.996,45
r. Santo Amaro 383	1	96	39,50	2.744,07
r. Santo Antônio 639	1	60	34,00	1.371,08
r. Monsenhor Passaláqua 167	1	12	38,33	1.134,49
	2	48	45,63	
al. Joaquim Eugênio de Lima 70	3	54	78,17	1.432,09
	3	46	78,17	
al. Ribeirão Preto 410	1	66	43,49	1.373,95
	1	6	64,58	
	2	6	65,89	
r. Santa Madalena	3	136	74,05	1.313,72
r. Santa Madalena 290	1	56	40,98	R$ 1.268,91
al. Ribeirão Preto 438	2	16	70,66	1.881,85
	2	40	70,66	
r. Conde de São Joaquim 340	1	54	34,01	1.594,34
	1	54	26,83	
r. Pamplona 83	0,5	216	30,20	2.496,99
r. Maestro Cardim 407	0,5	168	29,02	2.749,83
r. Maestro Cardim 482	1	75	40,62	1.843,92
r. Martiniano de Carvalho 611	2	52	66,86	1.667,66
r. Delegado Everton 30	1	40	33,68	1.632,87
r. Doutor Alfredo Ellis 210	1	96	42,50	2.352,94
r. Martiniano de Carvalho 1049	2	250	62,05	2.456,73
r. Pamplona 95	1	42	35,40	2.302,60
r. dos Ingleses 568	2	28	45,81	2.846,81
r. Martiniano de Carvalho 836	2	104	77,13	3.195,16
	4	168	139,27	

Cód.	Lançamento	Entrega	Nome Empreendimento
37	maio 2006	março 2009	Via Paulista Home Stay
38	abril 2007	setembro 2009	Via Jardins Ingleses
39	dezembro 2007	abril 2010	Move
40	dezembro 2008	dezembro 2008	Seng
41	agosto 2009	dezembro 2012	Hit Paulista
42	setembro 2009	junho 2011	Rhodes
43	agosto 2010	agosto 2013	Host Living Spaces
44	dezembro 2010	dezembro 2013	Central Park Club & Residence
45	junho 2011	dezembro 2013	Spazio Paulista
46	agosto 2011	março 2015	Brasil
47	dezembro 2011	dezembro 2014	Setin Downtown Brigadeiro
48	dezembro 2011	dezembro 2011	Mondrian
49	dezembro 2012	dezembro 2015	SP4U Paulista
50	novembro 2013	fevereiro 2016	Gritte 360°
51	junho 2014	maio 2016	Home Bikers Paulicéia
52	agosto 2014	agosto 2017	Setin Downtown Genebra
53	agosto 2014	janeiro 2018	Just Brigadeiro Apartament
54	dezembro 2014	novembro 2017	BKS Santo Antônio
55	novembro 2015	outubro 2018	Myspace Bela Vista
56	setembro 2016	junho 2019	You Link Paulista
57	dezembro 2016	novembro 2019	Helbor Art Paulista
58	setembro 2017	maio 2019	Bandeira Paulicéia

Endereço	Dorm	Total unidades UH	Área Útil UH	Preço médio
r. Martiniano de Carvalho 807	4	108	180,66	R$ 3.971,74
	2	126	54,65	
r. dos Ingleses 542	2	84	75,02	4.777,19
al. Joaquim Eugênio de Lima 113	4	38	131,10	4.150,00
	2	48	54,67	
r. Doutor Seng 315	2	48	76,62	4.965,53
	1	48	40,00	
r. Artur Prado 341	1	43	45,00	4.237,62
r. Manoel Dutra 595	1	52	50,50	4.056,36
r. Artur Prado 433	2	78	46,84	7.853,63
	1	96	41,02	
	2	116	55,02	
r. Santo Antônio 597	2	10	84,52	5.247,70
r. Monsenhor Passaláqua 206	2	230	51,07	8.855,73
	1	34	38,23	
r. Santo Antônio 722	2	34	50,77	8.393,88
	1	151	34,88	
	1	16	44,72	
	1	135	49,67	
	1	54	53,46	
av. Brigadeiro Luís Antônio 323	2	38	80,22	7.277,32
	1	172	40,39	
r. Manoel Dutra 553	2	45	57,68	6.152,88
	2	28	52,00	
r. Maestro Cardim 262	2	56	61,00	11.468,64
	2	33	59,80	
r. Santo Amaro 320	2	60	67,25	9.741,24
	1	96	39,34	
	1	16	60,21	
r. Genebra 151	2	24	78,68	8.928,57
r. Genebra 197	1	104	28,00	11.016,16
	1	18	30,93	
	1	64	37,90	
	1	65	44,89	
av. Brigadeiro Luís Antônio 499	1	33	44,89	9.908,22
	1	134	40,59	
	2	20	62,14	
r. Santo Antônio 258	2	20	62,14	10.545,04
	1	26	20,61	
	1	194	26,75	
	1	20	35,50	
r. Genebra 296	1	7	55,48	9.807,13
	0,5	69	25,62	
	0,5	25	25,62	
	1	26	38,10	
r. Santa Madalena 72	2	42	55,83	12.069,44
	0,5	54	20,61	
	0,5	72	31,08	
	2	54	50,64	
	2	18	53,30	
r. Aguiar de Barros 36	3	70	65,65	11.005,20
	1	89	45,90	
r. Santo Amaro 27	2	115	64,87	10.175,44
	0,5	96	25,00	
	2	64	48,00	

Mapa de empreendimentos imobiliários da Bela Vista (jan. 1985 - dez. 2017), com marcação dos bens tombados, São Paulo

- Perímetro resolução 22/2002
- Empreeendimentos Bela Vista de 1985 a 2018
- Edificações Bela Vista e República
- Edificações tombadas pelo Conpresp

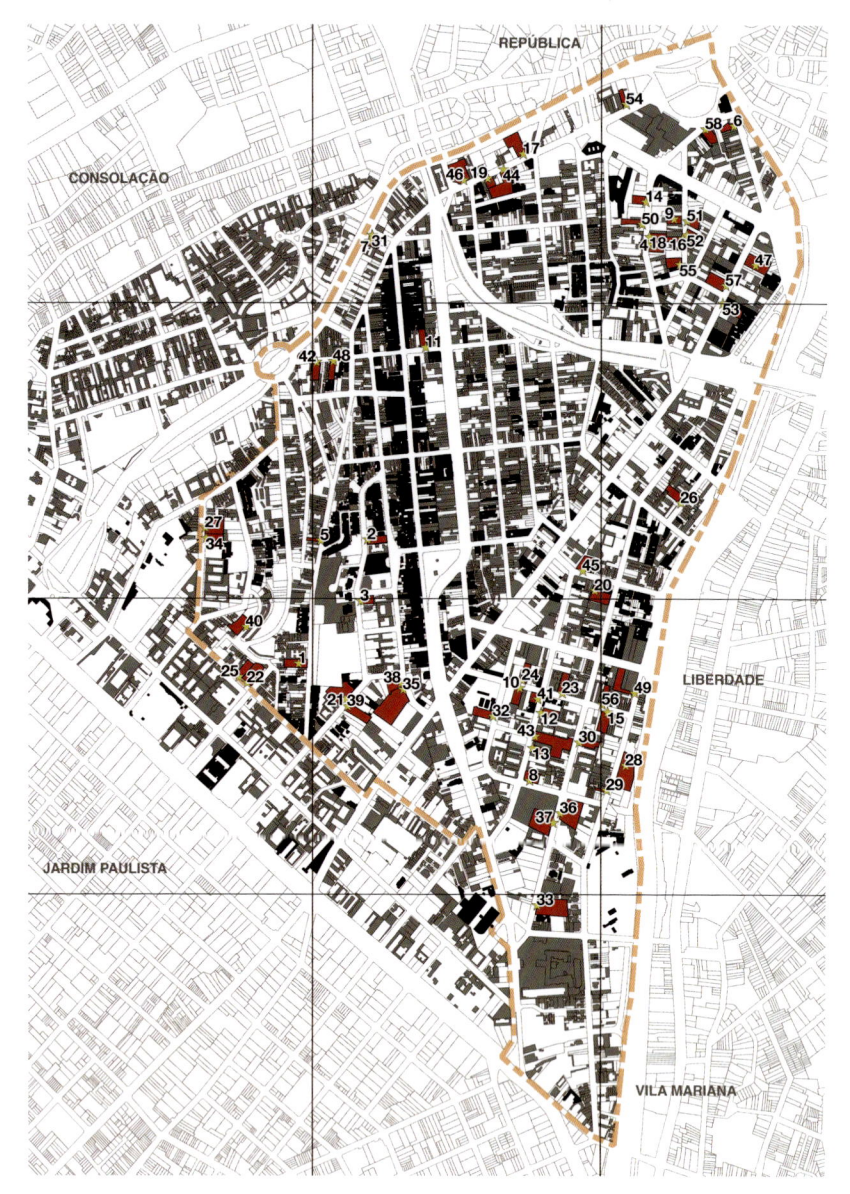

O perfil

Ao localizar esses empreendimentos e confrontá-los com os edifícios tombados pela municipalidade e com o gabarito do entorno dos mesmos, observamos que, exceto por projetos pontuais isolados, os lançamentos concentram-se a Sudeste, Oeste e Norte da Bela Vista, aproximando-se respectivamente das zonas de valores do bairro do Paraíso, Jardins e, mais contemporaneamente, da região central denominada pela OUC, estudada no contexto dos empreendimentos imobiliários gerados também pela iniciativa privada por Hugo Louro e Silva em sua dissertação de mestrado.[16] Alguns dos empreendimentos desenvolvidos nesse período após o tombamento exemplificam a tipologia criada pela iniciativa privada e validada pelo Estado.

Os trechos e áreas que não foram desenvolvidos pelo mercado recentemente foram os já consolidados pelo mercado anterior a esse período, como a região de valor da avenida Paulista, ou denominada como Cerqueira César, além das proximidades diretas do eixo da rua 13 de Maio, principal eixo de preservação patrimonial elencada pela municipalidade.

Se analisarmos o volume de unidades lançadas na região da Bela Vista nesse mesmo período e compararmos com a produção de unidades habitacionais no município de São Paulo, fica evidente a baixa relevância quantitativa dessa região para o mercado de novos empreendimentos imobiliários, mesmo estando inserida entre a região central da cidade e a da avenida Paulista, próxima a duas linhas diferentes de metrô.

Em contraponto, ao analisar o perfil das unidades, podemos identificar novas informações concebidas no período, mesmo com as restrições de tombamento anteriormente referidas. Esse último gráfico divide em períodos anuais a quantidade de unidades habitacionais lançadas e pontua o perfil de unidades em cinco grupos:

– até 20,00m², unidades de estúdios;
– de 20,01m² a 40,00m², unidades de estúdios um pouco maiores, de um ou dois dormitórios com planta interna compacta;
– de 40,01m² a 60,00m², que contemplam em sua maioria unidades de perfil familiar, com dois ou três dormitórios, com perfil compacto;
– de 60,01m² a 80,00m², com perfis de ocupação a partir de três dormitórios com um espaço interno para segmentos com maior capacidade de consumo de espaço;
– acima de 80,01m², com perfil de programa interno semelhante ao anterior.

Acima, primeiro empreendimento concebido após a aprovação da Lei de Preservação

Meio e abaixo, verticalização da grota do Bexiga, São Paulo

Pode-se observar que nas últimas décadas foi recorrente a concepção de unidades habitacionais entre 20,01m² e 40,00m² e entre 40,01m² e 60,00m², comprovando que unidades habitacionais compactadas na região não é uma mudança recente e ainda, em especial, um último perfil entre 40,01m² e 60,00m², que recebeu um aumento de produção após a aprovação da Resolução n. 22/2002,[17] insinuando a comprovação estatística que, no caso da Bela Vista, o tombamento mudou o perfil de produção formal e o consumo espacial para famílias com maior poder aquisitivo.

No mapa do Bairro do Bela Vista com a marcação de todos os empreendimentos concebidos pela iniciativa privada entre janeiro de 1985 e dezembro de 1992 podemos observar a localização dos dezenove empreendimentos imobiliários privados lançados entre 1985 – início do recorte das informações – até 1992, vésperas da publicação da minuta para tombamento (Códigos 1 a 19).

O mapa do Bairro do Bela Vista com a marcação de todos os empreendimentos concebidos pela iniciativa privada entre janeiro de 1993 e dezembro de 2002, além dos bens tombados pela Resolução n. 22 do Conpresp, traz a localização dos quatorze empreendimentos imobiliários privados lançados entre 1993 – após publicação da minuta para tombamento – até 2002 com a publicação da Resolução n. 22/2002[18] (Códigos 20 a 34).

Unidades habitacionais lançadas pela iniciativa privada na Bela Vista em comparação com o município entre 1985 e 2018

● Bela Vista
● PMSP

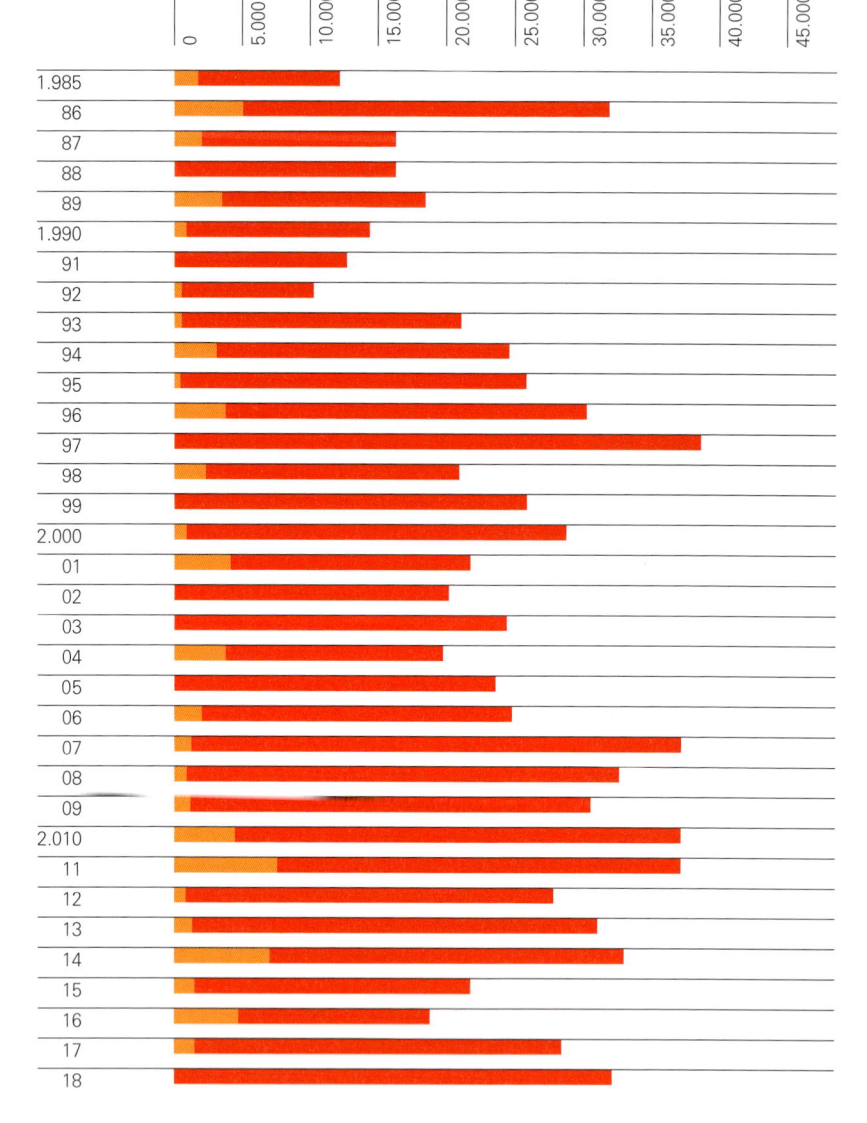

Pode-se observar que esses empreendimentos estão em geral concentrados próximos das avenidas 9 de Julho e 23 de Maio, e não houve nenhuma manifestação de desenvolvimento imobiliário nesse período próximo da região central de São Paulo, em decorrência da não adesão do mercado imobiliário à OUC em sua primeira década de existência, como explicado em termos econômicos e urbanísticos por Hugo Louro e Silva e Candido Malta Campos.[19]

Por fim, pode-se observar, no mapa que relaciona a produção imobiliária de 2003 a 2018 e os bens tombados pelo Compresp, um total de 24 lançamentos imobiliários pulverizados em todo o território da Bela Vista, mesmo após a restrição do tombamento.

Nos gráficos que contabilizam as unidades habitacionais produzidas no bairro da Bela Vista, pode-se observar percentuais com as frações dos perfis de metragem de apartamentos, divididas pelos períodos anteriormente determinados, de modo a identificar as mudanças

Perfil da metragem quadrada das unidades habitacionais lançadas pela iniciativa privada na Bela Vista entre 1985 e 2018

- Até 20m²
- De 20,01 a 40m²
- De 40,01 a 60m²
- De 60,01 a 80m²
- Acima de 80,01m²

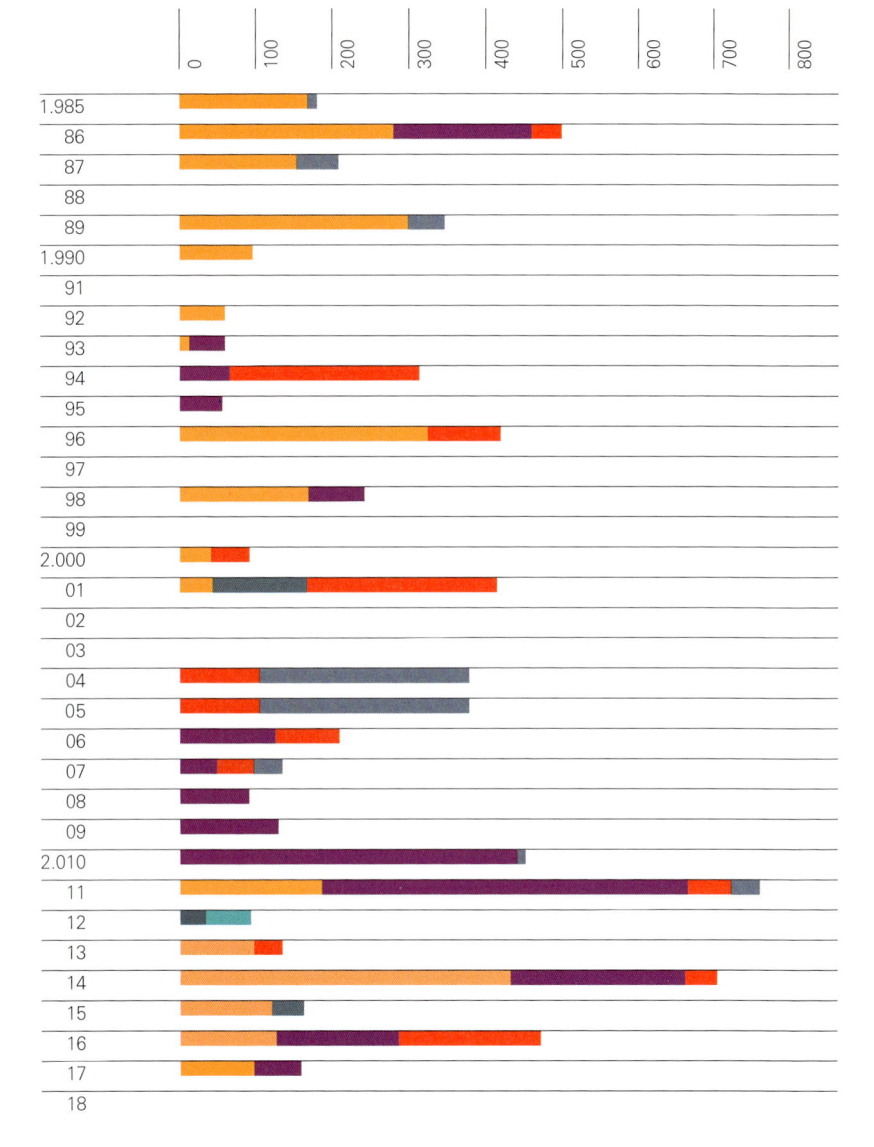

de produção de espaço pela iniciativa privada antes, durante e após o processo de tombamento de parte desse território.

No que se refere ao período de 1985 a 2002, pode-se observar no Gráfico 3 que uma fração maior das unidades habitacionais concebidas apresentaram metragens internas privativas entre 20,00m² e 40,00m², com programas de habitações individuais, e não de perfil familiar (estúdios ou unidades com um dormitório).

De 1993 até 2001, período anterior ao tombamento efetivo, os lançamentos que ocorreram, mesmo sendo em momentos diferentes, apresentaram a concepção proporcional de diferentes produtos imobiliários e, por fim, a partir de 2002, o mercado se concentrou nos lançamentos de empreendimentos de perfil familiar compacto (entre 40,00m² e 60,00m²), representando 44% de toda a produção de apartamentos até 2018.

Mapa de empreendimentos imobiliários da Bela Vista (jan. 1985 - dez. 1992), São Paulo

- ⌐⌐ Perímetro Resolução 22/2002
- ■ Edificações tombadas pelo Conpresp
- ■ Empreendimentos Bela Vista de 1985 a 1992
- ■ Edificações Bela Vista e República

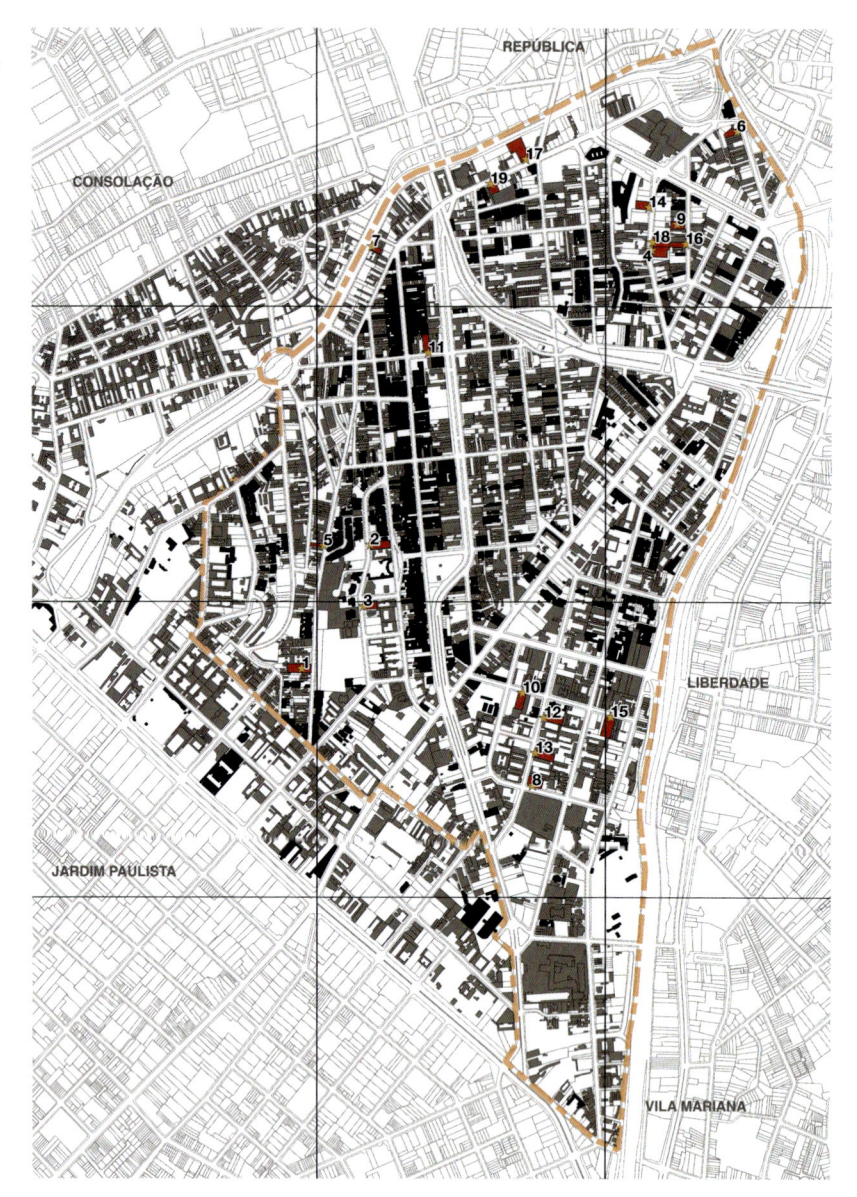

Em termos de valorização imobiliária dos edifícios e imóveis existentes ou dos terrenos vagos ou, ainda, de residências informais, há uma dificuldade importante em obter informações fidedignas que oriente uma análise econômica sistêmica, pois esses valores oscilam em virtude de alguns fatores, como oportunidades comerciais de aquisição, realidades pontuais entre vendedores e compradores etc.

Contudo, quando são observadas as informações registradas dos lançamentos novos e realizados, é factível a ponderação de uma curva de apreciação crescente do valor do metro quadrado de apartamentos em planta após 2005, como pode ser observado no gráfico que contabiliza os valores por metro quadrado médio anual dos empreendimentos novos lançados entre 1985 e 2018.

Mapa de empreendimentos imobiliários da Bela Vista (jan. 1993 - dez. 2002), com marcação dos bens tombados pela Resolução n. 22/2002 do Conpresp, São Paulo

- ⌞⌝ Perímetro Resolução 22/2002
- ■ Edificações tombadas pelo Conpresp
- ■ Empreendimentos Bela Vista de 1993 a 2001
- ■ Edificações Bela Vista e República

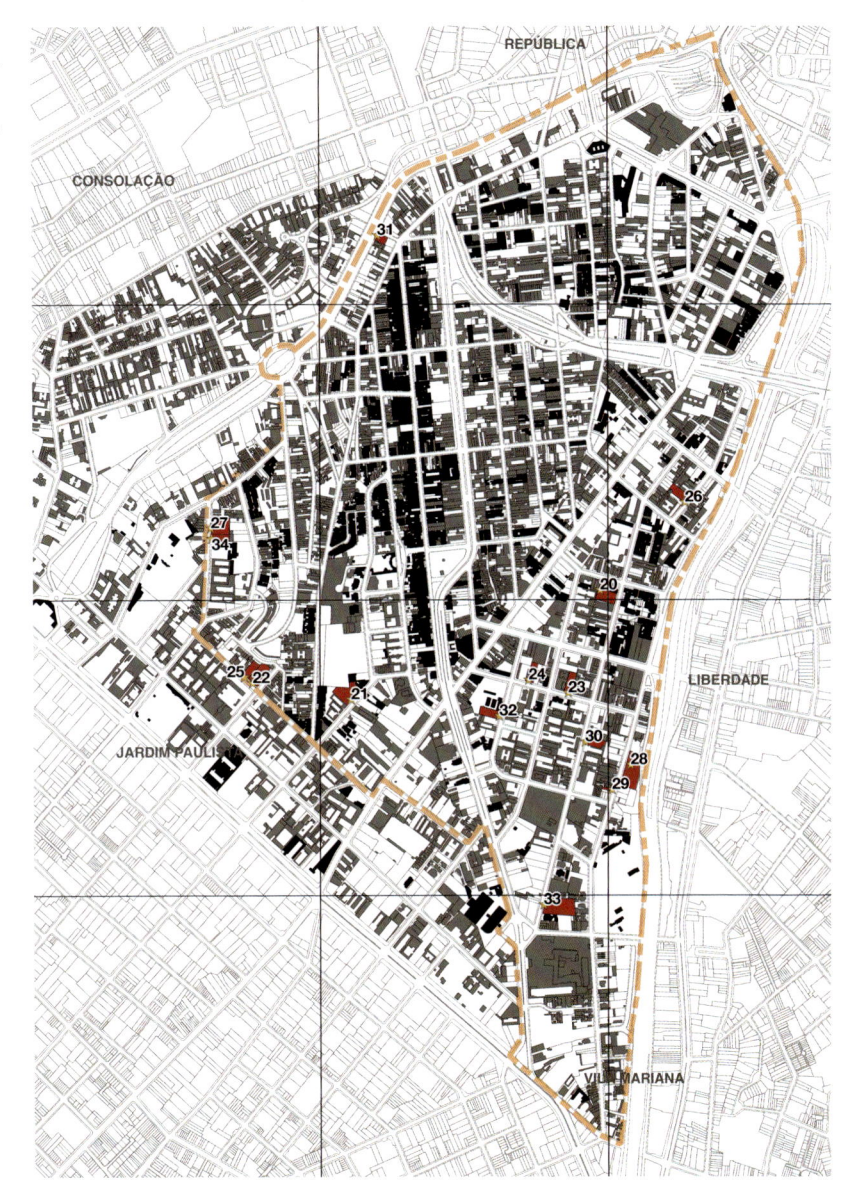

As oscilações de valores nesse período, positivas ou negativas, não estão sujeitas a uma realidade hermética, isolada à conjunta de um bairro de tônica de preservação patrimonial, mas estão inseridas em um contexto econômico de produção imobiliária municipal e a macroeconomias nacionais, como a variação de taxas de juros e inflações, como pode ser entendido em artigo publicado por Hugo Louro e Silva e Candido Malta Campos na revista *Pós*, em 2018.[20]

Mas, no contexto do recorte proposto, pode-se afirmar que após o tombamento de 2002 o valor médio de comercialização de empreendimentos novos se manteve, com uma valorização estável até 2008, atingindo um novo patamar de valor até 2012.

Mapa de empreendimentos imobiliários da Bela Vista (jan. 2003 - dez. 2018), com marcação dos bens tombados pela Resolução n. 22/2002 do Conpresp, São Paulo

- Perímetro Resolução 22/2002
- Edificações tombadas pelo Conpresp
- Empreendimentos Bela Vista de 2002 a 2018
- Edificações Bela Vista e República

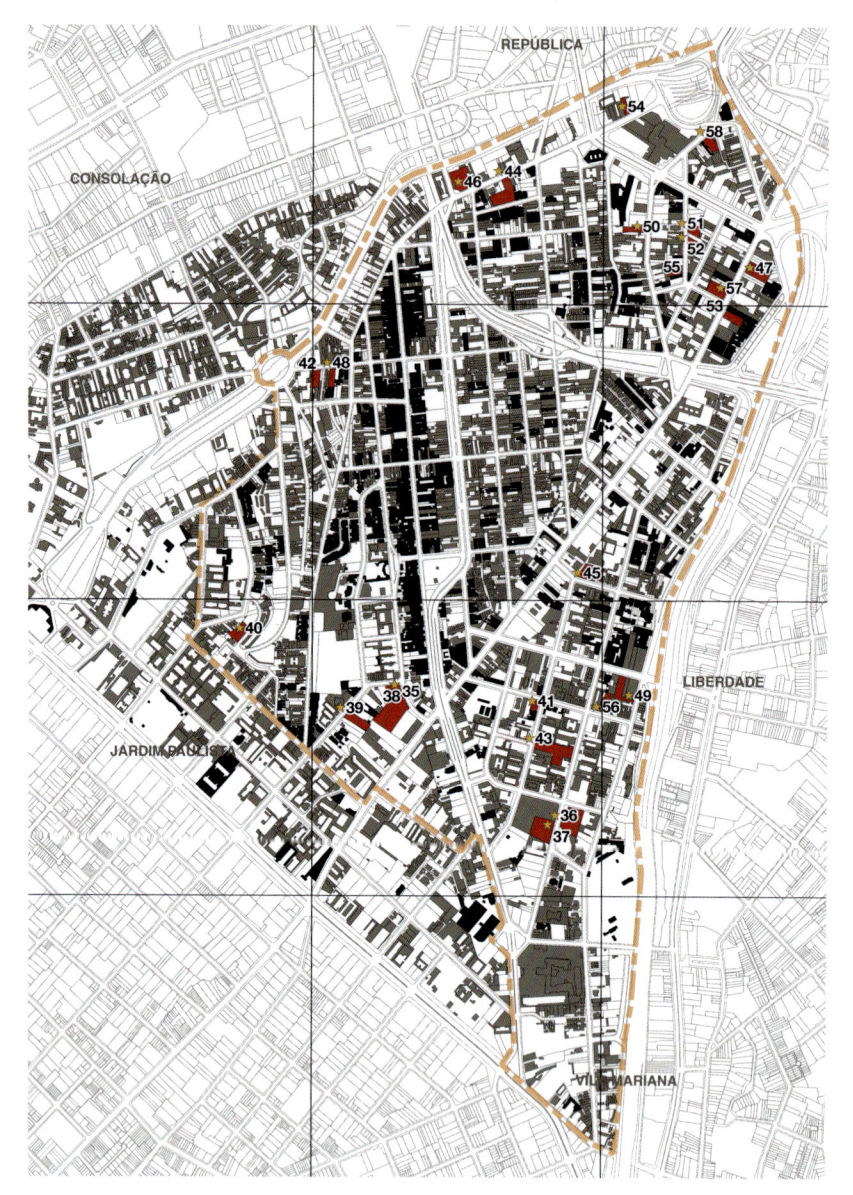

A transformação

Em 2014, sob o comando da então diretora do Conpresp Nadia Somekh, foi organizada a publicação de um manual para gestores municipais sobre a preservação de patrimônio histórico, pontuando exemplos práticos pelo mundo do resultado da interação positiva entre os agentes reguladores patrimoniais urbanos e a iniciativa privada, tendo Londres como exemplo.[21]

Desde então o poder público vem observando que somente o congelamento da capacidade de desenvolvimento imobiliário, isolado de qualquer natureza ou uso, não é o melhor método para cumprir os seus papéis simultâneos de agente regulador e indutor da transformação urbana para os agentes privados e individuais, representados pelos empreendedores e munícipes.

Valores por metro quadrado dos novos empreendimentos lançados entre 1985 e 2018
Percentuais dos perfis das unidades habitacionais lançadas pela iniciativa privada na Bela Vista em comparação com o município

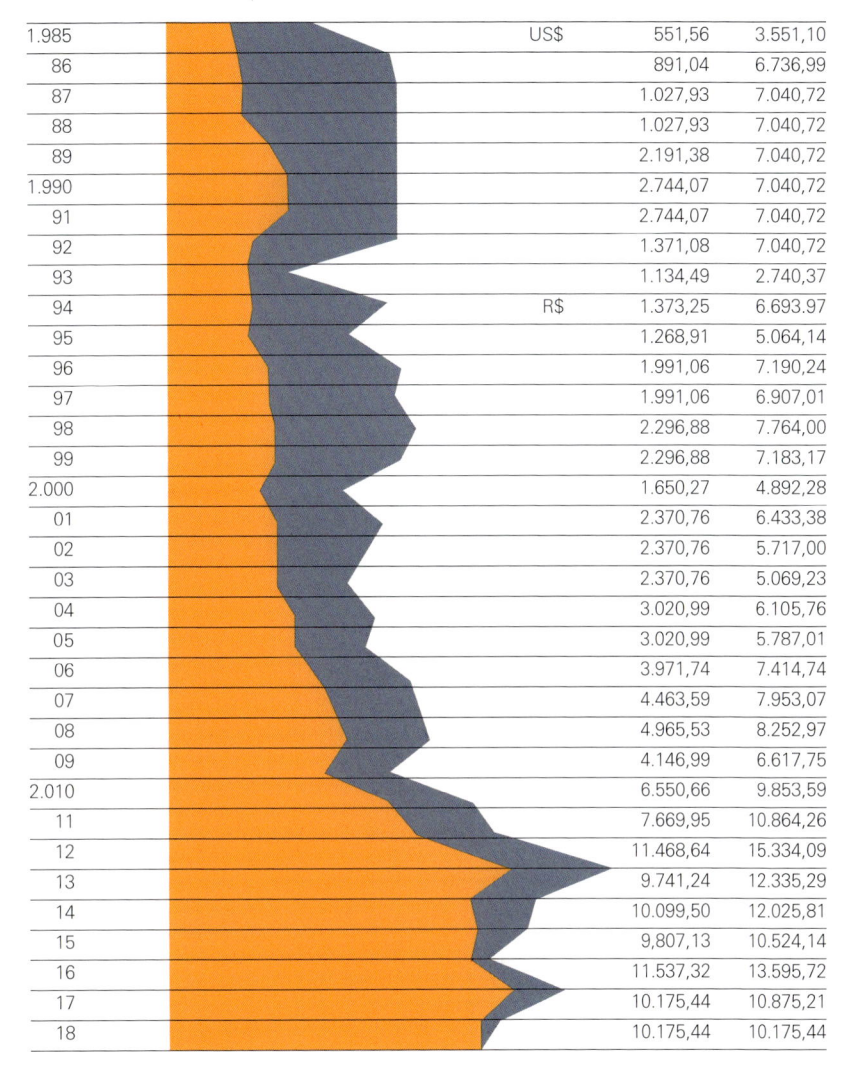

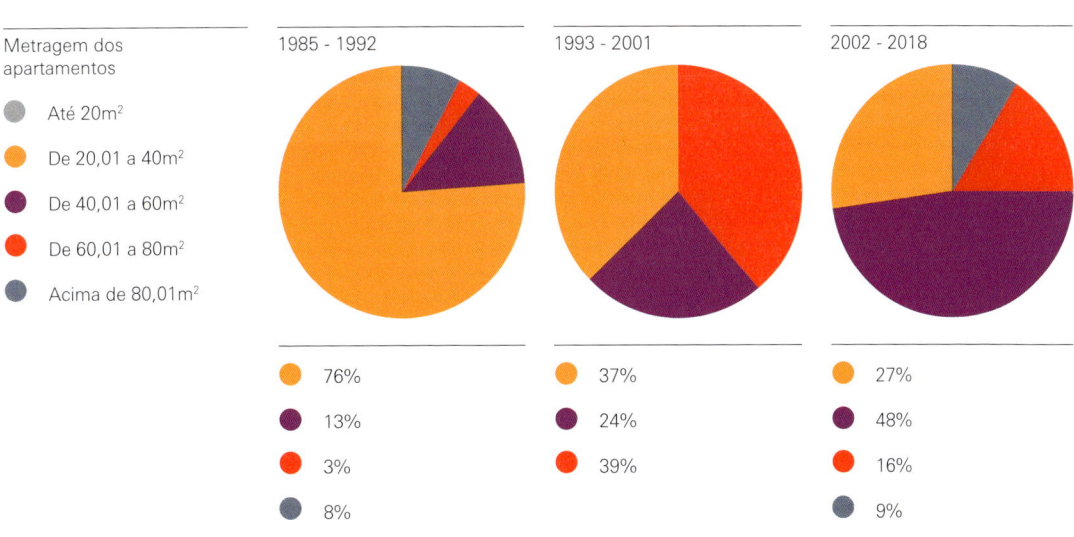

- PMSP
- Bela Vista

Ano	Moeda	Bela Vista	PMSP
1.985	US$	551,56	3.551,10
86		891,04	6.736,99
87		1.027,93	7.040,72
88		1.027,93	7.040,72
89		2.191,38	7.040,72
1.990		2.744,07	7.040,72
91		2.744,07	7.040,72
92		1.371,08	7.040,72
93		1.134,49	2.740,37
94	R$	1.373,25	6.693,97
95		1.268,91	5.064,14
96		1.991,06	7.190,24
97		1.991,06	6.907,01
98		2.296,88	7.764,00
99		2.296,88	7.183,17
2.000		1.650,27	4.892,28
01		2.370,76	6.433,38
02		2.370,76	5.717,00
03		2.370,76	5.069,23
04		3.020,99	6.105,76
05		3.020,99	5.787,01
06		3.971,74	7.414,74
07		4.463,59	7.953,07
08		4.965,53	8.252,97
09		4.146,99	6.617,75
2.010		6.550,66	9.853,59
11		7.669,95	10.864,26
12		11.468,64	15.334,09
13		9.741,24	12.335,29
14		10.099,50	12.025,81
15		9,807,13	10.524,14
16		11.537,32	13.595,72
17		10.175,44	10.875,21
18		10.175,44	10.175,44

Metragem dos apartamentos

- Até 20m²
- De 20,01 a 40m²
- De 40,01 a 60m²
- De 60,01 a 80m²
- Acima de 80,01m²

1985 - 1992
- 76%
- 13%
- 3%
- 8%

1993 - 2001
- 37%
- 24%
- 39%

2002 - 2018
- 27%
- 48%
- 16%
- 9%

No perímetro urbano aqui estudado, que recebeu nos últimos anos um tombamento parcial de seu território, parece coerente afirmar, com base na observação empírica, que o mecanismo de preservação coibiu a produção imobiliária da iniciativa privada ao afastar do mercado formal o estoque de terra da região, entregando-o ao mercado informal, sem recursos para a preservação material adequada. Mas, como demonstra o capítulo, após a lei de tombamento houve um desenvolvimento imobiliário convencional na região, pulverizado em todo seu território no período temporal analisado. Como demonstrado nos gráficos, não ocorreu uma produção de unidades habitacionais na mesma proporção de outras regiões do município, mas ocorreu.

A viabilização dos empreendimentos aqui pontuados se deve ao alto valor possível de venda das unidades habitacionais geradas, valor necessário para cobrir os inevitáveis custos adicionais para materialização desses edifícios – estudos para a manutenção do entorno existente; técnicas construtivas alternativas para evitar interferências nas estruturas limítrofes preservadas; restrições logísticas de entrega de materiais e execução de etapas mais complexas da obra, que não podem ser feitas em qualquer horário do dia ou sem um método mais apropriado.

A transformação urbana é inevitável. Cabe ao Estado e à iniciativa privada agirem juntas entendendo as limitações e prioridades mútuas e, especialmente, cumprirem suas funções sociais de modo pendular, zelando juntos pela celeridade do metrônomo produtivo que direciona essas transformações.

Notas

1. Cf. SOMEKH, Nadia. *A cidade vertical e o urbanismo modernizador*.
2. Cf. CONPRESP. Resolução n. 22/2002. Tombamento do bairro da Bela Vista.
3. SCRIPILLITI, Ana Carolina Nader. *Verticalização e tombamento no bairro do Bexiga: materialização em tensão*.
4. Cf. BARBOSA, Eliana Rosa de Queiróz. *From Norm to Form – Contemporary Urbanism and the Materialization of the City*.
5. SÃO PAULO (Município). Lei n. 16.050, de 31 de julho de 2014. Aprova a Política de Desenvolvimento Urbano e o Plano Diretor Estratégico do Município de São Paulo e revoga a Lei n. 13.430/2002; a lei revogada é a seguinte: SÃO PAULO (Município). Lei n. 13.430, de 13 de setembro de 2002. Plano diretor estratégico. Marta Suplicy, prefeita do Município de São Paulo, no uso das atribuições que lhe são conferidas por lei, faz saber que a Câmara Municipal, em sessão de 23 de agosto 2002, decretou e eu promulgo a seguinte lei: Da conceituação, finalidade, abrangência e objetivos gerais do Plano Diretor Estratégico.
6. Cf. CONPRESP. Resolução n. 22/2002. Tombamento do bairro da Bela Vista (op. cit.).
7. Cf. SCRIPILLITI, Ana Carolina Nader. Op. cit.
8. O Geosampa é um portal pertencente à Prefeitura de São Paulo, que disponibiliza o conteúdo referente ao Plano Diretor da cidade, georreferenciando dados; além de cartografias históricas e outros documentos. PREFEITURA DA CIDADE DE SÃO PAULO. Geosampa – Mapa digital da cidade de São Paulo.
9. Cf. SÃO PAULO (Município). Lei n. 16.050, de 31 de julho de 2014. Aprova a Política de Desenvolvimento Urbano e o Plano Diretor Estratégico do Município de São Paulo e revoga a Lei n. 13.430/2002 (op. cit.).
10. Cf. SÃO PAULO (Município). Lei n. 16.402, de 22 de março de 2016. Disciplina o parcelamento, o uso e a ocupação do solo no município de São Paulo, de acordo com a Lei n. 16.050, de 31 de julho de 2014 – Plano Diretor Estratégico.
11. Cf. CONPRESP. Resolução n. 22/2002. Tombamento do bairro da Bela Vista (op. cit.).
12. O projeto atual do Teatro Oficina foi realizado pelos arquitetos Lina Bo Bardi e Edson Jorge Elito e inaugurado em 1993. Trata-se da terceira versão do projeto de palco e plateia, o "teatro rua", antecedido pelo "teatro sanduíche" projetado por Joaquim Guedes, em 1962, pelo "teatro brechtiano", concebido pela dupla Flávio Império e Rodrigo Lefèvre, em 1967, e um incêndio entre eles, ocorrido em 1966. Cf. MATZENBACHER, Carila Spengler. *Arquitetura teat(r)al urbanística: transformação do espaço cênico – Teat(r)o Oficina (1958-2010)*.
13. Cf. SÃO PAULO (Município). Lei n. 12.349, de 6 de junho de 1997. Regulamenta a Operação Urbana Centro, estabelece programa de melhorias para a área central da cidade, cria incentivos e formas para sua implantação e dá outras providências.
14. Para essa pesquisa, para aos valores referenciais dados entre 1985 e 1994, período que conteve a alteração de três unidades monetárias nacionais até a criação do Plano Real, os valores levantados foram convertidos para dólar (US$) em tempo de seu lançamento e impactados sob sua atualização monetária inflacionária.
15. O índice inflacionário adotado para atualização monetária foi os indicadores históricos acumulados do Índice Nacional da Construção Civil – INCC.
16. LOURO E SILVA, Hugo. *A produção imobiliária contemporânea: região central de São Paulo entre 2007 e 2014*.
17. Cf. CONPRESP. Resolução n. 22/2002. Tombamento do bairro da Bela Vista (op. cit.).
18. Idem, ibidem.
19. LOURO E SILVA, Hugo; CAMPOS, Candido Malta. O mercado imobiliário residencial na Operação Urbana Centro, São Paulo (1985-2006).
20. LOURO E SILVA, Hugo; CAMPOS, Candido Malta. A economia brasileira e o mercado imobiliário: uma síntese das últimas décadas.
21. Cf. SOMEKH, Nadia (Org.). *Preservando o patrimônio histórico: um manual para gestores municipais*.

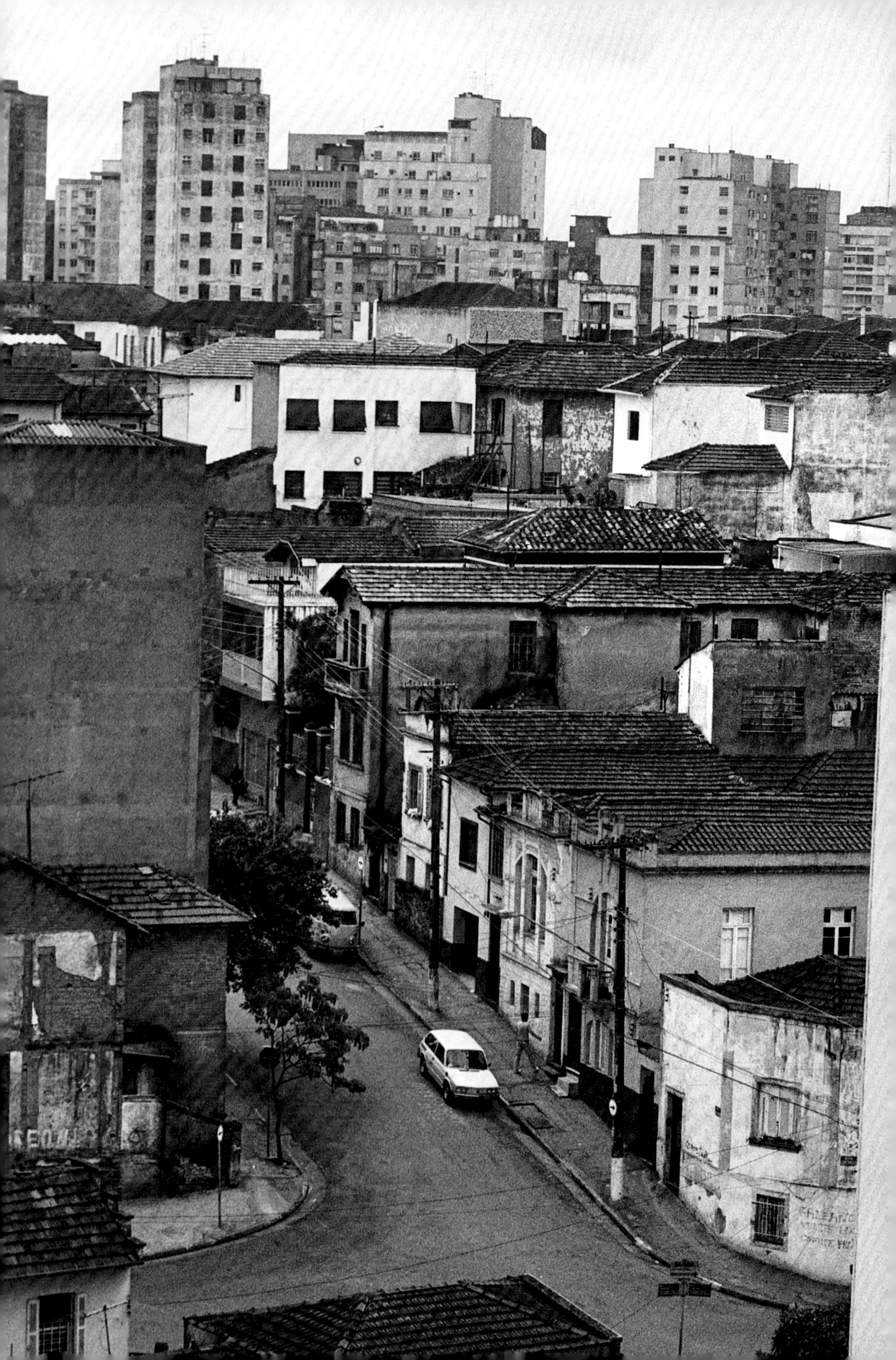

3.2 Permanência e coesão: estudo tipológico da envoltória da Bela Vista
Julia Miranda Aloise

Ensaio fotográfico *Bexiga 1991*, de Cristiano Mascaro

A imagem do Bexiga em São Paulo é fortemente determinada por seus aspectos sociais e culturais. São aspectos tão particulares ao bairro que são capazes de delimitá-lo, mesmo que não tenha limites administrativos oficiais, enquanto parte integrante do bairro oficial da Bela Vista. Mas também complementam a composição dessa imagem, tão fortemente quanto esses aspectos, o conjunto de edifícios que nele existe e sua disposição. Este trabalho apresenta um levantamento das tipologias construtivas características da Bela Vista, denominadas tipologias identitárias, quais os motivos de seu surgimento e como se relacionam com a forma urbana local. A classificação tipológica, utilizando o método da análise multicritério, reflete os fatores morfológicos que determinaram a forma de ocupação do Bexiga ao longo de sua história. Ao mesmo tempo, classifica edificações não tombadas com base nas tipologias identitárias, congregando ferramental imprescindível à preservação e à valorização do bairro na atualidade.

O olhar do patrimônio sobre a Bela Vista

O estudo tipológico da Bela Vista sob a ótica do seu patrimônio construído é complexo, pela heterogeneidade de tipologias e ambientes do bairro. Se as intervenções no tecido e pressão imobiliária modificaram a paisagem do bairro a partir dos anos 1960, o tombamento garantiu que parte dessa paisagem permanecesse inalterada. No entanto, bairros como Bela Vista, inseridos na dinâmica urbana e não integralmente protegidos como patrimônio cultural, não têm o caráter unitário dos conjuntos arquitetônicos integralmente protegidos, cujas recomendações de preservação e valorização partem das recomendações para monumentos individuais.[1]

A subjetividade de atuar-se sobre um tecido variado e não integralmente protegido dificulta uma abordagem de preservação e reabilitação com unidade conceitual e metodológica. Frente a isso, o estudo tipológico das envoltórias de tombamento do bairro da Bela Vista pela Resolução n. 22/2002 classificou as edificações inseridas nos perímetros protegidos, justamente para avaliar seu estado atual: quais as tipologias identitárias do local e quais as tipologias descaracterizantes, que contribuem negativamente para a percepção de unidade do conjunto.

As envoltórias de preservação foram justificadas na Resolução n. 22/2002, dentre outros argumentos, pelo "grande número de edificações de inegável valor histórico, arquitetônico, ambiental e afetivo, muitos delas remanescentes da ocupação original do bairro, iniciada no final do século 19"; e pela "importância histórica e urbanística do bairro da Bela Vista na estruturação da cidade de São Paulo, como sendo um dos poucos bairros paulistanos que ainda guardam inalteradas as características originais do seu traçado urbano e parcelamento do solo".[2] Portanto, a caracterização dessas envoltórias é fundamental para averiguar se as características que as estruturaram permanecem até hoje.

É importante ressaltar que a análise do conjunto de edificações do perímetro protegido partiu dos exemplares tombados, que serviram de parâmetro de classificação para o total das edificações. Nisso reside o principal diferencial do presente estudo: o julgamento de valor das edificações, tanto caracterizantes quanto descaracterizantes, parte de um julgamento de valor já oficialmente validado pelo DPH/Conpresp.

As tipologias identitárias foram selecionadas com base na revisão histórica da formação do bairro, principalmente pela produção de Sheila Schneck,[3] Benedito Lima de Toledo,[4] Carlos Lemos,[5] Nestor Goulart Reis Filho,[6] Nádia Marzola[7] e Camila Teixeira Gonçalves;[8] no primeiro inventário do bairro, o Igepac Bela Vista; e nos estudos para o tombamento do bairro, incluindo a atualização do inventário em 1991, constantes no Processo de Tombamento do Bairro Bela Vista, disponível no Departamento de Patrimônio Histórico da Prefeitura de São Paulo – DPH.[9]

Os índices utilizados na classificação das tipologias identitárias da Bela Vista foram denominados índices de forma. Foram obtidos da base digital georreferenciada da plataforma Geosampa, da Prefeitura de São Paulo,[10] interpretada e editada em software Sistema Integrado Georreferenciado – SIG. Uma vez interpretados, uma análise multicritério[11] foi aplicada para classificação dos lotes contidos na envoltória.

A presente análise não considerou elementos cuja atribuição de valor fosse excepcional: elementos individualmente impactantes na paisagem, mas não recorrentes ou pertencentes a conjuntos. Incluem-se aí os monumentos individuais, como a Escadaria do Bexiga, ou a Igreja Nossa Senhora Achiropita; e limites físicos, como os grandes desníveis entre a área da Grota e a área do Bexiga, ou vias largas como a avenida Rui Barbosa ou Radial Leste-Oeste, dentre outros.

Tipologias

O estudo tipológico começou com a classificação das edificações tombadas da envoltória da Bela Vista em diferentes tipologias edilícias recorrentes, consideradas identitárias do bairro. As tipologias identitárias foram obtidas com base na volumetria e implantação no lote das edificações tombadas, e não em seu uso.

O uso não foi considerado na classificação tipológica por causa da grande variedade funcional das edificações do bairro: as edificações tombadas sempre abrigaram vários usos distintos e inclusive sofreram modificações internas para fazê-lo. Edificações originalmente residenciais na Bela Vista abrigam hoje mercearias, mecânicas e os mais variados estabelecimentos comerciais e de serviços.[12] Por isso, optou-se por restringir os critérios de classificação em formais, e não funcionais.

O levantamento do histórico da ocupação do bairro e da evolução de sua morfologia urbana, das normas regulatórias da ocupação do solo (Códigos de Posturas e Códigos Sanitários), juntamente com as análises feitas pelos técnicos do Departamento de Patrimônio Histórico

– DPH durante o processo de tombamento, forneceram várias possibilidades de tipologias edilícias recorrentes e marcantes do caráter do Bexiga. As edificações mais comuns são aquelas construídas entre o final do século 19 e os primeiros trinta anos do século 20, período de consolidação do bairro. Essas edificações são em sua maioria casas térreas e sobrados com vestes ecléticas, que ocupam principalmente lotes estreitos, em geral coladas em suas divisas ou com um acesso lateral.

Outros exemplares tombados despontam: casarões isolados nos lotes, prédios baixos de habitação multifamiliar e conjuntos residenciais para venda ou aluguel por um mesmo construtor, dentre outros. A classificação resultou em doze tipologias identitárias, separadas em oito grupos:

- Casas de *capomastri* pequenas: residências térreas ou de porão alto, com coroamento em platibanda em lotes com testadas muito estreitas. Construídas no alinhamento, dividem-se entre casas do tipo porta e janela e as do tipo porta e janela com corredor lateral, caso em que a testada é mais larga.
- Casas de mais de três vãos: residências com um a três pisos, com ou sem porão alto, construídas no alinhamento e com fachada principal com três aberturas ou mais. Dividem-se entre as casas em meio de quarteirão, com lotes de largura maior que a profundidade, e casarões de esquina chanfrados. Estes últimos são comuns a partir de 1920, quando o padrão municipal (Lei Municipal n. 2332/1920[13]) passou a exigir o remate dos dois alinhamentos por um terceiro. Em ambos os casos, as fachadas principais têm mais de 6 metros de largura, podendo chegar a 17 metros.
- Sobrados: casas com ou sem porão alto, mas obrigatoriamente com dois pisos. Têm plantas simples, sempre praticamente retangulares, com exceção de ocasionais reentrâncias nos acessos e fundos. Podem ser colados em ambas as divisas ou em uma só, com recuos de frente ou no alinhamento. O coroamento é predominantemente por platibanda, segundo o padrão municipal e a linguagem eclética à época de sua construção.
- Casarões estreitos: residências de classe alta, em lotes de testadas médias e recuadas do alinhamento frontal, com pelo menos um recuo lateral. Suas plantas são complexas e chegam a três pisos. Seu coroamento também é complexo, com várias águas, e têm áreas de projeção maiores que os sobrados, em função da área maior dos lotes.
- Casas irregulares: resultam da ocupação de lotes irregulares, presentes principalmente na área acidentada do Morro dos Ingleses. Ocupam lotes trapezoidais e multifacetados, usualmente isoladas no lote e sempre com recuos frontais; suas plantas também são irregulares, com limites paralelos às divisas.
- Casarões isolados: residências de classe alta, com grandes áreas de projeção e situadas em lotes de largas testadas. São isolados no lote e localizam-se principalmente na rua dos Franceses e rua dos Ingleses.
- Prédios baixos: exemplares muito recorrentes entre os anos 1940 e 1990. Usualmente com quatro a seis pisos, construídos no alinhamento de lotes de testada pequena e média.

- Conjuntos residenciais: exemplares excepcionais, construídos concomitantemente por um mesmo incorporador, para venda ou aluguel. Todos são compostos de casas estreitas de até três pisos, construídas coladas em ambas as divisas, ocasionalmente com recuos frontais. Sua linguagem arquitetônica é bastante variada, passando do eclético ao protomoderno e o estilo tipo *chalet*.

O levantamento tipológico identificou exemplares tombados de outras tipologias construtivas, que foram desconsiderados por não serem recorrentes, ou seja, não estão em número suficiente ou distribuição espacial para compor o tecido do bairro. São exemplos os teatros e as igrejas. Também foram identificadas tipologias construtivas não tombadas e descaracterizantes, como postos de gasolina, equipamentos públicos de grande porte (escolas e hospitais) e edifícios muito altos. Os imóveis enquadrados nesses dois casos são considerados excepcionais em relação aos exemplares de tipologias identitárias, que compõem o tecido tradicional do bairro.

Levantadas as tipologias identitárias, procedeu-se à identificação de suas restrições formais. Uma análise pontual e in loco dos exemplares remanescentes de cada tipologia foi feita, de maneira a estabelecer uma forma genérica de referência para cada tipologia identitária. A forma genérica de cada tipologia identitária foi construída com parâmetros absolutos, mínimos e máximos de cinco índices de forma:

- Regularidade do parcelamento: tendência, do lote, à forma retangular de testada estreita, característica da ocupação inicial e da maioria dos exemplares tombados, dividido em seis categorias de regularidade.
- Altura das edificações, área de projeção das edificações e testadas dos lotes: intervalo mínimo e máximo, segundo observação.
- Recuos no lote: compreende as categorias sem recuos, um recuo lateral, só recuo frontal, um recuo frontal e um lateral, dois recuos laterais e isolado no lote.

Cada um dos grupos de tipologias identitárias recebeu um conjunto de características para os critérios acima. Casas de *capomastri* tipo porta e janela, por exemplo, foi caracterizado por uma regularidade alta a média do parcelamento, altura da edificação entre 3 e 6 metros, área de projeção da edificação entre 55 e 150 m², largura de testada entre 4 e 6 metros e ausência de recuos frontais ou laterais.

O único grupo de tipologias identitárias cujos exemplares não foram classificados por índices de forma foi o dos conjuntos residenciais. Apesar de terem relativa semelhança formal, difere-se dos demais justamente por compor conjuntos isolados em si, criando ambiências excepcionais. Sua classificação foi feita por meio da observação empírica in loco. As imagens que que relacionam grupos e subgrupos resumem as tipologias identitárias presentes no bairro.

Uma vez obtidos, os índices foram interpretados através do método da avaliação multicritério ou *Multicriteria Evaluation* – MCE, que se baseia na organização de atributos, normalizados ou não, com distintos pesos ou não, para classificar elementos de um conjunto. É extremamente difundida em pesquisas da área de planejamento urbano, principalmente para análise de aptidão de áreas – *land suitability analysis*[14] e de custo-benefício de redes e sistemas; ou seja,

A

Grupo
Casas de *capomastri* pequenas
Sub-grupo
Porta e janela

Projeção da edificação m²
min   55
max   150
Altura da edificação m
min   3
max   6
Largura de testada m
min   4
max   6
Regularidade do lote
min   0,00
max   0,13
Recuos
Sem recuos

B

Grupo
Casas de *capomastri* pequenas
Sub-grupo
Porta e janela com corredor lateral

Projeção da edificação m²
min   65
max   155
Altura da edificação m
min   4
max   8,5
Largura de testada m
min   5
max   7,5
Regularidade do lote
min   0,00
max   0,13
Recuos
1 recuo lateral

C

Grupo
Casas de mais de três vãos
Sub-grupo
Meio de quarteirão

Projeção da edificação m²
min   65
max   110
Altura da edificação m
min   4,5
max   7,7
Largura de testada m
min   9
max   13
Regularidade do lote
min   0,00
max   0,01
Recuos
Sem recuos

D

Grupo
Casas de mais de três vãos
Sub-grupo
Casarões de esquina chanfrados

Projeção da edificação m²
min   100
max   160
Altura da edificação m
min   6
max   13
Largura de testada m
min   6
max   17
Regularidade do lote
min   0,00
max   0,25
Recuos
Sem recuos

E

Grupo
Sobrados
Sub-grupo
Sobrados de *capomastri*

Projeção da edificação m²
min   60
max   160
Altura da edificação m
min   6
max   11
Largura de testada m
min   5
max   7,5
Regularidade do lote
min   0,00
max   0,25
Recuos
Sem recuos

F

Grupo
Sobrados
Sub-grupo
Casas de *capomastri* com a. lateral

Projeção da edificação m²
min   240
max   280
Altura da edificação m
min   7
max   7,5
Largura de testada m
min   6
max   7
Regularidade do lote
min   0,00
max   0,13
Recuos
Sem recuos. 1 recuo lateral.
Alguns têm o recuo lateral
fechado sem detrimento à
legibilidade da tipologia

G

Grupo
Sobrados
Sub-grupo
Sobrados recuados

Projeção da edificação m²
min   60
max   140
Altura da edificação m
min   6
max   11
Largura de testada m
min   5
max   12
Regularidade do lote
min   0,00
max   0,13
Recuos
Só recuo frontal
1 frontal e 1 lateral

H

Grupo
Tipologias concentradas
Sub-grupo
Casarões estreitos

Projeção da edificação m²
min   120
max   290
Altura da edificação m
min   7
max   9
Largura de testada m
min   10
max   12
Regularidade do lote
min   0,00
max   0,01
Recuos
1 frontal e 1 lateral Isolado
no lote

I

Grupo
Tipologias concentradas
Sub-grupo
Casas irregulares

Projeção da edificação m²
min   120
max   360
Altura da edificação m
min   7
max   9
Largura de testada m
min   8
max   15
Regularidade do lote
min   0,00
max   –
Recuos
Só recuo frontal. 1 frontal e 1 lateral Isolado no lote

J

Grupo
Tipologias concentradas
Sub-grupo
Casarões isolados

Projeção da edificação m²
min   135
max   490
Altura da edificação m
min   7
max   11
Largura de testada m
min   25
max   40
Regularidade do lote
A regularidade do lote não tem influência na determinação da tipologia identitária em questão, e não foi considerada na análise.
Recuos
Isolado no lote

K

Grupo
Tipologias concentradas
Sub-grupo
Prédios baixos

Projeção da edificação m²
min   140
max   300
Altura da edificação m
min   10
max   18
Largura de testada m
min   6
max   20
Regularidade do lote
min   0,00
max   0,13
Recuos
Sem recuos

L

Grupo
Tipologias concentradas
Sub-grupo
Conjuntos residenciais

Seleção particularizada

pesquisas que envolvem a classificação de múltiplas variáveis para tomada de decisões. O holandês Henk Voogd elenca quatro funções principais para uma MCE: análise de um sistema espacial; seleção de opções de um universo predefinido de alternativas, de modo a refiná-lo; comprovação de uma dada política ou linha de ação; teste de determinada situação empírica.[15]

O método MCE foi utilizado no presente trabalho em duas ocasiões: a primeira, na obtenção de um índice de regularidade do parcelamento, que será detalhado em seguida. Juntamente com as larguras de testadas, o índice de regularidade do parcelamento serviu para identificar lotes cuja forma dista do retângulo, independente de sua escala, já que, historicamente, lotes de formas muito acidentadas condicionaram ocupações destoantes do conjunto. Sheila Schneck adjetiva tais ocupações como "traços de individualidade do bairro":

> O aproveitamento de terrenos irregulares, através da "reinvenção" de tipologias usuais, adequando as necessidades programáticas às condições dos terrenos, bem como a introdução das casas tipo "apartamento", otimizando o aproveitamento do espaço, foram exemplos da diversidade encontrada no bairro.[16]

Esses lotes são resultado de ocasional topografia acidentada, reparcelamentos, alterações viárias ou sobras nas esquinas do desenho do próprio loteamento, desde o início do século 19 até os dias de hoje.

O segundo uso do método MCE foi para a própria análise dos índices de forma, de maneira a classificar as edificações segundo as tipologias identitárias de que mais se aproximam.

Regularidade do parcelamento

A regularidade geométrica dos lotes é um fator determinante para a probabilidade de ocorrência de certas tipologias edilícias, vista a histórica preferência por lotes retangulares para implantação da maior parte dos edifícios, tombados e não tombados.

No presente caso, foi considerado regular um lote retangular, sem proporção definida entre largura e comprimento. O parcelamento do recorte de estudo é, via observação empírica, predominantemente regular, de formação histórica comum à maioria dos lotes e resistente ao reparcelamento, o que permitiu simplificar o método da avaliação multicritério.

Os índices foram normalizados de 0,0 a 1,0. Um lote ótimo tem uma geometria cujo índice de forma é 0,0. Os lotes que se aproximam de 0,0, portanto, são considerados regulares. À medida que o valor do índice aumenta em direção a 1,0, aumenta sua irregularidade.

Segundo Elizabeth Wentz, os critérios para um índice de forma apropriado são:

— cada forma única deve ser representada por um número único e individual;
— o índice não deve variar com a translação, rotação ou mudança de tamanho ou escala da geometria em questão;
— o índice deve corresponder à intuição humana (ao que dele é esperado);

- o índice deve servir a formas com furos (critério irrelevante para lotes);
- deve ser fácil de calcular e ser interpretado.[17]

Todos os critérios acima foram cumpridos, aplicados a quatro distintos parâmetros, para geração de quatro distintos índices para compor o Índice de Forma do Lote – IFL:

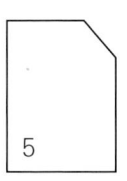

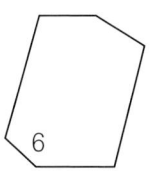

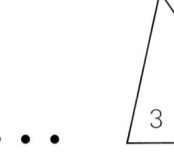

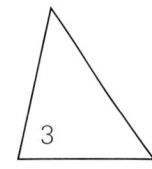

Regularidade do índice de forma "Quantidade de arestas"

- *Quantidade de arestas dos polígonos*. Visto que a forma ótima é o quadrilátero, a quantidade pretendida é de quatro arestas. Polígonos com seis ou mais lados foram considerados gradativamente piores. Os polígonos a que foram atribuídos os piores valores foram os triângulos, já que seu formato condiciona uma ocupação sempre peculiar e inabilita qualquer tipologia edilícia recorrente.
- *Quantidade de ângulos menores que 85°*. Ainda que a forma ótima apresente quatro ângulos internos de exatos 90° cada um, as acomodações frente a vias, topografia e a própria graficação da base de dados faz com que ângulos retos não sejam a regra, ainda que fossem a intenção. Observou-se que a maioria dos lotes visualmente regulares apresentava ângulos de até 85° e, portanto, uma margem de 5° foi aplicada. Os ângulos agudos (menores que 90°) em geral inviabilizam a ocupação de um vértice, principalmente se incluem a aresta de testada.

Lotes na rua dos Franceses com rua dos Ingleses

- *Quantidade de ângulos maiores que 120°*. O parâmetro anterior, que averiguou ângulos agudos, é complementado por este, que averigua ângulos obtusos. Assim como no caso dos primeiros, uma margem foi aplicada, já que se observou que ângulos de até 120° não inviabilizavam por si só a implantação de construções em seus vértices. Desta maneira, lotes que não têm ângulos demasiadamente agudos e nem demasiadamente obtusos tendem a ter geometrias mais viáveis à ocupação.

Esquema comparativo entre *bounding box* e *minimum bounding rectangle*

Bounding box (sp like)

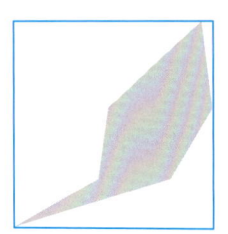

Minimum bounding rectangle

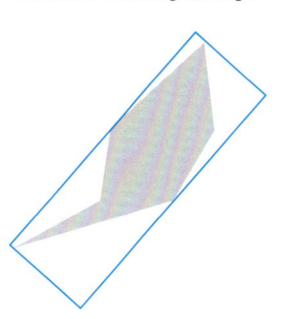

– *Minimum Bounding Box – MBB*. Um índice de compacidade, que significa o nível de aproximação de uma dada forma a uma forma geométrica regular – usualmente uma circunferência de diâmetro igual ao maior comprimento inscrito na forma a se avaliar. O MBB correspondente ao mínimo retângulo circunscrito a cada um dos polígonos (lotes), e o índice MBB é o resultado da razão entre a área da MBB e a área do polígono; quanto menor a razão, mais próximo de um retângulo o polígono será.

A média dos critérios acima resultou num score para cada lote, divididos em seis categorias: do mais regular, com índices entre 0,0 e 0,013, até o mais irregular, com índices maiores que 0,41. O mapa dos lotes da envoltória, classificados segundo sua regularidade, demonstra a resiliência do padrão de loteamento original no miolo de bairro, mais antigo em função de ser um local plano e próximo do centro da cidade. Servem de exemplos principalmente a rua 13 de Maio e quadras entre as ruas Conselheiro Ramalho e Major Diogo. A adequação à topografia acidentada na área da Grota é corroborada pelos altos índices – portanto, de irregularidade – dos lotes ali localizados. O mesmo ocorre junto às radiais, como a Radial Leste-Oeste e avenida Brigadeiro Luís Antônio, em que os lotes se adequam às distintas direções do traçado viário.

Testadas

As testadas condicionam a implantação de edifícios no lote, principalmente em locais cujos regimes construtivos são estipulados em virtude da distribuição de densidade populacional e construtiva pretendida na cidade. Júlia Miranda Alois e colegas consideram as testadas dos lotes como critério de determinação de tipologias edilícias a serem implantadas, e a área do terreno apenas como determinante da área máxima a edificar.[18] Dadas as testadas estreitas da maioria dos imóveis tombados na envoltória da Bela Vista, a largura de testada também influenciou, histórica e atualmente, a maior ou menor probabilidade de implantarem-se algumas tipologias edilícias, em função dos índices incidentes de ocupação do solo, como taxas de ocupação, coeficientes de aproveitamento e recuos laterais mínimos.

Mapeamento dos lotes de
acordo com a regularidade

☐ Perímetro Resolução
22/2002

Até 0.01
0.02 – 0.04
0.05 – 0.13
0.14 – 0.25
0.26 – 0.40
0.41 – 0.81

A medição das testadas dos lotes inseridos na envoltória de tombamento confirmou a premissa de que lotes de testadas estreitas eram maioria no local. Mais de 60% dos lotes têm testadas menores que 8 metros de largura. Destes, 26% têm menos de 5,58 metros – terrenos, portanto, determinantes de tipologias do tipo porta e janela – e 35% têm entre 5,59 e 7,77 metros – determinantes de tipologias com ao menos um recuo lateral, térreas ou sobrados.

A classificação de testadas no mapa permite observar a resiliência dos lotes em algumas áreas específicas, principalmente no interior do bairro, na envoltória da área do Bexiga. Os lotes estreitos, característicos da ocupação original, predominam ao longo do reticulado do primeiro loteamento, nas ruas 13 de Maio, Conselheiro Ramalho, Maria José, Conselheiro Carrão e São Vicente. As proximidades de vias estruturais de transporte urbano, como a rua Santo Antônio, avenida Brigadeiro Luís Antônio, rua Rui Barbosa e a própria Radial Leste-Oeste, têm lotes de testadas mais largas pontuando o tecido tradicional. Trata-se de lotes tradicionais remembrados, como é perceptível pela sua proporção e profundidade, possíveis por não se tratar de lotes tombados ou por terem sido remembrados antes da Resolução de

Mapeamento dos lotes de acordo com a largura das testadas

☐ Perímetro Resolução 22/2002

Até 5.58
5.59 – 7.77
7.78 – 10.56
10.57 – 14.19
14.20 – 18.86
18.87 – 25.75
25.76 – 37.95
37.96 – 56.76
56.77 – 100.29
Acima de 100.30

Tombamento de 2002. O mesmo acontece na envoltória da área da Grota, por causa do terreno acidentado e do remembramento de lotes para implantação de edifícios altos e isolados no lote, reflexo da proximidade com a avenida Paulista.

Alturas

Na análise de altura das edificações, no caso de um lote conter mais de uma edificação, considerou-se a altura da mais alta. A classificação indicou grande predominância de edificações cujas alturas não excedem 7,7 metros (46%), ou seja, até dois pisos com porão alto – característica dos sobrados de fins do século 19 e início do 20. As edificações com até 10,4 metros de altura congregam outros 30% do total, restando 30% do total de edificações com alturas maiores que o equivalente a três pavimentos (dos lotes, 4% não têm edificações ou são ocupados por construções temporárias ou irregulares, como telheiros ou barracos).

A classificação de gabarito na envoltória de tombamento corrobora a conclusão da análise de largura de testadas, sobre a resiliência dos lotes tradicionais e, consequentemente, das tipologias identitárias. Dentre os lotes com até 7,7 metros de testada, 90% apresentam uma proporção de, no máximo, dois para um entre a altura da edificação e a testada do lote. Isto é, há uma tendência a um mesmo padrão de ocupação, condicionado pelos lotes.

Mapeamento dos lotes de acordo com a altura das edificações

☐ Perímetro Resolução 22/2002

Vazio
Até 5.53
5.54 – 7.75
7.76 – 10.37
10.38 – 14.59
14.60 – 21.57
21.58 – 30.87
30.88 – 42.26
42.27 – 64.12
64.13 – 95.20

Área de projeção das edificações

A área de projeção das edificações foi considerada na análise por também ser uma medida de resiliência de certas tipologias edilícias em relação a outras. A área de projeção corresponde à metragem quadrada ocupada pela edificação no lote e relaciona-se diretamente à maneira de construir e distribuir dada tipologia edilícia, independentemente da profundidade e área total do lote em que se insere. Naturalmente, edificações com maior área de projeção ocupam lotes de maiores áreas. No entanto, para lotes semelhantes em testada e profundidade, a maior ou menor projeção da edificação distingue, por exemplo, sobrados de *capomastri* de casarões de classe alta.

Mapeamento dos lotes de acordo com a projeção das edificações

☐ Perímetro Resolução 22/2002

- Até 78.18
- 78.19 – 143.74
- 143.75 – 222.29
- 222.30 – 325.76
- 325.77 – 463.24
- 463.25 – 653.19
- 653.20 – 938.56
- 936.57 – 1391.17
- 1391.18 – 3354.56
- Acima de 3354.57

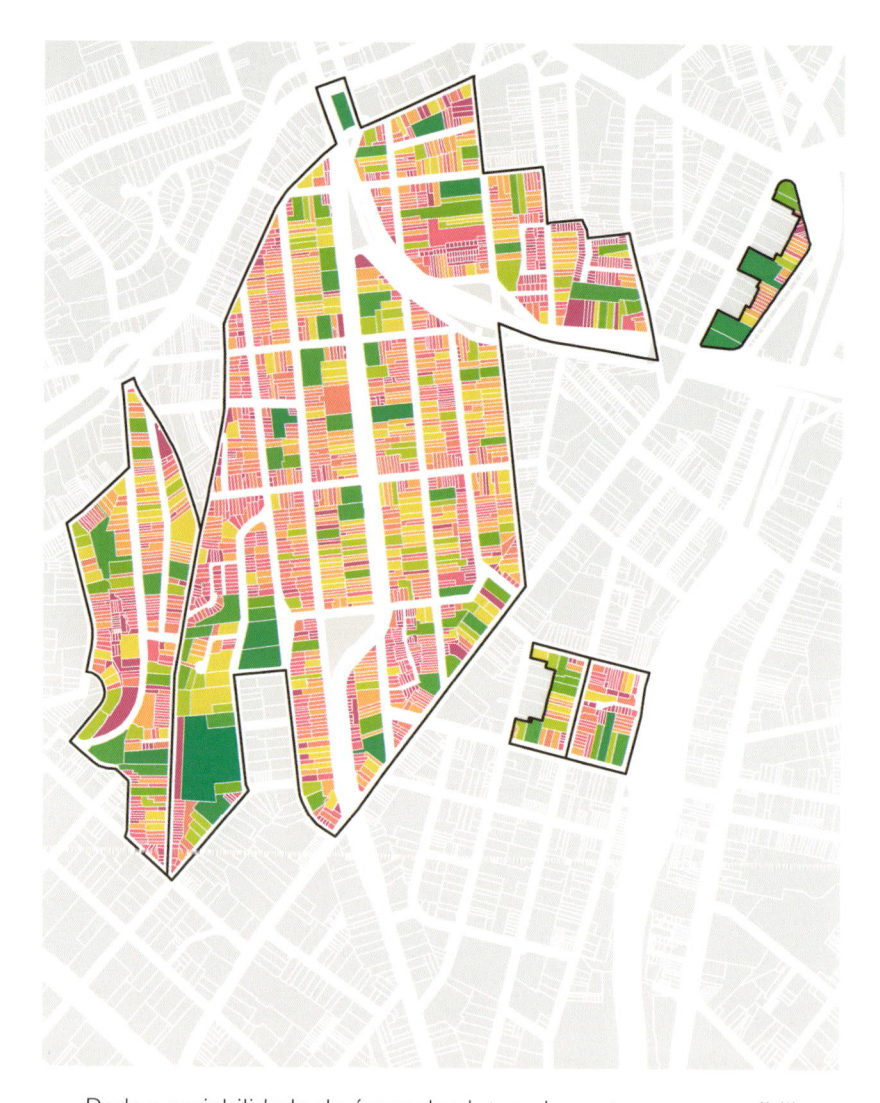

Dada a variabilidade de áreas dos lotes, descartou-se a possibilidade de utilizá-las para normalizar as áreas de projeção. Exemplares de mesmas tipologias foram observados ocupando lotes muito diferentes entre si em termos de área, mesmo que com larguras de testadas próximas, em função das diferenças de profundidade ou de regularidade. Logo, a taxa de ocupação, que é a razão entre a área da edificação e a área do lote, nada indicaria sobre a implantação das tipologias identitárias nos lotes, já que implantações distintas podem apresentar razões próximas entre si.

Recuos

A classificação dos recuos foi a única feita via observação, lote a lote. A grande maioria das edificações situa-se no alinhamento frontal, sem recuos laterais. Incluem-se aí tipologias identitárias diversas, desde casas térreas e sobrados até prédios multifamiliares. As implantações em lote com um recuo lateral representam apenas 17% do total da envoltória de tombamento e congregam grande parte dos lotes remanescentes do loteamento original. Correspondem principalmente aos sobrados e casas térreas de lotes maiores que 5 metros de frente, cuja planta orienta-se para um corredor lateral.

Mapeamento dos lotes de acordo com os recuos

☐ Perímetro Resolução 22/2002
■ Sem recuos
■ 1 Recuo frontal
■ 1 Recuo lateral
■ 1 Recuo frontal + 1 lateral
■ 2 Recuos laterais
■ Isolado

Resultados

Obtidos os índices de forma para todos os lotes, a classificação dos grupos de cada uma das doze tipologias identitárias foi feita por meio de uma análise multicritério. Cada parâmetro teve um fator atribuído, normalizado linearmente para traduzir seu intervalo original ao intervalo de 0,0 a 1,0. Pesos foram empiricamente atribuídos a cada um deles, de acordo com a influência que cada índice exerce sobre a determinação de cada tipologia. Dessa maneira, em casas de *capomastri* os recuos têm peso maior que a área de projeção, por exemplo; em casas irregulares, a regularidade do lote tem peso maior que a altura da edificação, e assim por diante. Os pesos têm valor 0,0, 0,5 ou 1,0, e sempre totalizam 4,0.

    A atribuição de fatores para os parâmetros do índice recuos foi booleana, ou seja, os parâmetros valem 0 ou 1, sem intermediários. O recuo próprio à tipologia em questão recebeu valor 0,0 (cabe), e os

Mapeamento dos lotes de acordo com as tipologias identitárias

☐ Perímetro Resolução 22/2002
▪ Porta e janela
▪ Porta e janela com corredor lateral
▪ Meio de quarteirão
▪ Casarões de esquina chanfrados
▪ Sobrados de capomastri
▪ Sobrados de capomastri com acesso lateral
▪ Sobrados recuados
▪ Casarões estreitos
▪ Casas irregulares
▪ Casarões isolados
▪ Prédios baixos
▪ Conjuntos residenciais
▨ Lotes tombados

demais tipos de recuo receberam valor 1,0 (não cabem). O mesmo ocorreu para o índice de regularidade do lote: quaisquer parâmetros fora do intervalo de regularidade atribuído receberam valor 1,0.

Os índices área de projeção, largura de testada e altura da edificação, com diversos valores possíveis de parâmetros, foram estandardizados da seguinte maneira:

- *valores entre mínimo e máximo estipulados*: fator atribuído 0,0;
- *valores menores que o mínimo ou até duas vezes maiores que o máximo*: a diferença para o intervalo ótimo foi normalizada pelo próprio intervalo, gerando um número entre 0,0 e 1,0;
- *demais valores (acima de duas vezes o valor máximo)*: obrigatoriamente 1,0.

A flexibilização da estandardização feita no item "b" acima garantiu a variabilidade de resultados, já que os exemplares construídos estudados não são necessariamente iguais. Desse modo, um valor de testada do lote, área de projeção ou altura de edificação um pouco acima ou abaixo do intervalo estipulado não determinaria que tal edificação não pertencesse a tal grupo de tipologias identitárias.

Obtidos os valores para todos os índices, eles foram ponderados, somados e divididos pela soma dos pesos estipulados. Como cada conjunto lote/edificação teve a análise multicritério calculada para todos os conjuntos de índices e pesos, cada lote obteve um score para cada grupo de tipologia identitária. Um mesmo lote pode ser enquadrado com mais ou menos intensidade de pertencimento a todos eles; o pertencimento de um lote a um ou outro grupo de tipologia identitária foi determinado pelo menor score dentre todos – o mais próximo de 0. No último mapa, os lotes estão classificados segundo o grupo de tipologia identitária a que melhor pertencem. Lotes que não apresentaram scores com até 70 de compatibilidade – ou seja, scores maiores que 0,3 – foram considerados destoantes do conjunto, por não se enquadrarem suficientemente em nenhuma das categorias de tipologias identitárias. São lotes cujas edificações (ou ausência delas) foram consideradas descaracterizantes.

A análise tipológica da envoltória de tombamento da Bela Vista comprovou a hipótese de que os sobrados de *capomastri* são maioria. Casas térreas e sobrados congregam 56% do total, comprovando a premissa de permanência dos lotes originais e da implantação tradicional.

Conclusões

A análise aqui apresentada teve como principal diferencial ter elaborado uma classificação tipológica baseada no patrimônio, mas não somente nele. Áreas envoltórias como as da Bela Vista, em que bens tombados convivem com edificações não tombadas que compõem seu entorno, pressupõem intervenções voltadas para a valorização dos bens tombados dentro de suas ambiências. Por isso foi fundamental categorizar também as edificações do entorno: dependendo da semelhança que uma edificação de entorno tem com um bem tombado, pode-se averiguar que tipo de ação deve ser tomada, se necessário, para que a primeira favoreça a ambiência do bem tombado.

O presente estudo tipológico permitiu identificar quatro tipos de tecido nas áreas envoltórias de preservação do patrimônio construído da Bela Vista:

- *tecidos coesos*: áreas em que bens pertencentes a uma mesma tipologia identitária se congregam, formando regiões de continuidade visual;
- *tecidos de média coesão*: áreas que apresentam tipologias identitárias semelhantes entre si – caso das tipologias A a G, ou H a J, por exemplo;
- *tecidos não coesos*: áreas com grande variabilidade de tipologias identitárias;
- *tecidos descaracterizantes*: áreas que representam limites visuais, prejudiciais à legibilidade do conjunto das envoltórias, em decorrência da grande concentração de edificações consideradas descaracterizantes.

O reconhecimento desses quatro tecidos distintos permite que se projete quatro planos distintos de ação de intervenção nas áreas envoltórias. Tecidos coesos e de média coesão podem receber as ações focadas na preservação das características principais da ambiência e os incentivos específicos pretendidos com a delimitação das áreas envoltórias.

Os tecidos não coesos e descaracterizantes, por outro lado, podem ser objeto de ações desvinculadas da preservação de conjuntos, já que não configuram conjuntos históricos. São áreas que podem ser, mediante estudos mais aprofundados, removidas das envoltórias de preservação e direcionadas para suprir demandas das demais dinâmicas urbanas, sem as restrições de intervenção que as envoltórias impõem. Em relação aos elementos tombados individualmente nessas áreas, eles podem ser objeto de estudos pontuais de visibilidade, como meio de garantir sua valorização e preservação sem engessar seus entornos imediatos.

O estudo concluído ainda identificou possíveis encaminhamentos futuros, principalmente se performados a partir dos órgãos de preservação do patrimônio. O estudo se beneficiaria enormemente da inclusão de índices oriundos de um inventário detalhado e atualizado, como fenestração, cromaticidade, coroamentos, ornamentação, presença de porões, escadas ou muros, dentre uma série ainda maior de possíveis elementos constituintes dos bens tombados. Quanto maior o detalhamento das tipologias identitárias na fase de seu reconhecimento, melhor será a análise dos bens tombados frente a seus entornos e melhores as intervenções de preservação e valorização do patrimônio urbano.

Notas

1. Cf. KÜHL, Beatriz Mugayar. Notas sobre a Carta de Veneza, p. 287-320.
2. CONPRESP. Resolução n. 22/2002. Tombamento do bairro da Bela Vista.
3. SCHNECK, Sheila. *Formação do bairro do Bexiga em São Paulo: loteadores, proprietários, construtores, tipologias edilícias e usuários (1881-1913)*; SCHNECK, Sheila. *Bexiga: cotidiano e trabalho em suas interfaces com a cidade (1906-1931)*.
4. TOLEDO, Benedito Lima de. *São Paulo: três cidades em um* século.
5. LEMOS, Carlos A. C. *A república ensina a morar (melhor)*.
6. REIS FILHO, Nestor Goulart. *Quadro da arquitetura no Brasil*.
7. MARZOLA, Nádia. *Bela Vista*.
8. GONÇALVES, Camila Teixeira. *Intervenções contemporâneas no Bixiga: fissuras e insurgências*.
9. CONPRESP. Processo Administrativo n. 1990-0.004.514-2. Tombamento do Bairro da Bela Vista.
10. PREFEITURA DA CIDADE DE SÃO PAULO. Geosampa – Mapa digital da cidade de São Paulo.
11. Cf. VOOGD, Jan Hendrik (Henk). *Multicriteria Evaluation for Urban and Regional Planning*.
12. Cf. SCHNECK, Sheila. *Formação do bairro do Bexiga em São Paulo: loteadores, proprietários, construtores, tipologias edilícias e usuários (1881-1913)* (op. cit.).
13. SÃO PAULO (Município). Lei n. 2332, de 9 de novembro de 1920. Estabelece o "padrão municipal" para as construções particulares no município.
14. Cf. WANG, Xinhao; HOFE, Rainer Vom. *Research Methods in Urban and Regional Planning*.
15. VOOGD, Jan Hendrik (Henk). Op. cit.
16. SCHNECK, Sheila. *Formação do bairro do Bexiga em São Paulo: loteadores, proprietários, construtores, tipologias edilícias e usuários (1881-1913)* (op. cit.).
17. WENTZ, Elizabeth A. Shape Analysis in GIS.
18. ALOISE, Júlia Miranda; VARGAS, Júlio Celso; KUSSLER, Karen; TURKIENICZ, Benamy. Tipos arquitetônicos, regimes urbanísticos e desempenho: conciliando potencial construtivo e qualidade ambiental.

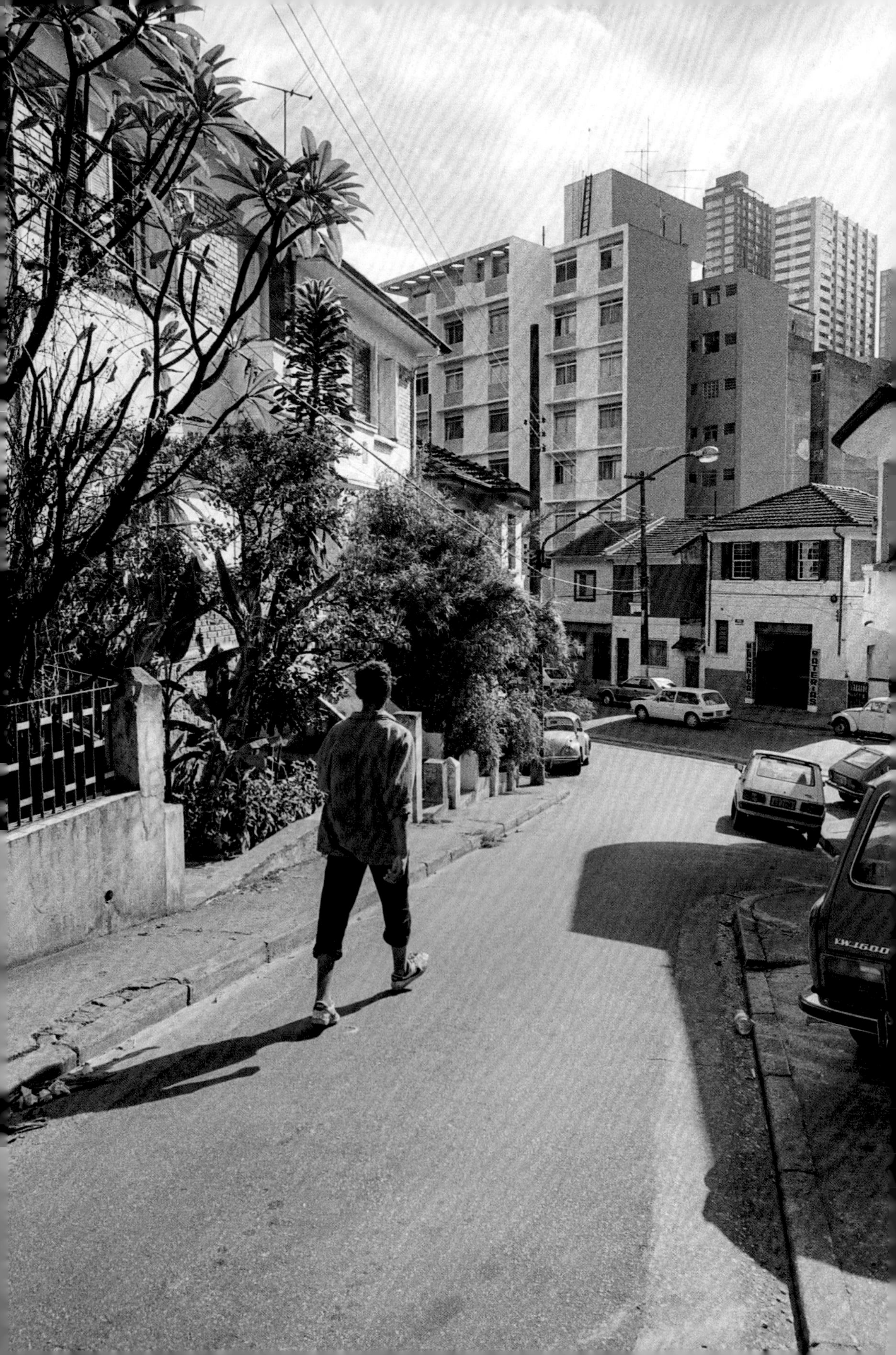
BATERIAS
VW 1600

3.3 Tombamento do bairro do Bexiga: dimensões espaçotemporais socialmente necessárias
Manoel Lemes da Silva Neto

Ensaio fotográfico *Bexiga 1991*, de Cristiano Mascaro

A formação do bairro do Bexiga, no distrito da Bela Vista, faz parte da história da região central da cidade de São Paulo.

Traçado urbano, parcelamento do solo, ruas, praças, escadarias e largos justificaram seu tombamento em 2002 pelo Conselho Municipal de Preservação do Patrimônio Histórico, Cultural e Ambiental da Cidade de São Paulo – Conpresp.

A Resolução n. 22/2002[1] o normatiza.

São 78 hectares, 28% da área do distrito da Bela Vista.

Esse aparato legal, porém, não protege o popular e turístico Bexiga, ou Bela Vista, como o Conpresp prefere designar o espaço. Tanto que o comportamento demográfico no período intercensitário 2000-2010 indica empobrecimento crescente da população. A paisagem se deteriora com a má conservação de muitos bens tombados.

Agora, se as regulamentações de proteção dificultam a atuação do mercado imobiliário, não diminuem sua cobiça.

Há um embate. Agentes sociais de um lado; econômicos de outro. Na mediação, o Estado, que, na prática, mais se aproxima das forças de mercado do que do projeto "socialmente necessário".[2]

O Bexiga retrata as mesmas dificuldades enfrentadas por muitas localidades pelo Brasil afora. Elas tentam resistir "ao caráter deletério da última modernização", aos impactos da globalização que "não promete igualdade e nem integração social e, sim, competitividade e busca ininterrupta por eficácia".[3]

Assim, projetos de sujeitos coletivos contrapõem-se a projetos solapadores de historicidades, contextos, modos de vida.

Então, o que pode proteger o bairro e seus moradores? Qual o futuro do Bexiga, já que o tombamento engessa 78 hectares de área restritiva e não mobiliza recursos financeiros para mantê-los preservados?

Estatísticas e mapas de adensamento demográfico esboçam um ilhamento da área que, em princípio, está associado aos níveis de preservação predispostos aos bens tombados com a Resolução n. 22/2002. Quanto mais restritiva a área, maior o ilhamento.

Para os moradores, as consequências são percebidas de várias maneiras: exacerbação das desigualdades socioespaciais, certa condenação a usufruir espaços esgarçados pelo abandono e tensão permanente de disputa entre os projetos sociais e o poderio do mercado.

Para as áreas sujeitas às restrições mais severas, resta a degradação do espaço urbano, resultado da inexistência de recursos necessários à preservação simultaneamente associada ao desinteresse dos agentes econômicos, em especial do mercado imobiliário.

Exatamente por isso é vital se perguntar: que barreiras impedem o Bexiga de atingir metas sociais amplas? Quais as dimensões sociais comprometidas com o seu tombamento?

Sob a perspectiva do humanismo concreto de Milton Santos, o que está em jogo é o direito ao entorno, dos homens lentos.

Entre a possibilidade histórica de se concretizar paisagens urbanas homogeneizadas e hegemonizantes e paisagens constituídas por urbanidades coletivamente produzidas e vivenciadas, esta última será a opção que melhor representa o interesse comum. De todos.

Com isso se pretende sinalizar, e ainda em tempo, a interrogação de processos econômicos, político-culturais e ideológicos responsáveis pela fragilidade dos elos entre gestão urbana e experiência popular; a urgência da defesa das racionalidades populares por parte do poder público; a primazia da "racionalização por baixo", praticada pelos atores não beneficiados, em face à "racionalização por cima", exercida pelos atores dominantes.[4]

Desse ângulo, uma análise crítico-propositiva do Bexiga[5] contrapõe o bairro como "local" e como "lugar". Como local na medida em que é "sobredeterminado por constituir o *locus* de realização de projetos definidos por atores das outras escalas da realidade social". Como lugar porque é "espacialidade da ação espontânea, do inesperado, do acaso, do não-planejado, das experiências incertas [...] da vida social, da memória coletiva e da sociabilidade".[6]

Área de tombamento

Dado que o perímetro de tombamento teria influído na dinâmica de adensamento do bairro, o próprio perímetro torna-se um componente de análise imprescindível. Primeiro, porque é necessário delimitar os setores censitários que abrangem a área de estudo. Segundo, porque sua delimitação envolve um processo de negociação política nada pacífico até hoje. A disputa pelo terreno ao lado do Teatro Oficina é uma prova.

Embora o tombamento do Bexiga tenha sido em 2002, os indícios de que isso ocorreria remontam a 1989.[7]

Desde então, foram reconhecidos três perímetros para delimitação da área, que, aliás, serviram de base para o tombamento definitivo do bairro:

1) Perímetro do Inventário Geral do Patrimônio Ambiental, Cultural e Urbano de São Paulo proposto para a Bela Vista, o Igepac Bela Vista, de 1985.
2) Perímetro do processo que abre o tombamento da área pela Resolução n. 11/90.[8]
3) Perímetro estipulado pela Resolução n. 01/93[9] e aplicado sem modificações pela Resolução n. 22/2002.

Não se pretendendo discutir aqui a significância de tais perímetros sob a ótica da política de preservação, é possível assegurar que houve redução importante das áreas sujeitas ao tombamento: de 218 hectares para 78 hectares.[10]

Também é possível afirmar que a expectativa de medidas restritivas de preservação interviu no uso e na ocupação da área, na atuação do mercado imobiliário e, por consequência, no comportamento demográfico de adensamento desses perímetros.

Há relações entre a dinâmica demográfica da área virtualmente oferecida ao tombamento e os perímetros sucessivamente propostos.

Na área do bairro da Bela Vista-Bexiga, a primeira delimitação para fins de tombamento decorre do Igepac.[11]

Inventário oficial do Departamento do Patrimônio Histórico, o Igepac "teve a sua metodologia estabelecida entre 1982 e 1983 [...] obedecendo a uma base geográfica, tendo como unidades os bairros e pretendendo caracterizar-se como um trabalho sistemático, de modo a cobrir a cidade partindo do centro e encaminhando-se para as periferias".[12] Abrangendo cerca de 218 hectares, o Igepac Bela Vista foi concluído em 1985.[13]

Em seguida, com a abertura do processo de tombamento da área pela Resolução n. 11/90, definiu-se outro perímetro com aproximadamente 214 hectares. Semelhante ao inventário do Igepac Bela Vista, as únicas diferenças foram a exclusão da quadra compreendida entre as ruas São Carlos do Pinhal, Itapeva e Pamplona, próximas à avenida Paulista, e a inclusão da praça da Bandeira.

Por último, a Resolução n. 01/93 eliminou 64% da área compreendida pelo perímetro, reduzindo-a aos 78 hectares que permaneceram no tombamento do bairro.

Na Resolução n. 22/2002, o artigo 1º disciplina o "elenco dos elementos constituidores do ambiente urbano".[14] O artigo 2º, os três "espaços ou áreas envoltórias dos bens tombados": I – Área do Bexiga; II – Área da Vila Itororó; III – Área da Grota.[15]

O tombamento ainda considera 896 endereços de imóveis isolados e conjuntos arquitetônicos tombados relacionados no Anexo I da Resolução n. 22/2002, onde, obedecendo-se às exigências dos níveis de preservação atribuídos a cada imóvel, a envoltória de proteção é o próprio lote (artigos 6º e 7º).

Desses, 211 não estão localizados nos 78 hectares das três áreas envoltórias,[16] e sim na área compreendida entre elas e o perímetro de tombamento originário de 1990,[17] o que recomenda considerá-la como área suplementar do tombamento e que não pode ser deixada de lado neste estudo de adensamento do bairro.

Em vigência, há ainda outras áreas no Bexiga tombadas por resoluções específicas:

1) Áreas envoltórias (300 metros) do Teatro Brasileiro de Comédia – TBC, tombado pelo Condephaat[18] e pelo Conpresp,[19] e do Teatro Oficina, tombado pelo Condephaat,[20] Conpresp[21] e Iphan.[22]
2) A Resolução de Área Envoltória – RAE do Castelinho da Brigadeiro tombado pelo Condephaat[23] e Conpresp.[24]

Portanto, os perímetros em pauta nas resoluções que conduziram o processo de tombamento são unidades territoriais necessárias à verificação de prováveis inter-relações das áreas de tombamento com o adensamento do bairro.

Consideram-se três unidades territoriais:

Mapa das unidades territoriais de análise

Bens tombados por resoluções específicas

● Teatro Brasileiro de Comédia

● Teatro Oficina

● Castelinho da Brigadeiro

■ Elementos constituidores do ambiente urbano

■ Imóveis isolados e conjuntos arquitetônicos identificados no Anexo 1

Resolução Conpresp 22/2002
Áreas tombadas

Bexiga
Grota
Vila Itororó

⬜ Perímetro de tombamento (Resolução Conpresp 11/1990)

▨ Igepac Bela Vista 1985

⬜ Área envoltória

⬜ Resolução de área envoltória

▨ Zepec-APC/TICP Paulista/Luz (PDE São Paulo, 2014)

Fonte das bases cartográficas: Geosampa; Igepac Bela Vista, BAFFI, 2006, p. 157

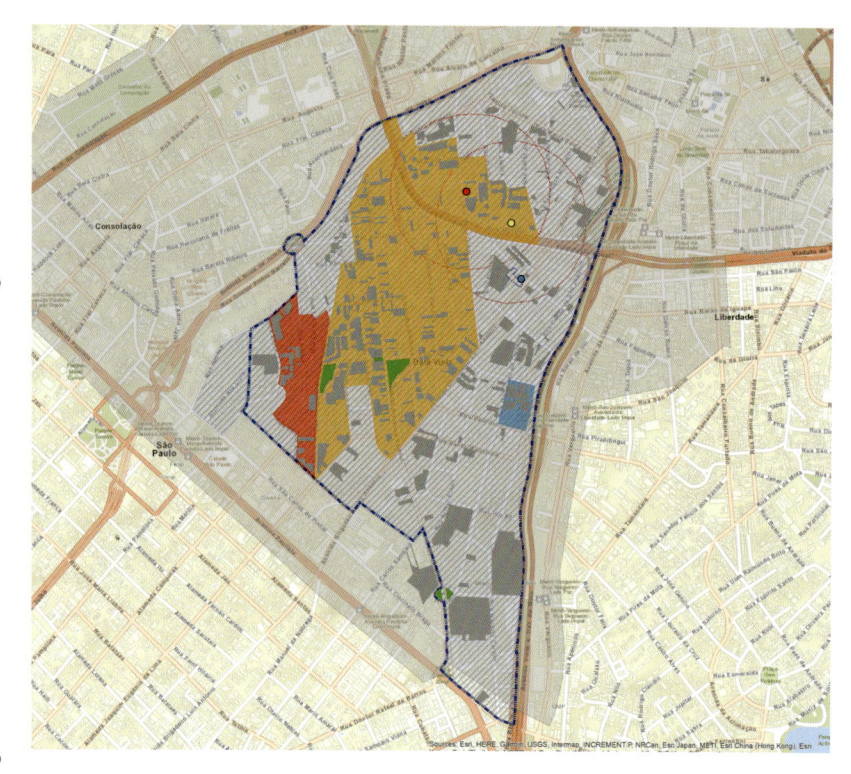

- a área formada pelo perímetro de tombamento estipulado pela Resolução n. 11/90 (A);
- o conjunto formado pelas áreas tombadas do Bexiga, da Vila Itororó e da Grota pela Resolução n. 22/2002 (B);
- a área suplementar constituída pela subtração das áreas tombadas em 2002 da área do perímetro de tombamento de 1990 (A-B).

Partindo do pressuposto de que a análise do período intercensitário 2000-2010 capta, em parte, as transformações do perfil demográfico decorrentes do tombamento de 2002, a pesquisa revela que o adensamento se mostrou diverso nessas três dimensões. O ilhamento é mais intenso no conjunto formado pelas áreas tombadas do Bexiga, da Vila Itororó e da Grota, isto é, no perímetro mais restritivo.

Adensamento

Se a dinâmica demográfica do distrito da Bela Vista reflete o que acontece nas áreas tombadas,[25] os censos de 2000 e 2010 indicam que a participação do número de apartamentos no total dos domicílios tende a aumentar e a de casas, diminuir. O fenômeno é comum no município de São Paulo.

Associado ao Grupo 2[26] proposto por Nakano no estudo das desigualdades habitacionais no centro expandido de São Paulo (2018), a Bela Vista é um distrito com predomínio absoluto de domicílios particulares do tipo apartamento: 85,6 % em 2000 e 86,1% em 2010. Um crescimento de 23,6% no período.

No município de São Paulo, o número de apartamentos cresceu 35,4%, mas o perfil domiciliar da cidade ainda se manteve definido

Participação percentual dos tipos de domicílios no total dos domicílios particulares permanentes no total dos domicílios, distrito da Bela Vista e município de São Paulo, 2000-2010

Fonte dos dados primários: Resultados do Universo do Censo Demográfico, IBGE, 2000; Microdados da Amostra do Censo

Tipos de domicílios particulares permanentes	Distrito da Bela Vista		Município de São Paulo	
	2000	2010	2000	2010
Casa	5,6	3,5	72,2	69,6
Apartamento	85,6	86,1	24,7	28,2
Cômodo	1,9	2,3	1,3	1,2
Total	100,0	100,0	100,0	100,0

Variação percentual do número de domicílios, por tipo de domicílios, no distrito da Bela Vista e município de São Paulo, 2000-2010

- Total dos domicílios particulares permanentes
- Domicílios particulares permanentes do tipo casa
- Domicílios particulares permanentes do tipo apartamento
- Domicílios particulares permanentes do tipo cômodo

Distrito da Bela Vista: 22,9%; -23,7%; 23,6%; 45,7%

Município de São Paulo: 18,7%; 14,5%; 35,4%; 5,4%

Fonte dos dados primários: Resultados do Universo do Censo Demográfico, IBGE, 2000; Microdados da Amostra do Censo

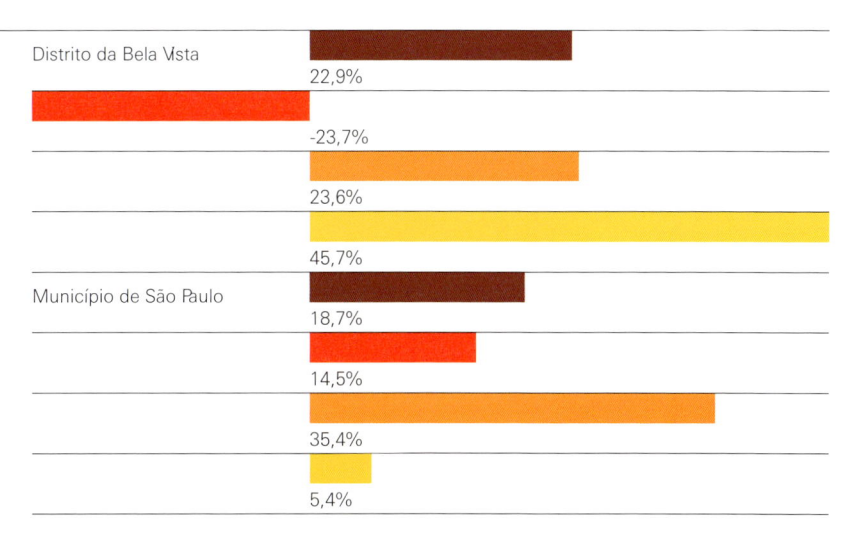

pelo espraiamento de horizontalidades formadas pelo predomínio dos domicílios em casas: 72,2% em 2000 e 69,6% em 2010.

Na Bela Vista, a perspectiva apontada é de adensamento acionado por edificações verticais inter-relacionado com a diminuição de casas e aumento dos domicílios em cômodos.

Por sinal, o tombamento de 2002 levou em consideração a tendência de verticalização da Bela Vista,[27] o que poderia ter ensejado a redução da área de 214 hectares, inicialmente proposta em 1990, para 78 hectares, em 2002. Aumentou, portanto, a área potencialmente disponibilizada ao mercado imobiliário.

Diminuição do número de casas e crescimento de apartamentos e de domicílios em cômodos definiram o adensamento da área.

Aliás, a evolução do número de domicílios em cômodos caracterizou a dinâmica demográfica dos distritos do Grupo 2. No período, a variação correspondeu a 37,5%.[28]

O distrito da Bela Vista é o mais adensado da capital, com 252 habitantes/hectare. Em 2010, a sua densidade populacional foi 2,2 vezes maior do que a da cidade de São Paulo.

No período 2000-2010, a variação percentual também foi maior: 10,2% na Bela Vista e 4,2% na cidade de São Paulo.

Utilizando as agregações por setores censitários dos perímetros de tombamento em 2000 e 2010, o indicador sugere ainda que a Resolução n. 22/2002[29] e as anteriores devem ter predisposto a área a acolher menor densidade em razão de regulamentações restritivas. Vejamos.

Agrupamento de setores censitários dos perímetros de tombamento em 2000 e 2010

À esquerda, setores censitários de 2000 nas áreas tombadas (Resolução 22/2002)

▨ Extrapolação de setor censitário

À direita, setores censitários de 2010 nas áreas tombadas (Resolução 22/2002)

▨ Extrapolação de setor censitário

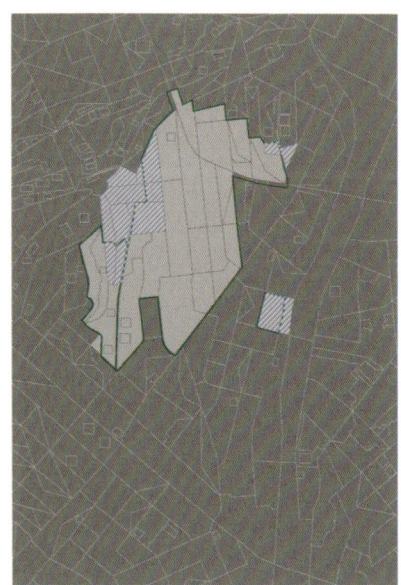

À esquerda, setores censitários de 2000 nas áreas tombadas (Resolução 22/2002)

▨ Extrapolação de setor censitário

■ Setor censitário em área suplementar

À direita, setores censitários de 2010 nas áreas tombadas (Resolução 22/2002)

▨ Extrapolação de setor censitário

■ Setor censitário em área suplementar

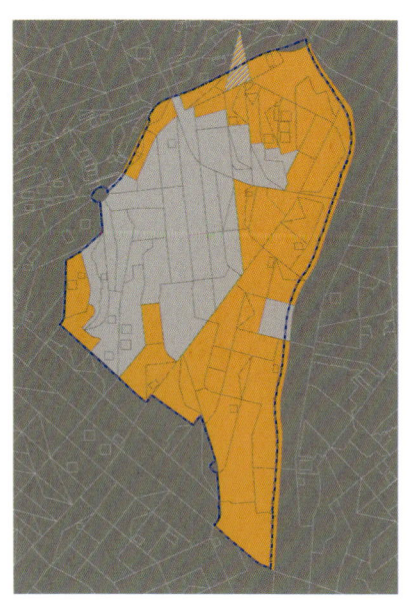

Em 2000, a densidade populacional da área tombada era de 227 habitantes/hectares; em 2010, de 230. Corresponde à menor variação entre as unidades territoriais consideradas na análise: 1,5%.

Já no entorno imediato, na área suplementar, as densidades foram maiores (258 e 275 habitantes/hectare) e o crescimento também foi maior, atingindo 8,7%. Isso pode ser atribuído à tendência de o tombamento inibir o adensamento da área.

As vantagens comparativas locacionais, que acarretam adensamento em áreas centrais, teriam sido transferidas ao entorno menos restritivo da área tombada, ou seja, à área suplementar.

A hipótese é que se não existisse ali o instituto do tombamento, o adensamento tenderia a ficar em torno do patamar de 246 habitantes por hectare em 2010. Isso equivale a abrigar cerca de 1,7 mil pessoas a mais no período.[30]

Densidade populacional, segundo unidades territoriais de análise, distrito da Bela Vista e município de São Paulo, 2000-2010

(*) setores censitários urbanos do município de São Paulo

Fonte dos dados primários: Resultados do Universo do Censo Demográfico

Unidades territoriais	2000 (Hab./ha)	2000 (Hab./ha)	Variação percentual
Perímetro de tombamento pela Res. 11/1990 (A)	243	258	6,2
Área tombada pela Res. 22/2002 (B)	227	230	1,5
Área suplementar (A-B)	253	275	8,7
Distrito da Bela Vista	228	252	10,2
Cidade de São Paulo (*)	109	113	4,2

Observe-se que, em 2000, a densidade da área tombada era a menor entre as dimensões analisadas, sinalizando que os efeitos da Resolução n. 01/93[31] já se faziam sentir desde aquela época. É uma hipótese.

Em 1993, essa resolução prenunciava que os 78 hectares do perímetro de tombamento regulamentados nove anos depois com a Resolução n. 22/2002 estavam sujeitos a normas mais restritivas.

No caso da densidade habitacional, as mesmas tendências se reproduzem, porém com uma diferença: o crescimento do número de domicílios foi mais veloz do que o crescimento da população.

Densidade habitacional, segundo unidades territoriais de análise, distrito da Bela Vista e município de São Paulo, 2000-2010

(*) setores censitários urbanos do município de São Paulo

Fonte dos dados primários: Resultados do Universo do Censo Demográfico

Unidades territoriais	2000 (Hab./ha)	2000 (Hab./ha)	Variação percentual
Perímetro de tombamento pela Res. 11/1990 (A)	102	117	14,0
Área tombada pela Res. 22/2002 (B)	91	101	10,3
Área suplementar (A-B)	110	127	15,9
Distrito da Bela Vista	96	114	19,0
Cidade de São Paulo (*)	32	36	14,0

O significado demográfico desse movimento pode estar relacionado tanto à tendência de esvaziamento populacional quanto à redução da média de moradores por domicílio.

Se as evidências indicam que a Bela Vista está no grupo de distritos do centro expandido em que houve repovoamento ou inversão demográfica,[32] o fenômeno se deve à redução da média de moradores por domicílio.

Nesse caso, a tendência é nacional. Está relacionada ao processo de expansão do estoque de domicílios em ritmo superior ao crescimento populacional e a particularidades da estrutura demográfica e econômica, como a expansão dos domicílios unipessoais, majoritariamente ocupados por idosos, que passaram de 10,8% em 2005 para 15,1% em 2015.[33]

Na dimensão local, a expressão cartográfica[34] do processo mostra que a área tombada não representa o processo, sugerindo ilhamento das áreas de baixa densidade populacional e habitacional no interior do distrito da Bela Vista.

Superfície geoestatística da densidade populacional do bairro da Bela Vista em 2010 (habitantes/ha)

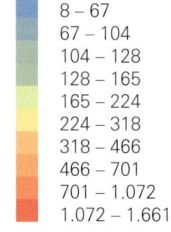

- 8 – 67
- 67 – 104
- 104 – 128
- 128 – 165
- 165 – 224
- 224 – 318
- 318 – 466
- 466 – 701
- 701 – 1.072
- 1.072 – 1.661

☐ Área tombada (Resolução Conpresp 02/2002)

⌑ Perímetro de tombamento (Resolução Conpresp 11/1990)

● Bem tombado por resoluções específicas

⌑ Área envoltória

⌑ Resolução de área envoltória

⌑ Zepec-APC/TICP Paulista/Luz (PDE São Paulo, 2014)

☐ Limite de distrito

Fonte dos dados primários: Resultados do Universo do Censo Demográfico, IBGE, 2010

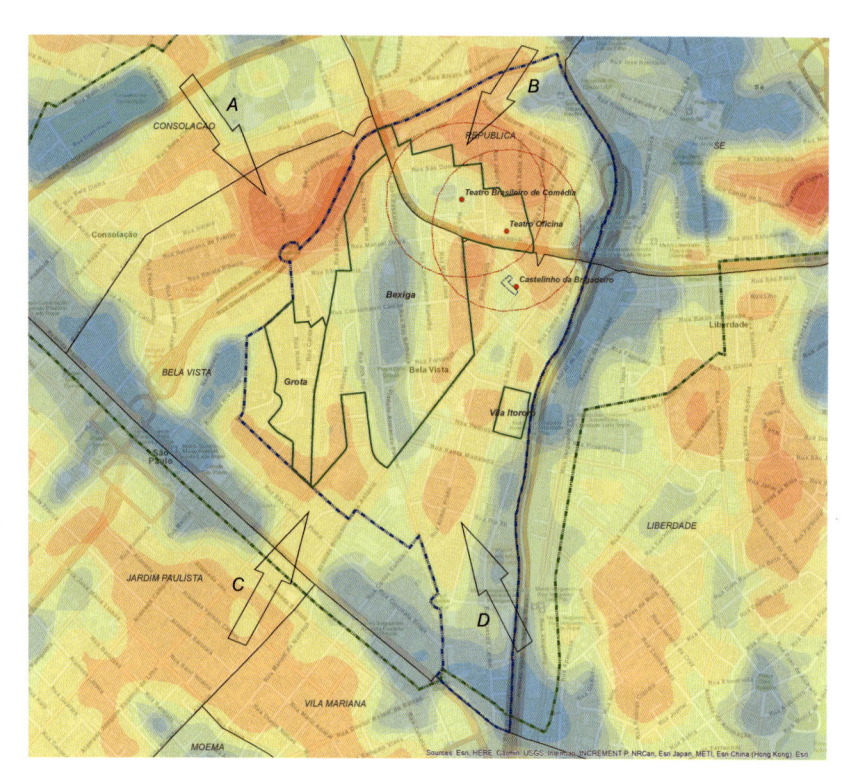

As extensas continuidades de áreas de baixas densidades decorrem do uso predominante de comércio e serviços nos eixos viários das avenidas Paulista, 23 de Maio e pelo centro histórico da cidade, no distrito da Sé.

Esses eixos descontinuam o adensamento entre a Bela Vista/Bexiga e o entorno envolvente em três setores de indução de adensamento nos perímetros de tombamento em sentido centrípeto:

- a Nordeste, no distrito da Consolação, na altura das ruas Piauí e Sergipe, no alinhamento com a praça 14 Bis, na avenida 9 de Julho;
- ao Norte, no distrito da República, no alinhamento entre a avenida São Luís, rua Santo Antônio e viaduto Jacareí;
- a Sudeste, no distrito do Jardim Paulista, no alinhamento entre a avenida Brigadeiro Luís Antônio e o viaduto Armando Puglisi.

Menos intensa, outra descontinuidade é esboçada a Sudeste, no distrito da Liberdade, na altura do viaduto Beneficência Portuguesa, no alinhamento com a praça Amadeu Amaral (D), um dos elementos constituidores do ambiente urbano previstos no artigo 1º da Resolução n. 22/2002 com nível de preservação 1.[35]

Note-se que a área compreendida entre as ruas São Carlos do Pinhal, Itapeva e Pamplona (incluída no Igepac de 1985 e posteriormente excluída) representa baixíssima densidade populacional e habitacional.

Na região encontra-se o Hospital Umberto I, ou Hospital Matarazzo,[36] rodeado de edifícios comerciais e médios, bem como grandes condomínios verticais, seguindo o padrão de ocupação do eixo da avenida Paulista.

Superfície geoestatística da densidade habitacional do bairro da Bela Vista em 2010 (domicílios/ha)

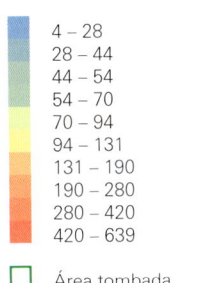

- 4 – 28
- 28 – 44
- 44 – 54
- 54 – 70
- 70 – 94
- 94 – 131
- 131 – 190
- 190 – 280
- 280 – 420
- 420 – 639

☐ Área tombada (Resolução Conpresp 02/2002)

⌑ Perímetro de tombamento (Resolução Conpresp 11/1990)

● Bem tombado por resoluções específicas

⌑ Área envoltória

⌑ Resolução de área envoltória

⌑ Zepec-APC/TICP Paulista/Luz (PDE São Paulo, 2014)

☐ Limite de distrito

Fonte dos dados primários: Resultados do Universo do Censo Demográfico, IBGE, 2010

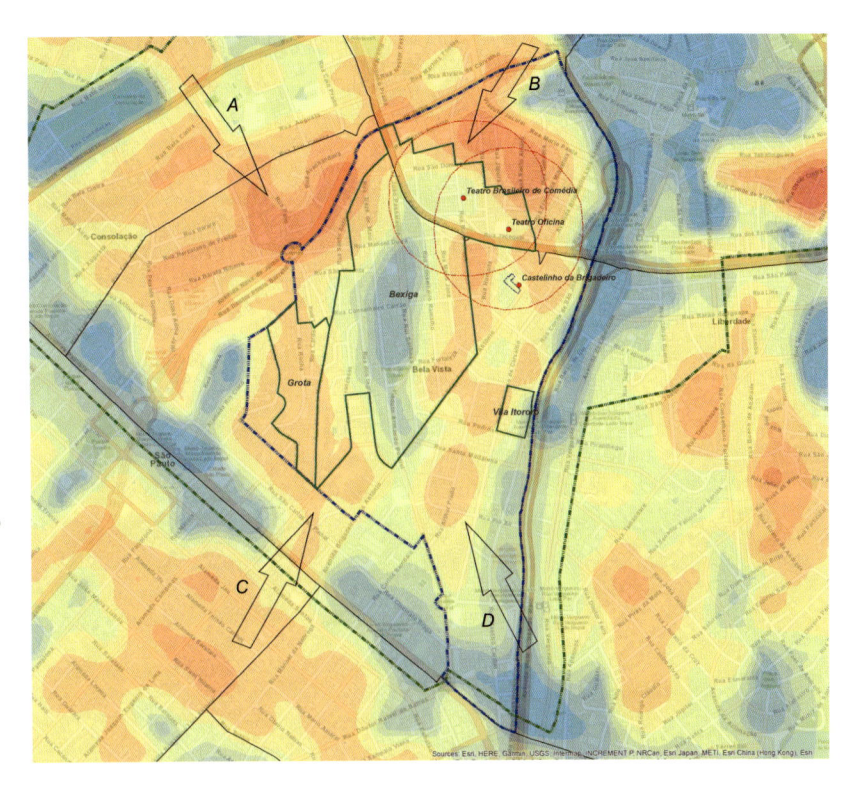

Em sentido centrífugo, o mapeamento das menores densidades irradia-se do centroide dos polígonos formados pelas áreas tombadas em 2002, abrangendo praticamente toda a área da Grota.

Combinadas, essas feições configuram o ilhamento das áreas tombadas de fora para dentro, em sentido centrípeto, e de dentro para fora, em sentido centrífugo.

Mais do que mera geometria, esboça-se a geografia da tensão experimentada pelas áreas sujeitas ao tombamento – espremidas entre a pressão exercida por forças econômicas que buscam avançar por sobre as áreas tombadas – e as regulamentações restritivas que deveriam representar resistências do interesse comum em preservar os lugares da memória urbana do Bexiga. Mas não é bem assim. Infelizmente, a restrição é formalística, cartorial. Por consequência, produz uma espécie particular de adensamento. Deriva do comportamento demográfico de áreas onde o aumento da densidade construtiva teria sido impedido pelas normas restritivas do tombamento.

Se há aumento da densidade, está relacionada ao encortiçamento, expressão espacial da moradia da população de baixa renda em busca das localizações centrais beneficiadas com equipamentos, serviços e infraestruturas. É uma espécie de adensamento que, tendendo a aumentar com o tempo, está associado ao empobrecimento estrutural das áreas tombadas. É o que mostra a análise do mapeamento do Índice de Adensamento Urbano – IAU.

Formado pela taxa de crescimento média geométrica anual das densidades populacional e habitacional no período 2000-2010, o IAU é um índice sintético aplicado ao buffer de 1 quilômetro do distrito da Bela Vista.

Em princípio, o índice capta dinâmicas de adensamento provenientes do tombamento de 2002.

Superfície geoestatística
do Índice de Adensamento
Urbano – IAU, 2000-2010

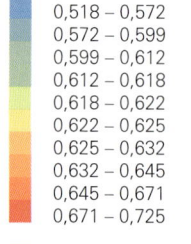

- 0,518 – 0,572
- 0,572 – 0,599
- 0,599 – 0,612
- 0,612 – 0,618
- 0,618 – 0,622
- 0,622 – 0,625
- 0,625 – 0,632
- 0,632 – 0,645
- 0,645 – 0,671
- 0,671 – 0,725

☐ Área tombada (Resolução Conpresp 02/2002)

⌐⌐ Perímetro de tombamento (Resolução Conpresp 11/1990)

● Bem tombado por resoluções específicas

⌐⌐ Área envoltória

⌐⌐ Resolução de área envoltória

⌐⌐ Zepec-APC/TICP Paulista/Luz (PDE São Paulo, 2014)

⌐ Limite de distrito

Fonte dos dados primários: Resultados do Universo do Censo Demográfico, IBGE, 2000 e 2010

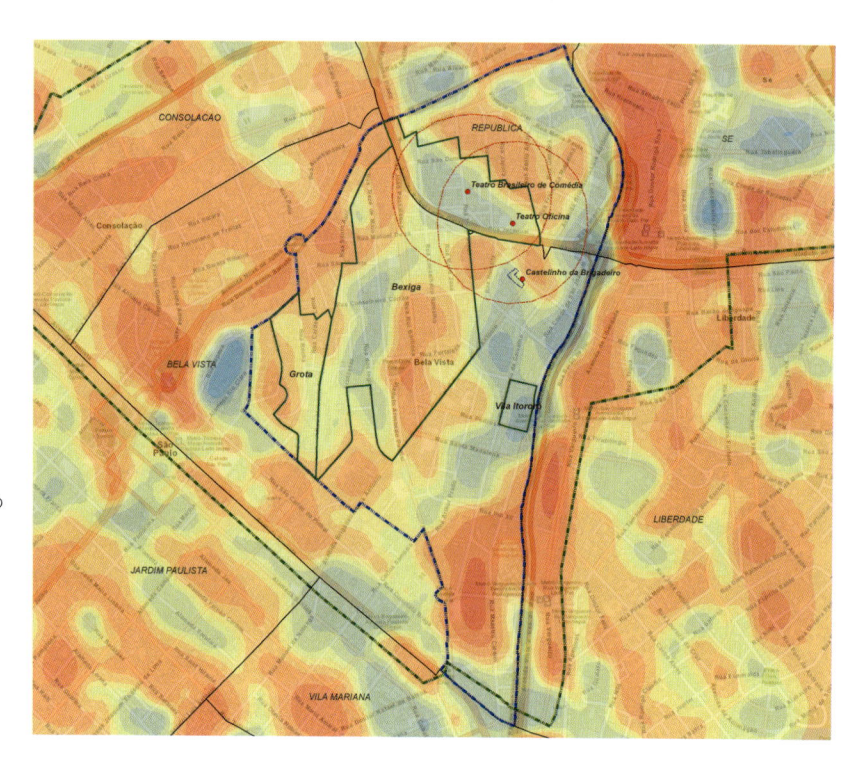

Praças e escadaria tombadas em áreas com baixa densidade não impediram a tendência de adensamento no período 2000-2010. No coração da Grota, é o caso da praça Dom Orione e da escadaria do Bexiga.

O adensamento é possível em perímetro regulamentado por normas de tombamento restritivas do aumento da ocupação da área. Resulta da tendência de crescimento da densidade populacional e da densidade habitacional viabilizada pela produção de domicílios em cômodos – os cortiços.

Não por acaso, no período 2000-2010, a variação percentual dos domicílios em cômodos no distrito da Bela Vista foi de 45,7%, e a de casas, -23,7% (ver gráfico de variação percentual do número de domicílios.

Mas não é a única forma particular de adensamento. Há outras. Por exemplo, a tendência de adensamento no eixo da avenida 9 de Julho (eixo A) e em regiões vizinhas da Consolação e República, especialmente na área sob influência da envoltória do TBC e Teatro Oficina, porém externa aos 78 hectares tombados (eixo B). Esse adensamento urbano difere do da área da Grota, na medida em que a tendência de crescimento da densidade populacional e da densidade habitacional, uma vez que não é sujeita às normas restritivas, decorre da expansão de estoque de domicílios promovida pela verticalização.

O mapeamento do IAU inter-relaciona-se com os lançamentos imobiliários. Ele indica que o adensamento está mais associado aos empreendimentos imobiliários na sessão Norte do tombamento, já no distrito da República, sob influência das áreas envoltórias do TBC e Teatro Oficina estabelecidas desde 1991 pelo Conpresp.

Após o tombamento desses dois teatros, foram lançados oito empreendimentos em suas áreas envoltórias. Mais precisamente, um em 1992 e sete entre 2010 e 2015.

Cortiços no bairro da Bela Vista em janeiro de 2020, segundo o Geosampa

■ Cortiço

IAU = (A + B)/2

Onde:
A   TCMGA de adensamento populacional 2000–2010
B   TCMGA de adensamento habitacional 2000–2010

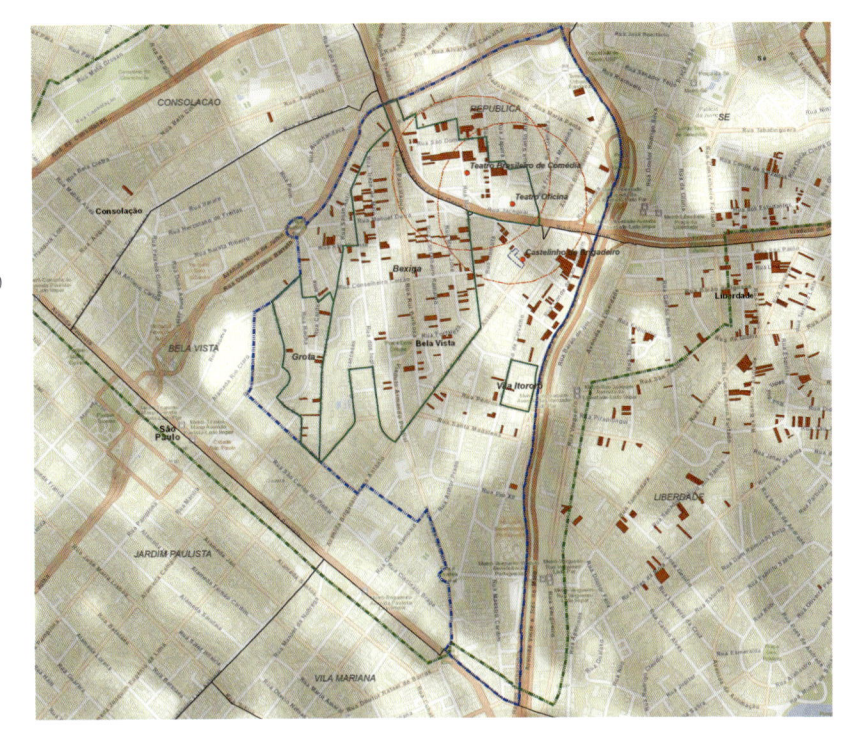

Apesar de o impacto demográfico desses sete lançamentos não ter sido registrado no censo de 2010, compareceu, como tendência, no adensamento do período 2000-2010.

Também é o caso do eixo de adensamento constituído desde a Sé, centro histórico da cidade, ao longo da avenida 23 de Maio, no distrito da Liberdade.

Empreendimentos imobiliários no perímetro de tombamento de 1990, 1990-2016

● 1990–2001
● 2002–2016

Fonte: Scripilliti, 2017

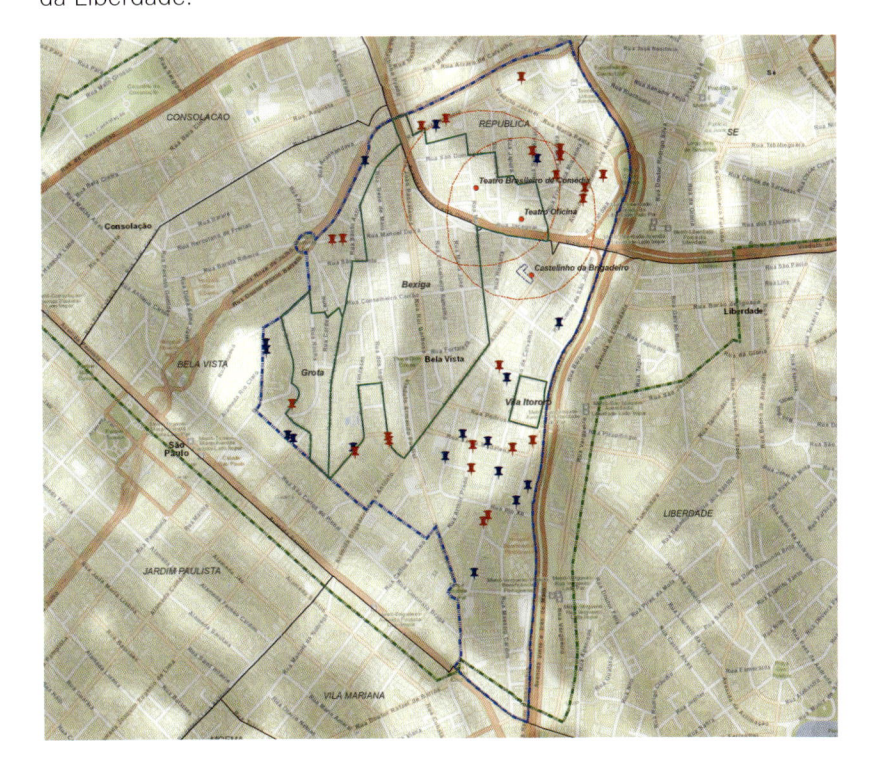

Participação dos domicílios particulares permanentes em apartamento no total dos domicílios, São Paulo, 2010. Bairro da Bela Vista em destaque

- ■ Até 10,9%
- ■ 11% – 33,7%
- ■ 33,8% – 59,5%
- ■ 59,6% – 84,3%
- ■ 84,4% – 100%

- ☐ Área tombada (Resolução Conpresp 02/2002)

- ⸬ Perímetro de tombamento (Resolução Conpresp 11/1990)

- ● Bem tombado por resoluções específicas

- ⸬ Área envoltória

- ⸬ Resolução de área envoltória

- ⸬ Zepec-APC/TICP Paulista/Luz (PDE São Paulo, 2014)

- ☐ Limite de distrito

Fonte dos dados primários: Resultados do Universo do Censo Demográfico, IBGE, 2010

A superfície mais escurecida ao Sul da área suplementar adensou-se com cerca de treze empreendimentos (eixo D). Sete foram lançados antes do tombamento de 2002; seis, depois.

Entre 1990 e 1992, logo após a publicação da Resolução n. 11, que abre o processo de tombamento, houve apenas dois lançamentos imobiliários.[37]

Já entre 1993 e 2001, período que antecede a resolução que efetiva o tombamento do bairro da Bela Vista em 2002, foram lançados quinze empreendimentos com 1.561 unidades habitacionais, 173,4 unidades/ano em média.[38]

Após o tombamento, e até 2016, foram lançados 22 empreendimentos imobiliários com 3.524 unidades habitacionais, gerando a média de 234,9 unidades/ano.[39]

Esse comportamento explica a tendência de crescimento dos domicílios em apartamentos no período intercensitário de 2000-2010. Indica também a provável diminuição na metragem das unidades habitacionais.[40]

Cabe observar que os empreendimentos se localizaram na área suplementar externa às áreas tombadas, mas no limite do perímetro de tombamento.

Partindo do princípio de que a expansão do adensamento reflete a busca por áreas com maior valor locacional, os baixos IAU sinalizam uma das hipóteses: áreas com tendência à deterioração, como setores urbanos da Grota e ao Norte das áreas envoltórias do Oficina e TBC, ou áreas de presença de classe média, como no trecho do Hospital Matarazzo.

Conclusão: as políticas de restrição impediram o aumento da média anual de lançamentos de unidades habitacionais na área tombada e também induziram, seletivamente, o adensamento do bairro.

Índice de Segregação Socioespacial, São Paulo, 2010. Bairro da Bela Vista em destaque

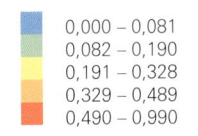

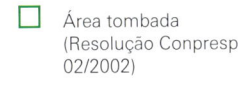

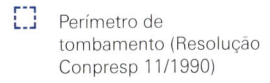

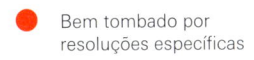

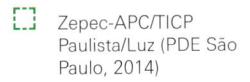

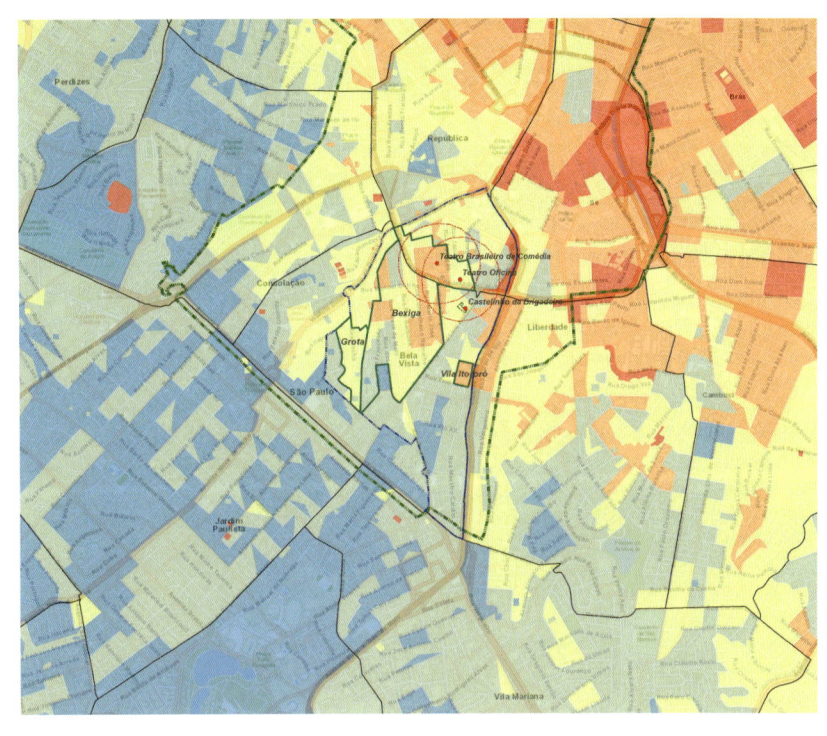

- 0,000 – 0,081
- 0,082 – 0,190
- 0,191 – 0,328
- 0,329 – 0,489
- 0,490 – 0,990

☐ Área tombada (Resolução Conpresp 02/2002)

⋮⋮ Perímetro de tombamento (Resolução Conpresp 11/1990)

● Bem tombado por resoluções específicas

⋮⋮ Área envoltória

⋮⋮ Resolução de área envoltória

⋮⋮ Zepec-APC/TICP Paulista/Luz (PDE São Paulo, 2014)

☐ Limite de distrito

Fonte dos dados primários: Resultado do Universo do Censo Demográfico, IBGE, 2010

O adensamento urbano é resultado da tendência de crescimento da densidade populacional e da densidade habitacional viabilizada pela produção de domicílios em cômodos.

O adensamento produzido em uma área, por depender do grau de restrição das normas nela incidente, tende a se realizar pelo encortiçamento ou pela verticalização.

O primeiro caso ocorre na área tombada (A), onde o aumento da densidade construtiva está inibido por normas restritivas. O segundo caso ocorre na área suplementar de tombamento (A-B), onde as normas restritivas, limitando-se à envoltória dos lotes dos bens tombados, produzem adensamentos mais associados ao fenômeno de verticalização.

De um modo ou de outro, o Bexiga é uma área enclausurada em meio à tendência expansiva de verticalização de São Paulo.

A predominância de domicílios em apartamentos sinaliza que o bairro se encontra prensado entre o mercado imobiliário direcionado à classe média, representado pela verticalização conduzida pelos eixos centrípetos em A, C e D, e o mercado imobiliário popular, em B.

Essa feição associa o grau de desigualdade socioespacial do Bexiga entre os bairros privilegiados do Sudoeste da cidade e as extensas periferias mais empobrecidas a Leste.

Na altura do Bexiga, a desigualdade socioespacial[41] territorializa verdadeira cisão entre a vertente Sudoeste do Espigão da Paulista e sua vertente Nordeste, rumo ao centro e bairros operários históricos de São Paulo.

O bairro marca uma zona de transição acentuada pela desigualdade socioespacial e pelo empobrecimento, o que, aliás, não é particularidade do bairro.

Empobrecimento

O lugar empobreceu junto com a cidade e com o país.
É quase certo que o tombamento ajudou a agravar as condições sociais do Bexiga, mas o processo estrutural e generalizado de empobrecimento é alarmante. A tendência, crescente.

No Brasil, em 1991, 59,7% dos responsáveis pelos domicílios tiveram rendimento de até dois salários mínimos. Em 2010, eram 71%. O salto foi maior no estado de São Paulo (37,4% em 1991 e 59,7% em 2010) e dobrou no município da capital (28,2% em 1991 e 56,1% em 2010).

Participação dos responsáveis com rendimento até 2 salários mínimos no número total de responsáveis, segundo item geográfico, em diversas escalas territoriais, 1991-2010

Item Geográfico	1991	2000	2010
Brasil	59,9	53,7	71,0
Estado de São Paulo	37,4	34,7	59,7
Região Metropolitana de São Paulo	30,3	32,2	59,2
Município de São Paulo	28,2	29,5	56,1
Distrito da Bela Vista	15,8	12,4	27,4

Variação percentual do número total de responsáveis e dos responsáveis rendimento até 2 salários mínimos, segundo item geográfico, em diversas escalas territoriais, 1991-2010

Item Geográfico	Total	Até 2 salários mínimos
Brasil	62,2	92,4
Estado de São Paulo	55,3	147,9
Região Metropolitana de São Paulo	49,3	191,5
Município de São Paulo	36,1	170,5
Distrito da Bela Vista	6,5	85,3

No período 1991-2010, no Brasil, o número de responsáveis cresceu 62,2% e a faixa de rendimento até dois salários mínimos, 92,4%.

As discrepâncias foram ainda maiores em relação ao estado e à capital (55,3% e 147,9%; 36,1% e 170,5%, respectivamente), e o mesmo quanto ao distrito da Bela Vista (6,5% e 85,3%), o que sugere que o aumento demográfico da população e a concentração de renda vêm acelerando o empobrecimento. Isso se nota com mais evidência nas metrópoles, produzindo involução metropolitana como tendência característica da urbanização brasileira.[42]

Na escala local, as repercussões da involução metropolitana no bairro do Bexiga remetem às dinâmicas de esvaziamento e inversão demográfica particularmente observadas no centro expandido de São Paulo,[43] em que se observa que o aumento da população nos anos 2000 ocorreu associado ao aumento da população de baixa renda.

O mapa da taxa de crescimento geométrico anual no período 1991-2000 do número de responsáveis com rendimento até dois salários mínimos[44] indica que o centro expandido, a Área 2 definida por Nakano, corresponde às áreas de menor crescimento. Ou seja, o esvaziamento populacional ocorreu paralelamente à ocorrência de áreas onde foi negativo o crescimento anual de responsáveis com rendimento até dois salários mínimos. Na Bela Vista, a variação percentual foi de -3,45%.

Superfície geoestatística da taxa de crescimento média geométrica anual do número de responsáveis com rendimento até 2 salários mínimos, São Paulo, 1991-2000

- -8,2% – -5,8%
- -5,8% – -4,0%
- -4,0% – -2,5%
- -2,5% – -1,3%
- -1,3% – 0,2%
- 0,2% – 2,1%
- 2,1% – 4,4%
- 4,4% – 7,3%
- 7,3% – 11,0%
- 11,0% – 15,5%

● Capital estadual
● Sede de município
▪ Limite de município
⬚ Região Metropolitana de São Paulo
▨ Área 2

Fonte dos dados primários: Banco Multimensional de Estatísticas, IBGE; Área 2: Nakano, 2018, p. 62

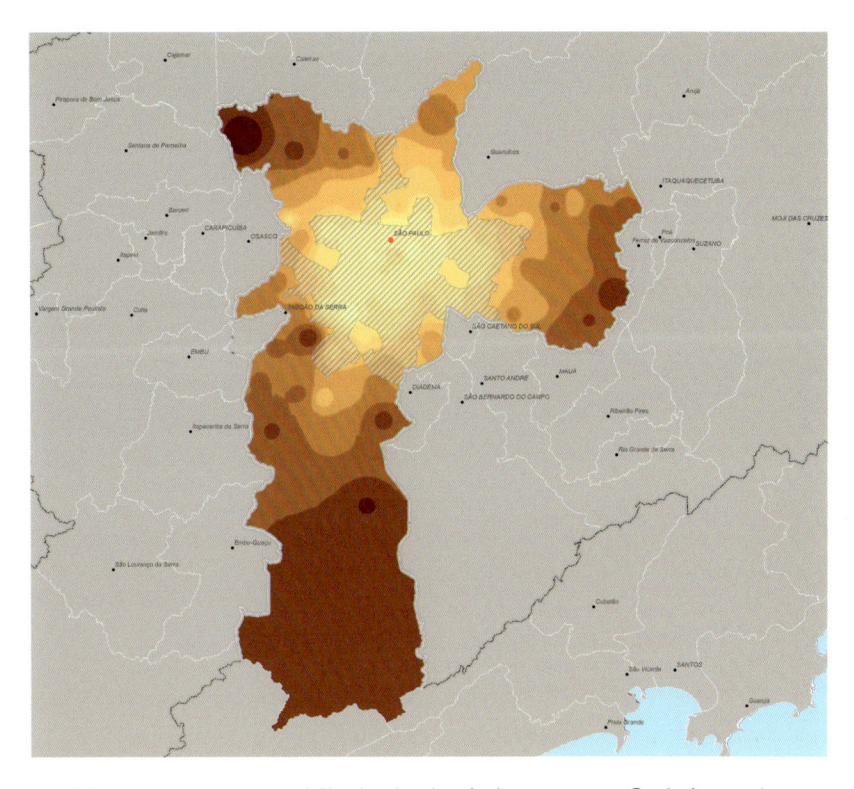

No extremo oposto, Vila Andrade, Anhanguera e Grajaú encabeçam a lista dos distritos com crescimento anual positivo: 21%, 19% e 18%, respectivamente. Eles exemplificam o Grupo 3, distritos da periferização persistente.[45]

Associando-se ambas as dinâmicas, o comportamento demográfico nos anos 1990 foi marcado pelo afastamento da população de baixa renda do centro expandido para os bairros mais periféricos. Já o mapa do período 2000-2010 revela o sentido inverso. Mostra que os distritos do centro expandido, em especial os mais ricos a Sudoeste do município, foram também aqueles com o maior crescimento do número de responsáveis com rendimento de até dois salários mínimos.

Considerando que esses distritos passaram a ganhar moradores nos anos 2000 e representam áreas com altas taxas de crescimento na faixa de rendimento de até dois salários mínimos, é possível depreender que o repovoamento implicou, também, empobrecimento.

Nesse aspecto, o empobrecimento dessas áreas do centro expandido ocorre paralelamente ao crescimento positivo dos responsáveis com rendimento maior que cinco salários, confirmando que "essas áreas já tinham em 2000 renda bastante alta em média (R$ 2.300 contra R$ 1.000 das demais áreas) [e que] em 2010, os indicadores positivos tenderam a se repetir, com renda mais alta (R$ 4.100, contra R$ 1.100 de todas as demais)".[46]

Superfície geoestatística da taxa de crescimento média geométrica anual do número de responsáveis com rendimento até 2 salários mínimos, São Paulo, 2000-2010

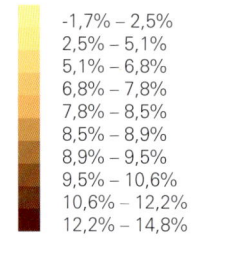

- -1,7% – 2,5%
- 2,5% – 5,1%
- 5,1% – 6,8%
- 6,8% – 7,8%
- 7,8% – 8,5%
- 8,5% – 8,9%
- 8,9% – 9,5%
- 9,5% – 10,6%
- 10,6% – 12,2%
- 12,2% – 14,8%

● Capital estadual
● Sede de município
▪ Limite de município
⌷ Região Metropolitana de São Paulo
▨ Área 2

Fonte dos dados primários: Banco Multimensional de Estatísticas, IBGE; Área 2: Nakano, 2018, p. 62

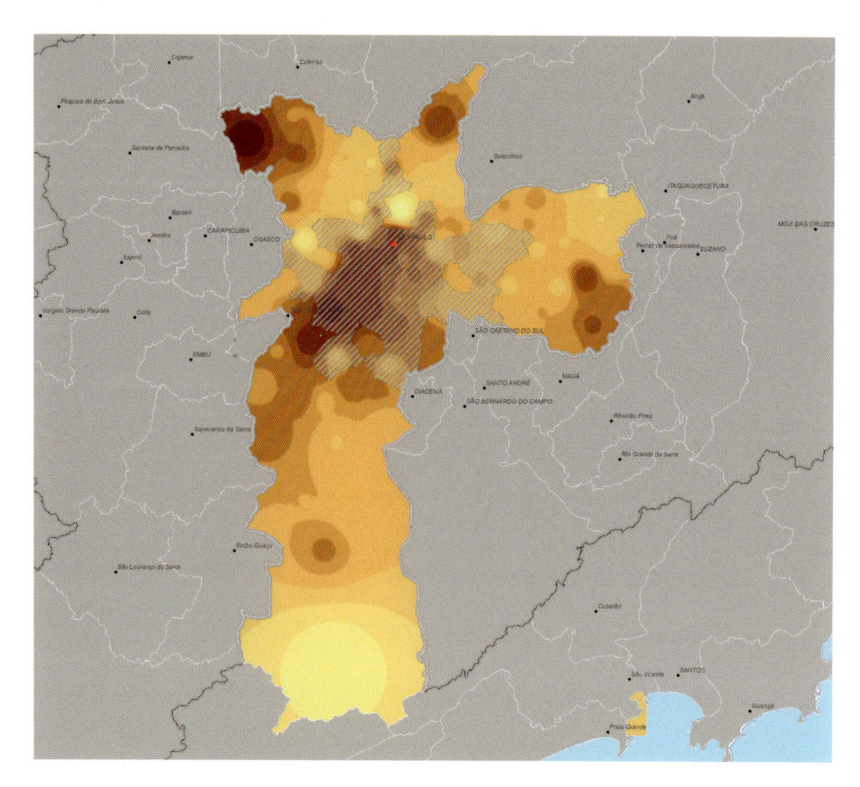

A coexistência paradoxal dessas dinâmicas evoca a atualidade da configuração do espaço dividido de Milton Santos,[47] tendência de se produzir, convivendo lado a lado, territorialidades dos dois circuitos da economia urbana dos países subdesenvolvidos.

E esse fenômeno geral, brasileiro, se desenvolveu ao mesmo tempo em que evoluía, na escala local, o processo de tombamento do bairro. O Bexiga é um pequeno Brasil. Reflete processos gerais. Complementarmente, realizam-se aí, e ao mesmo tempo, dinâmicas próprias, que não acontecem em outros lugares.

Assim, se a involução metropolitana desencadeia transformações operadas no Bexiga, o tombamento também, por sua vez, interfere na produção daquele espaço em particular.

A caracterização demográfica, portanto, tem que levar em conta a associação dessas dinâmicas e processos. Uma coisa é certa: as especificidades apontadas pelo tombamento fazem do Bexiga um lugar único. O lugar tende a adensar-se e, ao mesmo ritmo, empobrecer-se.

Se a imposição de medidas restritivas incidiu no ilhamento da área e numa espécie particular de adensamento, ora encortiçado, ora verticalizado, as mesmas normas devem ter igualmente contribuído para atribuir ali, no Bexiga, uma composição particular de empobrecimento.

No período 2000-2010, portanto, no intervalo que compreende impactos decorrentes da Resolução n. 22/2002, o crescimento dos responsáveis nas unidades territoriais de análise com rendimento até dois salários mínimos[48] foram mais elevadas do que as registradas no distrito da Bela Vista.

Por hipótese, se a Resolução n. 22/2002 não tivesse sido publicada, a variação percentual de 235% no perímetro de tombamento estaria situada em torno dos 154%, patamar registrado para o distrito da Bela Vista.

Detalhe: fatores intrínsecos ao âmbito local, tais como os impactos do sistema viário nos distritos da República, Consolação e Jardim Paulista, podem explicar por que as variações foram mais elevadas nesses distritos (220%, 208% e 217%, respectivamente), assim como menos elevadas na Sé, Liberdade e Vila Mariana (120%, 138% e 129%, respectivamente).[49]

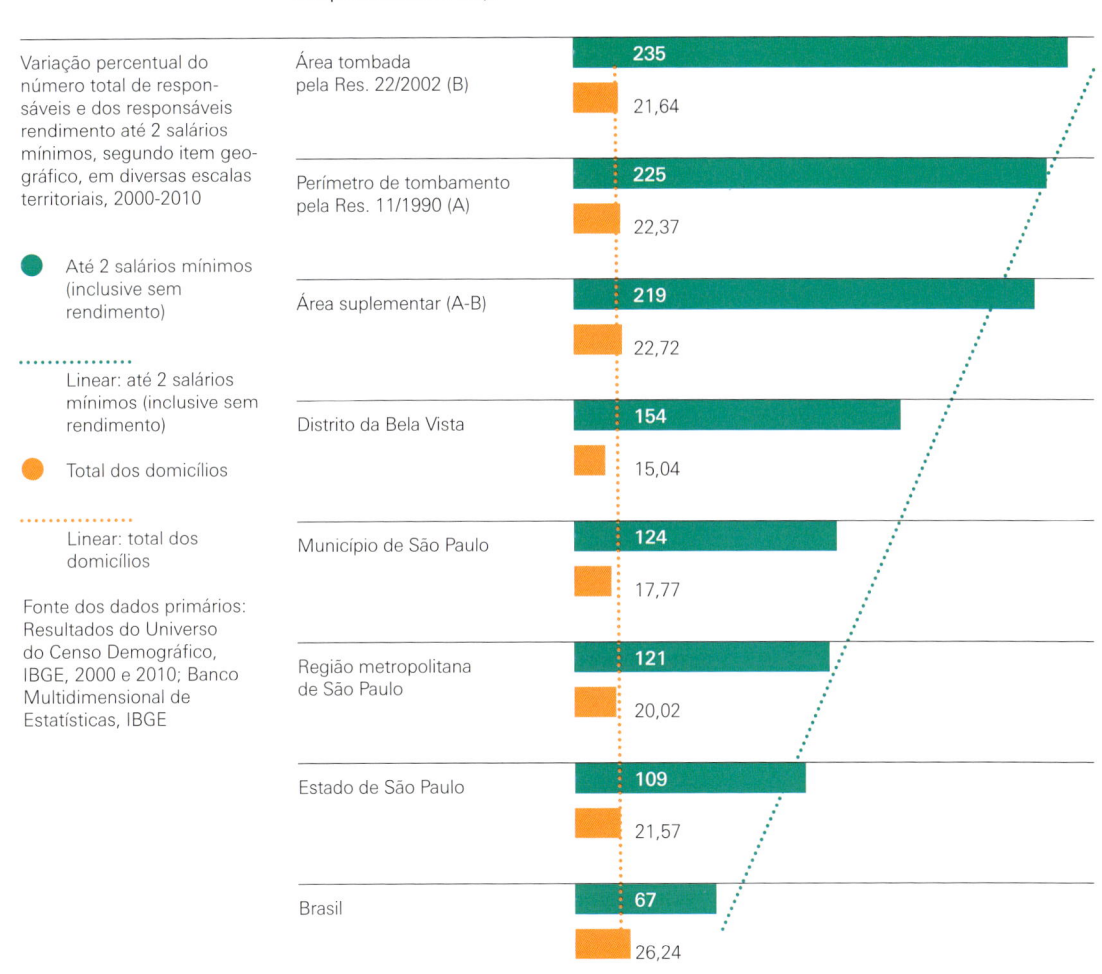

Variação percentual do número total de responsáveis e dos responsáveis rendimento até 2 salários mínimos, segundo item geográfico, em diversas escalas territoriais, 2000-2010

- Até 2 salários mínimos (inclusive sem rendimento)
- Linear: até 2 salários mínimos (inclusive sem rendimento)
- Total dos domicílios
- Linear: total dos domicílios

Fonte dos dados primários: Resultados do Universo do Censo Demográfico, IBGE, 2000 e 2010; Banco Multidimensional de Estatísticas, IBGE

Item geográfico	Até 2 salários mínimos	Total dos domicílios
Área tombada pela Res. 22/2002 (B)	235	21,64
Perímetro de tombamento pela Res. 11/1990 (A)	225	22,37
Área suplementar (A-B)	219	22,72
Distrito da Bela Vista	154	15,04
Município de São Paulo	124	17,77
Região metropolitana de São Paulo	121	20,02
Estado de São Paulo	109	21,57
Brasil	67	26,24

No caso do empobrecimento do Bexiga, aos fatores que podem ter sido causados pela Resolução n. 22/2002, somam-se o estrutural do Brasil.

Levando em conta a variação percentual dos responsáveis com rendimento de até dois salários mínimos, o Brasil empobreceu bastante no período 2000-2010 (67%).

Mas no estado de São Paulo o crescimento das pessoas nessas condições foi bem maior (109%) e maior ainda na região metropolitana e no município de São Paulo (121% e 124%, respectivamente).

E o distrito da Bela Vista (154%) empobrece mais que a região metropolitana e o município, a área suplementar empobrece mais que o distrito (219%), a área tombada empobrece mais que todas as outras unidades territoriais. Culmina em 235%.

O efeito é em cascata. O lugarejo cresce menos que a metrópole, a metrópole cresce menos que a região, a região menos que o estado, e o estado menos que o país (ver gráfico de variação percentual).

Atribuída à involução metropolitana, o fenômeno marca o fluxo crescente de pobres para as grandes metrópoles, ao mesmo tempo em que os fluxos crescentes das classes médias tendem a ser acolhidos por outras cidades, grandes ou intermediárias, dotadas de formas econômicas mais modernas.[50]

Exemplo:

Em 2010, nas cidades do Rio de Janeiro e São Paulo,[51] respectivamente 18,9% e 13,8% dos responsáveis pelos domicílios declararam renda nominal mensal de até um salário mínimo.[52] Em Florianópolis, 9,1%. Na classe de renda superior a quinze salários mínimos é o contrário. Florianópolis representou 8,6% e o Rio de Janeiro e São Paulo, 5,1%. [...] Com perfis de renda semelhantes, Rio de Janeiro e São Paulo contrastam-se em relação à Florianópolis. Antigas e novas metrópoles.[53]

Na dimensão intraurbana, a natureza do deslocamento não é diferente: Bela Vista e República, áreas centrais e consolidadas da cidade, tendem a receber fluxos de pobres; Tatuapé, Campo Belo e Vila Leopoldina, os novos bairros nobres da cidade, tendem a abrigar moradores da classe média.

Assim, no período 1991-2000, houve a dispersão dos responsáveis com rendimento de até dois salários mínimos do centro expandido. E, na década seguinte, o retorno ao centro de pessoas com essa faixa de rendimento. Uma dinâmica que produz involução metropolitana na dimensão local.

A desigualdade associada ao repovoamento do centro expandido é uma face da involução metropolitana. Ou melhor, da involução intrametropolitana, que mostra peregrinação dos pobres e o esgarçamento do tecido social nas metrópoles brasileiras.[54]

A dinâmica local do Bexiga é acionada por processos gerais, como esses, da urbanização brasileira.

De um modo ou de outro, o fato é que essas porcentagens explicam a indigência das políticas públicas territoriais no país. O abandono é crônico.[55]

Com base nessas variáveis, e a elas se restringindo, conclui-se que o quadro social dos moradores do Bexiga é produzido pela combinação dos efeitos negativos do tombamento, no âmbito local, da involução metropolitana e intrametropolitana, na dimensão urbano-regional, e, mais ainda, pelo agravamento das condições sociais do país.

Por meio da agregação dos setores censitários segundo as áreas sob efeito direto ou indireto do tombamento, as variáveis ainda sugerem a conformação de territorialidades.

Elas são vislumbradas com as feições demográficas do adensamento e do empobrecimento da cidade de São Paulo, e tanto se distinguem entre si, quanto em relação ao distrito da Bela Vista.

No espaço compreendido pelo perímetro de tombamento (A), o comportamento da área tombada (B) e da área suplementar (A-B) é diferente. Em princípio, a existência de restrições normativas, mais severas ou mais brandas, interfere no comportamento demográfico das unidades.

Em relação à área do perímetro de tombamento (A):

- na área tombada (B), com restrições normativas mais severas, o adensamento é menos acelerado, aumenta com o encortiçamento, e o empobrecimento tende a ser maior;
- na área suplementar (A-B), com restrições normativas mais brandas, o adensamento é mais acelerado, aumenta com a verticalização, e o empobrecimento tende a ser menor.

Em ambas as circunstâncias, as áreas configuram territorialidades ilhadas em razão da amplitude das normas de tombamento, se mais ou menos restritivas.

Pistas

Pauperização, indisponibilidade de recursos financeiros públicos ou privados para manutenção de objetos tombados e dos espaços da memória, estigmatização étnica,[56] mercadorização da cultura como estratégia de revitalização urbana,[57] patrimonialização e turistificação do bairro que desconhecem cotidianos e vivências banais dos praticantes do lugar,[58] tudo isso, e mais um pouco, constrange enormemente o Bexiga.

Projetos hegemônicos, em contraposição às artes do fazer dos homens comuns,[59] à força dos homens lentos,[60] transformam o Bexiga em uma arena de disputa que tende a acirrar a deterioração do lugar e a produzir, ali, uma paisagem ilhada pela cidade mais bem cuidada pela municipalidade.

Feição perceptível na paisagem do bairro, o ilhamento, deliberadamente ou não, insinua-se como instrumento que aposta que o afrouxamento das resistências locais possa, ao final, impor os interesses dos agentes econômicos como única saída possível. Mas não é.

De baixo para cima,[61] o outro projeto pressupõe que o lugar se sobreponha ao contexto, o modo de vida ao estilo de vida,[62] uma negociação entre iguais que eleva a ação social, frequentemente esvaziada pelo ativismo, a ação pela ação, ao patamar da ação política.[63]

> A problemática da *ação política* continua vigendo e está aberta como *lugar da reflexão*, como *lugar dos projetos*, de *construção de projetos*, como lugar estratégico, como pensar estrategicamente, como escrever táticas dentro de estratégias, como *compreender as forças opositoras*, como compreender que eu não ando sozinho sem considerar a ação do outro. Isto é a ação política. Isto é o tabuleiro do jogo político.[64]

No caso do Bexiga, os vetores de indução de adensamento nos perímetros de tombamento em sentido centrípeto tendem a espacializar tais forças opositoras. Representam macroatores, aqueles a quem cabe, "direta ou indiretamente a tarefa de organizar o trabalho de todos os outros".[65]

> Por intermédio dos mencionados pontos do espaço de fluxos [as verticalidades], as macroempresas acabam por ganhar um papel de regulação do conjunto do espaço. Junte-se a esse controle a

Ensaio fotográfico *Bexiga 1991*, de Cristiano Mascaro

ação explícita ou dissimulada do Estado, em todos os seus níveis territoriais. Trata-se de uma regulação frequentemente subordinada porque, em grande número de casos, é destinada a favorecer os atores hegemônicos. Tomada em consideração determinada área, o espaço de fluxos [verticalidades] tem o papel de integração com níveis econômicos e espaciais mais abrangentes. Tal integração [...] é vertical, dependente e alienadora, já que as decisões essenciais concernentes aos processos locais são estranhas ao lugar e obedecem a motivações distantes.

Nessas condições, a tendência é a prevalência dos interesses corporativos sobre os interesses públicos, quanto à evolução do território, da economia e das sociedades locais. Dentro desse quadro, a política das empresas – isto é, sua *policy* – aspira e consegue, mediante uma *governance*, tornar-se política; na verdade, uma política cega, pois deixa a construção do destino de uma área entregue aos interesses privatísticos de uma empresa que não tem compromissos com a sociedade local.[66]

Conclusões

Em 30 de outubro de 2017, Carlos Augusto Mattei Faggin, então presidente do Condephaat, publicou no website da instituição uma carta com o objetivo de "prestar a devida informação sobre o Teatro Oficina e o terreno que o circunda":

A questão que envolve o Teatro Oficina teve início há 37 anos. Em 1980, o Grupo Silvio Santos comprou terrenos na quadra onde funcionava o Teatro Oficina, este locatário de uma antiga residência, antes uma oficina de automóveis. Daí o nome do teatro: Teatro Oficina.

Para impedir que esse imóvel fosse vendido por seu proprietário ao grupo Silvio Santos, o teatrólogo José Celso Martinez Correa, locatário do imóvel, entrou, em 1982, com pedido de tombamento do Teatro Oficina junto ao Condephaat. O pedido foi negado e arquivado. Em 1983, o pedido de tombamento foi reapresentado e o teatro foi tombado por razões históricas – e não arquitetônicas ou artísticas.

Em seguida, o Teatro passou a sofrer seguidas reformas, sendo finalmente demolido, para dar origem à construção do atual Teatro Oficina. A partir de 1983, o Grupo Oficina pleiteou a desapropriação do local pelo governo do estado de São Paulo, o que ocorreu em 1984, passando o imóvel do teatro a ser propriedade do governo do estado, um espaço público com administração cedida pelo Estado ao próprio Grupo Oficina.

Mais tarde, os arquitetos Lina Bo Bardi e Edson Elito propuseram um novo projeto para o Teatro Oficina, que alteraria complemente o antigo teatro, incluindo a instalação de um janelão lateral de 100 m², localizado na divisa do terreno do Oficina com o terreno do Grupo Silvio Santos.

Em 1991, o Conpresp tombou ex-offício o Teatro Oficina e, portanto, seguiu o tombamento histórico do Condephaat. Em 2010, o Iphan tombou o Teatro Oficina, incluindo nesse tombamento a arquitetura do edifício atual (projeto Elito) e o janelão sobre a divisa. Esse tombamento é o único dentre os três dos

Conselhos de Patrimônio que considera a arquitetura atual do teatro, lado a lado com a sua importância cultural, o que o faz distinto dos tombamentos do Condephaat e do Conpresp.

Convém destacar também a cronologia das deliberações do Condephaat sobre as intervenções propostas no terreno do Grupo Silvio Santos, vizinho ao Teatro Oficina:

Dez. 1980   aprovação da demolição dos imóveis da rua Jaceguai, 588, 564, 572, 548, 554, 556, 558 (Processo n. 21.499/1980);
Dez. 2000   aprovação do estudo preliminar de ocupação do terreno, projeto de autoria do arquiteto Júlio Neves;
Ago. 2006   aprovação de projeto de construção de shopping center, projeto do arquiteto Marcelo Ferraz;
Maio 2013   aprovação do primeiro projeto de torres residenciais;
Set. 2016   indeferimento do segundo projeto para construção de torres residenciais;
Out. 2017   apresentação de Recurso à Decisão ao Indeferimento pelo Grupo Silvio Santos.

A relatoria do Parecer a esse recurso coube ao representante da Procuradoria Geral do Estado, dr. Fábio André Uema, que manifestou um voto técnico respondendo, uma a uma, a todas as questões colocadas na petição de recurso. Concluiu o Parecer pelo voto de autorizar a construção das torres, com o entendimento de que o afastamento proposto no projeto – 20 metros da divisa com o teatro e com o Janelão – assegura a visibilidade e o destaque do bem tombado. Votaram com ele catorze conselheiros, e sete conselheiros foram contrários ao Parecer.

Nessa situação, por se tratar de recurso, prevê o Regimento Interno do Condephaat que a decisão favorável ao voto do Relator necessita de quórum qualificado de 2/3 dos presentes. Foi isso o que ocorreu: quinze votos favoráveis ao Parecer, sete votos contrários e não houve abstenções. Sete conselheiros justificaram a ausência à reunião. Restou assim aprovado o Parecer que autoriza a construção de duas torres de edifícios residenciais com 28 andares em terreno de propriedade do Grupo Silvio Santos, na área envoltória do Teatro Oficina.

Cabe lembrar, por fim, que para o Condephaat não existe o instituto do destombamento. Dessa forma, o Teatro Oficina permanece tombado e não poderá ser demolido. Acresce o fato de que o Teatro Oficina não poder mais ser vendido a ninguém, por ser um espaço público.

Em razão disso, o Estado e o Condephaat não podem, em nenhuma hipótese, impedir que o Grupo Silvio Santos exerça o direito de construir em sua propriedade, respeitadas as regras das Diretrizes de Tombamento do teatro. Esse impedimento, se ocorresse, seria ilegal e arbitrário, a partir da consideração de que a Lei observa a todos como pessoas iguais em seus direitos.[67]

O Conselho do Condephaat é composto por trinta membros, que representam diferentes segmentos: quatorze são do governo do estado, incluindo o presidente do órgão, doze de universidades estaduais, um da Conferência Nacional dos Bispos do Brasil – CNBB, um do Instituto de Engenharia – IE, um do Instituto de Arquitetos do Brasil – IAB e um do Instituto do Patrimônio Histórico e Artístico Nacional – Iphan.

Em sessão realizada em 23 de outubro de 2017, por quinze votos a sete, os conselheiros aprovaram parecer que "autoriza a construção de duas torres de edifícios residenciais com 28 andares em terreno de propriedade do Grupo Silvio Santos, na área envoltória do Teatro Oficina". Votaram a favor: treze representantes do governo do estado, o da CNBB e o do Instituto de Engenharia. Foram contra: seis representantes de universidades públicas e a do Instituto dos Arquitetos do Brasil. Faltaram àquela sessão oito conselheiros. Detalhe: dos quatorze representantes do governo, treze compareceram (93%); dos doze representantes das universidades, lamentavelmente, seis (50%). Ou seja, o governo votou em bloco a favor da construção de duas torres. E mesmo que os doze representantes de universidades públicas estivessem presentes e votassem em bloco, o governo conseguiria a aprovação.

Com o aval na esfera estadual do Condephaat, em 2017, logo em seguida deslancharam-se decisões favoráveis ao empreendimento nas instâncias federal e municipal de preservação do patrimônio. No Iphan, em maio de 2018, e em dezembro do mesmo ano, no Conpresp.

No contraponto, o Projeto de Lei n. 805/2017 propõe a criação do Parque do Bixiga:

> Lugar de transmissão de conhecimento, o Parque do Bixiga se estrutura através de um programa público abrangente confluindo educação, saúde e ecologia, concebido a partir da contribuição de um bairro marcado pela diversidade, tornando-se assim um lugar onde se pratica a mistura das faixas etárias, das classes sociais, dos comportamentos e se cultivam as biodiversidades naturais e sociais. O convívio entre as pessoas e sua inevitável contribuição para a construção de uma cidade mais pública e voltada para o interesse comum.
>
> [...]
>
> O Parque do Bixiga, além de compor com generosidade a paisagem de um território protegido pelo seu valor urbanístico, contribui para revelá-lo, sobretudo a expressiva arquitetura do Teatro Oficina, que instalado no terreno, torna-se equipamento cultural integrado ao parque, amplificando o valor arquitetônico e a vida cultural desta grande área pública.[68]

Atualmente, o projeto ainda se encontrava em tramitação na Câmara Municipal de São Paulo.

O Bexiga é mesmo um pequeno Brasil.

Esses relatos exemplificam e refletem a natureza das dificuldades de muitas outras localidades sob impacto deletério da globalização. Escancara a natureza da ação política em jogo entre projetos de forças tão opositoras. Expõe o gestionarismo, que impede de alcançar aspirações libertárias e fraternais.

> Os dirigentes rodeiam-se de tecnocratas e econocratas; fiam-se no saber parcelar dos peritos, que lhes parece garantido – cientificamente, universitariamente. Fecharam os olhos a todos os grandes

problemas. O político afundou-se no econômico. A consulta permanente das sondagens é a sua bússola. O grande projeto desapareceu.[69]

Um lamentável jogo de cartas marcadas, no qual governo e iniciativa privada frequentemente se juntam contra o social. União, estado e município apostam e atuam imoralmente em direção à deterioração dos espaços, para depois entregá-los à iniciativa privada de mão beijada.

Nesse sentido, é emblemático o caso da sessão do Condephaat, que, em 23 de outubro de 2017, autorizou o grupo Silvio Santos a construir duas torres de edifícios no entorno do Teatro Oficina. Um embate muito desigual em que o social já sai em prejuízo.

Portanto, urgem práticas e políticas territoriais socialmente necessárias.[70]

Políticas e práticas territoriais socialmente necessárias não são apenas urgências. São elementos constitutivos da história. Independem dos sujeitos, ou melhor, do sujeito particular, do interesse particular. Impõem o bem comum, o interesse comum, plantados de longa data na organização do espaço das cidades brasileiras com potência inédita. A diferença é que o "comum" não é mais, e tão somente, um princípio normativo. [...] O interesse comum relativiza e subordina o interesse particular.[71]

Felizmente, em 19 de junho de 2019, o Ministério Público do Estado de São Paulo conseguiu liminar "impedindo que as empresas RBV – Residencial Bela Vista Empreendimentos Imobiliários e Sisan Empreendimentos Imobiliários comecem ou continuem obras em empreendimentos situados nas proximidades do Teatro Oficina".

A liminar impede também que o "Judiciário suspenda a tramitação e a eficácia de procedimentos da Secretaria Municipal de Urbanismo e Licenciamento, do Conselho Municipal de Preservação do Patrimônio Histórico, Cultural e Ambiental da Cidade de São Paulo; e do Conselho de Defesa do Patrimônio Histórico, todos referentes às obras".[72]

Notas

1. CONPRESP. Resolução n. 22/2002. Tombamento do bairro da Bela Vista.
2. Cf. RIBEIRO, Ana Clara Torres. Território usado e humanismo concreto: o mercado socialmente necessário.
3. RIBEIRO, Ana Clara Torres; SILVA, Catia Antonia da. Impulsos globais e espaço urbano: sobre o novo economicismo, p. 364.
4. HABERMAS, Jürgen. Apud SANTOS, Milton. *A natureza do espaço: técnica e tempo, razão e emoção*, p. 230.
5. Ver: SOMEKH, Nadia. A construção da cidade, a urbanidade e o patrimônio ambiental urbano: o caso do Bexiga, São Paulo.
6. RIBEIRO, Ana Clara Torres. Cartografia da ação social: região latino-americana e novo desenvolvimento urbano, p. 153.
7. "A iniciativa do pedido de abertura de tombamento pelo Conpresp do bairro da Bela Vista em 1989 partiu do apelo popular, que justificava a importância de preservação do bairro para manter íntegra a sua unidade urbanística e social." D'ALAMBERT, Clara Correia; FERNANDES, Paulo Cesar Gaioto. Bela Vista: a preservação e o desafio da renovação de um bairro paulistano, p. 153.
8. CONPRESP. Resolução n. 11/90. Por unanimidade de votos dos Conselheiros presentes à reunião realizada aos 19 de outubro de 1990, o Conselho Municipal de Preservação do Patrimônio Histórico, Cultural e Ambiental da Cidade de São Paulo – Conpresp, resolve, nos termos e para os fins da Lei n. 10.032/85, com as alterações introduzidas pela Lei n. 10.236/86, abrir processo de tombamento dos seguintes bens.
9. CONPRESP. Resolução n. 01/93. Revisão de abertura de processo de tombamento
10. As medições aproximadas das áreas mencionadas neste artigo foram calculadas a partir do georreferenciamento dos perímetros disponíveis em mapas e documentos.
11. Cf. VERCELLI, Giulia; TIRELLO, Regina Andrade. Reinventariar para intervir: perspectivas de conservação do bairro do Bexiga em São Paulo.
12. BAFFI, Mirthes I. S. O Igepac SP e os outros inventários da Divisão de Preservação do DPH: um balanço, p. 178.
13. Idem, ibidem, p. 182.
14. "I. Praça Amadeu Amaral (NP1); II. Praça Dom Orione (NP1); III. Escadaria das ruas 13 de Maio e dos Ingleses (NP1); IV. Encostas e Muros de Arrimo da rua Almirante Marques de Leão (Setor 09/Quadra 19) (NP1); V. Arcos da rua Jandaia (NP1); VI. Imóveis isolados e conjuntos arquitetônicos identificados no Anexo I." CONPRESP. Resolução n. 22/2002. Tombamento do bairro da Bela Vista (op. cit.).
15. Área do Bexiga: 65,1 hectares; área da Vila Itororó: 2,2 hectares; área da Grota: 10,3 hectares. Cf. os polígonos presentes em "Patrimônio cultural, bens protegidos, áreas envoltórias Conpresp". PREFEITURA DA CIDADE DE SÃO PAULO. Geosampa – Mapa digital da cidade de São Paulo.
16. Resultado da intersecção das áreas tombadas (cf. nota anterior) com os 865 imóveis tombados, excluídos os cinco elementos constituidores do ambiente urbano. Cf. os polígonos presentes em "Patrimônio cultural, bens protegidos, bem tombado e/ou em processo de tombamento". PREFEITURA DA CIDADE DE SÃO PAULO. Geosampa – Mapa digital da cidade de São Paulo (op. cit.).
17. Exclusive o Reservatório da Bela Vista, Sabesp, na praça Amadeu Amaral, 14.
18. CONDEPHAAT. Resolução n. SC 63/82. Tombamento do Teatro Brasileiro de Comédia.
19. CONPRESP. Resolução n. 05/91. Por decisão unânime dos Conselheiros presentes à reunião realizada aos cinco dias do mês de abril de 1991, o Conselho Municipal de Preservação do Patrimônio Histórico, Cultural e Ambiental da Cidade de São Paulo – Conpresp, resolve, nos termos e para os fins da Lei n. 10.032/85, com as alterações introduzidas pela Lei n. 10.236/86, tombar "ex-officio" os bens abaixo descriminados.
20. CONDEPHAAT. Processo n. 22.368/82. Tombamento do Teatro Oficina.
21. CONPRESP. Resolução n. 05/91 (op. cit.).
22. IPHAN. Processo n. 1515-T-04. Tombamento do Teatro Oficina.
23. CONDEPHAAT. Processo n. 00250/73. Tombamento do Castelinho da Brigadeiro.
24. CONPRESP. Resolução n. 05/91 (op. cit.).
25. Dos 78 hectares de área tombada pela Resolução n. 22/2002, 63 estão na Bela Vista. Os outros 15 hectares estão no distrito da República. A área do perímetro de tombamento de 214 hectares estipulada pela Resolução n. 11/90 cobre 79% do território do distrito da Bela Vista, que é de 273 hectares.
26. "Grupo 2 – Distritos do centro expandido que perderam moradores na década de 1990 e passaram a ganhá-los na década de 2000 – denominado 'repovoamento' e inversão demográfica." Cf. NAKANO, Anderson Kazuo. Desigualdades habitacionais no "repovoamento" do centro expandido do município de São Paulo, p. 62.
27. Cf. BAFFI, Mirthes I. S. Op. cit., p. 182.

28. Cf. NAKANO, Anderson Kazuo. Desigualdades habitacionais no "repovoamento" do centro expandido do município de São Paulo (op. cit.), p. 66.
29. CONPRESP. Resolução n. 22/2002. Tombamento do bairro da Bela Vista (op. cit.).
30. Resultado da aplicação da taxa de crescimento de 8,7% da densidade na área suplementar aos 227 habitantes por hectare da área tombada em 2000.
31. CONPRESP. Resolução n. 01/93 (op. cit.).
32. Cf. NAKANO, Anderson Kazuo. *Elementos demográficos sobre a densidade urbana da produção imobiliária: São Paulo, uma cidade oca?*, p. 62.
33. Cf. IBGE. *Síntese de indicadores sociais: uma análise das condições de vida da população brasileira: 2016*, p. 99.
34. Os mapas representam superfícies geoestatísticas de krigagem ordinária das densidades populacional e habitacional aplicadas ao buffer de 1 quilômetro do distrito da Bela Vista. Cf. JAKOB, Alberto Augusto Eichman. A krigagem como método de análise de dados demográficos. As densidades foram obtidas com a metodologia de aplicação universal para compatibilização de setores censitários multitemporais. Cf. OLIVEIRA, Guilherme de; SILVA NETO, Manoel Lemes da. *Técnicas de análise de dados censitários multitemporais aplicadas às cidades estudadas pela rede nacional de pesquisa Quapá-SEL*; BONUGLI, Fabio Landucci; SILVA NETO, Manoel Lemes da. Pistas para a proposição de cenários urbanos: o caso de aplicações temporais de dados estatísticos na dimensão intraurbana.
35. Nível de Preservação 1 – NP1: preservação integral do bem tombado. Quando se tratar de imóvel, todas as características arquitetônicas da edificação, externas e internas, deverão ser preservadas. Cf. CONPRESP. Resolução n. 22/2002. Tombamento do bairro da Bela Vista (op. cit.), artigo 7º.
36. Tombado por CONDEPHAAT. Resolução n. SC 29/86. Tombamento de Hospital e Maternidade Umberto I (ex-Hospital Matarazzo); tombamento revisado por CONDEPHAAT. Resolução n. SC-13. Tombamento de Hospital e Maternidade Umberto I (ex-Hospital Matarazzo).
37. Cf. SCRIPILLITI, Ana Carolina Nader. *Verticalização e tombamento no bairro do Bexiga: materialização em tensão*, p. 78.
38. Idem, ibidem, p. 77.
39. Idem, ibidem.
40. Idem, ibidem, p. 79.
41. Cf. SILVA NETO, Manoel Lemes da. *Configurações espaciais da urbanização contemporânea: adensamento urbano, sistemas de espaços livres e constituição da esfera pública no Brasil*, p. 19-20.
42. Cf. SANTOS, Milton. *A urbanização brasileira*, p. 55-56.
43. Cf. MARQUES, Eduardo; REQUENA, Carolina. O centro voltou a crescer? Trajetórias demográficas diversas e heterogeneidade na São Paulo dos anos 2000, p. 30-32; Cf. NAKANO, Anderson Kazuo. Desigualdades habitacionais no "repovoamento" do centro expandido do município de São Paulo (op. cit.), p. 62.
44. Inclusive sem rendimento.
45. Cf. NAKANO, Anderson Kazuo. Desigualdades habitacionais no "repovoamento" do centro expandido do município de São Paulo (op. cit.), p. 62.
46. Cf. MARQUES, Eduardo; REQUENA, Carolina. Op. cit., p. 30.
47. Cf. SANTOS, Milton. *O espaço dividido: os dois circuitos da economia urbana dos países subdesenvolvidos*.
48. Inclusive sem rendimento.
49. Rua da Consolação, avenida Rebouças e avenida 9 de Julho, elementos do sistema viário mais antigo e imersos entre as quadras da cidade que cortam os distritos da República, Consolação e Jardim Paulista, produzem efeitos diferentes do que produz a avenida 23 de Maio, via de trânsito rápido e avessa aos pedestres que atravessa os distritos da Sé, Liberdade e Vila Mariana.
50. Cf. SANTOS, Milton. *A urbanização brasileira* (op. cit.), p. 123.
51. Pessoas responsáveis pelos domicílios dos municípios, exclusive setores censitários rurais.
52. Exclusive em rendimento.
53. SILVA NETO, Manoel Lemes da. Crise urbano-societária-humanista e urbanização contemporânea: rumos para diálogos interdisciplinares, p. 281-282.
54. Cf. RIBEIRO, Ana Clara Torres. *Teorias da ação*, p. 57-58.
55. Cf. SILVA NETO, Manoel Lemes da. Evolução e tendências da gestão metropolitana em São Paulo. Aspectos normativos (parte 2).
56. Cf. CASTRO, Márcio Sampaio de. *Bexiga, um bairro afro-italiano: comunicação, cultura e construção de identidade étnica*.
57. Cf. JACQUES, Paola Berenstein. Patrimônio cultural urbano: espectáculo contemporâneo?

58. Cf. PORTELA, Thais de Bhanthumchinda. Cartografias da ação e as grafias [im]possíveis no território usado das cidades contemporâneas. Ou: uma pequena conversa com Ana Clara Torres Ribeiro.
59. Cf. CERTEAU, Michel de. *A invenção do cotidiano: artes de fazer*.
60. Cf. SANTOS, Milton. *A urbanização brasileira* (op. cit.), p. 81-86.
61. Cf. STHÖR, Walter. *Desarrollo desde abajo: el paradigma de desarrollo de abajo hacia arriba, y de la periferia hacia adentro*.
62. Cf. RIBEIRO, Ana Clara Torres; SILVA, Cátia Antonia da; VIEIRA, Hermani de Moraes; SILVA, Rita de Cássia. Turismo: uma prática entre a crise e a inovação na metrópole do Rio de Janeiro.
63. Cf. RIBEIRO, Ana Clara Torres. *Teorias da ação* (op. cit.), p. 104.
64. Idem, ibidem, p. 44; grifo do autor.
65. SANTOS, Milton. *Por uma outra globalização: do pensamento único à consciência universal*, p. 52. Ver também: SANTOS, Milton. *Técnica, espaço, tempo: globalização e meio técnico-científico informacional*.
66. Idem, ibidem, p. 52.
67. FAGGIN, Carlos Augusto Mattei. Carta do presidente do Condephaat a respeito do Teatro Oficina.
68. CÂMARA MUNICIPAL DE SÃO PAULO. Justificativa PL n. 0805/2017.
69. MORIN, Edgar; NAÏR, Sami. *Uma política de civilização*, p. 14-15.
70. Cf. RIBEIRO, Ana Clara Torres. Território usado e humanismo concreto: o mercado socialmente necessário (op. cit.).
71. SILVA NETO, Manoel Lemes da; OLIVEIRA, Fabiano Melo Gonçalves de; CARANDINA, Thiago. Políticas e práticas territoriais socialmente necessárias, p. 129.
72. MPSP. MPSP consegue liminar impedindo construções nas proximidades do Teatro Oficina. Promotoria quer proteger bens arquitetônicos e históricos.

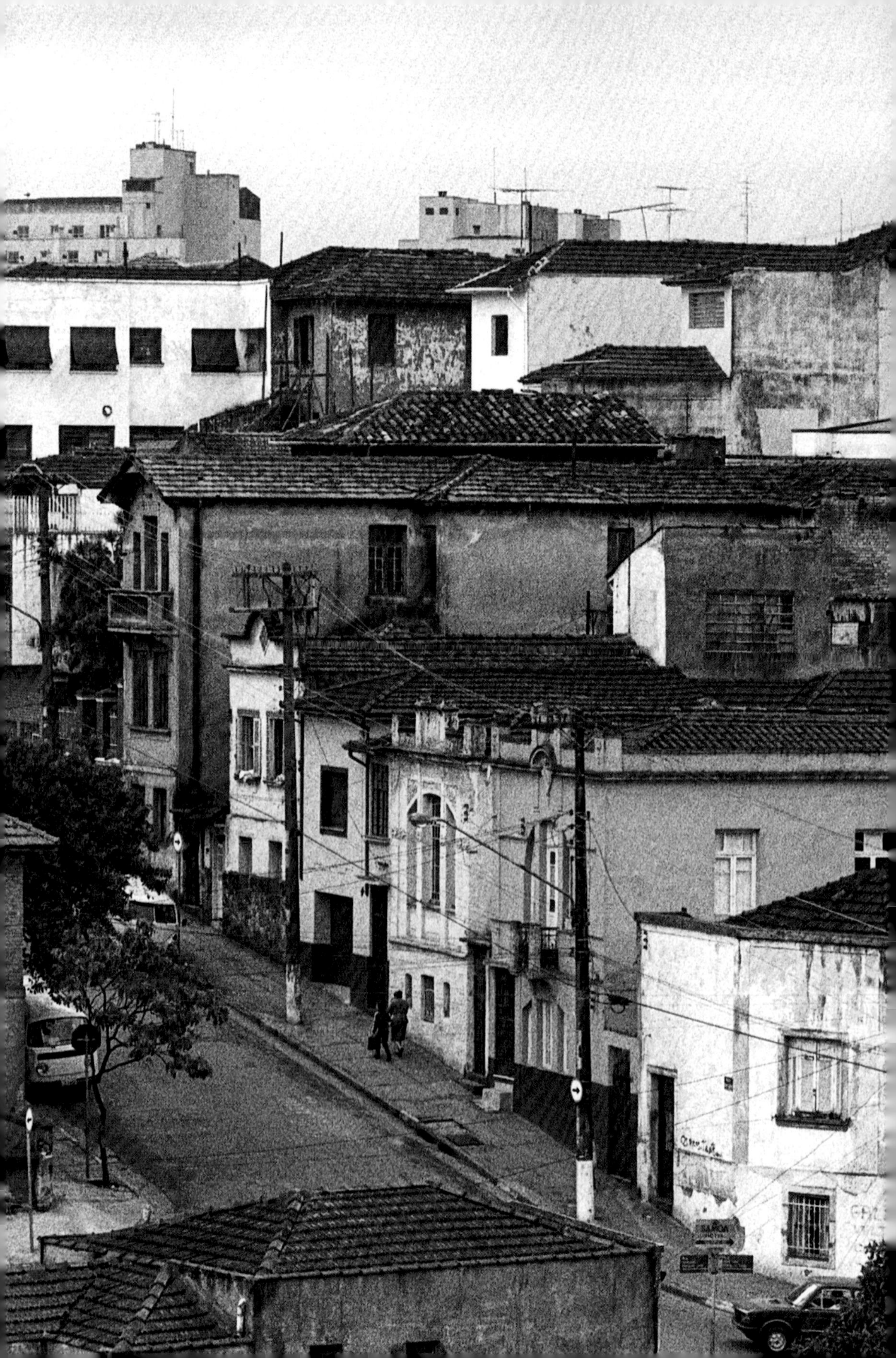

3.4 Bexiga: a experiência de uma aplicação metodológica. Investigação e análise do bairro do Bexiga
Ana Marta Ditolvo

Ensaio fotográfico *Bexiga 1991*, de Cristiano Mascaro

Este documento pretende abordar aspectos relativos à memória, identidade e a preservação do Bexiga, núcleo histórico do município de São Paulo, por meio da identificação de formas de conservação da materialidade arquitetônica e do estabelecimento de uma dinâmica para re*construção* do passado dentro de uma nova realidade social e urbana, com o objetivo de despertar a sociedade para os encantamentos do bairro de inestimável valor cultural para cidade.

A abordagem é feita pelo reconhecimento da importância do lugar por intermédio de sua contextualização histórica e do reconhecimento de seus referenciais de memória, passando pela avaliação da necessidade de repensar formas de proteção que por necessidade culminam em determinações legais de preservação, considerando, além da geomorfologia desse território e ambiência,[1] a inclusão do patrimônio imaterial pela valorização das manifestações artísticas e culturais mais significativas.

Entendendo o momento para uma avaliação da legislação incidente sobre a área, visto as transformações ali sofridas ao longo do tempo e que a cultura da preservação vem pautada no peso das leis, consideraram-se os aspectos relativos a uma possível adequação dos termos instituídos por decretos já estabelecidos, procurando adequá-los às demandas da cidade contemporânea sem prejuízo da identidade local por meio da redefinição de seus critérios.

Esta avaliação tem como objetivo contribuir com a capacidade de amenizar os impactos das transformações sociais e urbanas que afetem com prejuízo a memória local pela aplicação metodológica recomendada pelas instâncias competentes, nacionais e internacionais, reconhecendo as preexistências, entendendo as necessidades de sua permanência inseridas num contexto social e urbano contemporâneo.

As especificidades locais

Há em curso uma tendência de valorizar a formação de memória e, consequentemente, de preservação do patrimônio histórico, artístico e arquitetônico das cidades. É uma tendência baseada em uma ação social organizada que se amplia, determinando novos espaços e territórios integrados, que nos permitem entrar em contato com existências anteriores às nossas, partindo da compreensão de que, tratando-se de bairros antigos, estes só sobreviverão pertencentes ao cotidiano e organizados para o tempo presente dentro de parâmetros que permitam o entendimento de um universo plural.[2]

A sociedade aparece como veículo para a preservação do patrimônio material, e desta perspectiva, o caso paulistano tem peculiaridades que condicionam uma particular abordagem da questão, tanto do ponto de vista conceitual quanto metodológico e tecnológico.

Dentro desse quadro emergem as comunidades locais com especificidades a considerar, como no caso da área histórica do Bexiga na cidade de São Paulo, que delineiam ações de preservação contribuindo para o resgate da memória social, por meio da valorização dos referenciais de identidade, individuais e coletivos, representados pela paisagem natural e construída daquele lugar.

Para além da história estão os profissionais habilitados para traçar os caminhos que direcionam à aplicação de modelos de preservação efetivos que, criteriosamente pensados para o território, auxiliam no reconhecimento das paisagens naturais e urbanas e possibilitam a análise dos aspectos tangíveis e intangíveis definidos como patrimônio material e imaterial inerentes ao território, assegurando ações de projeto alinhadas à salvaguarda de sítios históricos, criando formas de conservação da materialidade arquitetônica e, por meio do estabelecimento de uma dinâmica de re*construção* do passado, despertam a sociedade para os encantamentos do lugar.

Inicialmente, sistematizam-se elementos teóricos conceituais, bases fundamentadoras da metodologia científica de projeto aplicada ao território e identificam-se os modelos e dinâmicas de atuação para o reconhecimento e a análise da paisagem, realizados sem comprometimento da integridade do conjunto, sucedida pela compreensão e análise das determinações legais que consideram a geomorfologia, as tipologias e a ambiência.

Essa etapa do processo tem como objetivo levantar os impactos das transformações sociais e urbanas e se afetam ou não com prejuízo a memória local, reconhecendo as preexistências, entendendo as necessidades de sua permanência e, com isso, gerando autonomia para que novos projetos possam coexistir em harmonia com o conjunto outrora consolidado.[3]

Sob esse aspecto, cada indivíduo passa a ir de encontro à possibilidade de se reconhecer como parte de um amplo ambiente urbano, organizado para intensificar o diálogo constante entre o passado e o futuro, buscando despertar um olhar mais criterioso para a cidade e estabelecendo relações de pertencimento.

Garantir a permanência do passado nas cidades está justamente na coerência da aplicação dos processos metodológicos para a salvaguarda dos bens culturais de interesse e no planejamento de ações para além do inventário[4] e do tombamento, incluindo políticas de incentivos públicos e privados, exercícios de conscientização popular, validação dos métodos de proteção e fiscalização das ações concretas no território, todos agentes no processo de manutenção das tradições sociais por meio da constituição de seus referenciais, sendo que estes não devem ser esquecidos.

A metodologia para intervenção em conjuntos urbanos,[5] recomendada pelas instâncias de preservação competentes, considera a adoção de um vocabulário técnico comum para tratar das atuações de forma clara, e começa com a realização de inventários em núcleos selecionados, levantamento e catalogação do natural e do construído, análise das características de ambiência, contextualização histórica e evolução urbana, identificação dos referenciais de memória e da relevância de mantê-los, análise da infraestrutura e da conformação da paisagem pelo reconhecimento dos traçados de vias, loteamentos, implantação das construções nos lotes, gabaritos de altura e catalogação das tipologias arquitetônicas remanescentes.

Concluída a fase de estruturação do ambiente urbano, de posse do embasamento necessário, dá-se início às análises criteriosas sequenciais desse processo que deverão direcionar uma proposição projetual eficiente.

A análise de todas essas condições, juntamente com um estudo que permita a avaliação na contemporaneidade das recomendações e determinações legais que incluem teorias do restauro e cartas patrimoniais, estatuto da cidade, plano diretor do município e decretos de tombamento, é o que possibilita uma avaliação criteriosa dos trâmites usuais aplicados para a preservação dos sítios históricos para o futuro.

As proposições projetuais que sequenciam o desenvolvimento metodológico aplicado vêm de encontro às necessidades locais e poderão seguir os conceitos vigentes baseados em diretrizes que garantam a salvaguarda desses locais de interesse. As diretrizes de conservação poderão aparecer descritas em um manual orientativo para o público em geral e devem envolver não só aspectos técnicos, como os de orientação especializada criteriosa e competente.

É fundamental um programa propositivo que inclua a sociedade e preveja sua participação efetiva nas discussões sobre intervenção no território alinhadas às definições técnicas elaboradas por profissionais qualificados, para um possível planejamento de ações ligadas ao poder público, criando um modelo eficaz que busque a salvaguarda dos núcleos históricos.

O Bexiga, sítio histórico definido por um perímetro compreendido entre os bairros da República e Bela Vista na região central do município de São Paulo, pode ser considerado um dos maiores símbolos da cultura da miscigenação social da cidade que guarda ainda hoje características das primeiras ocupações, entre elementos estruturais da vida urbana de representatividade material e afetiva.[6]

Desde o final do século 19 as ruas do bairro foram sendo marcadas pela forte presença e influência dos negros, imigrantes italianos e artistas, estes últimos responsáveis por elevar os espaços públicos à categoria de palco. Atualmente, acolhe também migrantes e imigrantes de várias partes, compondo um ambiente democrático, mas economicamente desigual.

A análise dos valores do bairro e as possíveis ameaças geradas pela falta de conservação e pela grande quantidade de intervenções urbanas e arquitetônicas sofridas nos permitem traçar um panorama do seu estado atual, buscando maior apropriação do espaço construído, entendendo sua relevância para a preservação da memória da cidade, contando, para tanto, com equipes técnicas qualificadas que apliquem metodologias de identificação e tracem estratégias que favoreçam o ato de preservar a materialidade construtiva por meio do reconhecimento e do entendimento do território que se pretende conservar.

O perímetro do Bexiga, após anos de estudos de levantamento que tiveram início na década de 1980, por intermédio do Igepac,[7] foi definido nos anos 2000 pelo Conselho de Preservação de São Paulo – Conpresp,[8] pelo tombamento através da Resolução n. 22/2002,[9] passando a concentrar cerca de um terço dos imóveis preservados por lei existentes na cidade de São Paulo, perímetro que concentra ainda tombamentos estaduais[10] e, no âmbito municipal, zoneamento especial de preservação cultural segundo o Plano Diretor Estratégico da cidade de São Paulo, de 2016.[11]

Para a definição das diretrizes de preservação estabelecidos na resolução de tombamento municipal foram considerados critérios de proteção pertinentes ao que se pretendia preservar, mas, atualmente, as resoluções dispostas nos decretos parecem insuficientes e por vezes geram dúvidas de interpretação, mesmo revelando a importância de uma série de características que definem o território, como a da manutenção da paisagem por intermédio do tombamento das volumetrias mais relevantes.

Passados cerca de vinte anos do tombamento municipal, as determinações legais estabelecidas para o bairro e as transformações ocorridas na cidade nos levam a repensar e avaliar a pertinência da continuidade de determinadas ações de preservação ou a necessidade de adaptá-las à realidade contemporânea, enquadrando a recuperação da representatividade da matéria e da imaterialidade cultural a um novo modelo de ocupação urbana, como no caso da indefinição quanto ao traçado das vias e loteamento das quadras e a classificação dos bens por meio de níveis de preservação na tentativa de manter gabaritos de altura como forma de proteger a paisagem em seus aspectos visuais e de ambiência.

Considerando o exposto, faz-se imprescindível avaliar os critérios vigentes, como: a manutenção do perímetro de tombamento do bairro ou sua adequação a um novo perímetro, as características de parcelamento de uso e ocupação do solo, formas de implantação das construções nos lotes, possibilidade ou não de desmembramento desses lotes devido à importância da manutenção do primeiro loteamento ainda presente em partes, existência ou não de recuos frontais e laterais, valorização das esquinas aprimoradas pelo conceito de fachada ativa,[12] definição de gabaritos de altura particularmente estudados quadra a quadra, com a criação de cones visuais, avaliação da necessidade ou não de se definir coeficientes de aproveitamento e taxas de ocupação como indicados no zoneamento da cidade, catalogação e classificação de importância das tipologias arquitetônicas presentes para a manutenção da paisagem urbana alinhada a todos esses aspectos, considerando os níveis de preservação já existentes e possíveis novos enquadramentos e definições do que e como preservar diante das pesquisas realizadas e estado de conservação em que se encontram.

Além disso, é necessário o estreitamento do diálogo entre as Secretarias de Cultura e Planejamento Urbano visando os mesmos objetivos, com diretrizes e ações comuns para o que é importante manter e de que forma intervir mesclando aspectos históricos e contemporâneos, acabando com os conflitos existentes entre tombamento e zoneamento que aparece como dificultador do processo de requalificação do bairro e permitindo a inserção de novas estruturas integrando parcelas de manutenção e desenvolvimento.

A relação entre instâncias públicas deveria estender-se para a comunidade, por meio das associações e entidades colaborativas para validação de interesses comuns pensando na sistematização dessas discussões e gerando um modelo de planejamento que constituísse um manual técnico capaz de assegurar qualidade para a implantação de novos projetos, direcionando todas as ações pertinentes à remodelação do espaço urbano do Bexiga.

Esse manual técnico teria um papel informativo e orientativo sobre procedimentos e normas adequados aos projetos e obras de restauro e intervenções e contribuiria para o esclarecimento dos proprietários de imóveis tombados sobre os trâmites burocráticos junto aos órgãos públicos, que têm, entre outras funções, a de assegurar a transmissão às gerações futuras do patrimônio edificado, adotando políticas de incentivo e valorização cultural que coloquem em prática determinações legais de proteção ao patrimônio, aliadas à sustentabilidade e ao desenvolvimento do núcleo histórico identificado. Só assim estarão garantidos a integridade e a autenticidade[13] dos bens listados como de interesse.

A aplicabilidade desses procedimentos, indicados em memorial, estaria vinculada à deliberação favorável das instâncias patrimoniais, que reconhecem o tombamento do bairro, e ao desenvolvimento de projetos específicos baseado na metodologia científica para requalificação de centros históricos então deliberados por essas mesmas instâncias competentes.

Metodologia científica para requalificação de centros históricos[14]

A metodologia de projeto aplicada para bens protegidos por lei, os quais têm intrínseca a sua declaração de valor, é comum aos bens culturais de interesse, com variáveis que consideram as diretrizes de preservação caracterizadas por seus decretos de tombamento.

Quando tratamos de um bem histórico legalmente protegido, a sua preservação assume papel de destaque e sobrepõe-se às leis de zoneamento, assumindo características de excepcionalidade, o que não significa que o ato de tombamento, meramente administrativo, assegure a preservação desse patrimônio.[15]

Várias outras ações são necessárias à manutenção e salvaguarda de um bem, dentre elas o próprio conhecimento da lei como parâmetro para o desenvolvimento de um trabalho de preservação, através da aplicação metodológica científica, que envolve projeto e execução com variantes que vão da simples conservação até o restauro das preexistências.

O reconhecimento aprofundado dos bens de interesse é o ponto de partida da aplicação dessa metodologia de reconhecimento e intervenções que se caracterizam por um roteiro de levantamentos e análises, tal como segue, aplicada a uma experiência acadêmica no Bexiga.

Escopo metodológico
Definida e identificada a área e/ou bens de estudo, abrem-se frentes de trabalho que correm paralelas na intenção de agrupar o maior número de informações possível, que permitam a análise criteriosa do conteúdo selecionado, e assim foi feito.

Situação urbana
Procedimento técnico recomendado: conceitualmente, deverá iniciar-se o projeto com a localização da área na cidade por meio de uma implantação geral. Essa implantação (planta de situação cadastral)

Implantação Geral da área do Bexiga, com identificação do perímetro de tombamento estabelecido pelo Conpresp através da resolução n. 22/2002 e definição de uma das áreas de estudo proposta pela disciplina Técnicas Retrospectivas

☐ Área 4
☐ Tombamento Bexiga
☐ Área envoltória Condephaat

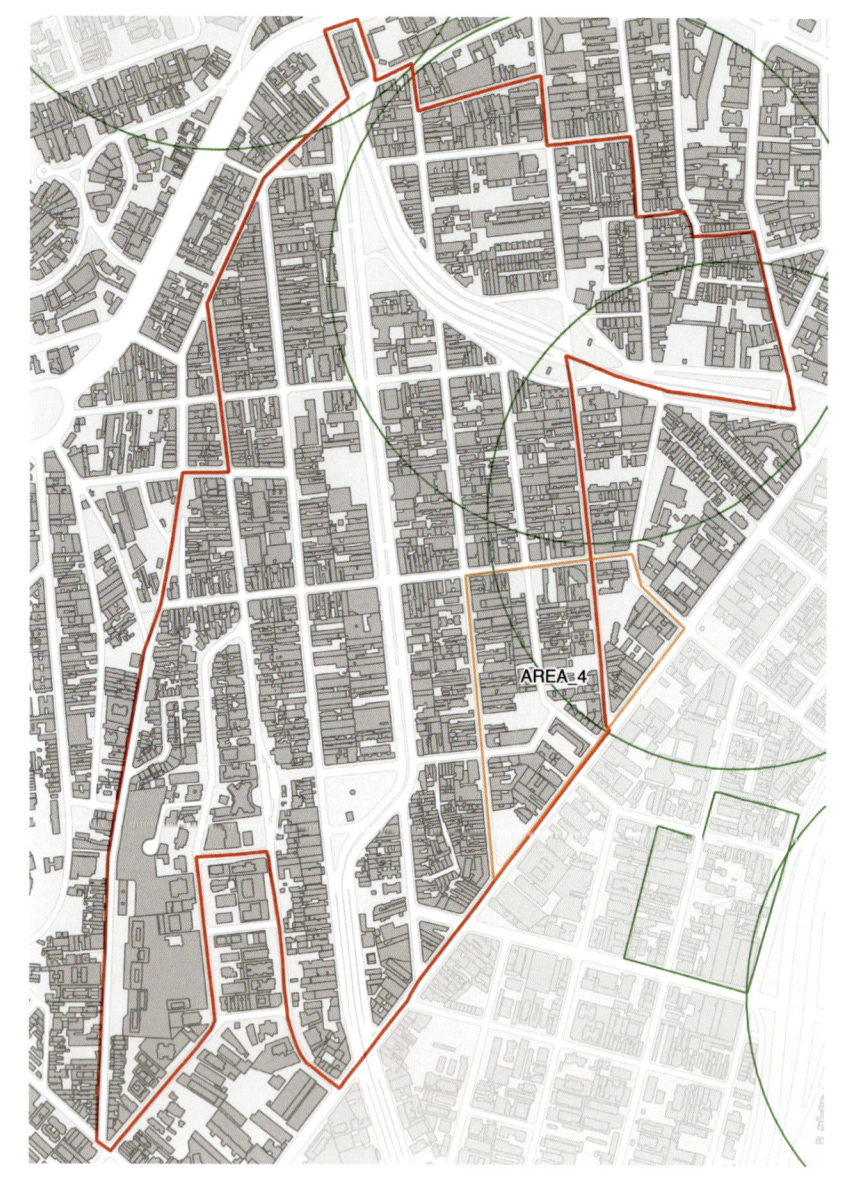

indica a topografia do terreno, a locação dos edifícios nos lotes em relação às quadras, o Norte geográfico e todos os elementos de infraestrutura, sendo esta a principal referência da paisagem urbana.

Atividade prática: para o Bexiga, definiu-se que o perímetro do trabalho seria o mesmo determinado pela Resolução n. 22/2002 de tombamento do Conpresp. Foram desenvolvidos desenhos de implantação alinhados às diretrizes técnicas supracitadas e maquetes físicas do território existente.

Pesquisa histórica

Procedimento técnico recomendado: uma pesquisa histórica e iconográfica deverá ser feita criteriosamente e de forma aprofundada para subsidiar e possibilitar o reconhecimento do sítio histórico e dos bens de interesse em sua total profundidade, onde todas as fontes documentais passam a ser relevantes ao (re)conhecimento dos artefatos de estudo: levantamento bibliográfico (manuscritos, publicações, monografias, teses, romances), artigos (revistas e jornais impressos e digitais), inventários, testamentos, tratados; levantamento iconográfico (fotos, pinturas e gravuras, desenhos de projeto original, filmes), depoimentos (fonográficos, entrevistas, publicações, história oral) e levantamentos mapográficos que caracterizem a evolução urbana de determinado local. A pesquisa histórica, além da contextualização, deverá aprofundar-se nas questões técnicas específicas que envolvam a área selecionada.[16]

Atividade prática

Para o Bexiga, a pesquisa concentrou-se nos levantamento bibliográfico, principalmente teses de mestrado e doutorado, artigos de revistas e jornais impressos e digitais, inventários realizado pela prefeitura de São Paulo – Igepac Bela Vista (década de 1980); levantamento iconográfico (fotografias), depoimentos de antigos moradores (história oral) e levantamentos mapográficos para caracterização da evolução urbana desde os mapas catalogados de 1800 até a última base cadastral atualizada, sendo essa uma das etapas fundamentais para a compreensão das transformações que ocorreram no território do Bexiga e que sem dúvida caracterizaram momentos importantes de degradações decorrentes de transformações urbanas pontuais significativas.

Catalogação e levantamento arquitetônico

Procedimento técnico recomendado: simultaneamente ao trabalho de pesquisa, uma equipe especializada se dedica ao levantamento minucioso das estruturas existentes, que deve apresentar as características físicas da área e/ou das edificações, constituindo-se, portanto, de representação gráfica detalhada de todos os elementos construtivos e compositivos.

Evolução urbana do Bexiga em quatro períodos (1881-1890, 1905-1913, 1924-1930 e 1954-1974), trabalho realizado pelos alunos Eric Sedenese, Jorge Abdalla e Tales Ferretti na disciplina Técnicas Retrospectivas II, curso de Arquitetura e Urbanismo da Faap, 2017

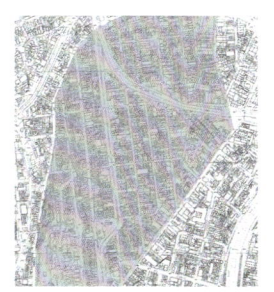

O processo de levantamento tem como fundamento inventariar e descrever de forma detalhada o conjunto que será representado graficamente por intermédio de plantas, cortes, elevações e detalhes construtivos em escala. Em geral, a representação gráfica dos desenhos são precedidos de desenhos feitos a mão livre (croquis) que auxiliam na compreensão da paisagem construída, sendo que as medidas exatas são posteriormente fixadas pelo uso de equipamentos de medição.

Atividade prática: para o Bexiga, os estudantes foram divididos em equipes, que ficaram debruçadas cada uma sobre uma área de estudo da implantação sugerida e que tinha como ponto de partida um eixo

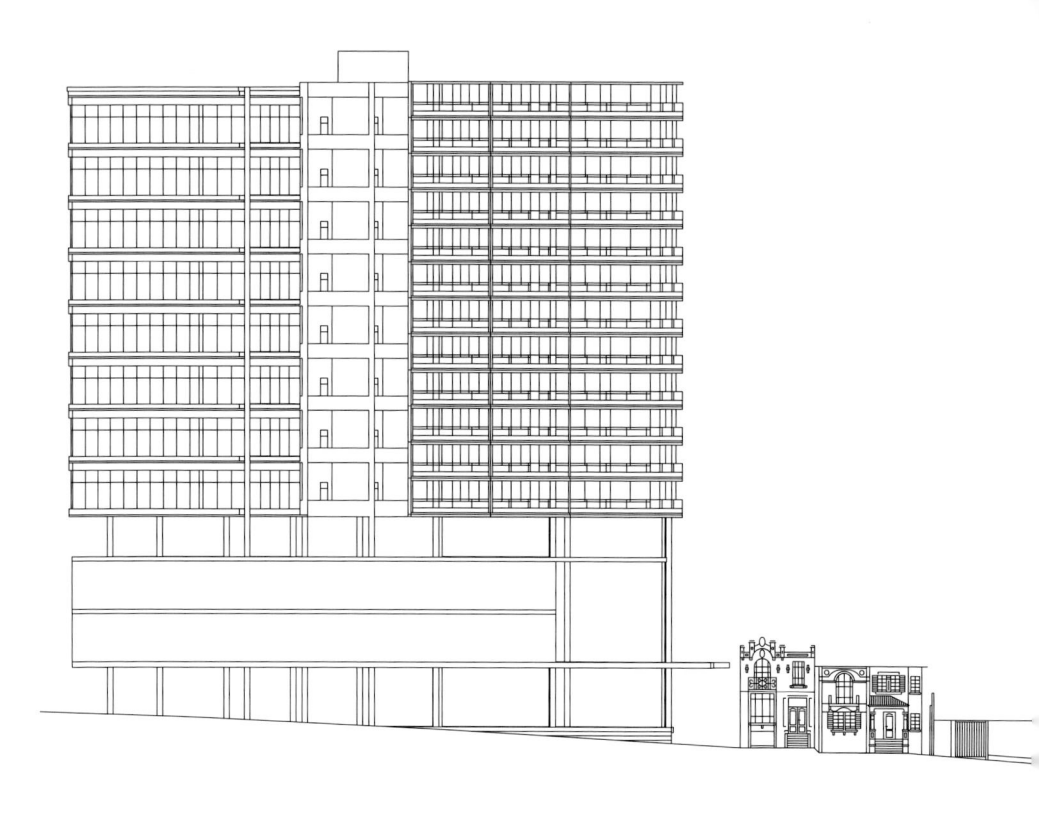

Desenhos de elevação da área de estudo, levantamento métrico da situação existente e detalhe de residência unifamiliar dos anos 1920, ampliada abaixo, avenida Brigadeiro Luís Antônio, trabalho realizado pelos alunos Eric Sedenese, Jorge Abdalla e Tales Ferretti na disciplina Técnicas Retrospectivas II, curso de Arquitetura e Urbanismo da Faap, 2017

histórico e/ou eixo estruturador relevante, tais como os das ruas 13 de Maio, Rui Barbosa, Major Diogo, Conselheiro Carrão, Fortaleza e a área da Grota.

Cada um desses eixos no Bexiga determinou diferentes perfis naturais dos terrenos (marcos geográficos), características de ocupação, infraestrutura e arquitetura (tipologias e estilos), determinantes de particularidades locais fundamentais de serem compreendidas para qualquer tipo de proposição projetual.

Esses eixos e áreas de influência foram inventariados, lote a lote, por meio do preenchimento de fichas técnicas com informações relevantes ao trabalho de inventário, ponto de partida para as definições de preservação e intervenção projetual.

Fez parte desse trabalho de inventário um levantamento fotográfico sistematizado que considerou as relações de ambiência, sendo parte complementar da identificação do sítio histórico e auxiliar na elaboração da pesquisa histórica, nas análises das tipológicas e no levantamento do estado de conservação.

Foram desenvolvidas ainda elevações dos eixos históricos voltadas para as duas faces das ruas que os compreendem em escala 1:200, caracterizando a paisagem existente e permitindo o confronte entre o inventário que deu origem ao tombamento e a situação atual.

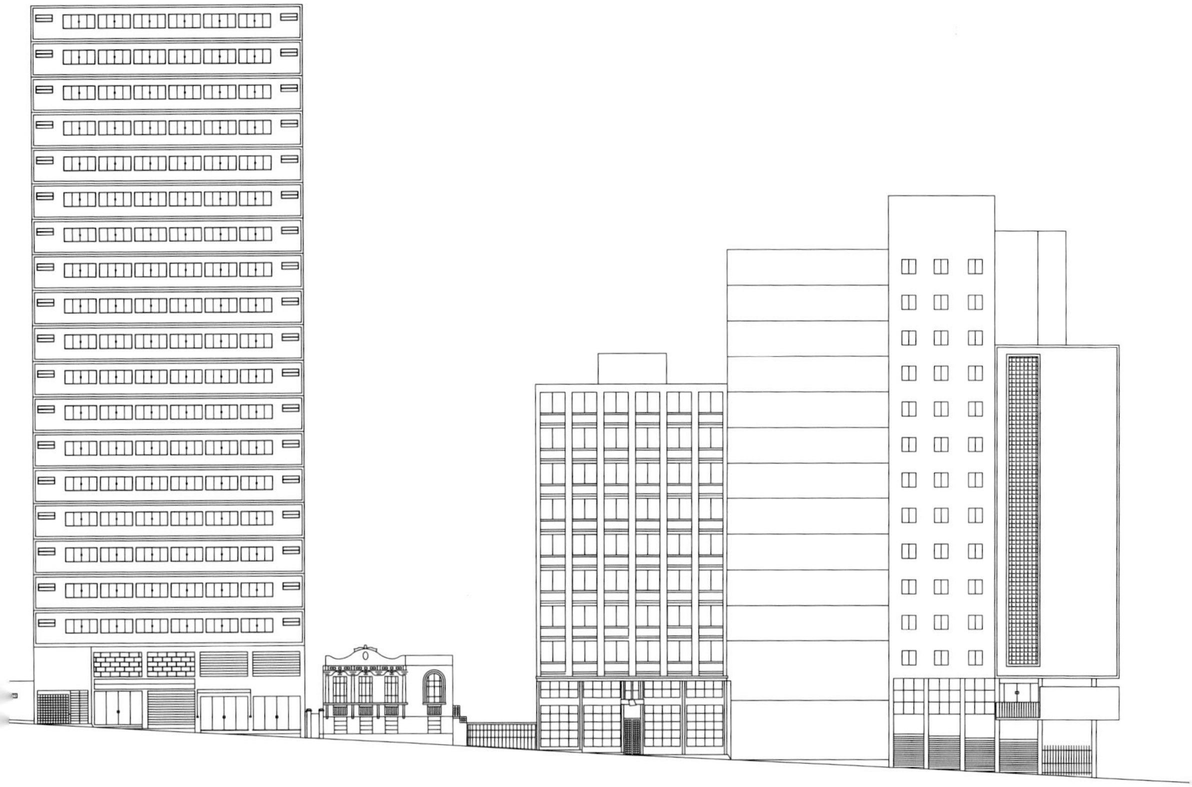

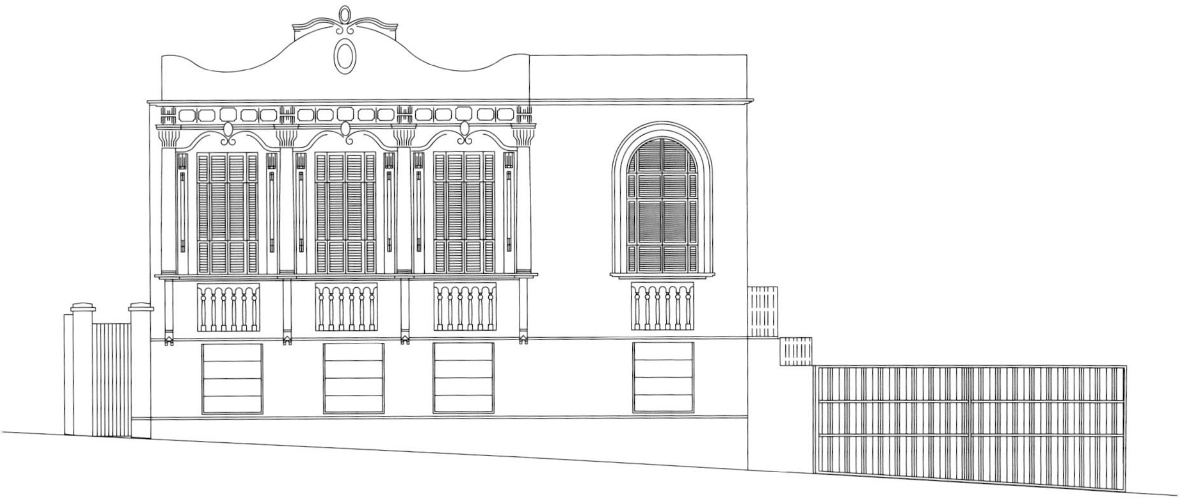

Identificação das materialidades construtivas e de acabamento

Procedimento técnico recomendado: nessa etapa, deverão ser identificadas as técnicas construtivas e materiais de revestimento, num primeiro momento a olho nu e por prospecções arquitetônicas, parietais e arqueológicas criteriosas, em locais que não comprometam as materialidades de forma invasiva e prejudicial.

As prospecções são fonte imprescindível para obter informações técnicas e históricas referentes às materialidades dos imóveis e suas características compositivas e construtivas. As informações levantadas nas prospecções permitem, cruzadas com bases históricas, a análise tipológica e a definição das melhores ações de restauro e conservação, uma vez que nem sempre existem registros detalhados da evolução da materialidade construtiva das edificações desde o primeiro momento, passando pelas intervenções sofridas ao longo dos anos.

Prospecções arquitetônicas são investigações feitas nos locais necessários à verificação das características construtivas elucidativas ao estabelecimento de hierarquia espacial (cronologia arquitetônica). Serve como complemento às pesquisas históricas e documental, já que estas frequentemente são incapazes de fornecer todas as informações detalhadas, uma vez que as diversas camadas históricas de intervenções, pinturas, reparos e outros procedimentos acabam por se confundir e dificultar a distinção entre os elementos originais e os espúrios.

Prospecções pictóricas são caracterizadas pela exploração e pela estratigrafia (decapagem camada por camada das pinturas) das paredes externas e internas para determinar a coloração e o tipo de tinta/acabamento dos elementos compositivos dos edifícios.

Prospecções arqueológicas têm como princípio a exploração dos subsolos urbanos como contribuição no processo de análise e reconhecimento do sítio histórico, considerando que justamente esses subsolos contêm certamente uma grande quantidade de elementos úteis à pesquisa auxiliar à preservação e requalificação dos territórios, contribuindo para a recuperação de edifícios e áreas urbanas.

Atividade prática: para o Bexiga, por tratar-se de uma aplicação metodológica conceitual no ambiente acadêmico, não foi possível o aprofundamento dessa etapa, ficando restrito apenas à identificação dos materiais de revestimentos a olho nu. As outras etapas de trabalho exigem a contratação e a interação de especialistas na área, com conhecimento técnico aprofundado, conteúdo não abordado nos cursos de graduação das faculdades de arquitetura e urbanismo.

Tipologias arquitetônicas

Procedimento técnico recomendado: identificação e catalogação das tipologias tombadas que compõem o território por meio da classificação por idade construtiva, descrição de seus modelos, representadas em pranchas gráficas de desenho e tabela quantitativa.[17]

Atividade prática: para o Bexiga, foram identificadas e catalogadas as tipologias existentes e as de interesse das equipes por intermédio do estabelecimento de um juízo crítico de valor, não relacionado ao estado de conservação das materialidades, mas à identificação de elementos históricos significativos.

Elevação da rua 13 de Maio com Identificação de tipologias arquitetônicas existentes e proposta de recuperação da volumetria original, trabalho realizado pelas alunas Aline Carvalho, Jacqueline Antunes e Rafaela Senff na disciplina Técnicas Retrospectivas II, curso de Arquitetura e Urbanismo da Faap, 2017

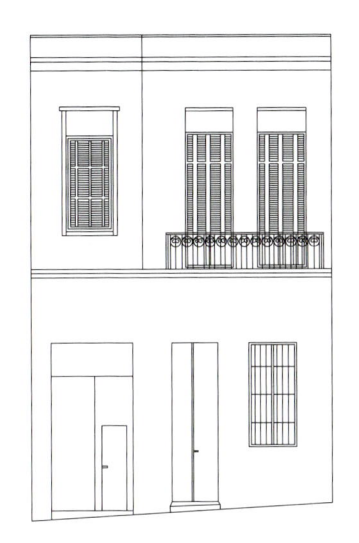

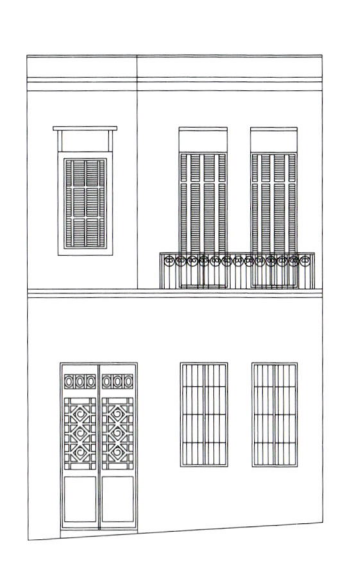

Cronologia arquitetônica das edificações

Procedimento técnico recomendado: o estabelecimento de uma cronologia arquitetônica das edificações implantadas nos lotes do sítio histórico é uma das etapas de maior importância para a compreensão do território e dos artefatos que passarão por conservação e/ou restauro, garantindo, de certa forma, uma leitura mais precisa da evolução urbana da paisagem dos locais referenciados em análise, independente da época que se estabeleça como prioritária que justifique a permanência no cotidiano.

Essa leitura é facilitada pela pesquisa histórica e pelas prospecções, que, cruzadas, permitem a construção da evolução construtiva e do estabelecimento de uma hierarquia de valores. Essa compatibilização dos processos simultâneos, de pesquisa e levantamentos, diminui as hipóteses não aceitas nos trabalhos de restauro, favorecendo a sistematização dessa hierarquia e auxiliando as proposições para salvaguarda e intervenção na área.

Atividade prática: para o Bexiga, essa análise é feita de forma bastante superficial, visto a dificuldade para obtermos dados mais precisos pelas prospecções, com relação às construções e intervenções realizadas. Assim como a fase anterior, exige mais tempo de trabalho, conhecimento e aprofundamento técnico feito por especialistas.

No entanto, dados preliminares foram sistematizados por meio dos trabalhos de pesquisa histórica (iconográfica e mapográfica) e observação visual do trabalho de campo, como facilitador do entendimento das transformações do território e suas construções, auxiliando a montagem dessa cronologia, o estabelecimento de um juízo crítico e a hierarquia de valores das tipologias levantadas.

Diagnóstico do estado de conservação

Procedimento técnico recomendado: sucedem os estudos de pesquisa e levantamento a verificação do estado de conservação dos objetos de análise com a intenção de sanar os danos que comprometam a materialidade, adotando partidos de intervenção conceitual e tecnicamente mais precisos de acordo com os tipos e graus de aceleração das patologias identificadas tanto visualmente, como por análises laboratoriais e testes mais precisos.

Atividade prática: para o Bexiga, foi possível verificar a olho nu o estado de conservação das características externas das construções, principalmente das faces das edificações voltadas para as ruas, de forma preliminar, sem análises técnicas e laboratoriais mais precisas, que exigem a participação de instituições e profissionais qualificados. Mesmo assim, nortearam ações de conservação e restauro inerentes à materialidade e com intenções conceituais de projeto por meio de diretrizes de ações e procedimentos para a manutenção e a recuperação das materialidades.

O foco da análise dos danos, por tratar-se justamente de uma verificação superficial, esteve nas descaracterizações das tipologias levantadas, provenientes das intervenções sem critérios por parte dos proprietários/locatários, onde foi possível verificar grande quantidade de alterações dos revestimentos, das aberturas e fechamentos de vãos, construções de novos pavimentos e supressão de elementos ornamentais/decorativos significativos.

Análise da legislação vigente

Procedimento técnico recomendado: consultas prévias e entendimento das legislações incidentes sobre o território para adequar às pretensões de intervenções.

Atividade prática: para o Bexiga, as equipes se debruçaram sobre o zoneamento municipal (Plano Diretor Estratégico), as legislações de tombamento incidentes (Conpresp, Condephaat e Iphan) e estatuto das cidades para entender índices e restrições, além de possíveis conflitos e divergências entre todas. Fez parte do trabalho a aplicação da legislação nos lotes em seus maiores índices para compreensão das transformações permitidas e o impacto na paisagem preexistente.

Ensaio mantendo a estrutura fundiária atual
TO < 1,0
CA conforme a zona
Recuo frontal: 5m
Recuo lateral: 3m

Ensaio seguindo a legislação atual
TO 0,70
CA 4
Recuo frontal 5m
Recuo lateral 3m

Ensaio seguindo volumetria do entorno: estudo do gabarito do entorno imediato, respeitando a taxa de ocupação e recuos
TO 0,70
Recuo frontal 5m
Recuo lateral 3m

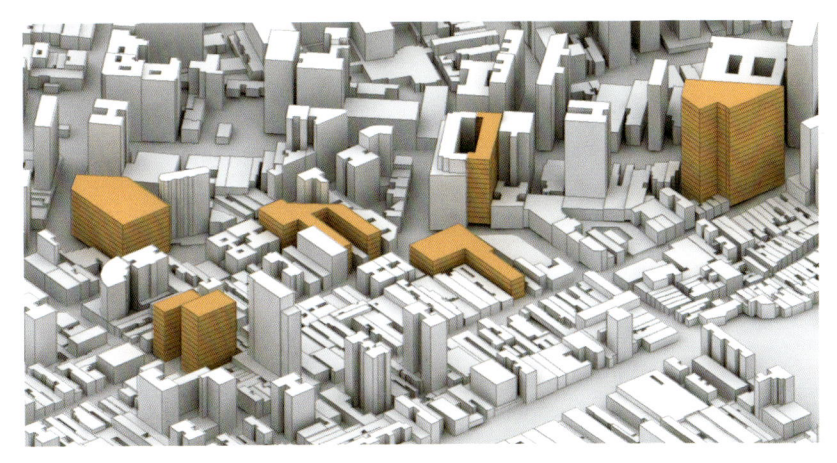

Ensaio contextualista: adensamento com análise da volumetria do entorno. A densidade passa ser o parâmetro a ser adotado

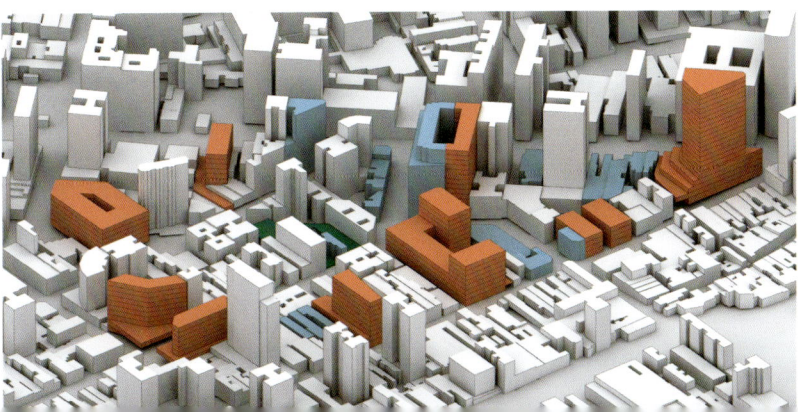

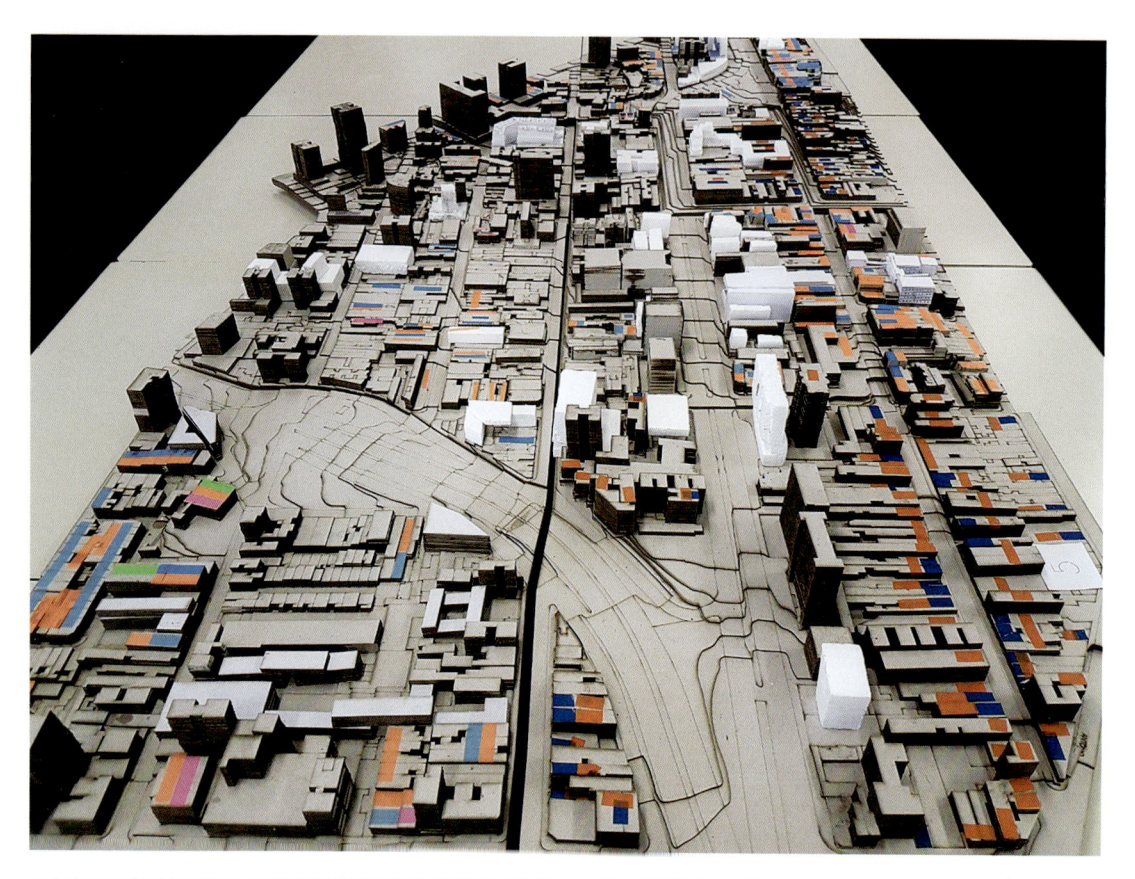

Acima, maquete física do perímetro de tombamento do Bexiga, exercício das disciplinas de Projeto Arquitetônico, Técnicas Retrospectivas II e Maquete da Faap para reconhecimento das preexistências, identificação dos bens tombados e classificados como Zepec-BIR, e intervenção no território preservado por legislação de tombamento, 2017

Abaixo, maquetes físicas do perímetro de tombamento do Bexiga, exercício das disciplinas de Projeto Arquitetônico, Técnicas Retrospectivas II e Maquete da Faap para desenvolvimento das propostas de intervenção no território tombado, 2017

Proposições projetuais

As proposições de projeto, que na academia tinham o foco da disciplina de técnicas retrospectivas, portanto, envolvendo particularmente as edificações preservadas por lei, aconteceram por meio da elaboração de um caderno técnico de restauro, com diretrizes e procedimentos técnicos necessários à viabilização de projetos de recuperação das tipologias históricas.[18]

Dentro de um trabalho de integração promovido pelo curso de arquitetura e urbanismo, em que as disciplinas de projeto arquitetônico e urbanismo trabalham em conjunto com a de técnicas retrospectivas, foi possível a realização de ensaios projetuais na intenção de requalificar as áreas do Bexiga e salvaguardar suas características relevantes à manutenção da identidade local.

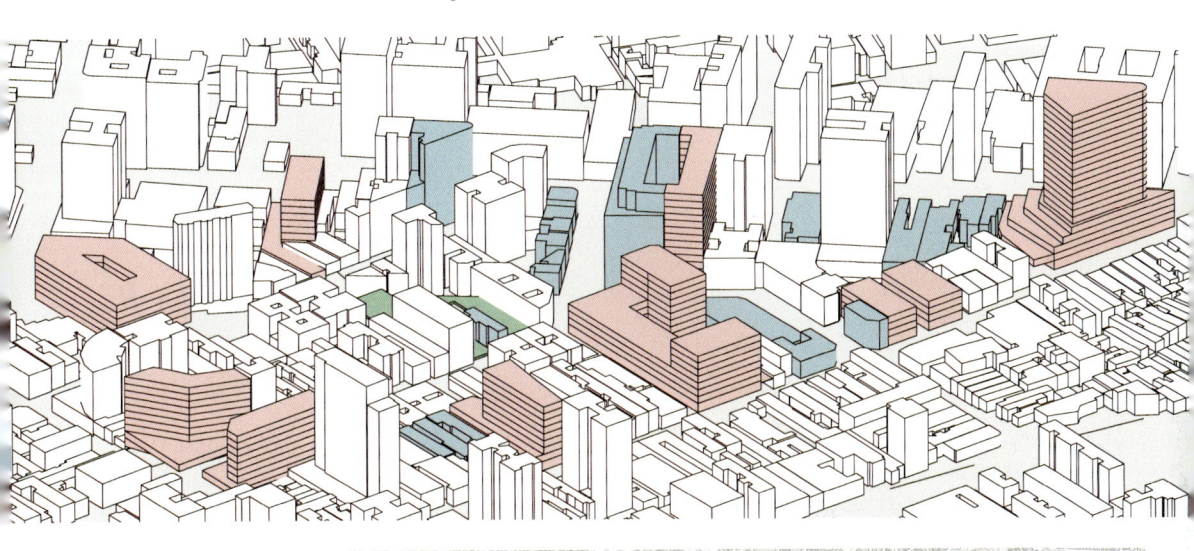

Proposta de requalificação urbana para bairro tombado, com densidade como parâmetro de intervenção, trabalho dos alunos Eric Sedenese, Jorge Abdalla e Tales Ferretti, disciplina Técnicas Retrospectivas II, curso de Arquitetura e Urbanismo da Faap, 2017

Perspectiva

- Propostas
- Tombados NP3
- Parque

Mapa

- Perímetro Tombamento Resolução n. 22/2002
- Proposta de Zona de Ocupação Especial – ZOE

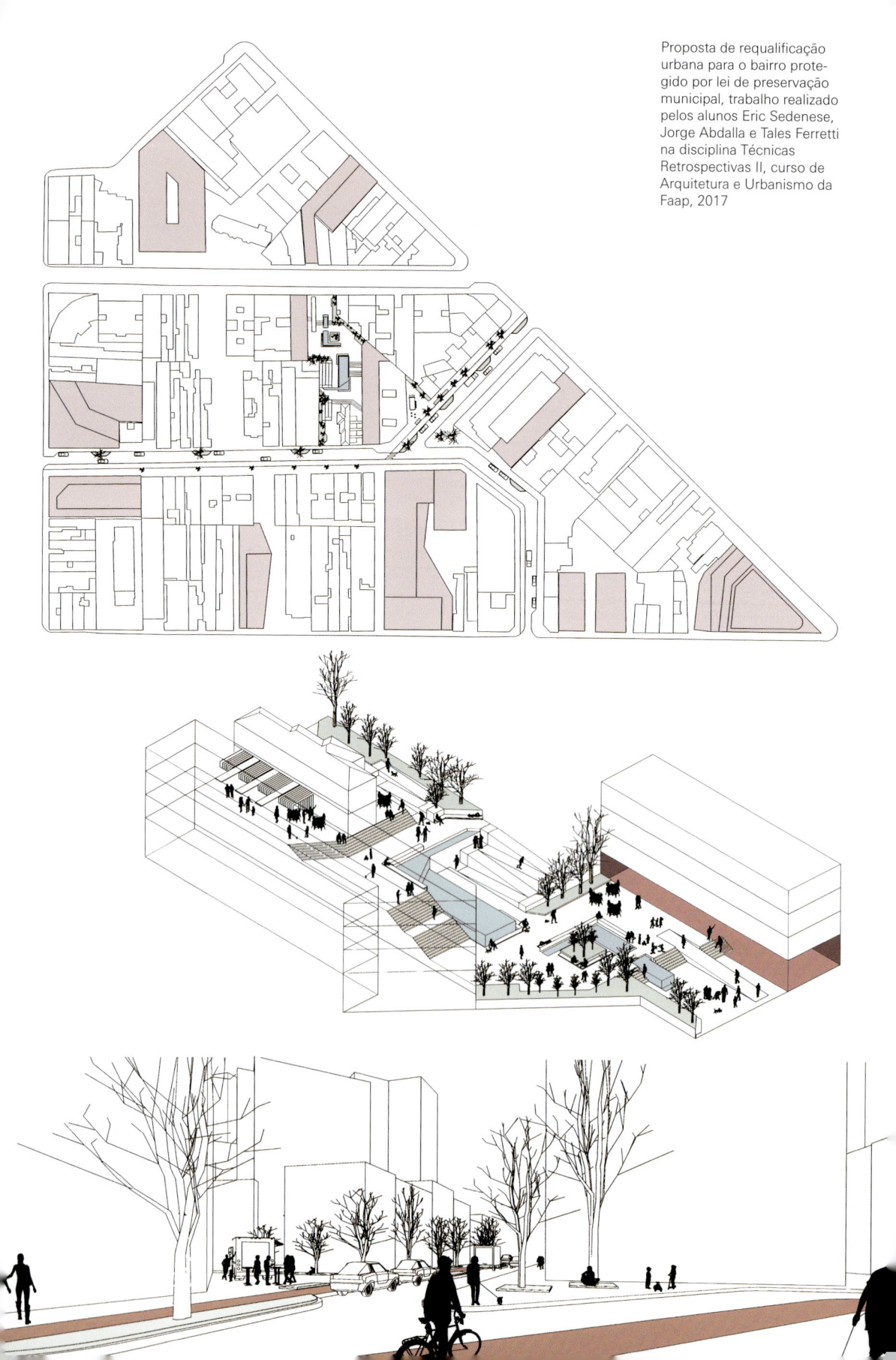

Proposta de requalificação urbana para o bairro protegido por lei de preservação municipal, trabalho realizado pelos alunos Eric Sedenese, Jorge Abdalla e Tales Ferretti na disciplina Técnicas Retrospectivas II, curso de Arquitetura e Urbanismo da Faap, 2017

Considerações finais

Essa experiência no Bexiga aqui descrita, por ter sido experimentada no meio acadêmico da escola de arquitetura e urbanismo, permitiu avançarmos apenas com a aplicação de parte da metodologia recomendada pelos órgãos de preservação, o que não invalida a análise, pois a sistematização dos levantamentos e os aprofundamentos teóricos e práticos nos permitiram traçar a real imagem do território nos últimos anos, por meio de um diagnóstico bastante preciso das transformações e do estado de conservação das materialidades tombadas.

Para este trabalho, foram consideradas as recomendações contidas no Anexo B da Carta de Restauro Italiana de 1972,[19] que trata das instruções para os critérios das restaurações arquitetônicas, das cartas patrimoniais de Atenas de 1931 (identidade e monumentalidade), Veneza de 1964 (autenticidade da matéria), Amsterdã de 1975 (conjuntos históricos), Nairobi (sustentabilidade) e carta de Burra de 1980 (vocabulário técnico), além dos procedimentos metodológicos recomendados pelas instâncias nacionais de preservação competentes e a legislação incidente no território.

Englobou algumas fases fundamentais para a compreensão do conjunto, preliminares às definições de projeto, dentre elas: pesquisa histórica e iconográfica, relatório fotográfico sistematizado lote a lote e das áreas públicas que compõem o ambiente urbano, identificação e análise da evolução urbana por intermédio da sobreposição de mapas históricos, identificação do loteamento e inventário das construções implantadas nos lotes do perímetro do Bexiga por meio do preenchimento de fichas de inventário, produção de maquete física de estudo para entendimento da paisagem natural e construída (geomorfologia do terreno e gabaritos de altura), levantamento arquitetônico de fachadas, constituindo elevações dos eixos urbanos envoltos pelo perímetro de tombamento, identificação das técnicas construtivas e dos materiais de revestimento das faces de fachadas voltadas para o eixos de estudo, identificação e mapeamento dos danos das edificações e verificação do estado de conservação das áreas envoltórias, identificação das tipologias construtivas e estilos arquitetônicos, aspectos de ambiência e análise da legislação vigente.

Esse estudo nos permitiu, de forma consistente e coerente, repensar o núcleo histórico com proposições de projetos alinhadas à necessidade de salvaguarda dos referenciais de identidade.

O resultado dessa experiência, mesmo sem o aprofundamento nas análises, exige profissionais especializados e qualificados fora do universo acadêmico, tais como: trabalhos de prospecções pictóricas, parietais e arqueológicas, ensaios laboratoriais e levantamento pormenorizado dos bens tombados. Isso foi fundamental para atestar a qualidade do processo metodológico e para entender a real necessidade de avaliação da legislação vigente e do alinhamento das diretrizes de intervenção entre as instâncias públicas de preservação.

Nos últimos anos, com a possibilidade de aplicação dessas ações metodológicas quase que semestralmente no Bexiga, foi possível detectar a dinâmica acelerada de transformação e descaracterização do núcleo histórico tombado, sendo caracterizado principalmente por intervenções descriteriosas e pelo desconhecimento e/ou má interpretação da legislação de tombamento. A aceleração no processo de descaracterização, a falta de incentivo e as determinações legais pouco claras e contraditórias são realidades que não contribuem para a manutenção da paisagem preservada por legislação de tombamento.

Parece difícil conter as degradações geradas pela crise social, pela ocupação dos bens tombados por cortiços e pelas intervenções sem projeto em um bairro de tipicidades e movimentos socioculturais relevantes, evidenciando que a preservação perpassa o ato de tombar e deveria refletir em ação mais criteriosa sobre o lugar por parte do poder público, tendo como aliada a iniciativa privada.

Portanto, parece lógica a necessidade urgente de uma avaliação da legislação municipal de tombamento vigente que recai sobre o perímetro histórico do Bexiga, analisando prerrogativas mediante vários aspectos que incluem o entendimento da morfologia natural do terreno como componente primordial para a preservação das características de ambiência, a estruturação urbana (constituição e evolução territorial), a possível redefinição do perímetro de tombamento, a importância da preservação dos arruamentos originais e do primeiro loteamento (parcelamento do solo) quando o Bexiga deixou de ser chácara, a evolução do desenho urbano que mostra as grandes transformações até hoje não incorporadas ao tecido original, o inventário e a catalogação de suas tipologias arquitetônicas para redefinição dos bens tombados em especificidade e da classificação dos níveis de preservação, a especificação de gabaritos de altura quadra a quadra, com garantia das relações visuais e a valorização de seu patrimônio imaterial, garantindo tanto a preservação da memória coletiva, quanto da referencial cultural e urbana.

Afora essa avaliação da legislação vigente, observou-se no trabalho de campo que os problemas da preservação começam já com a origem etimológica das palavras e as definições e conceituações dos termos técnicos utilizados.

A não existência de uma terminologia comum com definições claras e precisas acarreta a má interpretação das propostas de projeto e consequente deformação conceitual e prática. Essa deficiência poderia ser suprida com a formatação e a unificação de um vocabulário técnico normatizado que definisse claramente os tipos de ações relativas ao tombamento, desde a simples conservação do edifício até termos mais complexos que envolvem os conjuntos urbanos.

A falta de especificações técnicas coerentes na adoção do vocabulário que objetive claramente as intervenções pretendidas já foi percebida e abordada em congressos internacionais, como consta, por exemplo, na Carta de Burra de 1980, documento pautado na conceituação das definições técnicas.

Dentre as ações públicas iniciais, o inventário, adotado como critério para identificação e catalogação do bairro, muitas vezes desconsidera a unidade potencial da obra, gerando equívocos quanto às determinações legais e atuações de projeto.

A deficiência do processo de inventário foi constatada ao longo dessa experiência, que ao definir, sem aprofundamento técnico suficiente, o que e de que forma tombar, se amarra às limitações de intervenção que contribuem para a destruição de bens culturais, o que constitui um paradoxo, o qual é mais relevante quando a preservação envolve centros urbanos (tombamento de bairros) e imóveis isolados dentro de um mesmo contexto.

Considerando a metodologia de projeto aplicada, evidencia-se a problemática no ato de projetar e na intervenção física no bem durante o processo de reconhecimento do patrimônio arquitetônico construído.

O projeto de restauro e intervenção arquitetônica assume, entre outras funções, o papel de registro das informações para o futuro e pouco contribui para as ações intervencionistas do restauro prático, mas sim para o armazenamento das informações como forma de registro do passado e preservação empírica do objeto, por intermédio da pesquisa histórica.

Prioriza-se na atualidade a obra de intervenção em detrimento do projeto que implica o profundo reconhecimento do objeto de análise, fragilizando as ações necessárias que antecedem a execução, o que, em certo sentido, revela a necessidade de revisão da normatização, da eficiência e da agilidade de análises e da fixação de novos procedimentos pelos órgãos competentes.

A adoção de conceitual teórico e de um partido formulados junto a um memorial de procedimentos técnicos criteriosos, nos quais se apliquem inclusive testes de eficiência, interferem na qualidade da execução final da intervenção. Esses testes só são possíveis quando o projeto cumpre a sequência metodológica estabelecida e esgota qualquer possibilidade de ação de execução sem fundamentação, descartando hipóteses e ações descaracterizadoras.

Evidencia-se, portanto, que a deficiência do processo não está no método, e sim nas formas de atuação e execução por vezes inadequadas e invasivas.

Preservar núcleos históricos como o bairro do Bexiga é garantir uma constância da materialidade daquilo que não queremos perder. Uma forma de construção do passado, recolocando as bases de determinada cultura em seu lugar.

Mediante as dificuldades que envolvem a preservação do nosso patrimônio, parece relevante que ações cautelares sejam tomadas, evitando as perdas irreparáveis, e que a conservação que se pretende esteja alinhada à manutenção da identidade reforçada por vínculos afetivos.

A aplicação de um instrumental conceitual metodológico e tecnológico que conduz a um modo criterioso de preservar, recuperando a integridade dos bens culturais e seu retorno à vida cotidiana, é fundamental para a afirmação dos valores de identidade revelados nas pesquisas históricas e de campo. E, sob esse aspecto, não se pode perder de vista que conservação e inovação não são questões paradoxais, mas sim princípios em diálogo e interação constantes, possíveis pelo desenvolvimento de bons projetos.

Cada intervenção deve não apenas reafirmar a existência anterior de uma edificação, mas também estabelecer novos vínculos entre a memória e a vida contemporânea, fazendo do presente um ponto de equilíbrio entre o passado e o futuro.

Na preservação está a capacidade afetiva de identificar com olhos críticos a sociedade que fomos aceitando, suas deficiências e obsolescências, criando um contraponto entre passado e futuro que nos permita viver em harmonia, pois é certo que não se pode conservar tudo, porque não é possível recordar-se de tudo, daí a necessidade de se estabelecer critérios e metodologias de reconhecimento para a caracterização das relevâncias que culminem em ações de conservação relevantes para a manutenção da memória.

Notas

NA. Agradeço a Marcos de Oliveira Costa, coordenador do curso de arquitetura e urbanismo da Faap, e aos colegas professores do 8º semestre, em especial Eduardo Argenton Colonelli, Marcio Novaes Coelho Jr., Sergio Sandler e Marcelo Westermann, parceiros na aplicação dessa metodologia durante o processo de integração das seguintes disciplinas no decorrer de nossa trajetória pelo Bexiga: projeto arquitetônico, projeto urbanístico, técnicas retrospectivas e maquete.

1. ``Ambiência: 1. Meio material ou moral onde se vive; meio ambiente: 2 2. Arquit. O espaço, arquitetonicamente organizado e animado, que constitui um meio físico e, ao mesmo tempo, meio estético, ou psicológico, especialmente preparado para o exercício de atividades humanas; ambiente. Ambiência (verbete). *Dicionário Informal*.
2. CHOAY, Françoise. *A alegoria do patrimônio*; CHOAY, Françoise. *O urbanismo: utopias e realidades. Uma antologia*; JACOBS, Jane. *Morte e vida de grandes cidades norte-americanas*.
3. REIS FILHO, Nestor Goulart. *Quadro da arquitetura no Brasil*.
4. Inventário: uma das formas de preservação que, em se tratando de um ambiental urbano e que pode compreender sítios naturais, históricos e arquitetônicos, tem como objetivo detectar formas de organização espacial através do reconhecimento da funcionalidade e significado de um determinado lugar, obtendo formas de documentação iconográfica, textual e monográfica; analisando e identificando as necessidades de proteção possibilitando a proposição de meios de conservação e formas de proteção na intenção de perpetuar a história. Ver: MOTTA, Lia; REZENDE, Maria Beatriz. Inventário (verbete).
5. ROCHA, Gustavo Neves da. *Levantamento sistemático destinado a inventariar bens culturais do estado de São Paulo*.
6. AMARAL, Antônio Barreto. *Dicionário de história de São Paulo*; MARZOLA, Nádia. *Bela Vista*.
7. Igepac: Inventário Geral do Patrimônio Ambiental, Cultural e Urbano de São Paulo, que, como o próprio nome indica, constitui trabalho sistemático de reconhecimento e documentação dos bens que representam testemunhos físicos do processo de evolução urbana da cidade. Ver: DPH. *Inventário geral do patrimônio ambiental, cultural e urbano de São Paulo*. Cadernos do Igepac SP 1: aspectos metodológicos; DPH. *Inventário geral do patrimônio ambiental, cultural e urbano de São Paulo*. Cadernos do Igepac SP 2: Liberdade.
8. O Conselho de Preservação de São Paulo – Conpresp é vinculado à Secretaria Municipal de Cultura, responsável pela deliberação de determinações legais e processos que envolvem bens culturais da municipalidade de São Paulo.
9. CONPRESP. Resolução n. 22/2002. Tombamento do bairro da Bela Vista.
10. KAMIDE, Edna Hiroe Miguita; PEREIRA, Tereza Cristina Rodrigues Epitácio (Org.). *Patrimônio cultural paulista: Condephaat – bens tombados 1968-1998*.
11. SÃO PAULO (Município). Lei n. 16.402, de 22 de março de 2016. Disciplina o parcelamento, o uso e a ocupação do solo no município de São Paulo, de acordo com a Lei n. 16.050, de 31 de julho de 2014 – Plano Diretor Estratégico. Ver "Seção I – Das Zonas Especiais de Preservação Cultural – Zepec".
12. Fachada ativa: corresponde à ocupação da fachada localizada no alinhamento de passeios públicos por uso não residencial com acesso aberto à população e abertura para o logradouro, visando promover usos mais dinâmicos dos passeios públicos em interação com atividades instaladas nos térreos das edificações, a fim de fortalecer a vida urbana nos espaços públicos. Evitar a multiplicação de planos fechados na interface entre as construções e o passeio público. Ver: KRONENBERGER, Bruna da Cunha. Fachada ativa.
13. Autenticidade: definida como sendo verdadeiro em substância, como de fato proveniente da fonte ou autoria reputada, é reconhecida como sendo a qualidade acima de todas, provavelmente a mais essencial, na identificação de sítios de grande significado cultural. Sem ela, seus valores como documentos históricos, como obras de arte excepcionais e como símbolos nacionais, estão seriamente comprometidos. Autenticidade (verbete). *Shorter Oxford English Dictionary*. Apud BELL, Dorothy. *The Historic Scotland Guide to International Conservation Charters*, p. 27-28. Ver também: GONÇALVES, Cristiane Souza. Autenticidade (verbete).

14. INSTITUTO MUNICIPAL DE ARTE E CULTURA. *Corredor cultural: como recuperar, reformar ou construir seu imóvel*; BOHIGAS, Oriol. 1998. Cidade, espaço entre arquiteturas.
15. ECO, Humberto. *Como se faz uma tese*; LEITE, José Alfredo Américo. *Metodologia de elaboração de teses*; VIOLLET-LE-DUC, Eugène Emmanuel. *Restauração*.
16. RODRIGUES, Marly. *Imagens do passado: a instituição do patrimônio em São Paulo – 1969/1987*; ROSSI, Aldo. *A arquitetura da cidade*.
17. CERVELLATI, Pier Luigi; SCANNAVINI, Roberto. Bolonia: política y metodología de la restauración de centros históricos; CERVELATTI, Pier Luigi. *La città bella: il recupero dell'ambiente urbano*; NETTO, Araújo. Proposta de Bolonha para uma cidade moderna. Conservar = revolucionar.
18. DEL RIO, Vicente. *Introdução ao desenho urbano no processo de planejamento*.
19. Anexo B da Carta de Restauro Italiana de 1972: "A realização do projeto para a restauração de uma obra arquitetônica deverá ser precedida de um exaustivo estudo sobre o monumento, elaborado de diversos pontos de vista (que estabeleçam a análise de sua posição no contexto territorial ou no tecido urbano, dos aspectos tipológicos, das elevações e qualidades formais, dos sistemas e caracteres construtivos etc.), relativos à obra original, assim como aos eventuais acréscimos ou modificações. Parte integrante desse estudo serão pesquisas bibliográficas, iconográficas e arquivísticas etc., para obter todos os dados históricos possíveis. O projeto se baseará em uma completa observação gráfica e fotográfica, interpretada também sob o aspecto metodológico, dos traçados reguladores e dos sistemas proporcionais e compreenderá um cuidadoso estudo específico para a verificação das condições de estabilidade".

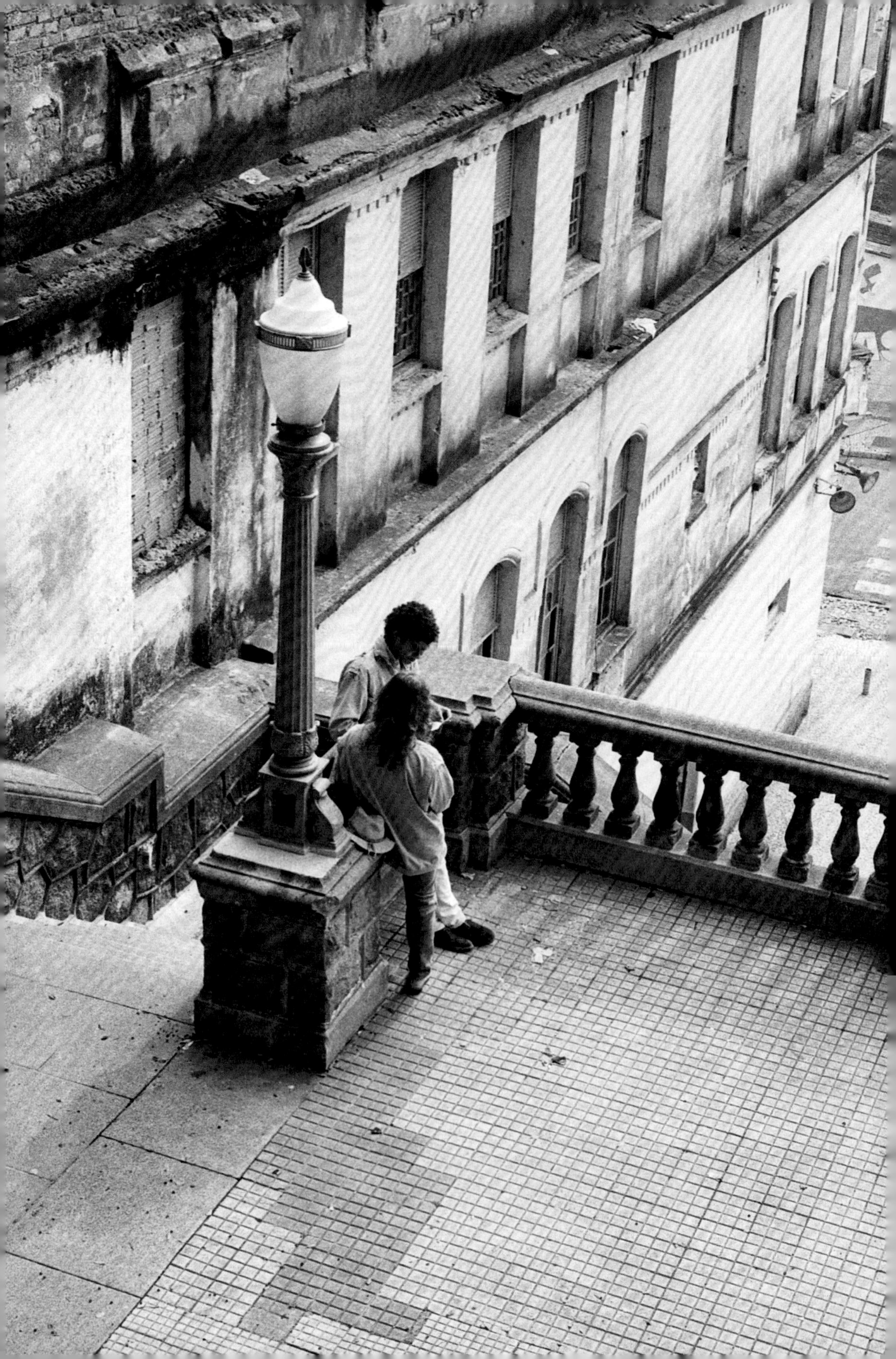

3.5 A vida dos lugares: meandros do patrimônio contemporâneo do Bexiga
Sara Fraústo Belém de Oliveira
Eliana Rosa de Queiroz Barbosa

Ensaio fotográfico *Bexiga 1991*, de Cristiano Mascaro

Na contracorrente de trabalhos sobre gentrificação cujo foco encontra-se nos novos moradores – deixando à margem o estudo da população que antes lá vivia –, pretendeu-se aqui contribuir para o registro da memória do Bexiga. Entende-se que o reconhecimento da cultura de determinado lugar deve partir da comunidade, representando a base do que seria o patrimônio cultural. O artigo inicia-se com uma breve explicação sobre o fenômeno da gentrificação, seguida da conceituação de patrimônio cultural e uma análise do tombamento do bairro. Como o seu tecido social foi o nosso objeto de estudo, após a introdução, ilustraram-se as informações a respeito da urbanidade local. Finalizou-se o trabalho com a percepção da atual população do Bexiga, realizada por meio de um conjunto de entrevistas que refletem como os habitantes interagem com as estruturas urbanas do bairro e como percebem uma incipiente gentrificação. Tentou-se mostrar, por meio do levantamento da urbanidade e da história oral, um Bexiga com mais-valias que extrapolam a matéria do patrimônio arquitetônico em si, traduzindo-se em patrimônio cultural, este entendido de uma forma mais ampla e baseado no capital social e na diversidade sociocultural. Objetivou-se compreender as referências culturais do bairro, mas, acima de tudo, compreender a vida. A vida dos lugares.

Bexiga ou Bixiga?

O Bexiga é um bairro histórico e central de São Paulo. A sua existência remete ao início da expansão da cidade. Todavia, não existe uma delimitação oficial para o seu território, uma vez que a menor divisão territorial adotada pela administração pública municipal é o distrito. Assim sendo, o perímetro de tombamento da Bela Vista utilizado na elaboração deste trabalho corresponde ao determinado pelo Conpresp através da Resolução n. 22/2002.[1]

Com um tecido social riquíssimo – foi território indígena, parada de escravos fugidos, quilombo urbano, local de assentamento dos primeiros imigrantes europeus, em especial italianos –, hoje abriga uma importante parte da comunidade nordestina que chega à cidade, além de uma nova leva de refugiados. No entanto, nem sempre a convivência dessas diversas culturas se deu de forma tranquila.

A primeira tensão invisível – aos olhos dos leigos ou não residentes, quando nos referimos ao bairro – é a sua nomenclatura. Nos registros oficiais, a palavra é escrita com "e". Já no que tange à história oral, escreve-se com "i". Como mostram cartazes espalhados pelo Bexiga, é um bairro com nome próprio.[2]

As características da sua ocupação e uma constante ressignificação fazem com que o bairro abrigue um considerável número de agentes e produtores culturais e artísticos, festas populares, além de inúmeras apropriações interessantes do seu espaço público. Em suma, encontramos no Bexiga uma pujante urbanidade – aqui definida como a construção das relações entre o patrimônio cultural, os espaços públicos, a diversidade de usos e o tecido social existente.

Na agenda contemporânea, é comum que bairros como este, historicamente à margem dos investimentos públicos em desenvolvimento urbano, passem por fenômenos de gentrificação.

Termo cunhado por Ruth Glass,[3] teve a sua grande difusão a cargo do geógrafo Neil Smith.[4] De forma resumida, caracteriza-se como sendo um tipo específico de segregação socioespacial – um processo de elitização do tecido urbano, com a substituição de um grupo social economicamente mais vulnerável e excluído por outro mais rico, correspondente à classe média e/ou média alta. Envolve diretamente o mercado habitacional e a criação de novos serviços que atendam a nova classe social introduzida no território.

Mike Savage e Alan Warde afirmam que a gentrificação inclui: a reorganização da geografia urbana, com a substituição de um grupo por outro; uma alteração da dinâmica espacial de indivíduos com determinados estilos de vida e características culturais; a transformação do ambiente construído, com a criação de novos serviços e requalificação residencial; e, por fim, a alteração de leis de zoneamento, permitindo um aumento do valor dos imóveis, da densidade populacional e uma mudança no perfil socioeconômico.[5]

Todo esse panorama encontra-se inserido num contexto político e econômico neoliberal. As cidades tornam-se produtos mercadológicos, geridas por meio de investimentos e Parcerias Público-Privadas – PPP, e os interesses individuais, aliados a imposições globais de padrões de comportamento e consumo, recorrem à cultura, ao turismo e ao comércio como forma de expulsão de camadas sociais menos favorecidas – aquelas mais excluídas dos meios de produção capitalistas.[6]

Nessa lógica, o patrimônio cultural entra como um ativo importante capaz de deflagrar transformações urbanas. No modelo descrito por Bourdieu,[7] o capital cultural existe de várias formas, expressando as disposições incorporadas e os recursos de determinada comunidade. Essa forma de capital abrange âmbitos educacionais e de conhecimento, além de espectros simbólicos, capazes de definir e legitimar valores, padrões e estilos culturais, estéticos e morais.[8]

Assim, o capital social refere-se à soma de recursos reais e potenciais que podem ser mobilizados por meio da adesão a redes sociais de atores e organizações, envolvendo a transformação de relações específicas, como as de vizinhança, local de trabalho ou mesmo parentesco.[9]

Embora sejam percebidas forças gentrificadoras no Bexiga,[10] a resistência social faz-se presente e é notória, uma vez que o tecido social ameaçado de expulsão é denso e bem estabelecido no local, principalmente no plano econômico.

Na contramão de trabalhos sobre gentrificação cujo foco são os novos moradores – deixando à margem o estudo da população que antes lá vivia –, pretende-se aqui contribuir para o registro da história oral do Bexiga. A sua urbanidade e a percepção das referências culturais dos seus atuais moradores são abordadas, entendendo que o reconhecimento por parte da comunidade deve ser a base do patrimônio cultural:

> O que torna o lugar atraente é muito mais do que a cultura, é mesmo sua gente, o jeito que esse povo encontrou de estar e ser em seu espaço, vivendo sua realidade, da forma singular como podem. [...]
> O conceito de patrimônio cultural, então, envolve o feito humano atrelado a um contexto. [...]
> Assim, o patrimônio é reflexo da sociedade que o produz. [...] Cabe, desta forma, deixar claro que apenas representam patrimônio cultural local, quando tais construções são assumidas/assimiladas pela coletividade de forma autônoma.[11]

Dentro desta perspectiva, cabe fazer um recorte a respeito das ações e das políticas de preservação aplicadas ao território em questão. O processo de tombamento foi iniciado pelo Inventário Geral do Patrimônio Ambiental e Cultural – Igepac da Bela Vista, realizado pelo Departamento do Patrimônio Histórico – DPH, por sua vez, consequência do Concurso de Ideias para a Renovação Urbana e Preservação do bairro do Bixiga, encabeçado pela Empresa Municipal de Urbanização – Emurb, hoje SP Urbanismo. Graças à participação da comunidade no desenvolvimento do concurso, a mesma teve a oportunidade de se apropriar e (re)significar a importância do tombamento do bairro.

O processo de tombamento estabeleceu um perímetro inicial de proteção, além de ter criado uma lista de imóveis isolados, com níveis de preservação distintos. A Resolução n. 22/2002 delimitou três áreas de tombamento: a área do Bexiga, a área da Grota e a área da Vila Itororó, definidas a partir das características geomorfológicas do sítio.[12]

Para garantir a proteção da ambiência do bairro, qualquer intervenção, nos imóveis dentro das áreas envoltórias, deverá obter aprovação junto aos órgãos de preservação, DPH e o Conselho Municipal de Preservação do Patrimônio Histórico, Cultural e Ambiental da Cidade de São Paulo – Conpresp.

É interessante notar que o potencial turístico associado ao Bexiga é referido na própria resolução oficial de tombamento, fato constatado até como anseio de uma parcela da população do bairro. Tal inferência alinha-se ao que John Betancur menciona sobre o estabelecimento de políticas de preservação cultural articuladas a processos gentrificadores.[13]

Posterior ao tombamento, diversos instrumentos de política e regulação do desenvolvimento urbano foram aprovados: o Plano Diretor Estratégico – PDE 2002, responsável por criar mecanismos para que o potencial construtivo de bens tombados pudesse ser transferido para outros imóveis, além das Zonas Especiais de Interesse Social – Zeis, para os lugares já encortiçados, e as Zonas Especiais de Preservação Cultural – Zepec; o Plano Regional e Lei de Uso e Ocupação do Solo – Luos de 2004; o PDE 2014, que trouxe os Eixos de Estruturação da Transformação Urbana – Eetu – áreas para adensamento construtivo e populacional, definidos a partir dos elementos estruturais do transporte coletivo de média e alta capacidade; e, por fim, o novo zoneamento – Luos de 2016 –, responsável por oficializar tais eixos como Zonas de Estruturação Urbana – ZEU, englobando grande parte do território do

Bexiga. Assim, ao se analisar a legislação, conclui-se que existe uma pretensão do município em adensar a região.[14]

Apesar de não necessariamente ter sido efetiva a conservação individual dos imóveis,[15] na prática, a política de preservação consubstanciou-se em uma espécie de tombamento urbano,[16] mais abrangente que o tombamento de imóveis isolados. Com isso, de certa forma, garantiu-se a presença da diversidade social do bairro:

> Olhando o tombamento do Bixiga, de fato, se a gente for olhar o tombamento desse bairro como um tombamento de arquitetura, dentro do mesmo território, o tombamento não seria para qualificar aquele bairro nem nada, mas quando você observa o tombamento do Bixiga como um tombamento urbano, com forma de urbanidade, como tombamento do espaço, do suporte que sustenta as práticas sociais que acontecem naquele bairro... eu vou lá e está cheio de vida! As casas estão descascadas? Tudo bem. Você tem cortiço... um modo de morar. [...] a gente não está falando da arquitetura, a gente não está falando da qualidade arquitetônica, a gente está falando do campo do trabalho, do campo social, por que é que esses aspectos não podem ser considerados nesse tombamento [...]? Essa densidade técnica, por que é que quando chega a esse tombamento a gente tem de falar assim... da argamassa ou dos italianos? O Bixiga sempre foi um bairro plural! Ele foi um bairro que não foi ocupado por italianos ricos. Foram italianos do Sul, italianos pobres, junto com esses italianos estiveram os escravos libertos, que conformavam esse bairro múltiplo. Então, nesse ponto, eu olho para o Bixiga... eu vejo assim, a gente tem um problema com a argamassa, mas a gente não tem um problema com o objeto do tombamento. O objeto do tombamento é o campo social e o Bixiga sustenta isso, o tombamento desses imóveis sustenta esse aspecto social.[17]

Como tal, o tombamento não alavancou, mas também não impediu o desenvolvimento do bairro.[18] Ele regula, enquanto lei, mas não transforma efetivamente.

Entretanto, observa-se um incipiente movimento gentrificador, demonstrado não apenas pela atuação do mercado imobiliário em partes específicas do bairro – nas áreas próximas aos eixos mais valorizados, como a avenida Paulista, e na porção do território inserida na Operação Urbana Centro –, mas também pela mudança no perfil populacional observada na aquisição e transformação de algumas casas tombadas por uma população de classe média, além da abertura de novos estabelecimentos comerciais e de serviços, em especial na rua 13 de Maio, que almejam um público para além dos limites do bairro.[19]

Observam-se sinais do início de um processo de transformação. Por um lado, causa apreensão dadas as incertezas do resultado material desse fenômeno, e, por outro, traz luz à necessidade de identificação e posterior preservação das características imateriais que fazem do bairro um local tão rico culturalmente: o seu tecido social e a sua urbanidade. Essa identificação é o objetivo deste trabalho.

A próxima parte detém-se em levantar o tecido social na sua origem diversa. Elaborou-se uma relação entre a urbanidade e a trama urbana do bairro, por meio da combinação da análise da forma com as categorias elencadas como indutoras de urbanidade – pontos de atração e grupos atuantes.

Por último, é feita a caracterização da população atual, realizada por meio de um conjunto de entrevistas que ilustram como esses habitantes se relacionam com as estruturas urbanas do Bexiga e como percebem essa nova fase gentrificadora. De fato, quando se analisa a história do bairro, fica nítido que em outros momentos urbanos, como na abertura de vias – por exemplo, a avenida 9 de Julho –, a gentrificação ocorreu no território em estudo.

Tecido social: origem e transformações contemporâneas

A questão da alta densidade populacional e diversidade cultural remete ao início da ocupação deste território – inicialmente um quilombo urbano – e do seu posterior parcelamento, loteamento e ocupação por uma gama de (i)migrantes.

Em relação ao loteamento de 1878, que deu origem ao tecido urbano contemporâneo, Celia Toledo Lucena menciona a vocação do bairro para o comércio popular, dada a sua proximidade ao centro histórico, a linha de bonde que percorria a rua Santo Amaro e as características dos lotes (5 metros de frente e sem recuos).[20]

Sheila Schneck afirma que as primeiras casas do Bexiga foram levantadas, timidamente, por volta de 1870 a 1880, e, de forma mais rápida, após os anos 1890. Em 1914, o bairro já se encontrava urbanizado e povoado.[21]

As características do loteamento foram também responsáveis pela proliferação de cortiços. Desde sempre, estes estiveram presentes em número significativo no bairro, contribuindo para a sua considerável densidade

> as ruas do bairro Bexiga, onde os lotes compridos de quatro ou cinco metros de frente, deram oportunidade para que as casas fossem construídas junto do alinhamento e ainda sem a manutenção de área para quintal, pois nos fundos havia um prolongamento da moradia, que permitia subalugar cômodos, o que propiciou, desde cedo, o surgimento dos cortiços.
>
> Os casarões do Bexiga, em estilo italiano, desde o início, quando construídos, eram subdivididos em inúmeras residências.
>
> Os cortiços do Bexiga abrigaram italianos, negros, portugueses, espanhóis e outras etnias, isto é, grupos de imigrantes em busca de espaço na cidade. A habitação coletiva é concentração populacional e para compreendê-la leva-se em conta a socialização. Ela comporta relações sociais, práticas de interação e de oposição, ritos, festas, comportamentos, valores e hábitos. É ainda reduto de novas sensibilidades.[22]

Nota-se, portanto, um forte entrelaçamento das características do tecido urbano – a malha ortogonal, a disposição e o tamanho dos lotes, e as características das tipologias edilícias originais – com a questão da densidade habitacional e da diversidade sociocultural observada no bairro. Esta não se perdeu ao longo do século 20; pelo contrário, cresceu em complexidade.

A Bela Vista, distrito onde está inserido o Bexiga, é um dos mais populosos e densos de São Paulo. Segundo os dados do Infocidade, em 2010, o distrito possuía a densidade de 26.715 hab./km², além de uma população total de 69.460 pessoas.[23] Os números do território se devem tanto à presença do tecido urbano tradicional quanto, como vimos, à permanência histórica de cortiços na região.

Quando se observa o mapa da localização dos cortiços existentes no bairro, constata-se que alguns deles se sobrepõem à malha da distribuição dos imóveis tombados do Bexiga. Isso se deve ao fato de o proprietário, às vezes, preferir não realizar a manutenção do imóvel histórico, em face de uma sublocação do mesmo, desrespeitando as condições básicas de moradia digna. Por vezes, os preços praticados pelo aluguel de um quarto, com uma área em torno de 10 m², rondam os 750-800 reais.

Atualmente, o bairro continua a receber um fluxo migratório relevante. De acordo com a Fundação Sistema Estadual de Análise de Dados – Seade, em 2014, o distrito da Bela Vista permaneceu como um dos mais densos da cidade de São Paulo, contabilizando um valor de 71.225 pessoas em termos de população total.[24] Ao cruzarmos os dois dados estatísticos citados anteriormente, é possível constatar um aumento populacional de quase 2 mil pessoas no território da Bela Vista. Entre elas estão africanos e haitianos, além de migrantes oriundos do Norte e Nordeste do Brasil.

A relação entre capital social e urbanidade leva-nos a um conceito capaz de mitigar a gentrificação: capacidade social de uma comunidade.

Paul Mattessich e Barbara Monsey, em livro citado em artigo do primeiro autor, definem o termo como sendo o limite até onde membros de determinada comunidade podem trabalhar juntos de maneira eficaz.[25] Isso inclui as seguintes habilidades: desenvolver e manter relacionamentos fortes, resolver problemas e tomar decisões em grupo, colaborar efetivamente para a identificação de objetivos comuns, além de realizar trabalhos em conjunto.

Trata-se de um atributo de uma comunidade, não de membros específicos. O nível de capital social da mesma depende do número e da força de laços ou vínculos que os seus membros mantêm entre si, influenciando-a de duas maneiras: estrutural e cognitivamente.[26]

No primeiro caso, as interconexões entre as pessoas de uma comunidade criam um grupo de redes sociais. Estas facilitam o desenvolvimento da comunidade, permitindo o fluxo de informações, ideias, produtos e serviços entre os residentes.

Já em termos cognitivos, as interconexões criam um senso de propósito compartilhado, aumentam o comprometimento, promovem a confiança mútua e fortalecem as normas de reciprocidade entre os moradores daquela comunidade.

Como tal, se as pessoas que vivem numa mesma área geográfica se conhecem, compartilham um grande número de laços sociais e sentem um compromisso para com o local onde vivem, a capacidade social da comunidade é alta. Isso aumenta a sua capacidade de resistir, com maior eficácia, a possíveis pressões gentrificadoras do poder público e do mercado imobiliário.

Recentemente, devido ao projeto de expansão da linha do transporte metropolitano de São Paulo, houve a tentativa de remover a Escola de Samba Vai-Vai de local – uma das principais referências afro-brasileiras do Bexiga. Contudo, graças ao capital social do bairro, houve uma resistência efetiva e eficaz a essa pressão, tendo a escola

Mapas ilustrativos da localização do capital cultural e social do bairro do Bexiga: as associações estão bem distribuídas ao longo do perímetro de estudo, enquanto os restaurantes com um viés mais turístico, situam-se, preferencialmente, nas imediações da rua 13 de Maio, área mais antiga

- ⬜ Perímetro Resolução 22/2002
- ─ ─ Bloco de carnaval Esfarrapados
- ─ ─ Bloco de carnaval Saci do Bixiga
- ─ ─ Percurso Festival Graffiti
- 🟠 Escola de samba
- 🟠 Roda de samba
- 🟢 Bares
- 🟢 Casas noturnas
- 🟢 Culinária
- 🟣 Núcleo nordestino
- 🔵 Cortiços
- 🟣 Teatros
- 🟣 Associação de Assistência à População do Bairro
- 🔴 Associação Comercial Artes, ofícios, danças
- ⚫ Grupos religiosos
- 🟢 Pontos de atração Marcos históricos e de patrimônio

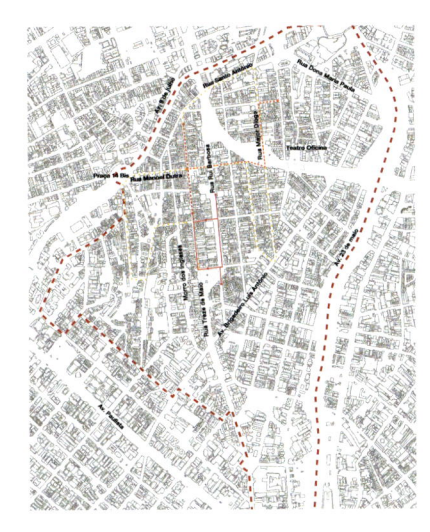

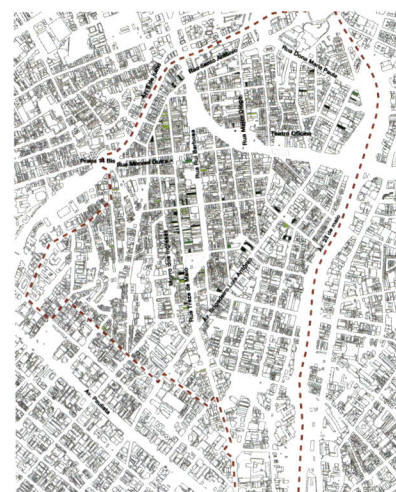

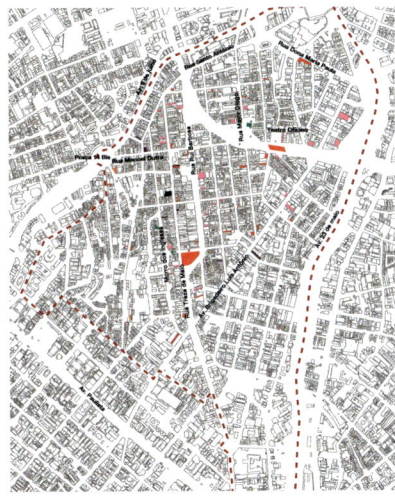

permanecido no mesmo espaço. Outro fato importante, que só reforça a relação entre urbanidade e capital social, relaciona-se à Vai-Vai usar a rua como espaço de ensaio, aberto à comunidade.

Instrumento vital na construção do capital social comunitário, a urbanidade representa o palco heterogêneo e democrático do encontro com o outro, com o diferente, construindo e fortalecendo as normas de reciprocidade entre moradores.

Conforme visto anteriormente, uma particularidade do Bexiga é a existência de vários cortiços, com quartos alugados de dimensões bastante reduzidas e insalubres. Embora o banheiro, muitas vezes, seja compartilhado, a falta de espaço e de áreas comuns de recreação social fazem com que a rua e o espaço público cumpram esse papel. Tal fato vai na direção oposta daquilo que é produzido hoje pelo mercado imobiliário, com os seus condomínios fechados, para as classes média e média alta.

Assim, percebe-se no Bexiga uma pujante urbanidade, tendo em vista a combinação da alta densidade, o patrimônio cultural, a presença de espaços públicos simbólicos – a começar pelas ruas que compõem a sua malha –, além da diversidade social que o território apresenta.

Mapa da localização dos cortiços existentes no Bexiga, alguns deles são imóveis históricos e tombados, uma vez que determinados proprietários escolhem não realizar a apropriada manutenção dos mesmos, preferindo sublocá-los em parte

⌞⌝ Perímetro Resolução 22/2002

■ Cortiços

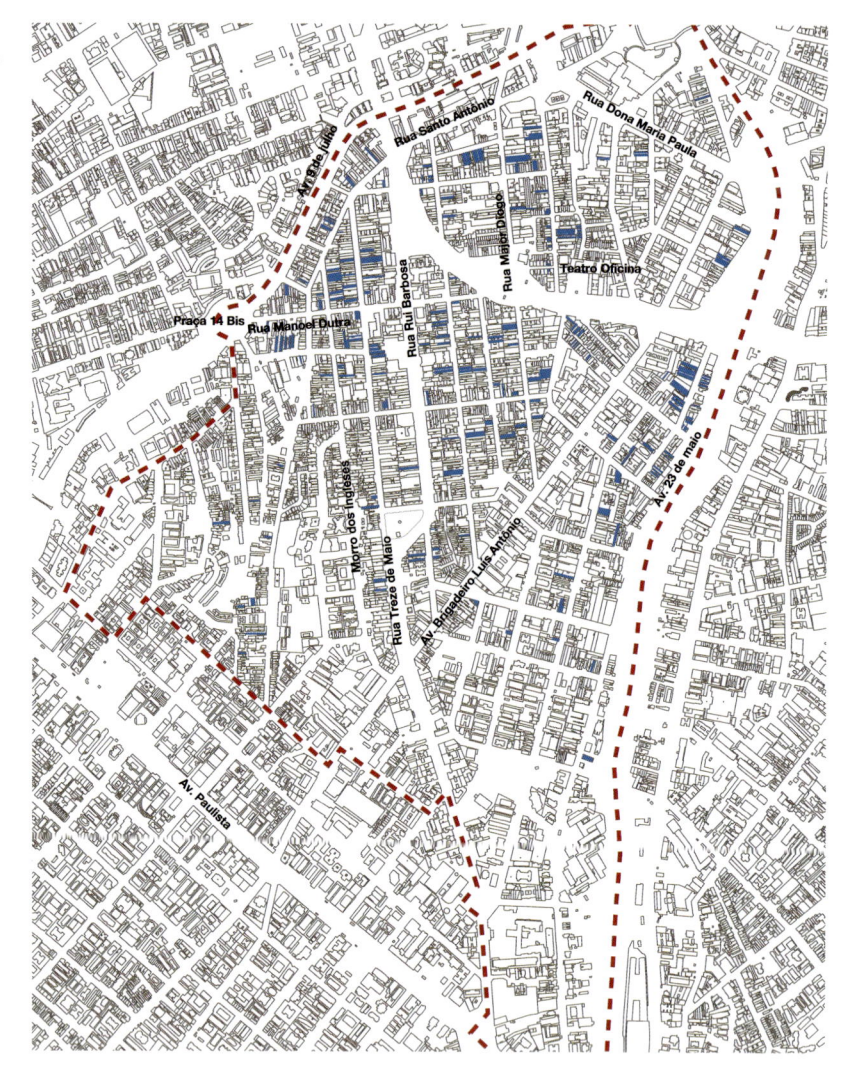

Para a realização do mapeamento da urbanidade do bairro foram elencadas duas categorias de pujança que se rebatem no espaço público: grupos atuantes e pontos de atração. Como grupos atuantes, definimos associações, agremiações, organizações não governamentais e grupos culturais presentes no Bexiga – como a Escola de Samba Vai-Vai, considerada símbolo da resistência afro-brasileira do bairro, e o emblemático Teatro Oficina, tombado pelo poder público municipal, estadual e federal, projeto dos arquitetos Lina Bo Bardi e Edson Elito para o reconhecido diretor José Celso Martinez Corrêa, líder da Associação Teat(r)o Oficina Uzyna Uzona.

Já no caso dos pontos de atração, elencamos espaços de uso público e/ou coletivo, como a praça Dom Orione, que atraem um público abrangente, composto por habitantes do Bexiga e visitantes de outras áreas da cidade.[27] Como evento exemplar, pudemos observar, em 2017, a intervenção do grupo musical e cultural Ilú Obá de Min. Composto exclusivamente por mulheres, este faz, todos os anos, a lavagem simbólica da escadaria da praça Dom Orione, no evento Treze na Treze, visando ressaltar o quanto a Lei Áurea, comemorada a cada 13 de maio, não representa os movimentos negros nacionais, de uma forma geral. Tampouco é motivo de celebração, uma vez que após a abolição não foram criadas as condições adequadas de inserção da população negra na sociedade brasileira.

Assim, percebe-se uma concentração tanto de grupos atuantes quanto de pontos de interesse na área de ocupação mais antiga do bairro, coincidindo também com a área de maior incidência de imóveis tombados.

Lavagem simbólica da escadaria da praça Dom Orione, na rua 13 de Maio, pelo grupo afro Ilú Obá de Min, composto exclusivamente por mulheres, durante o evento *Treze na Treze*, comemoração crítica anual da Lei Áurea

Teatro Oficina, liderado por Zé Celso, projeto dos arquitetos Lina Bo Bardi e Edson Elito, tombado pelo poder público municipal, estadual e federal

Essas categorias somadas funcionam como uma fotografia da gama de atividades e manifestações ali presentes, refletindo a diversidade sociocultural característica do bairro, explorada a seguir, com base no registro oral dos moradores e da sua relação com o patrimônio cultural e a urbanidade percebida, tendo como fonte o levantamento das referências culturais do Bexiga.[28]

Tratou-se de um memorial do cotidiano de seus habitantes, visando, além de registrar, também valorizar a componente social existente no bairro. Objetivou-se compreender as referências culturais, mas, acima de tudo, compreender a vida. A vida dos lugares.

As observações permeiam pontos de atração, grupos e manifestações culturais existentes no Bexiga, passando pela memória da resistência negra, pelo samba e pela presença marcante da cultura nordestina.

No que se refere à associação do samba como cultura e patrimônio do bairro, alguns moradores mostraram a seguinte visão:

> Mas sobre o samba, eu acho uma coisa que é interessante, porque como moradora, acho que pode não ter um lugar específico pro samba, mas ele acontece nas ruas, com essa presença, por que qual a liberdade de você trazer instrumentos, sentar e tocar samba, né? Talvez seja fluido, não sei se a palavra é essa, mas acontece nas ruas, não é difícil você ver o povo tocando samba, não que seja tradicionalmente, mas... a gente sempre vê, independente do ponto. A questão da espontaneidade é uma coisa cultural, porque as pessoas estão na calçada sempre. Aí elas têm a liberdade de trazer instrumentos, a vida acontece. Tem uma questão do Nordeste, que nem sei se é uma questão do Nordeste mesmo, mas o que eu consegui observar é que eles misturam muito essa coisa de moradia, com trabalho e amizade. Uma estava fazendo a comida, enquanto outra mantinha o portão da casa aberto etc. Tem uma relação mais viva, não tem uma separação público-privado. Você vê que é uma vocação, assim como o samba pode aparecer em qualquer lugar. Talvez isso possa ser uma vocação.[29]

A d. Maria do Carmo foi uma pessoa inusitada. Ela veio da Bahia e está há 32 anos no bairro. E se instalou no Bexiga trabalhando em casa de família e, por ser distante da zona Norte, passou a morar aqui. Sobre o trabalho, ela sempre se referia ao dr. Flávio. Por fim, descobrimos que ela trabalhou 39 anos com dr. Flávio Gikovate. Ela também fez curso de teatro quando adolescente e trabalhou no teatro experimental do Negro da Bibi. É compositora de samba-enredo, mas de uma escola do Cambuci. Todas as suas composições são afro, e ela parou de compor porque um dia falaram para ela, antecipadamente, que seu samba ganharia. Percebendo a falcatrua, não quis mais compor sambas. Ela gostava muito de desfilar e já chegou a participar em duas escolas lá na avenida Tiradentes. Perguntamos a ela de qual escola de samba mais gostava e chegamos a questioná-la sobre a Vai-Vai. Ela disse que não gostava da Vai-Vai porque quando ela ia, sempre saía confusão. Disse que gostava mesmo era da Unidos da Peruche. Ela mora na rua Santo Antônio e tem uma ligação com o bairro. Até disse que nunca teve depressão, mas hoje estava sentindo uma melancolia tão grande porque, por exemplo, essa senhora que estava sendo fotografada morava há 35 anos aqui no bairro e agora estava indo para Guarulhos.[30]

Mas nem só de samba vive o Bexiga. Com as novas levas migratórias, os moradores referem-se ao forró como o ritmo do bairro ou da parte baixa do Bixiga. Eles mencionaram como preferem, muito mais, ir a um forró ou sertanejo na rua Santo Antônio e na avenida 9 de Julho do que participar de outras atividades boêmias. Algumas festas, inclusive, acontecem no porão de estabelecimentos comerciais, como os restaurantes nordestinos.

Priscila Xavier, uma das historiadoras, e pesquisadoras envolvidas no inventário, comentou que, na visita a campo, foi possível constatar inúmeras tensões entre os moradores mais antigos e a nova leva de (i)migrantes:

> Na mercearia que a gente foi do sr. Francesco, ele está desde os anos 65 no bairro e a gente chegou lá havia três senhores sentados na calçada, em suas cadeirinhas, ou seja, eles não eram compradores. Eles frequentam lá há trinta anos e também iam participar da entrevista. Dois deles eram filhos de italianos e um deles era de fato italiano. Francesco é da Calábria. Falou que o bairro mudou. Ele mesmo falou da tensão com os novos moradores e da questão do som, barulho. Tinha outro senhor italiano que era mais preconceituoso com os nordestinos. Alguns fazem esse discurso de que está tudo bem, mas na prática a relação entres italianos mais tradicionais e novos moradores não está nada bem. O sr. Francesco definiu o bairro com a frase: "O que define o Bixiga são as amizades que ficam!".[31]

Em termos esportivos, fazendo jus à origem do bairro, no que tange à herança negra e à tradição nacional de futebol de várzea, Camila Oliveira refere o seguinte:

> A gente foi no bar Point do Petisco, onde a gente já sabia que era uma sede de futebol amador, e lá conversamos com a funcionária que nos passou algumas informações. Aí a gente viu a força do futebol no bairro, uma coisa que a gente nem esperava tanto. Ali é a sede de um time que se chama Juventude Bela Vista, onde eles têm muita amizade com a dona do bar. Então a sede acaba sendo ali. Eles se reúnem com bastante frequência. Ela deu a informação de que existe outro time lá na rua, o Ramaloucos, na rua Conselheiro Ramalho, mais pra frente e onde se chama Bar do Biu. Outra referência de futebol é o time da Vai-Vai. Entre esses times, os jogadores se conhecem e nem todos são moradores. Eles têm boa relação uns com os outros. Às vezes, trocam de jogador entre eles. Há um intercâmbio. Uma questão curiosa foi o que a funcionária do bar Point do Petisco disse sobre a questão da moradia. Ela disse que está há dezesseis anos no Bexiga e quando foi comparar o aluguel de um quartinho de 1.200 reais, ela foi para um no Bom Retiro, onde paga oitocentos reais em uma casa completa. Então, acabou indo embora. Ela sente isso e diz que não queria ter saído do Bixiga. Perguntamos a ela o que tem de bom no Bixiga e ela disse: "Aqui é 24 horas, tem de tudo e 24 horas, o bairro não dorme".[32]

É perceptível, pela fala da proprietária do bar Point do Petisco, como a inflação promovida pelo mercado imobiliário tem desencadeado um processo gentrificador, nítido pela exposição do bairro ao turismo, em especial o gastronômico e boêmio.

Justamente sobre a culinária do Bexiga, ficou visível, pelo levantamento de campo, como as chamadas Casas do Norte são frequentadas e importantes para os moradores, tendo em conta que uma parcela dos residentes veio do Norte e Nordeste do Brasil, vivendo, muitas vezes, em cortiços. Laços de afetividade são criados com e nesses estabelecimentos comerciais:

> Voltando à questão da afetividade, a gente percebeu isso bem evidente em frente a uma mercearia e casa do Norte. Vendia um pouco de tudo. Quando a gente chegou, a Ângela, que trabalha lá, estava cozinhando uma panela de arroz. Aí dissemos: "A senhora vende comida aqui?". Na verdade, ela estava fazendo comida porque haviam chegado muitos idosos para conversar e ela iria compartir a comida com eles. Era um povo carente que tinha ido conversar, e nesse espaço tinha até um santuário com uns santinhos que ela recebe dos moradores que frequentam o lugar. Então, a presença nordestina resiste e não é uma coisa de estabelecimentos de nordestinos feitos para nordestinos, é para as pessoas do bairro.[33]

> Nós fomos à padaria São Domingos e ao comércio mais local. Lá notamos a sensação de amizade do bairro, e quando fui entrevistar o rapaz, ele já me serviu um sarapatel. Percebemos pessoas que já estão lá há muitos anos. Quando descemos a rua São Domingos, muda completamente. Parece que você está em outra atmosfera... muitos carros importados. Entrevistamos um homem que não é do Bixiga. Vai duas vezes por mês e gasta uma boa grana conhecendo os produtos. O curioso é que quando a gente perguntou "Por que você vem aqui?", ele falou pela qualidade, tradição, produto, relação etc. E completou dizendo: "Se abrisse isso em Moema, não teria o mesmo sentido". Parece que eles buscam uma ideia do Bixiga, que é uma ideia um pouco "pasteurizada", apesar de a padaria ser maravilhosa. Tem até umas padarias que vendem coisas parecidas, mas que são frequentadas por pessoas mais daqui do Bixiga mesmo.[34]

É bastante comum encontrar várias pessoas que frequentam o bairro, mas residem em outras áreas da cidade, pois não têm capacidade financeira de suportar o aluguel de uma habitação no Bexiga. Todavia, continuam a trabalhar lá e a alimentar as densas redes de sociabilidade construídas.

Em termos de compreensão da dinâmica das ruas, outra participante do trabalho contou que:

> Por exemplo, a gente chamou dali, da região da rua 13 de Maio com a rua Conselheiro Carrão, o burburinho, muita coisa acontecendo simultaneamente, da mesma forma que na rua Major Diogo. Tem trechos do bairro que são mais tranquilos e serenos, que acabam se sobrepondo a lugares que são ruas residenciais, as transversais da rua Rui Barbosa e já mais distantes dessas áreas comerciais, não têm mais barulho e vida sem ser área comercial. Onde isso ficou bem definido foi no encontro da rua Santo Antônio, chegando ao pontilhão. Inclusive, a perspectiva em relação ao pontilhão já demarca muito essa diferença: edifícios mais altos, cruzamento de carros etc., que é bem diferente do miolo do bairro que é mais para pedestres, e trechos que durante o dia são realmente áridos. A gente por saber da dinâmica que durante a noite não necessariamente são assim [sic], que nem a rua Rui Barbosa

que durante o dia é inóspita, não tem uma vida acontecendo, mas a gente sabe que durante a noite é bem agitada. Outros lugares mais aprazíveis que aí dialogam com espaços como onde se encontra, por exemplo, o Saracura com uma influência cultural, e alguns usos culturais sejam os presentes ou os que chamamos de memória, que são lugares que já estiveram funcionando e agora estão desativados, como teatro TBC [Teatro Brasileiro de Comédia].[35]

O João que a gente entrevistou, de mais ou menos vinte anos, conhecia a história do quilombo urbano no Bixiga, através da capoeira. Claro que não dá pra pensar como amostra, mas ele demonstrou conhecimento ali. Ele mora na Cidade Tiradentes. O Bel também sabia. Ele fez até uma referência da história do bairro em relação ao Saracura. Aí a gente foi formando isso. O rio na formação da cidade e a história do bairro dos negros e depois hoje a Vai-Vai, que se refere ao Saracura como gênese e tal. Aí a gente chegou nessa confluência do Saracura como uma referência de *lugar*, meio que eixo da continuidade do que seria esse rio. Tem até a bacia do Saracura que foi feito pelo projeto Cidade Azul, onde eles colavam adesivos nas placas de ruas com os nomes das bacias dos rios.[36]

É nítida a existência de vários Bexigas em um só bairro. No percurso compreendido entre a rua Maria Paula, avenida 9 de Julho, avenida 23 de Maio e a ligação Leste-Oeste, a população que se encontra nesse miolo é mais vulnerável, em termos socioeconômicos.

Os próprios moradores de cortiços, em constante trânsito, enquadram-se como população vulnerável. Nessa perspectiva, um grupo de trabalho do inventário, composto pelos pesquisadores Luiz e Tatiana, conseguiram entrevistar o sr. Bartolomeu, referindo o seguinte:

Bartolomeu, que é pensionista na rua Japurá, numa casa que não tinha nenhuma placa de aluga-se quartos etc., estava ali na rua à toa e começamos a conversar com ele. Bartolomeu está há dois meses nessa pensão, onde ele já vinha de outra pensão também no Bixiga. Conversando com ele sobre os usos da rua, perguntei se aquela rua costumava ser movimentada e ele falou que a rua está sempre vazia. Estranho, pois como tivemos tempo para conversar, ele começou a falar mais e aí começou a identificar as pessoas que passavam na rua. De repente, ele percebeu a situação: era uma rua movimentada. Dizia: "Aquela é filha da dona da pensão, aquele é fulano, aquele é sicrano". Aí conversa vai e vem, ele falou, por exemplo, de garrafas vazias de bebida, porque sem admitir ser alcoólatra, ele falou da dificuldade que tem com a bebida e que no quintal da casa havia várias garrafas vazias de bebidas. Dessa forma, uma coisa que a gente chegou a comentar muito no grupo é que o espaço que eles têm é atrás, não é o espaço da rua.[37]

Dependendo do cortiço, a rua, por vezes, representa uma extensão da casa. No entanto, a utilização do espaço público ocorre mais por pessoas do sexo masculino do que por mulheres, conforme observações empíricas dos pesquisadores do inventário, refletindo o machismo até então vigente na atual sociedade.

Ainda sobre a temática da fruição pública, é interessante referir que o centro histórico da cidade de São Paulo é citado como lugar de convívio e de lazer pelos moradores, que mencionaram o quanto gostam de ir para lá a pé e passear pelo local.

Ao se entrevistar o sr. Hélio, mineiro que vive no ABC Paulista, mas que frequenta o Bexiga há mais de trinta anos, percebeu-se como a gentrificação age no pequeno comércio. Enquanto falava sobre as suas memórias dos dias de trabalho como vendedor do carnê do Baú da Felicidade de Silvio Santos, comentou a respeito da quantidade de casas e da sinagoga que existia no terreno onde está localizado o Teatro Oficina. Durante a entrevista, notou-se certa nostalgia da época em que o bairro tinha linhas de bondes. Para ele, foi um tempo em que o Bexiga aparentava estar mais cuidado, diferentemente dos dias atuais. No entanto, percebeu-se que para o sr. Hélio o perímetro do que seria o Bexiga corresponde apenas à rua 13 de Maio e seus pontos de atração. Atualmente, o entrevistado possui uma barbearia na rua Abolição. Comentou ter atendido vários moradores de cortiços, a grande maioria nordestinos. Todavia, após o tombamento e a modificação do uso de alguns imóveis residenciais para espaços comerciais ou após a construção de prédios, seus clientes foram morar na Zona Leste.[38]

Barbearias Cavalera, na rua 13 de Maio, e do Sr. Hélio, na rua Abolição, Bexiga, São Paulo

Espalhados pelo bairro, a presença de brechós e antiquários é considerável. Uma proprietária de um deles, na rua Major Diogo, respondeu o seguinte para a equipe do inventário:

> A d. Irene veio do Paraná e está aqui no Bixiga há trinta anos. Tem um brechó também há trinta. Ela tem uma grande referência sobre a história do bairro. Sente que com o tempo houve uma decadência do bairro. Ela falou de decadência e a preocupação com o tráfico de drogas etc. A d. Irene já criou, aqui no Bixiga, quinze filhos. Alguns [estão] casados e outros moram longe, inclusive um mora na Cidade Tiradentes, mas sempre vem visitá-la. Uma coisa que ela falou do bairro e de coisas que existem nele foi a Casa da Dona Yayá, que tem todo fim de semana e ela sente uma ausência dos pais em trazer os filhos para esses eventos. Tem também um lugar

que parece uma pensão e que as pessoas moram lá, mas é um local ocupado e corre um sério problema de infraestrutura: "O pessoal não paga mais imposto, por exemplo, os herdeiros... o IPTU está atrasado etc. Se eu tivesse condição, pagaria tudo e entraria com usucapião, porque afinal de contas eu estou aqui há vinte anos". Então ela tem essa questão emocional com o bairro. O passado que foi o Teatro TBC, que foi há questão de dez a quinze anos atrás, o que já teve aqui de comércio, por exemplo, floricultura, pizzaria etc. E hoje a coisa está morta. Ela disse que devido a essa decadência do bairro, à questão financeira, dentre outras coisas, está assim. Outra coisa curiosa que ela falou também foi sobre a localização do bairro, pois como estávamos falando sobre o Bixiga, ela nos interrompeu e disse: "Aqui não é Bixiga! O Bixiga é depois daquele viaduto X".[39]

Cartaz de divulgação de show de forró e sertanejo em casa noturna do Bexiga, e antiquário em frente à praça Dom Orione, no pavimento térreo do prédio encortiçado conhecido popularmente como *Navio Negreiro*

Osvaldo, que veio de Belém do Pará, mora no Bexiga há dezessete anos. Vive com o filho lá mesmo, na própria loja. Sem querer chamá-la de antiquário, vende de tudo um pouco, e comentou que os seus clientes são tanto do bairro como de fora. Às vezes, aparecem alguns africanos para comprar diversos objetos, segundo ele: fogão, mobília etc. Mas reclamou da pechincha que fazem, já que sempre querem pagar menos, de acordo com o entrevistado.[40]

A heterogeneidade sociocultural do Bexiga ficou latente nesse levantamento baseado na oralidade do cotidiano do bairro. Além de confirmar um processo incipiente de gentrificação, o inventário contribuiu para o registro de uma memória alternativa, ou de uma história subalterna, de suma importância para a efetiva criação de políticas públicas focadas na preservação do patrimônio cultural desse lugar, indo ao encontro dos reais anseios e valores da população residente.

Assim, pretende-se um processo mais horizontal. No mais, as categorias utilizadas na definição do que é patrimônio cultural a ser preservado ou na realização de inventários precisam ser revistas, uma vez que advêm de um processo político de atribuição de valor, muitas vezes distante e diferente do entendimento dos moradores de determinada comunidade.

Entendemos que o capital social – aqui definido, segundo as considerações de Bourdieu,[41] como a soma de recursos reais e potenciais que podem ser mobilizados por meio da adesão a redes sociais de atores e organizações – faz frente às forças que impulsionam o processo de gentrificação, uma vez que a população se apropria do seu patrimônio cultural e laço afetivo com o local, tornando mais difícil a quebra das relações de solidariedade.

No fundo, nesse aspecto, o tombamento foi eficaz, em alguma medida, pois a preservação da forma urbana se tornou a base da preservação das formas de sociabilidade do Bexiga.

Escadaria do Bexiga, com o grande cortiço *Navio Negreiro* ao fundo

Considerações finais

Nos dias de hoje, é possível assistir-se a complexas e intensas dinâmicas de identidade, bem como de centralidade urbana. Devido ao contexto neoliberal existente, essas dinâmicas acabam por competir e ameaçar os antigos espaços de participação e expressão coletiva, além de punirem o conflito – neste trabalho entendido como elemento positivo e que encaminha à aceitação do outro e à prática democrática.

Constata-se, portanto, uma espécie de escolha seletiva do que seria o patrimônio relevante a ser preservado, empregando conceitos específicos a respeito de que tipo de cultura deve ser respeitada, vendida, mantida e digna de ser considerada como verdade histórica.

O cenário articula-se ainda à museificação, aplicada, muitas vezes, a uma cidade ou bairro, considerando que o termo faz jus à possibilidade de usar, de habitar ou de experimentar um passado revirado ou com um novo significado – muitas vezes por meio de políticas públicas ou intervenções mercadológicas.

A busca por uma ideia de urbanidade com um caráter mais nostálgico contribui para políticas neoliberais de intervenção urbana, com foco na reabilitação e modernização de tecidos mais antigos, bem como do seu quadro edificado, associando a tipicidade ou o pitoresco social a um discurso legitimador da gentrificação.

Para além da questão turística, fica a seguinte pergunta para o bairro do Bexiga: Por onde passa, na reconversão urbana, a requalificação da própria história?

Mostrou-se aqui, por meio do levantamento da urbanidade e da história oral, que há no bairro mais valias que extrapolam o valor do patrimônio arquitetônico em si, traduzindo-se em patrimônio cultural, este entendido de uma forma mais ampla e baseado no capital social e na diversidade sociocultural.

Reduzir a ideia de diversidade sociocultural a expressões previamente selecionadas, desconsidera a importância de outras fontes de heterogeneidade social e dos processos de (re)composição de práticas e representações identitárias múltiplas. Faz prevalecer, em termos de valorização patrimonial, uma parcela em detrimento de outras, levando a um zoneamento e a uma sobreposição de determinadas tradições em territórios específicos.

O caso do Bexiga não é diferente. Não faz sentido utilizar e reforçar apenas a cultura italiana do bairro, com o intuito de promoção turística, patrimonial e cultural, estimulando e atribuindo valor econômico à ideia de bairros museus. É como se a tradição indígena, negra, nordestina e agora de outras partes do mundo (africana, haitiana, síria ou palestina) não fosse merecedora de importância e divulgação, pois está atrelada à imagem de uma população de classe econômica mais baixa.

Exemplos como o inventário de referências culturais são de grande importância para levantar o tecido social e as dinâmicas que formam, em um sentido amplo, a urbanidade do bairro, trabalhando as diversas camadas simbólicas, no que toca à memória, além de estabelecer categorias de preservação heterogêneas.

Contudo, esse tipo de iniciativa deve incluir, na sua gênese, a comunidade em questão, para que ela exerça, efetivamente, um papel participativo e deliberativo a respeito do seu patrimônio cultural.

Em suma, a preservação não é vista como uma garantia da permanência de elementos componentes da forma urbana, que alimenta uma perspectiva de imobilidade perante a história e a própria ideia de construção de identidade.

Todavia, é, sim, responsável por promover uma perspectiva sobre a autenticidade, como a capacidade que as sociedades têm de escolher viver o presente, sem renunciarem à sua história e à sua cultura.

Notas

1. CONPRESP. Resolução n. 22/2002. Tombamento do bairro da Bela Vista.
2. Cf. OLIVEIRA, Sara Fraústo Belém de. Bixiga como "estado de espírito": da exclusão (in)visível à memória sociocultural.
3. GLASS, Ruth. *London: Aspects of Change*.
4. SMITH, Neil. New Globalism, New Urbanism: Gentrification as Global Urban Strategy; SMITH, Neil. A gentrificação: de uma anomalia local à "regeneração" urbana como estratégia urbana global.
5. SAVAGE, Mike; WARDE, Alan. *Urban sociology, capitalism and modernity*. Apud MENDES, Luís. Cidade pós-moderna, gentrificação e a produção social do espaço fragmentado, p. 479.
6. Cf. OLIVEIRA, Sara Fraústo Belém de. Bixiga como "estado de espírito": da exclusão (in)visível à memória sociocultural (op. cit.).
7. BOURDIEU, Pierre. The Forms of Capital.
8. Idem, ibidem.
9. Idem, ibidem.
10. Cf. OLIVEIRA, Sara Fraústo Belém de. Bixiga como "estado de espírito": da exclusão (in)visível à memória sociocultural (op. cit.).
11. MARTINS, José Clerton de Oliveira. Patrimônio cultural: sujeito, memória e sentido para o lugar, p. 50-53.
12. CONPRESP. Resolução n. 22/2002. Tombamento do bairro da Bela Vista (op. cit.).
13. BETANCUR, John J. Gentrification in Latin America: Overview and Critical Analysis.
14. OLIVEIRA, Sara Fraústo Belém de. *Gentrificação e patrimônio em uma só língua: o caso do Bexiga*.
15. Cf. SCRIPILLITI, Ana Carolina Nader. *Verticalização e tombamento no bairro do Bexiga: materialização em tensão*; D'ALAMBERT, Clara Correia; FERNANDES, Paulo Cesar Gaioto. Bela Vista: a preservação e o desafio da renovação de um bairro paulistano.
16. Cf. DIAS, Danielle. Relatório sobre o evento "Cidade como Herança? Pensando o Bexiga".
17. Idem, ibidem.
18. Cf. SCRIPILLITI, Ana Carolina Nader. Op. cit.
19. OLIVEIRA, Sara Fraústo Belém de. *Gentrificação e patrimônio em uma só língua: o caso do Bexiga* (op. cit.).
20. LUCENA, Celia Toledo. *Bixiga revisitado*.
21. SCHNECK, Sheila. *Formação do bairro do Bexiga em São Paulo: loteadores, proprietários, construtores, tipologias edilícias e usuários (1881-1913)*.
22. LUCENA, Celia Toledo. Op. cit., p. 84 e 89.
23. SÃO PAULO (Município). Demografia – Tabelas. Ver tabela "População Recenseada, Taxas de Crescimento Populacional e Densidade Demográfica".
24. SEADE. Perspectivas demográficas dos distritos do município de São Paulo: o rápido e diferenciado processo de envelhecimento.
25. "Mattessich and Monsey (1997) define community social capacity as: 'The extent to which members of a community can work together effectively'. This includes the abilities to: develop and sustain strong relationships; solve problems and make group decisions; and collaborate effectively to identify goals and get work done." MATTESSICH, Paul W. Social Capital and Community Building, p. 50. O livro citado é MATTESSICH, Paul; MONSEY, Barbara. *Community Building: What Makes It Work: A Review of Factors Influencing Successful Community Building*.
26. "The level of community social capacity (or community social capital) influences community development in two broad ways: structural and cognitive (see e.g., Uphoff 2000)." MATTESSICH, Paul W. Op. cit., p. 51. O artigo citado é UPHOFF, Norman. Understanding Social Capital: Learning from the Analysis and Experience of Participation.
27. O levantamento foi realizado no âmbito da pesquisa de iniciação científica da aluna Maria Luiza Torres. TORRES, Maria Luiza Gomes. *Urbanidade no Bexiga e sua relação com o patrimônio histórico local*.
28. Curso realizado pela Rede Paulista de Educação Patrimonial – Repep, em parceria com o Centro de Preservação Cultural – CPC da Universidade de São Paulo – Casa de Dona Yayá –, durante os meses de março e abril de 2017. A autora Sara Belém participou e ajudou no levantamento e coleta do material aqui exposto. As informações e citações reproduzidas neste trabalho, sobre as entrevistas com os moradores, correspondem a trechos de falas dos pesquisadores que foram a campo. Algumas pesquisadoras inclusive moravam no bairro. Um dos produtos finais do curso foi a elaboração de mapas afetivos do Bexiga, por meio da coleta do registro oral dos moradores, apresentados no evento Treze na Treze de 2017.

29. OLIVEIRA, Sara Fraústo Belém de. Relato de Angélica Caetano coletado durante a oficina Inventários Participativos de Referências Culturais.
30. OLIVEIRA, Sara Fraústo Belém de. Relato de Luiz Nascimento coletado durante a oficina Inventários Participativos de Referências Culturais.
31. OLIVEIRA, Sara Fraústo Belém de. Relato de Priscila Xavier coletado durante a oficina Inventários Participativos de Referências Culturais.
32. OLIVEIRA, Sara Fraústo Belém de. Relato de Camila Oliveira coletado durante a oficina Inventários Participativos de Referências Culturais.
33. OLIVEIRA, Sara Fraústo Belém de. Relato de Marla Rodrigues coletado durante a oficina Inventários Participativos de Referências Culturais.
34. OLIVEIRA, Sara Fraústo Belém de. Relato de Mila Goudnet coletado durante a oficina Inventários Participativos de Referências Culturais.
35. OLIVEIRA, Sara Fraústo Belém de. Relato de Antônio Zagato coletado durante a oficina Inventários Participativos de Referências Culturais.
36. OLIVEIRA, Sara Fraústo Belém de. Relato de Alberto dos Santos coletado durante a oficina Inventários Participativos de Referências Culturais.
37. OLIVEIRA, Sara Fraústo Belém de. Relato de Tatiana Vasconcelos coletado durante a oficina Inventários Participativos de Referências Culturais.
38. Cf. OLIVEIRA, Sara Fraústo Belém de. *Gentrificação e patrimônio em uma só língua: o caso do Bexiga* (op. cit.), p. 282.
39. OLIVEIRA, Sara Fraústo Belém de. Relato de Hélio Nunes coletado durante a oficina Inventários Participativos de Referências Culturais.
40. Cf. OLIVEIRA, Sara Fraústo Belém de. *Gentrificação e patrimônio em uma só língua: o caso do Bexiga* (op. cit.).
41. Cf. BOURDIEU, Pierre. Op. cit.

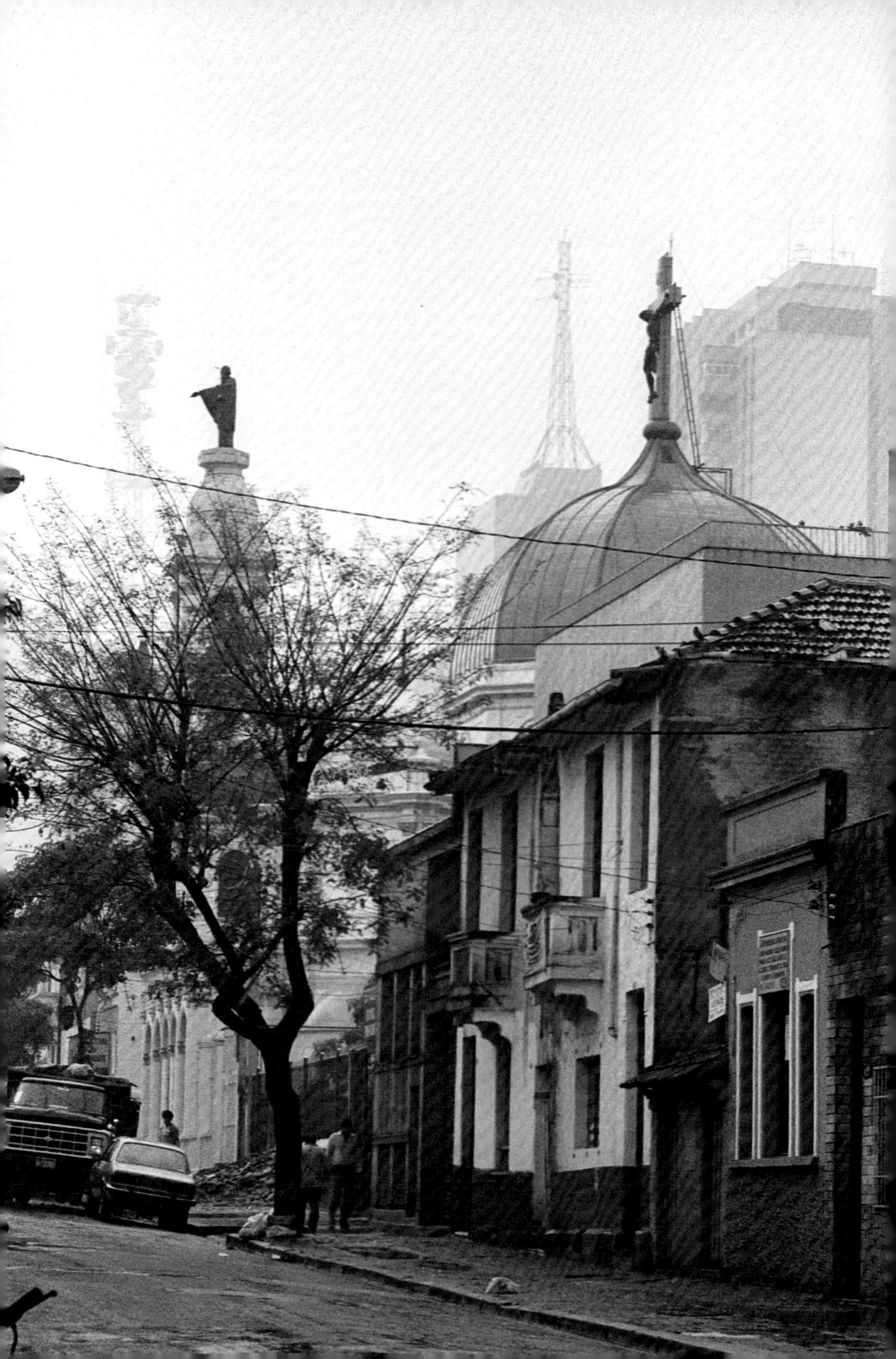

3.6 Espaço público e eventos culturais – Achiropita e Vai-Vai

Luiz Guilherme Rivera de Castro, Mauro Calliari e Bruna Beatriz Nascimento Fregonezi

Ensaio fotográfico *Bexiga 1991*, de Cristiano Mascaro

O capítulo tem como propósito contribuir para a compreensão da importância dos espaços públicos em sua relação com eventos culturais no Bexiga, como parte da caracterização do bairro com vistas a estratégias e políticas de preservação. Embora a literatura sobre espaços públicos e sobre conservação seja considerável, poucos trabalhos abordam a questão dessa relação. Na primeira parte do texto, fazemos considerações sobre o papel dos espaços públicos na cidade contemporânea, colocando aspectos relacionados à cidade como palimpsesto e a políticas em relação a espaços públicos em áreas com significado histórico. Em seguida, escolhemos dois casos evidenciando os elementos de permanência e de modificação de tais espaços, relacionados à festa de Nossa Senhora Achiropita e à Escola de Samba Vai-Vai, situadas respectivamente às ruas 13 de Maio e São Vicente. Como conclusão, sugerimos que o tombamento do conjunto urbano do Bexiga é também responsável pela manutenção de certas características do patrimônio cultural imaterial.

Permanências

> *"É um momento único. Na verdade, a vivência de cada ano é única porque mudou tudo"* Theobaldo, integrante da Vai-Vai, em entrevista a Leila Blass[1]

Tratamos aqui de dois eventos anuais ligados ao Bexiga, que em suas particularidades fazem parte da identidade do bairro constituída ao longo dos anos: a festa de Nossa Senhora Achiropita, que ocorre nos meses de agosto e setembro, e as atividades da Escola de Samba Vai-Vai, que se concentram nos meses de janeiro e fevereiro. O objetivo aqui é contribuir para a compreensão das relações entre espaços públicos e eventos culturais em um contexto de preservação, no caso a preservação do bairro do Bexiga, tanto em seus aspectos materiais tangíveis, quanto em seus aspectos intangíveis.

Para isso, tecemos considerações sobre os espaços públicos e como estes vêm sendo abordados na atualidade, compreendendo a cidade como palimpsesto, onde camadas de escrita são sucessivamente raspadas e reescritas.

Situamo-nos na perspectiva de que processos de conservação e preservação correspondem a projetos que carregam intenções, e estas nem sempre estão explícitas. Tratando-se da preservação de ambientes urbanos e do patrimônio cultural imaterial, afirmamos que os espaços públicos são partes constitutivas desses projetos e que merecem um olhar mais detido tanto sobre suas características materiais quanto sobre os usos que nele se fazem e nos valores que manifestam.

Como ressaltado na epígrafe, a cada ano tudo muda. Mas, ao mesmo tempo, em uma perspectiva que inclui o ambiente edificado, há permanências. É disso que trataremos em seguida: como e o que preservar nessas manifestações e nos espaços em que ocorrem? O espaço público – que pode ser considerado banal do ponto de vista funcional ou estético –, do ponto de vista da memória e da identidade de um bairro, pode ser de alto significado.

Espaços públicos

A temática dos espaços públicos tem uma origem que pode ser situada principalmente em dois textos, o de Hanna Arendt[2] e o de Jurgen Habermas[3] no campo da filosofia política, que tratam das questões das democracias e das formas de governo nos países ocidentais de capitalismo avançado. Paralelamente, questões relativas à abordagem despolitizada – tecnicista, cientificista ou funcionalista – do espaço urbano e dos processos sociais a ele vinculados tomam corpo, mas sem necessariamente fazer referência direta às questões da esfera pública, e mesmo sem utilizar o termo espaços públicos. Em *Morte e vida de grandes cidades norte-americanas,* Jane Jacobs[4] utiliza o termo espaços públicos, mas ali não é discutido como categoria ou noção relevante. Na literatura relacionada aos campos disciplinares de arquitetura, urbanismo e paisagismo, os termos predominantemente utilizados são espaços abertos ou espaços livres, mesmo em publicações recentes.[5] Se esfera pública e lugares públicos sempre estão colocados e articulados no interior de um conjunto de processos e relações sociais, é necessário identificar e explicitar em que circunstâncias essas relações ocorrem, sob pena de cairmos na armadilha de categorias fetiche, como alerta Adrián Gorelik.[6] As noções de domínio privado e domínio público alteram-se continuamente, implicando ambiguidades, indefinições, porosidades. Significados e sentidos, funções e finalidades dos espaços públicos como lugares e do espaço público como esfera de debates políticos, econômicos e sociais são de inúmeras maneiras reformulados.[7]

Tratando-se de espaços públicos concretos – ou de lugares urbanos conforme propõe Thierry Paquot,[8] ou ainda lugares públicos, como a eles nos referimos aqui – e de seus projetos arquitetônico-urbanísticos, será sempre necessário considerar os seguintes aspectos: i) funcionais, ou seja, seu desempenho em termos de requisitos de seu funcionamento como elemento de articulação entre diferentes atividades urbanas; ii) sociais, em termos de acesso e uso efetivo por parte da população, implicando aspectos de gestão, relações de usos, autonomia, segurança e expressão de cidadania; iii) relativos à forma urbana e arquitetônica; iv) simbólicos, envolvendo expressão, incorporação e reprodução de valores socialmente construídos, inclusive em seus aspectos e significados históricos.

O que ocorre nos lugares públicos está estreitamente vinculado a processos mais gerais que ocorrem no âmbito da esfera pública. Os espaços públicos, mesmo perdendo a primazia das funções de comunicação e de construção da urbanidade, isto é, do viver coletivo na cidade, ainda continuam exercendo funções políticas e pedagógicas em relação ao convívio e à relação entre pessoas e grupos sociais, contribuindo para a formação da cidadania. Entre inúmeros exemplos, pode-se apontar o caso da avenida Paulista, em São Paulo, que exerce a função cotidiana de artéria importante de circulação, palco de manifestações sociais e políticas em ocasiões excepcionais e espaço de lazer aos domingos e feriados, quando é fechada à circulação de veículos.[9]

Assim, tais espaços constituem-se como conjunto complexo de processos sociais – mesmo que se trate de um espaço público singular, ou seja, um caso. A compreensão do conjunto dos processos sociais presentes em espaços públicos em geral ou em um lugar público singular parece exigir que sejam considerados segundo perspectivas construídas a partir de diferentes disciplinas do campo de conhecimento das ciências sociais.

É justamente à luz dessa noção – a de que os espaços públicos se constituem como conjunto de processos sociais – que se pode abordar a questão da preservação de áreas históricas. Para Meneses, a apropriação social é a chave para a própria definição do patrimônio ambiental urbano: um sistema de objetos apropriados socialmente, alimentando representações de um ambiente urbano.[10] Complementarmente, a preservação do patrimônio ambiental urbano não pode existir fora da preservação social.[11]

Os próprios processos sociais, portanto, se materializam nas camadas históricas da cidade. Dois conceitos são usados tradicionalmente como metáforas das camadas históricas. Um é o do palimpsesto, que se aproxima mais da cidade construída e reconstruída, como na tabuinha raspada a cada uso, mas que mantém traços do que veio antes. Para Aldo Rossi,[12] André Corboz[13] e Sandra Pesavento,[14] o território ou a cidade podem ser lidos como artefato ou produto que se transforma ao longo do tempo por meio de componentes que são adicionados ou retirados.

A dinâmica da cidade faz com que itens sejam retirados e acrescentados diversas vezes ao longo do tempo, e para compreender a transformação ou a preservação de itens no território é necessário mais que uma análise morfológica ou funcional, incluindo a vida social. Pois a apropriação do solo, embora seja de natureza física, coloca-se como um conjunto de intenções. Isso implica que um território não pode ser definido segundo um único critério.[15]

Para o presente trabalho, talvez ainda mais pertinente seja a noção criada por Milton Santos, por conter em si a marca da presença humana e de seus processos: a rugosidade:

> As rugosidades nos oferecem, mesmo sem tradução imediata, restos de uma divisão de trabalho internacional, manifestada localmente por combinações particulares do capital, das técnicas e do trabalho utilizados [...]. O espaço, portanto, é um testemunho; ele testemunha um momento de um modo de produção pela memória do espaço construído, das coisas fixadas na paisagem criada. [...] As "rugosidades" são, nesse sentido, as formas espaciais do passado produzidas em momentos distintos do modo de produção e, portanto, com características socioculturais específicas.[16]

Estabelecida a premissa de que na preservação histórica estão tanto as edificações como o resultado da presença humana, cabe entender qual é o papel do espaço público dentro da noção de paisagem ambiental ou cultural. A formação do espaço urbanístico, segundo Bruno Zevi, ou a composição dos espaços vazios é um prolongamento da própria arquitetura:

> A experiência espacial própria da arquitetura prolonga-se na cidade, nas ruas e praças, nos becos e parques, nos estádios e jardins, onde quer que a obra do homem haja limitado "vazios", isto é tenha criado espaços fechados [...]. Então, é evidente que todos os temas que excluímos da arquitetura autêntica – pontes, obeliscos, fontes, arcos de triunfo, grupos de árvores etc. – e particularmente as fachadas dos edifícios, todos entram em jogo na formação dos espaços urbanísticos.[17]

Dentro desse conceito, é possível ler os espaços públicos do Bexiga como formados pela conjugação dos elementos construtivos tombados ou não, dos vazios, como as ruas, escadarias, calçadas, praças e desvãos, bem como dos processos humanos que os criaram.

Tal definição deve bastar para situar a particularidade do bairro, tanto do ponto de vista morfológico como dos processos de ocupação humana que o constituíram. Ganham destaque, assim, as sucessivas camadas históricas oriundas das levas de moradores e suas culturas, desde a vinda de escravos fugidos da região central da cidade com sua posterior libertação, as primeiras levas de imigrantes italianos e, posteriormente, de migrantes de outros estados brasileiros, principalmente do Nordeste. Da mesma maneira, ganham destaque as características distintivas que esses processos sociais imprimiram à paisagem construída. Para Aldo Rossi,[18] a individualidade dos fatos urbanos vem da forma, mas também da sua organização no tempo e no espaço. Assim, o locus se apresenta como a relação singular que existe entre certa situação local e as construções que ali estão. Pode-se depreender, portanto, que as construções podem ajudar a apreender parte das características das pessoas que as construíram.

Preservação da cidade histórica

A preservação de paisagens urbanas, centros e cidades históricas passa por complexos debates conceituais e de gerenciamento. Em 2012, os autores Francesco Bandarin e Ron Van Oers fizeram uma investigação histórica, de iniciativas e do quadro teórico do assunto em *The Historic Urban Landscape: Managing Heritage in an Urban Century*.

No que diz respeito a novas abordagens para a conservação urbana, os autores resgatam e introduzem algumas propostas que convergem no sentido de preservação do território através do tecido, tipologia, das suas transformações ao longo do tempo e da participação social. Apontam então, como referência, a proposta de Giovannoni de preservar a ambiência e suas transformações, bem como a pesquisa de John Turner, que demonstra ser imprescindível a participação social e a preservação de tecidos históricos para conservação dessas paisagens.[19]

Por intermédio da abordagem fenomenológica de Heidegger, Christian Norberg-Schulz[20] define o espírito do lugar, ou seja, as relações dos eventos cotidianos e sazonais do homem com o lugar, como *genius loci*, apontando para a importância de dar significado ao ambiente por meio da participação do homem nesse espaço.

Nesse mesmo sentido, a arquiteta e técnica do DPH Clara D'Alambert aponta que o departamento, no que diz respeito ao tombamento percursor do bairro da Bela Vista – Bexiga, preocupou-se em envolver "não só aspectos arquitetônicos e urbanísticos, mas também, outros de caráter socioeconômico, e até mesmo antropológico, ao entender que o espaço urbano do bairro retrata, num sentido mais amplo, a incontestável miscigenação cultural e étnica ocorrida ali".[21]

Tratando da ligação entre patrimônio arquitetônico e cultura, adjacente ao caso do Bexiga, Marina Waisman afirmou que não se pode definir o entendimento do patrimônio a não ser a partir de um projeto cultural que estabelece valores, os quais servirão como referência para a preservação dos objetos constitutivos desse patrimônio.[22]

Assim, quando tratamos da Festa de Nossa Senhora Achiropita e da Escola de Samba Vai-Vai, estamos entrando no terreno do patrimônio cultural imaterial definido pela convenção para a salvaguarda do patrimônio cultural imaterial da Unesco como

> as práticas, representações, expressões, conhecimentos e técnicas – junto com os instrumentos, objetos, artefatos e lugares culturais que lhes são associados – que as comunidades, os grupos e, em alguns casos, os indivíduos reconhecem como parte integrante de seu patrimônio cultural. Este patrimônio cultural imaterial, que se transmite de geração em geração, é constantemente recriado pelas comunidades e grupos em função de seu ambiente, de sua interação com a natureza e de sua história, gerando um sentimento de identidade e continuidade e contribuindo assim para promover o respeito à diversidade cultural e à criatividade humana.[23]

Estabelecido o arcabouço teórico para compreender a relação entre o espaço construído, a preservação e as manifestações culturais, procuraremos agora descrever as festas da Achiropita e os carnavais da Vai-Vai como eventos anuais que guardam estreita relação com o lugar – com o Bexiga e com os locais específicos em que acontecem: as ruas 13 de Maio e São Vicente.

A festa de Nossa Senhora Achiropita

A devoção de imigrantes italianos à imagem de Nossa Senhora Achiropita fez surgir a festa de Nossa Senhora Achiropita, celebrada no bairro desde o início do século 20. A devoção à imagem de Maria Santíssima Achiropita vem da região da cidade de Rossano, na região da Calábria, onde atribui-se à Madonna o milagre de ter pintado numa gruta uma imagem de si mesma. Achiropita, portanto, refere-se a uma imagem não pintada por mãos humanas.

No Bexiga desde o final do século 19, imigrantes italianos do Sul da Itália iniciaram a celebração, hábito das procissões a partir de 1908, quando uma imagem da santa, que estava instalada na casa de um morador, veio para um altar de madeira na rua. A partir daí a celebração acontece sempre no mês de agosto.

A festa cresceu ao longo das décadas, atraindo gente de fora da comunidade italiana para as prendas, leilões e, durante alguns anos, até para ouvir a banda dos Bersaglieri. A arrecadação dos sorteios e

Foto área com localização das áreas da Festa de Nossa Senhora Achiropita e de ensaios da Escola de Samba Vai-Vai, Bexiga São Paulo

- 🟠 Achiropita
- 🔵 Vai-Vai

Aspectos da festa de Nossa Senhora Achiropita, Bexiga, São Paulo

leilões, além das doações, destinou-se à compra de um terreno e às obras de edificação de uma igreja, inicialmente uma pequena capela, local onde foi construída, em 1926, a atual Paróquia de Nossa Senhora Achiropita.

Em *Anarquistas graças a Deus*, Zélia Gattai conta, num trecho que deve ter acontecido logo depois da construção da igreja, suas lembranças da festa na década de 1920 e um pouco da percepção do Bexiga a partir do olhar de uma família de italianos, moradores da região da Paulista: "Devotos de Nossa Senhora da Achiropita e de Nossa Senhora da Ripalta, padroeiras do Sul e Norte da Calábria, frequentavam a Igreja da Achiropita, que os próprios imigrantes e os *capomastri* – mestres-pedreiros, arquitetos improvisados –, construíram no Bexiga, bairro habitado também por italianos do Sul".[24]

Durante a Segunda Guerra Mundial, a festa foi suspensa, voltando apenas em 1950. A partir daí, foi conquistando visibilidade fora do bairro. Entre 1950 e 1960 ganhou a primeira barraca de comida. Dez anos depois, em 1979, a festa saiu da área da igreja e veio para a rua. Hoje ela acontece durante quase um mês nas ruas que circundam a igreja e com milhares de visitantes, centenas de voluntários e patrocínios de empresas de alimentação e cobertura da maior rede de televisão do Brasil.

Nas visitas que fizemos, identificamos que por mais que a festa tenha tomado grandes proporções com patrocínios de peso, ainda é uma produção coletiva da comunidade organizada pela paróquia e pelos moradores locais. A apropriação do espaço público acontece por meio das grandes barracas de alimentos e atividades recreativas, todas padronizadas e organizadas pela paróquia e também, informalmente, pela venda de alimentos caseiros produzidos pela população em algumas casas e lojas que ficam no circuito oficial da festa.

Retomando a argumentação desenvolvida na primeira parte, é possível dizer que a rua 13 de Maio, durante os festejos, é tanto a manifestação física das tradições culturais do bairro como o local de apropriação pela população, que circula entre cadeiras e barracas, ao redor das cantinas. Em outras palavras, o espaço público ganha novo significado a partir de sua vivência.

A Vai-Vai

O Grêmio Recreativo Cultural Social Escola de Samba Vai-Vai teve origem no cordão carnavalesco Vai-Vai, criado em 1928 como dissidência do cordão do time de futebol Cai-Cai. A Vai-Vai tornou-se oficialmente uma escola de samba na década de 1970, adotando o nome que abre este parágrafo. O cordão e mais tarde a escola de samba localizavam-se e localizam-se nas ruas próximas ao Riacho Saracura, afluente do Anhangabaú, canalizado para a construção da avenida 9 de Julho. Essa área corresponde à área situada entre as ruas Rocha e Rui Barbosa. Originalmente, os ensaios e desfiles não eram circunscritos a uma região específica do bairro, ao contrário do que ocorre hoje, quando são concentrados na rua São Vicente. Nos meses de janeiro e fevereiro os ensaios chegam a reunir 10 mil pessoas. Há cerca de vinte anos, em seu estudo sobre a Vai-Vai, Soares afirmava:

> Ao contrário do que acontecia nos primeiros anos de sua história, o [sic] Vai-Vai não é composto apenas por moradores do bairro, atraindo pessoas de todos os cantos da cidade e de municípios vizinhos, embora o nome da agremiação ainda esteja diretamente ligado ao Bexiga e vice-versa.[25]

Ensaio da escola de samba Vai-Vai na rua Dr. Lourenço Granato esquina com a rua São Vicente, Bexiga, São Paulo

A manifestação cultural da escola de samba, assim como a festa da Achiropita, também é de caráter coletivo, histórico e transforma o espaço público e é por ele influenciado. A rua São Vicente, onde acontecem os ensaios, é uma rua de moradias e comércio que não apresenta características notáveis ou excepcionais, sendo completamente transfigurada nesses eventos: os edifícios que a conformam são transmutados em cenário e pano de fundo para a bateria e as diferentes alas da escola. Por outro lado, diante da argumentação inicial, é interessante pensar na dimensão da ocupação do espaço público. É possível especular, portanto, que a escola de samba, mesmo que convoque ocupação efêmera do espaço, também acabe por ajudar na sua transformação, impregnando-o com vivências e histórias que são, por sua vez, parte desse ambiente construído.

No mesmo sentido dos aspectos levantados pela revisão teórica, que aponta para o estudo das relações sociais e simbólicas vinculadas à morfologia, podemos perceber que a ocupação desse espaço público há décadas faz parte da identidade de ambas as festas. Desta maneira, buscamos, por meio de mapeamentos, investigar como se caracteriza a morfologia do bairro com o objetivo de compreender como esse espaço, que dá suporte físico às atividades culturais, se configura.

Mapeamento

Uma vez que o objetivo era compreender como se conformam as ruas onde acontecem as festas, o mapeamento buscou identificar as características das construções e atividades que ocorrem nos lotes que circundam o local dos festejos. Para efeito de análise, após o mapeamento em campo, foram decompostos os mapas em camadas e calculadas as porcentagens de área de cada camada com o objetivo de identificar como elas se relacionam. O cálculo foi feito com base

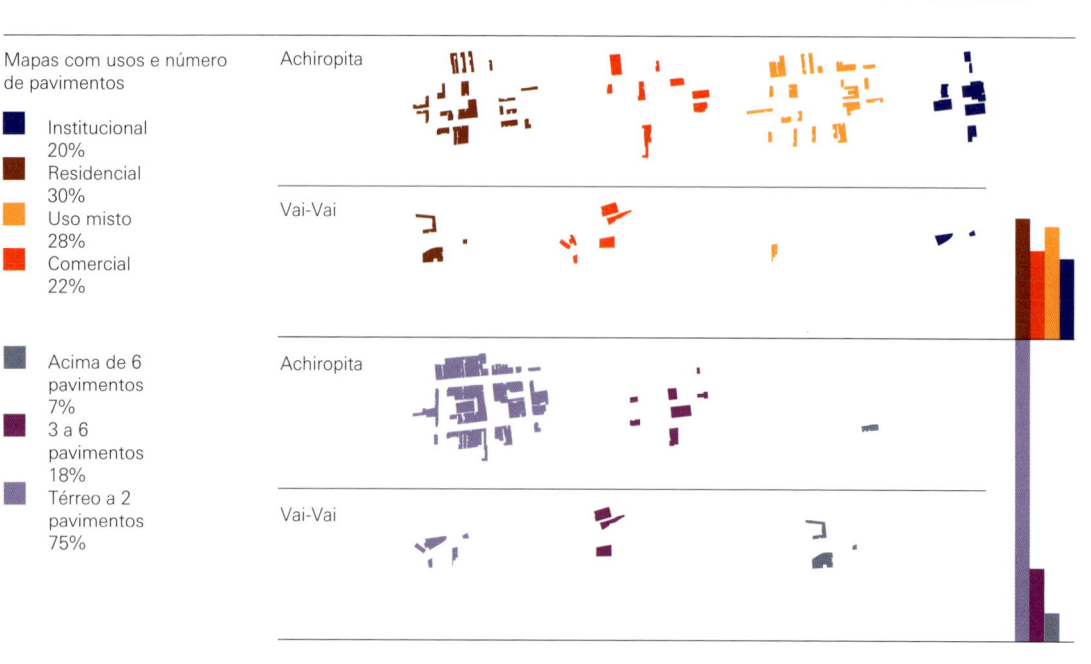

Mapas com usos e número de pavimentos

- Institucional 20%
- Residencial 30%
- Uso misto 28%
- Comercial 22%

- Acima de 6 pavimentos 7%
- 3 a 6 pavimentos 18%
- Térreo a 2 pavimentos 75%

na área de lote, ou seja, o quanto aquele tipo de atividade ou gabarito ocupa dentro da área total de superfície de solo.

O primeiro mapeamento trata do estudo de uso do solo, objetivando compreender a dinâmica de atividades do local. O segundo, sobre o gabarito dos imóveis, visa perceber como a tipologia construída ao longo dos anos interfere no território.

No caso do mapa de uso do solo, identificamos que 28% é de uso misto, 22% totalmente comercial, 30% residencial e 20% institucional. Como o objetivo do mapeamento era compreender de que forma se dá a relação das atividades no nível do térreo com a rua, somamos as áreas de uso misto e comercial, identificando que 50% do térreo da região é de uso comercial e 20% institucional, ou seja 70% das atividades que acontecem no nível do térreo induzem ao uso do espaço público ativamente.

Já com relação ao mapa de gabarito, as camadas nos mostraram que a quantidade de imóveis com gabaritos de térreo a dois pavimentos é de 75%; três a quatro pavimentos, 17%; e acima de seis pavimentos, somente 8%. Ou seja, a área é predominantemente de gabarito baixo, principalmente devido à dimensão reduzida do padrão de loteamento.

Na região da Vai-Vai, vizinha à praça 14 Bis e avenida 9 de Julho, regiões responsáveis por dar suporte ao transporte de massas, o gabarito e o sistema de parcelamento do solo é um pouco maior, atendendo a demanda da região metropolitana.

Ao longo da pesquisa, percebemos que as configurações do território interferem sobremaneira na utilização do espaço e provavelmente guardam relação com as manifestações culturais. Por exemplo, notamos que as atividades comerciais e institucionais dão suporte e se beneficiam dos eventos. Caso esse ambiente fosse totalmente residencial, é provável que não tivesse tamanha construção coletiva, principalmente por meio das manifestações de comércio informal que se dá no período das festas.

No que diz respeito ao mapa de gabarito, identificamos que a morfologia preservada pelo tombamento faz com que sejam mantidos os pequenos lotes com tipologias edilícias baixas e de alta relação com a rua. A manutenção ao longo do tempo desse modelo de viver e de se relacionar preserva não só a estrutura física, mas também o *genius loci* da região, garantindo minimamente que as manifestações culturais continuem a acontecer com a participação da comunidade local.

Conclusões

Os espaços, as atividades, as funções estão em permanente mudança, em permanente fluxo – mesmo os edifícios estão em fluxo. O que permanece depende de projeto, e este de valores, que nem sempre são compartilhados pelos diferentes grupos sociais. De fato, tais projetos precisam ser negociados.

Os eventos, quando articulados a espaços específicos, carregam consigo sentidos e significados imbricados, sobrepostos em camadas nem sempre imediatamente apreensíveis – incluindo a memória social, narrativas e imaginários.[26] A imaginação também toma parte na construção de tais lugares, assim como os projetos. Podemos afirmar que tanto a festa da Achiropita quanto os ensaios da Vai-Vai são projetos que se recolocam e que se refazem todos os anos, criando uma temporalidade própria, ao mesmo tempo que se apropriam de espaços públicos inicialmente previstos para a circulação de veículos.

O recorte teórico mostra a importância de se preservar a memória social e simbólica em paralelo à preservação edilícia. Fazer isso em São Paulo, uma cidade caracterizada pela sua constante demolição e construção, é um desafio. Daí a importância de se discutir o tombamento do Bexiga, que não leva em conta apenas os edifícios monumentais e excepcionais, mas todo o conjunto de imóveis e, consequentemente, seu tecido urbano. Essas características do tombamento foram, provavelmente, fundamentais para a manutenção do palimpsesto que conta a história do bairro e que, apesar das mudanças, contribui para manter sua identidade – de que as manifestações culturais são parte essencial. Conforme visto no mapeamento, mais do que preservar os objetos arquitetônicos, o tombamento do conjunto manteve o gabarito, o parcelamento e as tipologias que sustentam a apropriação do bairro pela população. Ou seja, a preservação do conjunto foi capaz de sustentar a identidade intangível do bairro por meio do tangível.

Isso nos mostra que os espaços públicos e o tecido urbano são de grande importância como patrimônio cultural e como patrimônio ambiental urbano, e merecem ser considerados parte do palimpsesto urbano, em especial quando são palco e suporte de eventos tão importantes que podem ser considerados patrimônio cultural imaterial e estão indelevelmente ligados à história e à identidade do bairro. A preservação do conjunto, geradora de um espaço público singular, é capaz de sustentar a identidade intangível do bairro por meio do espaço materializado tangível, como nos eventos e espaços examinados aqui.

Notas

1. BLASS, Leila Maria da Silva. *Desfile na avenida, trabalho na escola de samba. A dupla face do carnaval*, p. 47.
2. ARENDT, Hanna. *A condição humana*.
3. HABERMAS, Jürgen. *Mudança estrutural da esfera pública. Investigações quanto a uma categoria da sociedade burguesa*.
4. JACOBS, Jane. *Morte e vida de grandes cidades norte-americanas*.
5. Como exemplos de períodos diferentes, ver: SITTE, Camillo (1889). *A construção das cidades segundo seus princípios artísticos*; SECCHI, Bernardo. *Primeira lição de urbanismo*.
6. GORELIK, Adrián. El romance del espacio público.
7. Cf. CASTRO, Luiz Guilherme Rivera de. Espaços públicos, situações e projetos.
8. PAQUOT, Thierry. *L'espace public*.
9. CALLIARI, Mauro. *Espaço público e urbanidade em São Paulo*.
10. Cf. MENESES, Ulpiano Bezerra de. Patrimônio ambiental urbano: do lugar comum ao lugar de todos. Apud SOMEKH, Nadia. A construção da cidade, a urbanidade e o patrimônio ambiental urbano: o caso do Bexiga, São Paulo. Cf. também CASTRIOTA, Leonardo Barci. *Patrimônio cultural. Conceitos, políticas, instrumentos*.
11. Idem, ibidem.
12. ROSSI, Aldo. *A arquitetura da cidade*.
13. CORBOZ, André. El territorio como palimpsesto.
14. PESAVENTO, Sandra Jatahy. Com os olhos no passado: a cidade como palimpsesto.
15. Cf. CORBOZ, André. Op. cit.
16. SANTOS, Milton. *Por uma geografia nova*, p. 138.
17. ZEVI, Bruno. *Saber ver a arquitetura*, p. 25.
18. ROSSI, Aldo. Op. cit.
19. Cf. BANDARIN, Francesco; VAN OERS, Ron. *The Historic Urban Landscape: Managing Heritage in an Urban Century*.
20. NORBERG-SCHULZ, Christian. O fenômeno do lugar.
21. D'ALAMBERT, Clara Correia; FERNANDES, Paulo Cesar Gaioto. Bela Vista: a preservação e o desafio da renovação de um bairro paulistano, p. 159.
22. WAISMAN, Marina. *O interior da história*.
23. UNESCO. Convenção para a salvaguarda do patrimônio cultural imaterial, artigo 1 – finalidades da convenção, p. 4.
24. GATTAI, Zélia. *Anarquistas, graças a Deus*, p. 103.
25. SOARES, Reinaldo da Silva. *O cotidiano de uma escola de samba paulistana: o caso do Vai-Vai*. Ver também: BRITTO, Iêda Marques. *Samba na cidade de São Paulo (1900-1930): um exercício de resistência cultural*.
26. Sobre o tema, ver: HALBWACHS, Maurice. *A memória coletiva*.

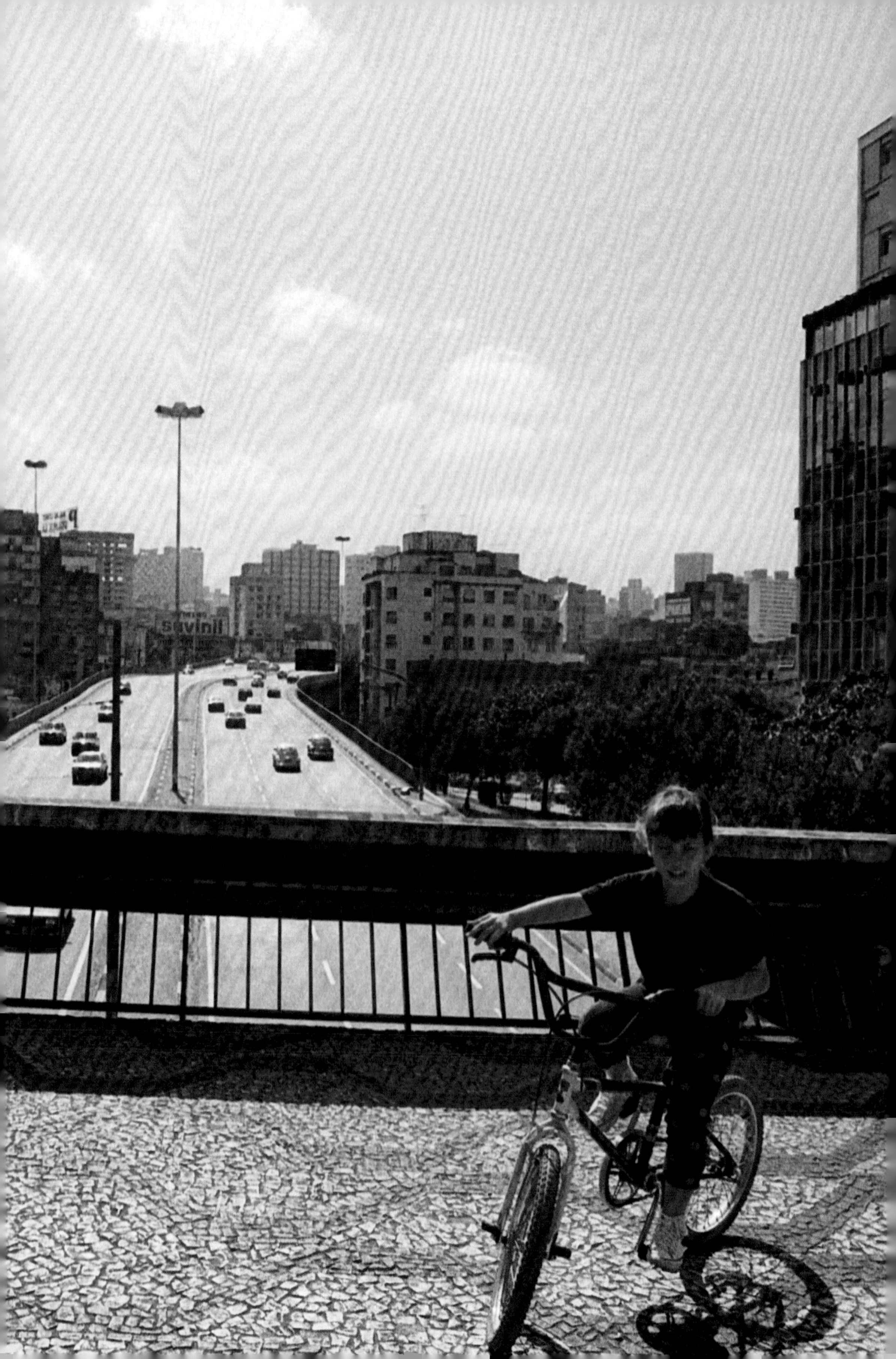
savinil

3.7 Teat(r)o Oficina e a luta com a terra. Na FelizCidade Guerreira

Marília Gallmeister
Carila Matzenbacher

Ensaio fotográfico *Bexiga 1991*, de Cristiano Mascaro

Depois que um vento me opôs resistência
Velejo com todos os ventos
Friedrich Nietzsche, *A gaia ciência*

Na trajetória de quatro décadas de luta, desde a primeira investida do Grupo Silvio Santos em direção à terras do Bixiga, o Teat(r)o Oficina, ponto firmado no bairro desde 1961,[1] sempre soube contracenar com as sucessivas e perversas expedições do mercado imobiliário. Na travessia dessas décadas, a antropofagia, numerosas dramaturgias e ritos teat(r)ais encenados nesses sessenta anos de trabalho intenso extrapolam a cena e são incorporados como ferramentas para uma tecnologia de luta. Luta e sucessivas batalhas já vencidas, para emancipar as terras do Bixiga do massacre do capital financeiro, são conquistas do cultivo da cultura no Bixiga e do teat(r)o.

A antropofagia

Por isso mesmo, meus reparos são contra o teatro de câmara que esses meninos cultivam, em vez de se entusiasmaram pelo teatro sadio e popular
[...]
O caráter religioso do teatro, festa coletiva, festa de massa, festa do povo [...]. Está aí um teatro para hoje, um teatro de estádio... participante dos debates do homem...
Oswald de Andrade, Do teatro que é bom

Oswald de Andrade anuncia a "necessidade da vacina antropofágica",[2] sobretudo como antídoto contra a arquitetura trancada dos teatros que vinham se proliferando como metástases nas cidades. Sua dramaturgia e seus manifestos dão ao teatro brasileiro uma perspectiva urbana e trabalham para um teatro que pense criticamente, a sociedade em ato, e publicamente, como nos teatros da tragédia, nos cortejos populares da Idade Média e na potência pública do teatro de Shakespeare. Contribuições expressas também em seu manifesto, "Do teatro que é bom", no livro *Ponta de lança*.

A antropofagia é matéria-prima fundante, motor e código genético da linguagem teatral do Oficina. A encenação de *O rei da vela* incorpora a rebeldia de Oswald em se submeter a um pensamento colonizado de teatro, de cidade e do sentido público, postos em cena no projeto do terceiro Teat(r)o Oficina e seu complemento urbano, por Lina Bo Bardi e Edson Elito.[3]

O Teatro é justamente o ponto de encontro do corpo a corpo da humanidade, paradoxalmente despida de seus figurinos na Sociedade de Espetáculos, plugada pelo Eros dos "em mims" na multidão, pelo tesão de estar juntos, além das barreiras dos teatrões das diferenças sociais. Esse estar junto é o ambicionar de um desejo coletivo que tem suas origens remotas na Orgya. Nos Mistérios de Elêusis dos gregos.[4]

A Grécia Brazileira dá (coro se posiciona na pista formando a rua) é na rua![5]

O Teat(r)o Oficina é concebido como rua para dar passagem a potências criativas desobedientes às fronteiras do palco italiano: manifestações populares, das bacantes, dos sertanejos, do delírio dos bailes de rua, do carnaval, das manifestações políticas, dos cortejos, das procissões religiosas. A iniciativa de um teatro radicalmente aberto dá às encenações do Oficina uma atuação geográfica e abre o edifício teatral para uma contracenação cósmica.

Teatro de Estádio, projeto de ampliação do Teatro Oficina, perspectiva, São Paulo, 1987. Desenho de Edson Elito, incorporando desejos do grupo Oficina e a concepção original de Lina Bo Bardi e Marcelo Suzuki

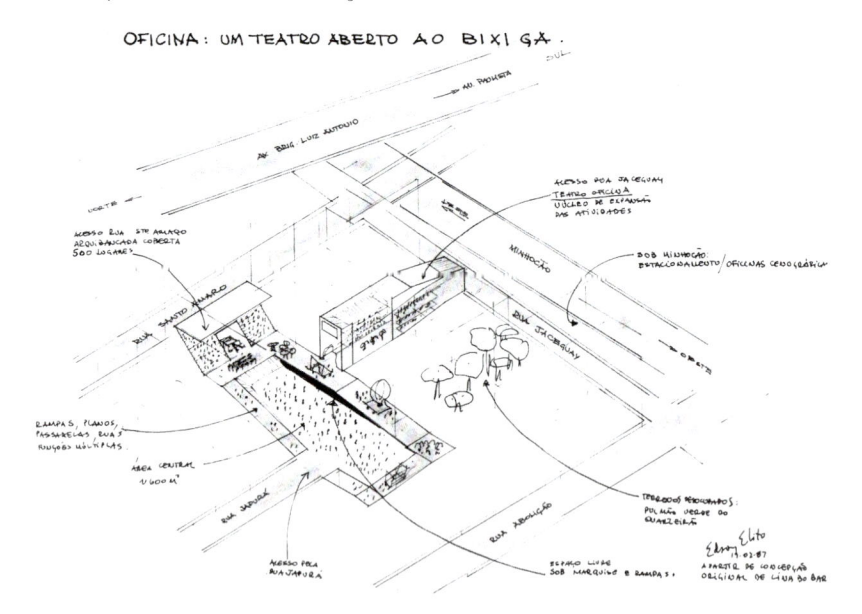

Inserção do Teatro Oficina no Bexiga e no território urbano, elevação, São Paulo, 1987. Desenho de Edson Elito com a colaboração de Catherine Hirsch e outros membros do grupo teatral

O gesto dos arquitetos de transbordar os limites físicos do prédio e avançar no terreno vizinho para abrigar o *Teatro de Estádio*[6] inaugura a tarefa histórica pela emancipação do protagonista que atravessou décadas inspirando e dirigindo as encenações da companhia: o terreno em torno do teatro, as terras do Bixiga.

O POETA – Viverei na Ágora! Viverei no social, libertado! [...]
Um dia se abrirá na praça pública o meu abscesso fechado! Expor-me-ei perante as largas massas...[7]

Cada fronteira interposta pelo cerco do Grupo SS é amplificada pela companhia, por intermédio da imprensa. Tornar público os ataques dirigidos ao teatro, sobretudo porque são de interesse público, é máquina de guerra, e tem no subtexto interpretar o teatro como termômetro e ponto de virada dos acontecimentos sociais e planetários.

O cartaz *Oficina 80* expressa graficamente a desobediência civil do poema que dirigiu o primeiro movimento da companhia na atuação com a cobiça do mercado imobiliário.

Em 1980, o plano de apropriação integral da quadra pelo Grupo SS previa a compra do prédio que já sediava o Teat(r)o Oficina. A estratégia encenada é um grande festival, *Domingo de festa*, para arrecadar e aplicar dinheiro em um financiamento pela Caixa Econômica Federal, para compra do prédio. A ida à imprensa constrangeu o Grupo SS a incorporar o prédio do teatro ao terreno do futuro shopping, e leva o megaempresário a desistir da compra.[8]

Parangolé com o cartaz do programa Oficina 80, de Gilles de Staal (Harpô)

A travessia desses anos mostra a atualidade absoluta da interpretação oswaldiana do sentido público, na ágora, na prática diária dessa luta, que para além de contracenar com a imprensa impressa, na prática do *Te-ato*,[9] rompe a fronteira messiânica entre sociedade civil e representantes públicos, transborda as encenações para as reuniões e registra em vídeo todo episódio do processo administrativo. Encenar cada etapa desse processo põe em cena as personalidade públicas envolvidas e abre lugar para uma atuação mais anárquica e festiva na luta pelos direitos civis e da natureza.[10]

> Que meus inimigos
> tenham longa vida
> para ver de pé
> a nossa vitória[11]

Inimigo não é um espelho, mas um destino. O inimigo inspira, é motor, para além do maniqueísmo. É o antagonista criado por Téspis no teatro grego a fim de se estabelecer o diálogo. É a troca. É o outro, na medida em que "só me interessa o que não é meu".[12] Como um pêndulo de propulsão, ele agita um movimento contínuo de ação e resposta, ação e transformação permanente. O inimigo se devora.

> Se não fosse essa luta com este homem na selva das cidades, o Oficina não passaria talvez de um teatro alienado numa caixa preta. Não teria sido levado a ter seu trabalho tão ancorado no tempo e ao mesmo tempo tão praticamente implicado na transmutação deste tempo.[13]

Em 2008 é aprovado o projeto do shopping Bela Vista Festival Center, do autoria do arquiteto Júlio Neves. O Oficina vai a público lutar contra seu emparedamento. Em reunião convocada pela Promotoria de Justiça do Meio Ambiente, o Oficina apresenta o projeto alternativo para a área, o Anhangabaú da FelizCidade.[14] É prometida por ambas as partes uma tentativa de diálogo, sem sucesso. O shopping é embargado pela justiça.

Já em 2010, o Grupo SS entra em grave crise financeira. O Oficina pede o terreno emprestado para a construção do Teatro de Estádio temporário e a apresentação gratuita de quatro peças para oito mil pessoas no projeto *Dionisíacas em viagem*. Silvio Santos aceita. Os arcos do fundo do Teat(r)o são abertos, e uma escada é implantada fazendo a ligação definitiva entre o terreno e o Oficina. O corpo a corpo com a terra arrasada do entorno abre ao Oficina a percepção de como aquelas terras deveriam ser trabalhadas. A epifania do vazio, pela experiência no corpo, nos deu concretude à vocação do lugar e convicção física para se opor à intervenção, maciça e integralmente construída, dos projetos que o Grupo SS vinha propondo.

No ano de 2016, o atual projeto de três torres residenciais a quase 100 metros de altura é negado pela primeira vez no Condephaat. Em 2017, uma nova tentativa de acordo, um outro encontro na sede do Sistema Brasileiro de Televisão – SBT, escancara publicamente as visões de mundo antagônicas das três partes envolvidas: o prefeito pró-mercado, o megaempresário e proprietário de televisão e o artista de teatro. A polarização radical e a impossibilidade de diálogo põem obstáculo até ao talento diplomático da atuação teat(r)al e tranca as estratégias de acordo no novo cenário político.

Tupi, or not tupi that is the question.[15]

Entre 1971 e 1973, o Oficina pôs abaixo todos os privilégios e a consolidação conquistada ao longo de doze anos de carreira profissional. Seus profissionais decidem viver em comunidade. Saem em viagem pelo Brasil para viver outros sentidos da arte, junto ao povo, por meio de formas de expressão descolonizadas:

> As transformações sociais pelas quais está passando o Brasil serão melhor percebidas pelos indivíduos através do contato direto com outros indivíduos. O melhor meio de informação e conscientização de transformação é ainda a informação que o nosso corpo testemunha em contato com outros corpos no momento em que se dispõe a um contato vivo e informativo, isto é, o teatro na acepção mais literal: Tea-to.[16]

As cidades do Norte, Nordeste e Centro-Oeste do Brasil se transformaram em palco para essas experimentações, o Trabalho Novo.[17] Extrapolando o edifício teatral na encenação das peças, o grupo contracenava corpo a corpo com a extraordinária entrega do público popular, tumultuando toda a estrutura lógica da representação teatral, sobretudo no contato com a mística do sertão pernambucano.

> O índio quer terra na terra
> quer ficar junto com o povo
> com o poder popular[18]
>
> A minha tribo quando entra na aldeia
> índio não faz cara feia
> não deixa a frecha cair
> Tupi tupi or not tupi[19]

Em 1979, O Bixiga se afirma como ponto de mistura da cidade de São Paulo, recebe um coro de imigrantes do Norte e Nordeste, vindos da mata, do sertão, da caatinga e de todos os recantos do Brasil, que rapidamente se afinam com o ritmo deste chão. Dando continuidade ao processo de descolonização permanente da criação no Oficina, inspiram a paixão e a prática de luta pela terra a partir do ritmo, da estética, de uma outra beleza da sabedoria popular. A terra ganha protagonismo, nas cirandas do caboclo Surubim Feliciano da Paixão; o inimigo é celebrado no Forró do Avanço de Edgard Ferreira e Sandy Celeste. Cantos cantados para sustentar a convicção do destino popular e cultural dessas terras. A sabedoria popular desse novo coro coloca as cirandas, os cantos xamânicos de possessão da terra, no repertório de luta do Teat(r)o Oficina. Os artistas nordestinos nos transmitem a ciência de luta pela Terra, "ser vivo, ao vivo".[20]

Rito Tea-to Acordes, Teat(r)o Oficina, 1985. Em destaque nas fotos, Surubim Feliciano da Paixão

O ano de 2015 é um novo tempo de uma bola lançada pelos caboclos nordestinos. A montagem de *Mistérios gozozos*, de Oswald de Andrade, durante a 2ª Dentição da Universidade Antropófaga,[21] na ocasião do lançamento do livro *A queda do céu*,[22] com a cosmovisão do xamã Davi Kopenawa, é vacina antropofágica que dá ao Oficina de agora, no século 21, a interpretação de muitos povos indígenas do mundo: de que a terra não nos pertence, mas nós é que pertencemos a esta terra. A antropofagia, como ferramenta estética anticolonial, se alia à cosmopolítica, uma política que inclui o cosmos em sua atuação e percebe o ser humano não como protagonista, mas como um entre tantos outros sujeitos, forças e agentes que produzem, pensam, constroem e organizam territórios. Na contramão de uma prática predominante que pensa a cidade e o planejamento urbano a partir do extermínio de culturas e saberes ancestrais, o Oficina se reconecta aos movimentos de luta, que encarnam a mais antiga relação com a terra: de sagração, de inspiração, de reverência, de um pacto cosmopolítico profundo com o chão e todas as coisas vivas.

Dramaturgia

A anarquia e o delírio da imaginação e da poesia foram e são as mais fortes armas do teatro nessa luta histórica. A dramaturgia deu direção para as sucessivas batalhas e interpretação para os processos urbanos vividos pelo Bixiga.

O ano de 1987 abre os trabalhos para o rito da peça *Bacantes*,[23] ensaiam-se os coros e a composição das partituras dos 25 cantos da tragédia de Eurípedes. O Oficina vive uma *Uzyna* de criação, em um teatro que o coro demoliu, durante o canteiro de obras da década de 1980, o palco e a plateia. Agora sem paredes divisórias, sem teto, com chão de terra, é lugar fértil para o nascimento de um coro que experimenta encenações em um edifício livre de qualquer vestígio de arquitetura teatral colonizada.

> Qual é o mais lindo presente
> que os deuses dão pros mortais
> o que é mais lindo
> é o que é mais amigo
> Ter a cabeça do inimigo nas mãos
> e a sabedoria de tocar
> pra ele ver de pé a nossa vitória![24]

O deputado Paulo Maluf oferece 500 milhões de cruzeiros para a reforma do teatro e montagem de *Bacantes*. Elke Maravilha convida Maluf para ler a personagem Penteu, o inimigo que goza a metamorfose na encenação da tragédia pelo diretor José Celso.

A aposta no diálogo com o contrário, com personificações das diferenças de concepções de mundo, afirma a própria visão da companhia: a fé cênica na metamorfose do antagonista. Matriz de uma prática antídoto contra o apartheid entre eu e o outro, que resulta nas sociedades e cidades construídas sob o paradigma do medo. A direção dada pela encenação ressoa em sucessivas visitas e recepções das figuras públicas ao teatro: secretários, prefeitos, governadores, ministros e o próprio Silvio Santos são convidados frequentemente a pisar no Terreyro Eletrônico do Oficina.

Em 2004, durante a montagem de *Os sertões*, Silvio Santos visita o Oficina. O apresentador provoca a companhia a apresentar uma alternativa ao seu projeto. O desafio leva às primeiras elaborações do programa do *Anhangabaú da FelizCidade*. Começa uma abertura de diálogo e possibilidade de conciliação de um projeto conjunto. José Celso escreve o programa desse projeto: "As primeiras considerações intempestivas para a criação do primeiro teatro de estádio", um manifesto do *Anhangabaú da FelizCidade,* agora com o Teatro de Estádio, a Universidade Antropófaga e a Oficina de Florestas.[25] A proposta de conciliação resulta em um projeto que adensa ao máximo o terreno, confina o Teatro de Estádio, projetado como teatro aberto, numa caixa preta, fechada, monumental. A companhia decide assumir a autonomia do projeto, e Zé Celso convida o irmão João Batista Martinez Corrêa para criar o Anhangabaú da FelizCidade.

O mergulho profundo em *Os sertões* atualizou a batalha de Canudos como substrato poético para lutar pelo destino popular e criativo das terras do entorno, e a dramaturgia da poesia concreta, geográfica, de Euclides da Cunha, vira diretora com ações precisas para emancipar as terras do Bixiga do martírio secular da especulação imobiliária. A potência de guerra dos sertanejos obriga a máquina teatral a transmutar-se em máquina de guerra.

> O martírio do homem, ali, é o reflexo de tortura maior, mais ampla, abrangendo a economia geral da Vida.
> Nasce do martírio secular da Terra...[26]

Em 2008, após demolir a primeira sinagoga sefaradi de São Paulo, uma série de sobrados tombados típicos do Bixiga, um edifício de oito andares ocupado por movimentos de moradia e, por fim, a própria sede do Baú da Felicidade, o Grupo SS termina de demolir o último imóvel de sua propriedade na quadra. Apenas três edifícios residenciais e o Teatr(r)o Oficina permanecem de pé.

Vista de satélite do Teatro Oficina e dos terrenos lindeiros, 2020

Avenida Radial Leste-Oeste, rua Brigadeiro Luís Antônio, rua Manoel Dutra, rua Jaceguai (à esquerda) e passagem sob a av. Liberdade (ao fundo), São Paulo, 1968

Viaduto Júlio de Mesquita Filho, praça Ítalo Bagnoli, rua João Passalaqua, rua Rui Barbosa, rua Jaceguai, rua Professor Laerte Ramos de Carvalho e rua Major Diogo, São Paulo, 1970

O martírio do homem intimamente ligado ao martírio da terra é a epifania de Euclides da Cunha na sua travessia pelo massacre de Canudos. Para Euclides, esse massacre não se restringe apenas aos povos insurgentes, mas se estende além do homem e é consequência do extermínio perverso da cobertura vegetal da terra, da canalização e apodrecimento das águas, além do extermínio de todos os viventes. O Bixiga, centro nervoso da cidade de São Paulo, vive na pele o encapamento e a desertificação. O deserto que nos envolve é produzido pelo homem, precisamente pela especulação imobiliária. Euclides coloca o homem como agente geológico brutal em "Como se faz um deserto" e dá pistas pela ciência da engenharia de "Como se extingue o deserto". No teatro, a encenação de *Os sertões* apostou no cultivo da cultura teatral como nutrição para fertilizar a terra arrasada pretendida pela especulação.

Universo iconográfico e visual referente aos ritos tea-t(r)ais do Oficina

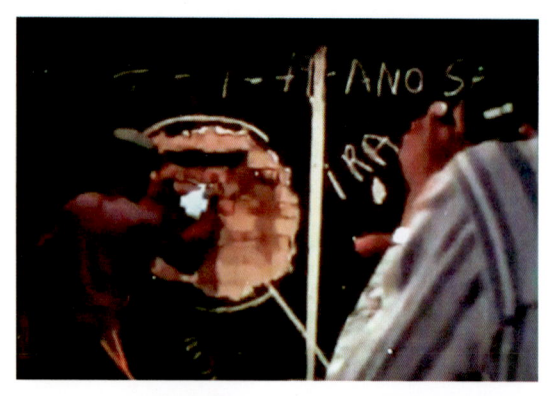

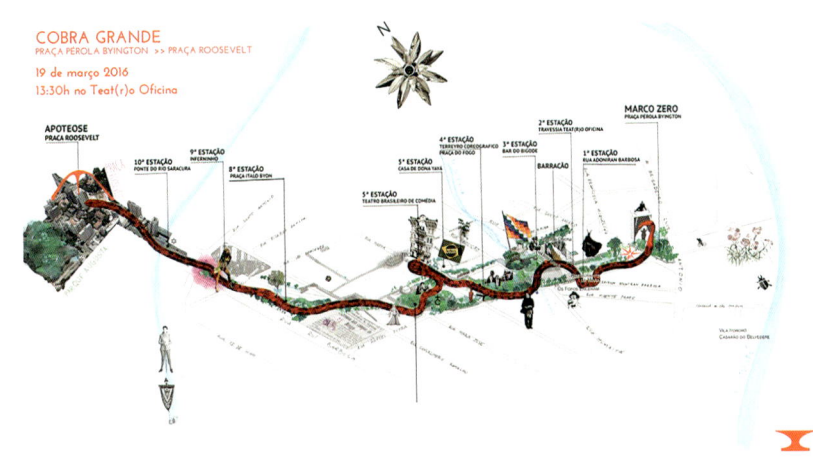

COBRA GRANDE
PRAÇA PÉROLA BYINGTON >> PRAÇA ROOSEVELT

19 de março 2016
13:30h no Teat(r)o Oficina

Ritos teat(r)ais

Teatro é projeção, intenção. No repertório de seis décadas, inúmeros ritos teat(r)ais atuaram como instrumento de luta. Cada ação, uma resposta. Feitiço e desenfeitiçamento. No Oficina, os sucessivos projetos nascidos de cada situação, desde o primeiro croqui de Lina Bo Bardi e Edson Elito, foram interpretados como projeção, não como representação abstrata; tiveram ressonância e consequência concreta na transformação do lugar.

Em 1967, com a encenação de *Na selva das cidades*, Lina Bo Bardi estreia no Oficina criando a arquitetura cênica da peça com a matéria-prima do lixo e entulho das demolições dos sobrados que iam sendo destruídos para dar passagem ao Minhocão, durante a ditadura militar. Lina faz o gesto inaugural, abre o trabalho xamânico da troca, traz o Bixiga para dentro do teatro, leva o teatro para fora, para o Bixiga.

> BURACO
> Há anos fazemos estes buracos
> o vizinho tapa,
> nós fazemos de novo,
> A história dos últimos 26 anos do
> Oficina está toda neste buraco,
> Tudo filmado.
> Fotografado
> Enfeitiçado.
> Sagrado.
> Até a queda de todos os muros
> te muro.
> Beco sem saída.
> Tudo que entra por uma boca
> tem que sair por outra
> como no corpo humano.[27]

Em 1979, um ator com uma picareta inaugura os sucessivos furos feitos no edifício teatral. Aberturas para dar passagem à luz do sol, aos corpos, ao rio do Bixiga e além. O primeiro gesto tem no germe a abertura radical proposta pelo projeto de Lina Bo Bardi e Edson Elito.

Em 2004, a última cena da *Terra* é com o público projetando a abertura do beco, ainda trancado, do teatro, em um gesto coletivo de carimbar o muro com as mãos molhadas de tinta.

Durante a peça *Macumba antropófaga*, em 2011 e 2012, colocamos em cena o Sambaqui, montanha erguida com os entulhos das demolições feitas pelo Grupo Silvio Santos, transformado em totem do tabu especulação imobiliária, obra que foi recentemente destruída como retaliação. Trouxemos também a prática da semeaduras sucessivas e que floresceram em girassóis e outros verdes. Ainda durante essa peça abrimos os portais da abolição, fundado nos escombros da primeira sinagoga sefaradi de São Paulo, o da Japurá e o da Santo Amaro, último e que conclui a abertura total da quadra para os quatro pontos cardeais, afirmando o terreno como delta de ruas, terra aberta.

Teatro Oficina, São Paulo, 2019

Oficina

Em 2013, na X Bienal Internacional de Arquitetura, plantamos em grama uma maquete do terreno em 1:10 no delta das ruas Jaceguai, Abolição, Santo Amaro e Japurá. Maquete, projeção concreta da transmutação de todo terreno ao redor, em floresta, no Parque das Terras do Bixiga.[28]

Ainda durante a X BIA, já despertos pela integridade do vazio, transbordamos o programa do Anhangabaú da FelizCidade para além dos limites do terreno do entorno, dando novamente uma perspectiva urbana para o projeto, só que dessa vez desrespeitando não só a fronteira física do prédio, mas os abstratos limites do terreno.

As sucessivas implantações temporárias experimentadas – o teatro de estádio de 2 mil lugares das *Dionisíacas em viagem*, o circo para encenar a *Macumba antropófaga*, entre outras – nos colocou na contramão de uma solução emergencial de um projeto monumental, nos levou a ensaiar e experimentar o programa criado e em criação permanente do *Anhangabaú da FelizCidade* e do *Parque das Terras do Bixiga*, em tendas nômades, transumantes. Projetos nascidos da necessidade de cada encenação, sem uma solução arquitetônica totalitária, anterior à experiência concreta do lugar. Para cada peça, um teatro. Todos os assentamentos feitos a partir e no corpo do terreno nos mostram que o árido deserto produzido pela especulação imobiliária, e que com o cultivo da cultura reexistiu fértil, não são terras improdutivas, mas terras sagradas por ocupações nascidas da dramaturgia inspirada no próprio terreno.

Em 2016, no teat(r)o urbano Cobra Grande, uma multidão ligou com seus corpos a praça Pérola Byington à praça Roosevelt, na travessia de pontos que formam o território cultural do *Anhangabaú da FelizCidade*: praça Pérola Byington – Casa 1 – Teat(r)o Oficina – Sacolão da Jaceguay – Bar do Bigode – Casa da Dona Yayá – Teatro Brasileiro de Comédia – Terreyro Coreográfico – praça Ítalo Bagnoli e praça Roosevelt. Foi criado um cerco sob um território sagrado, as terras do Bixiga e proposta uma nova categoria política do direito originário à terra: a demarcação de terras urbanas.

Ainda em 2017, a mudança no panorama político com o golpe, o impeachment e o avanço da direita neoliberal nas três esferas do governo muda o perfil dos conselhos dos órgãos de preservação, e os projetos das torres, por meio de um recurso, são aprovados no Condephaat em fins do ano. Da sua parte, o Oficina convoca um grande ato, o Domingo no Parque, uma multidão que, em um gesto coletivo pela aprovação do projeto de lei do Parque Municipal do Bixiga, abraça o perímetro completo do terreno que fica no entorno do teatro.[29]

Teatro Oficina cercado por terrenos vazios, São Paulo, 2016

Finalmente, em 2018, é encenado com a multidão presente, na avenida Paulista, o ato cosmopolítico pelo Parque das Terras do Bixiga – Tarados no Parque do Bixiga, que desceu com trio elétrico, em cortejo, da avenida ao terreno, seguindo o curso do Rio Bixiga.

E em 2019 um novo coro se aproxima para imaginar e desenhar o Parque do Bixiga, também descoberto como Teatro Parque das Terras do Rio Bixiga. Um projeto em transmutação permanente, um canteiro de obras instaurado por Lina Bo Bardi e Edson Elito, que desde então vem atraindo aliados no sentido da criação coletiva, quanto mais público seu desenho se configura. Uma aliança do chão do Bixiga com arquitetos e artistas. O Oficina vira laboratório de arquitetura com encontros semanais para inventar as maneiras de ser e existir na cidade. No Teatro-Parque, a bacia hidrográfica do Rio Bixiga é protagonista. Dar liberdade ao Rio Bixiga, desobstruir seus cursos confinados nas tubulações de concreto é optar pela cura da terra pela terra, da

Parque do Rio Bixiga

vida pela terra e propiciar vidas no coletivo. A geografia tombada do Bixiga entra em cena pelo Teatro de Estádio, esculpido na topografia natural do terreno, como as encostas dos teatros gregos. E, conectando todo o território, a Oficina de Floresta, que se comunica com as diversas áreas verdes do Bixiga, como os jardins da Casa de Dona Yayá, o remanescente de vegetação na avenida 9 de Julho, e traz a proximidade com a terra nos trabalhos diários que as hortas, viveiros, pomares e toda cultura da terra necessitam para existir. Um projeto na sua simplicidade radical, que identifica e exalta aquilo que já está e existe, abrindo o abscesso fechado da terra, rasgando o coração na ágora-palco flutuante sobre as águas libertas do Rio Bixiga.

Patrimônio

A prática teatral, sua potência coletiva e criativa, inevitavelmente, levou à atuação tão original do Oficina nos órgãos de preservação do patrimônio.

> A Cia. de Teatro Oficina não possui os meios suficientes para a aquisição do imóvel e encontra no tombamento a única forma de preservar o patrimônio histórico e cultural, construído através do esforço comum de centenas de artistas brasileiros.[30]

O Teat(r)o Oficina, tombado nas três instâncias de preservação do patrimônio – 1983 no Condephaat, 1992 e 2014 no Conpresp, e 2010 no Iphan[31] –, justamente por se saber criador de um valor cultural necessário, foi autor dessas entradas nos órgãos de preservação. Iniciativas sempre na direção de impedir que o mercado imobiliário, na figura do Grupo SS, destruísse definitivamente, sem mediação ou regulação dos órgãos de preservação do patrimônio, os imóveis de importância cultural e histórica do bairro e, consequentemente, todo o Bixiga.

Em 1983, o teatro é desapropriado pelo Estado. Seu prédio, até então alugado, passa a integrar o domínio público e tornar-se um espaço inteiramente consagrado à ação cultural sob a direção do Oficina. A razão categórica da desapropriação foi a proteção de uma prática de importância histórica e matriz de uma linguagem teatral. O Estado não se apropriou do prédio para legislar sobre ele, foi uma iniciativa preventiva.

Teatro Oficina, São Paulo, 2019

Em 2014, com o registro de bem imaterial no Conpresp, estavam garantidas todas as possibilidades de preservação que um bem cultural pode alcançar no Brasil. Sobrepostas ao tombamento do bairro do Bixiga,[32] as quatro naturezas de proteção ainda não foram suficientes para regulamentar o empreendimento.[33]

Desde a primeira investida do Grupo SS, até os dias atuais, a companhia Teat(r)o Oficina e seu diretor fundador Zé Celso Martinez Corrêa, criadores do valor reconhecido como patrimônio nacional, a sociedade que testemunhou e testemunha este trabalho gigante, instituições nacionais e internacionais ligadas ao patrimônio, associações de arquitetos e urbanistas no Brasil, protestam, denunciando constantemente que a construção desse megaempreendimento atinge o teatro, interrompendo violentamente seu trabalho, sua história presente e futura, e traz no germe a remodelação de todo um território fundamental para a compreensão da história de São Paulo.

O valor atribuído ao prédio pelos órgãos de preservação, pela sociedade, inclusive pelo Estado, é devido ao trabalho de seis décadas de uma companhia teatral, *anima*,[34] em relação indissociável com um corpo arquitetônico. Sendo assim, quem responde por esse corpo é a companhia que o construiu ao longo desses anos, em última instância, a poesia, a criação, a arte.

Conclusão

Silvio Santos, um dos mais poderosos atores do capitalismo videofinanceiro, proprietário da segunda maior rede televisiva do Brasil tenta, há dezenas de anos, empreender qualquer coisa no terreno de sua propriedade, no Bixiga, mas não consegue. Um grupo de teatro e um bairro pobre e popular comemoram vitórias todos esses anos. A prática teatral é a ferramenta de luta e poder incontestável diante do projeto genocida e "ecocida" da especulação imobiliária, essa máquina de produzir desigualdade e concentrar renda. A terra do Bixiga, nascida terreiro, existirá para o público popular, criador, para os povos originários, para as bacantes, para a cultura, para o teatro. São os processos históricos, geológicos, míticos que marcam profundamente sua carne. É o destino.

Notas

1. Ver: CORRÊA, Zé Celso Martinez. *Primeiro ato: cadernos, depoimentos, entrevistas (1956-1974)*; PEIXOTO, Fernando. *Teatro Oficina (1958-1982): trajetória de uma rebeldia cultural*; MARTINS, Mariano Mattos. *Oficina 50+. Labirinto da criação*.
2. ANDRADE, Oswald de. Manifesto antropófago, p. 3. Ver também: ANDRADE, Oswald de. *Do pau-brasil à antropofagia e às utopias manifestos – teses de concursos e ensaios*; ANDRADE, Oswald de. *A utopia antropofágica*.
3. Sobre o projeto arquitetônico, ver: BARDI, Lina Bo; ELITO, Edson; CORRÊA, José Celso Martinez. *Teatro Oficina*. Sobre os projetos arquitetônicos do Oficina, ver: MATZENBACHER, Carila Spengler. *Arquitetura teat(r)al urbanística: transformação do espaço cênico – Teat(r)o Oficina (1958-2010)*.
4. CORRÊA, José Celso Martinez. Primeiras considerações intempestivas para a criação do primeiro Teatro de Estádio.
5. CORRÊA, José Celso Martinez. *Walmor e Cacilda 68 – aqui agora*.
6. *Teatro de Estádio* é um conceito de Oswald de Andrade presente no texto "Do teatro que é bom", que prega a explosão do teatro de câmara, das salas fechadas, para o teatro da multidão popular, dos estádios de futebol, dos desfiles de carnaval, das rodas de candomblé, dos teatros gregos. É apropriado, recriado e experimentado na prática teatral pelo Oficina desde quando a arquiteta Lina Bo Bardi criou o projeto do Teatro de Estádio no terreno do entorno, na mesma época em que estava criando o terceiro Oficina. Seu Teatro Rua desembocava pelo projeto no Teatro de Estádio. Ver: ANDRADE, Oswald de. Do teatro que é bom...
7. ANDRADE. Oswald de. *A morta – ato lírico em três quadros*, p. 19.
8. Manchetes das primeiras idas à imprensa: "A festa dos artistas pelo Oficina", *O Estado de S. Paulo*, 1980; "Silvio Santos pode acabar com o Teatro Oficina", *Folha de S.Paulo*, 1980; E algumas, de muitas, atuais: "Abrindo um abscesso fechado em praça pública", Blog do Zé Celso, 2017; "Zé Celso diz que Silvio Santos ofereceu 'propina' para desistir de terreno", *Folha de S.Paulo*, 2017; "Oficina critica presidente do Conpresp: 'interlocutor' de Silvio Santos", *Veja*, 2018. Cf. MARTINS, Mariano Mattos. Op. cit.
9. *Te-ato* ou teat(r)o são situações de natureza política e poética criadas pelo Oficina que implodem totalmente os parâmetros da representação teatral, borrando os limites entre vida e arte. Ver: SILVA, Armando Sérgio da. *Oficina: do teatro ao te-ato*.
10. "Uzyna Uzona visita Jorge da Cunha Lima", *Folha de S.Paulo*, 1986 (visita com cortejo de samba, atabaque e saxofone, ao secretário de Cultura do estado para pedir a posse legal do teatro e fundos para sua reconstrução); "A novela do Teatro Oficina continua sem epílogo", *Folha de S.Paulo*, 1986 ("convencido de que transformaria seu inimigo em aliado, José Celso convidou o ex-proprietário – Luiz Cocozza – para uma festa no terreno"); "No Bandeirantes a reivindicação do grupo Oficina", *O Estado de S. Paulo*, 1983 ("em coral de cinquenta pessoas 'para entoar um canto e 'lembrar ao chefe do Executivo da urgência de desapropriação do Teatro Oficina'"); "Vou transferir a Cracolândia para lá, diz Silvio Santos a Zé Celso, em reunião com Dória, sobre o Oficina", *Folha de S.Paulo*, 2017 (vídeo mais visto do ano no site do jornal); "Parque do Bixiga realiza ato e entra com recurso contra torres de Silvio Santos", *Mídia Ninja*, 2018. Cf. MARTINS, Mariano Mattos. Op. cit.
11. FERREIRA, Edgard. Pra ver a luz do sol (letra de música).
12. ANDRADE, Oswald de. Manifesto antropófago (op. cit.), p. 3.
13. TEATRO OFICINA. *Luta I* (programa da peça).
14. Anhangabaú da FelizCidade, termo atribuído por Lina Bo Bardi para nomear o projeto pensado para o terreno ao redor do Oficina. É estruturado por três programas: Teatro de Estádio, Universidade Antropófaga e Oficina de Florestas. É um projeto em elaboração e que já teve várias versões, de acordo com as descobertas e experimentações na prática cotidiana com o território. Ver: GALLMEISTER, Marília. Genealogia do Anhangabaú da FelizCidade.
15. ANDRADE, Oswald de. Manifesto antropófago (op. cit.), p. 3.
16. TEATRO OFICINA. *Gracias, señor* (programa da peça).
17. "Saldo para o Salto – Trabalho Novo" é o nome do período de 1971 a 1973 em que o Oficina viaja em comunidade pelo interior Brasil em busca de novas formas do fazer teatral.
18. PAIXÃO, Surubim Feliciano da. Terra da terra (letra de música).
19. PAIXÃO, Surubim Feliciano da. Tupi or not tupy (letra de música).
20. Cf. TEATRO OFICINA. *Luta I* (op. cit.).

21. Universidade Antropófaga é a prática de transmissão de saberes no Teat(r)o Oficina, na convergência das muitas áreas do conhecimento que o teatro pode trabalhar – arquitetura, atuação, iluminação, ecologia, música, figurino, alimentação, cinema etc. As turmas da Universidade Antropófaga foram trabalhadas em dentições, sendo a primeira, e entendida como pré-dentição, o Movimento Bixigão, com as crianças do Bixiga durante a montagem de *Os sertões*. As três outras dentições aconteceram em 2011, com a montagem da *Macumba antropófaga*; 2015, com a montagem de *Mistérios gozozos*, e em 2016, com a montagem de *Bacantes*.
22. KOPENAWA, Davi; Albert, BRUCE. *A queda do céu – palavras de um xamã yanomami*.
23. TEATRO OFICINA. *As bacantes* (texto adaptado da peça).
24. CORRÊA, José Celso Martinez. Primavera cultural do Brasil 2017.
25. A Oficina de Florestas nasce como um dos programas do *Anhangabaú da FelizCidade*, para devolver a floresta, a mata, ao Bixiga, por meio da conexão e do cultivo das alamedas, pomares, bosquetes, de toda a massa verde que resistiu ao processo de urbanização da cidade.
26. CUNHA, Euclides da. *Os sertões*, p. 147 (capítulo 1 – O homem).
27. TEATRO OFICINA. *Os sertões / A terra* (programa da peça). Os furos feitos no prédio foram e são práticas recorrentes no Oficina, sempre na perspectiva de abertura, ruptura de fronteiras, entre os corpos, prédios, terrenos.
28. Em novembro de 2017 foi criado o Projeto de Lei n. 805/2017, de autoria do vereador Gilberto Natalini e coautoria de muitos outros vereadores da Câmara Municipal de São Paulo, pela criação do Parque Municipal do Bixiga, nos 11 mil metros quadrados do terreno em torno do teatro, prevendo, entre outras ações, a renaturalização do Rio Bixiga e um programa cultural para o lugar. CÂMARA MUNICIPAL DE SÃO PAULO. Projeto de Lei n. 01-00805/2017 do vereador Natalini (PV). Dispõe sobre a criação Parque do Bixiga e dá outras providências; CÂMARA MUNICIPAL DE SÃO PAULO. Justificativa PL n. 0805/2017.
29. "De um lado, o grupo Uzyna Uzona, em nome da legítima preservação de seu espaço de atuação e da qualidade urbana do seu entorno. Do outro, um grupo empresarial, proprietário do terreno, procurando exercer legalmente o seu direito de propriedade e de acordo com as normas urbanísticas que permitem edificá-lo". OKSMAN, Sílvio. Para além do Teatro Oficina, o Bixiga e a cidade.
30. CONDEPHAAT. Processo n. 22.368/82. Tombamento do Teatro Oficina.
31. IPHAN. Processo n. 1515-T-04. Tombamento do Teatro Oficina. Sobre o tema, ver: MACHADO, Rogerio Marcondes. Teatro oficina: patrimônio e teatro. Os processos de tombamento junto ao Condephaat e ao Iphan.
32. CONPRESP. Resolução n. 22/2002. Tombamento do bairro da Bela Vista; CONPRESP. Processo Administrativo n. 1990-0.004.514-2. Tombamento do Bairro da Bela Vista.
33. Paralelamente, o Departamento de Patrimônio Histórico – DPH vem se manifestando contrário ao empreendimento desde seu primeiro parecer em 2009, onde elenca as particularidade do bairro, que, evidentemente, um condomínio com três torres de quase cem metros de altura atropelaria de forma autoritária: "as características históricas de ocupação do bairro, como a forma de implantação predominante, gabarito do entorno imediato, volumetria da construção proposta, relação da nova edificação com as vias públicas e manutenção do desenho urbano original". Em 2014, além de deixar evidente que "tal proposta interfere negativamente na paisagem", o Conselho, diferente da orientação pró-mercado da composição atual do órgão, acompanhou o parecer técnico. E finalmente o parecer atual, de 2018, desfaz certa insistência estratégica de alimentar o antagonismo entre Teatro Oficina e Torres do Grupo Silvio Santos, que acaba destacando o prédio do teatro como único bem tombado e tira do foco os outros 1.089 imóveis tombados no bairro e todos os elementos protegidos por lei no Bixiga: "a vegetação de porte arbóreo", "todo bairro da Bela Vista e não apenas seu distanciamento (de 20 metros) do Teatro Oficina". As citações estão no documento: TEATRO OFICINA. Comunicado do Teatro Oficina sobre o posicionamento público do atual presidente do Conpresp quanto às torres do grupo Silvio Santos, no Bixiga. Ver também dois documentos depositados no Condephaat, o que solicita em 2014 a aprovação do empreendimento do Grupo SS para construção de torre da rua Jaceguai e o parecer da conselheira Sarah Feldman, de 2019: CONDEPHAAT. Processo n. 71.370/2014 – Pedido de aprovação de intervenção pós-intervenção na rua Jaceguai 530/536/542/546, Bela Vista, São Paulo; CONDEPHAAT. Parecer sobre o processo n. 71.314/2014.
34. *Anima* – palavra originada do latim e usada para descrever ideias como respiração, alma, espírito ou força vital.

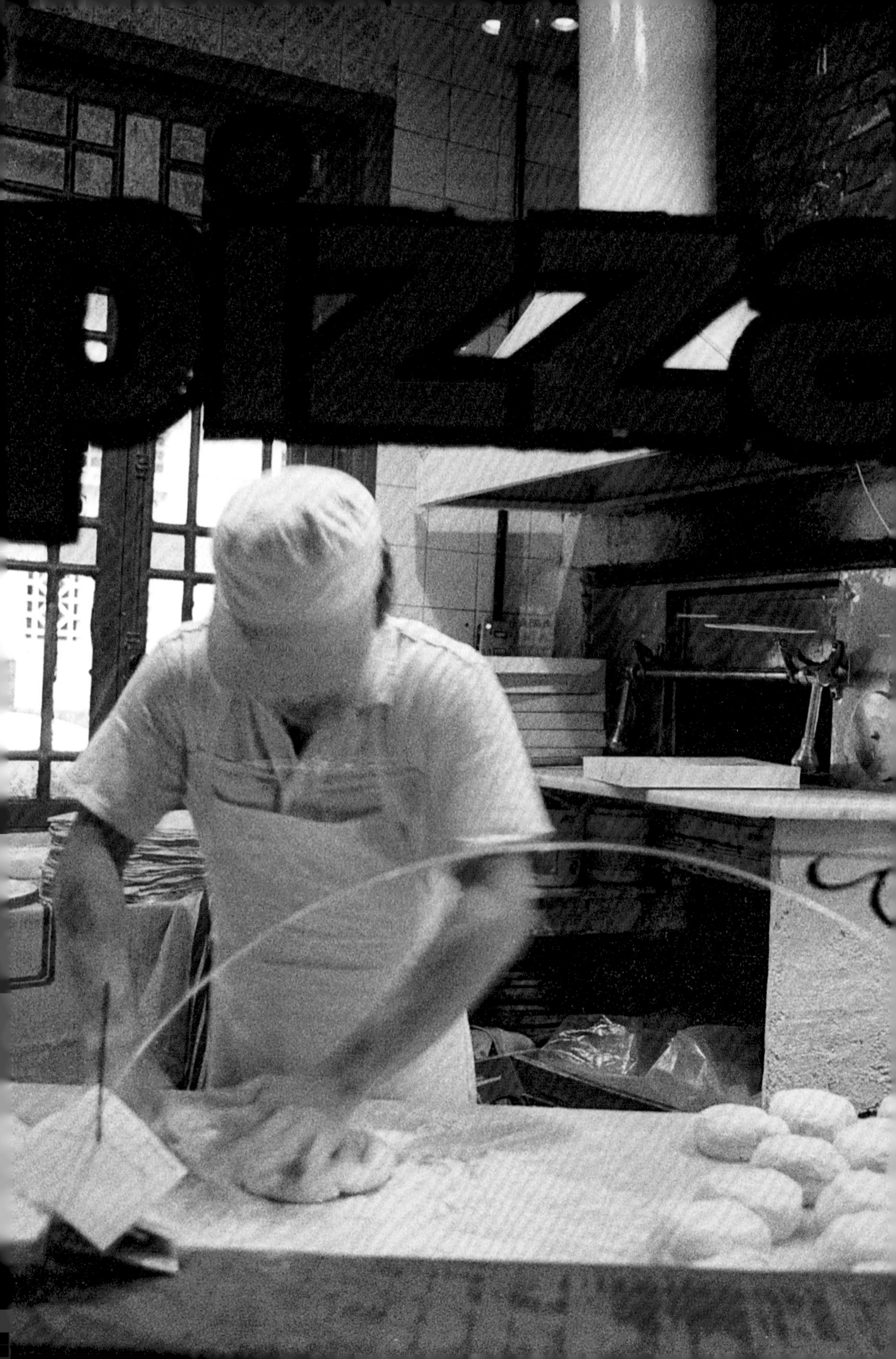

3.8 Da fábrica de restauro a um plano de desenvolvimento local do Bexiga
Nadia Somekh
Thais Cardoso

Ensaio fotográfico *Bexiga 1991*, de Cristiano Mascaro

Preservar o patrimônio cultural e histórico é uma questão urbana e ambiental. O financiamento da recuperação de imóveis tombados pode emergir de transformações urbanas constituídas nos chamados projetos urbanos sustentáveis e inclusivos. A experiência internacional nos aponta algumas soluções no âmbito dos projetos urbanos, mas no Brasil temos apenas empreendimentos imobiliários que não constroem cidade.

Entendemos que projetos urbanos são transformações de impacto que trazem benefícios e principalmente redução das grandes desigualdades presentes nas nossas cidades. Entendemos que a inclusão social pode ser mediada por alguns critérios.

O primeiro é produzir habitação de diversas faixas de renda. Habitação entendida também como uma questão urbana sustentável, e não como enclave monofuncional; isto é, a moradia também deve proporcionar as vantagens da urbanidade cidadã.

O segundo critério é a construção do espaço público constituidor da urbanidade acima mencionada. Espaço público democrático possibilita o encontro, seja ele físico ou virtual, mas com qualidade capaz de conferir dignidade ao cidadão.

O terceiro critério de inclusão social, considerando uma sociedade em transição devido a constantes transformações tecnológicas, é a construção de novas alternativas de trabalho e renda, uma vez que o emprego está em vias de desaparecimento no capitalismo automatizado da contemporaneidade.

Finalmente, queremos entender que o financiamento da construção da cidade deve envolver seus cidadãos como foco principal e prever o compartilhamento dos lucros da produção imobiliária, para construir cidade, sair do lote privado e ampliar o espaço público. Seria essa proposta uma utopia possível?

O capítulo foi estruturado em três partes: uma primeira aponta as transformações recentes da sociedade contemporânea e algumas referências de projetos urbanos inclusivos. A segunda parte descreve o conceito em construção da fábrica de restauro e por último são apontadas diretrizes para a elaboração de um Plano de Desenvolvimento Local do Bexiga, que se constituirá em um projeto urbano inclusivo.

Entendemos ainda que a regulação urbana em São Paulo não constrói cidade, na medida em que se baseia principalmente no zoneamento. Instrumento extemporâneo, criado em ambiente autoritário, principalmente para separar usos, limita-se apenas ao espaço privado do lote, não construindo espaço público, tampouco urbanidade.

Preservar o patrimônio requer recursos que podem advir das transformações projetadas, requer participação cidadã e perspectivas de construção coletiva da cidade.

A cidade contemporânea: projeto urbano com inclusão?

As transformações tecnológicas advindas da terceira (ou quarta) modernidade[1] decorrem da necessidade constante de aumento de produtividade da acumulação capitalista.[2] A globalização e a reestruturação produtiva transformam áreas nas cidades: grandes plantas industriais, ferrovias, frentes portuárias apresentam vazios urbanos que demandam intervenções urbanas. Projetos urbanos competem entre si, almejando os investimentos que fluem no mundo globalizado, ancorando-se em operações urbanas complexas de grande impacto para fazer face à obsolescência recorrente do capitalismo.

A partir do paradigma de Barcelona, grandes aportes em infraestrutura foram realizados para sediar eventos globais e atrair turismo e investimentos. Na França e na Inglaterra, projetos urbanos demandam criação de agências específicas e planos de longa duração, com resultados diferentes. Na França e na maior parte das cidades europeias, a coordenação é pública, incluindo gestão compartilhada com a maioria de empresas também públicas e com certo envolvimento da população. Na Inglaterra, a coordenação, predominantemente privada, traz resultados denominados por Peter Reese como "lock it and leave it":[3] milhões de metros quadrados de habitação de alto padrão em blocos monofuncionais se espalham nas áreas mais valorizadas de Londres, que concentra os grandes capitais financeiros globais, ampliando o problema da moradia. À beira do Tâmisa, por exemplo, muitos metros quadrados permanecem vazios, retendo o valor especulativo de posse dos proprietários, que preferem deixar fora do mercado a disponibilidade habitacional.

Incentivos tributários atraem capitais russos, árabes e chineses, em um processo de entesouramento que amplia os problemas urbanos. Nas cidades europeias, os projetos urbanos, em sua maioria, constroem cidades,[4] na medida em que preveem a construção de espaços públicos de qualidade, bem como habitação de diversas faixas de renda. A crítica aos projetos urbanos fundamentados no planejamento estratégico de Barcelona[5] aponta o modelo como âncora de atração de investimentos globais e de não superação das grandes diferenças urbanas. Neil Smith acrescenta que projetos urbanos atendem a uma estratégia global de gentrificação.[6] Entendemos, porém, que alguns elementos podem representar aportes para o enfrentamento dos grandes problemas urbanos, que podem ser assim resumidamente descritos:

1. O aquecimento do planeta e as mudanças climáticas podem ser revertidos priorizando o transporte público e outros menos poluentes, como bicicletas, patinetes ou mesmo andar a pé. Para isso é preciso reduzir o espaço que o automóvel veio ocupando nas cidades e países que basearam o seu desenvolvimento econômico na indústria automobilística e no petróleo (ou seja, não é um problema fácil de resolver).
2. As grandes desigualdades sociais. Para tanto será necessário achar novas formas de trabalho e renda, uma vez que as novas

tecnologias vão desempregar cada vez mais. Em grandes projetos urbanos e em políticas locais, a reconversão de áreas industriais com micro e pequenas empresas e incubadoras de *start ups* são possibilidades contemporâneas, mas requerem gestão compartilhada e estímulos públicos e privados.
3. A estratégia global de gentrificação pode ser enfrentada buscando-se a disseminação de habitação de diversas faixas de renda, principalmente em áreas centrais em substituição aos grandes conjuntos habitacionais que nos Estados Unidos e na Europa vêm sendo implodidos. Pequenos conjuntos habitacionais em diversas escalas e com subsídios e formas diferenciadas de acesso.
4. A recessão democrática e o retrocesso civilizatório que o mundo está passando também produzido pelo avanço do crime organizado global já apontado por Manuel Castells nos anos 1990.[7] Para enfrentar essa questão, espaços públicos e democráticos virtuais ou materiais que possibilitem a constituição do debate e da demanda pelo desenvolvimento local.

Quanto à questão do combate às mudanças climáticas, vários são os exemplos de projetos urbanos que propõem não só a redução do uso do automóvel, a ampliação e a valorização da paisagem natural e os espaços públicos que proporcionam melhorar o deslocamento a pé. Cidades para pessoas[8] e passeios de alta qualidade, que permitem uma maior apropriação da população. Vários exemplos promovem essas ações estratégicas, desde Docklands, passando por Paris Rive Gauche, chegando a Puerto Madero. Em relação às grandes desigualdades sociais, o fim do emprego, o pós-industrialismo, reestruturação produtiva e bons exemplos de reconversão estimulam *start ups* e outras atividades que redirecionam as recentes tecnologias para novas formas de apropriação cultural, de trabalho e renda. São exemplos o caso da LX Factory em Lisboa, Station F e Les Frigos, em Paris, ambas com 1.298 *start ups* e associações artísticas na ocupação de antigas plantas industriais.[9]

A questão da gentrificação pode ser combatida desde que a mobilização popular se alie a poderes públicos inclusivos. No caso de São Paulo, o Perímetro de Reabilitação Integrada do Habitat – PRIH, desenvolvido no começo dos anos 2000 pela Secretaria Municipal de Habitação e Desenvolvimento Urbano, na prefeitura de São Paulo, buscou enfrentar a questão da habitação no centro da cidade junto ao cenário de descaso e vulnerabilidade social identificado na região. Para isso foram traçados perímetros de intervenção cuja área era caracterizada como uma porção do território negligenciada pelo poder público e com um tecido social mais frágil em zonas lindeiras a áreas de investimento público (âmbito municipal, nacional e internacional), justamente como forma de evitar que todo o recurso fosse aplicado em projetos de caráter elitista.[10]

Nesses perímetros de intervenção havia a intenção de propor um projeto de requalificação visando recuperar os imóveis tombados, bem como a produção de equipamentos culturais, priorizando a melhoria do ambiente e da paisagem urbana, assim como da condição de vida dos moradores e trabalhadores locais, envolvendo ações para controlar o processo de expulsão da população de baixa renda. Sendo assim, foram implementadas ferramentas para uma gestão urbana democrática promovendo debates e planejamento junto à comunidade local com o intuito de traçar decisões em comum. Nesse sentido, era de grande importância para o projeto abranger o maior número possível de diferentes grupos da população, como os moradores de cortiços, de habitações precárias e de rua, entidades sociais e comerciantes.[11]

Assim, foram implementados os chamados escritório antenas – sendo o primeiro instaurado no perímetro da Luz –, formados por uma equipe técnica interdisciplinar, que passou a agir como um agente público facilitador cujas frentes de trabalho atuavam como suporte técnico e agente promotor. Com o objetivo de facilitar o diálogo e o envolvimento da comunidade local, o escritório realizou atividades voltadas para a comunicação socioterritorial e para o levantamento físico ambiental. Também foram identificadas as lideranças locais e realizadas oficinas de sensibilização, levando a um processo de construção social e ao desenvolvimento de planos de ação de curto e médio prazo para a realização dos projetos de habitação, sempre envolvendo a população local e a preocupação com o bem tomado e a paisagem urbana.[12]

A experiência de Mouraria em Lisboa também acolheu o escritório do prefeito no próprio bairro, bem como a proteção do histórico pequeno comércio de etnias diferenciadas, aliado a um projeto urbano com provisão habitacional de diferentes faixas de renda e espaços públicos de qualidade e conectividade urbana. Nesse projeto, configurava-se como prioridade a requalificação do espaço público trazendo áreas de qualidade e de diversas funções. O respeito à paisagem urbana, ao patrimônio histórico e cultural e às reais necessidades da comunidade local estearam as propostas de intervenção para a região, que tinha como foco espaços públicos como ruas, largos e praças, sempre valorizando a mobilidade e a acessibilidade.[13]

A cidade compacta e a recessão democrática podem ser construídas a partir do exemplo das ocupações de edifícios históricos no centro de São Paulo. Movimentos de moradia articulados promoveram a recuperação de edifícios abandonados na área central, por meio de uma ação coordenada de reconstrução coletiva. Em vez de ocuparem áreas periféricas dilapidando recursos naturais, a ocupação das áreas centrais promove a racionalização do quadro construído com participação e conscientização cidadã. Governos menos progressistas, entretanto, não veem com bons olhos o que denominam de invasões, penalizando lideranças populares, como no caso da Ocupação 9 de Julho e do bem-sucedido edifício Cambridge. Como traduzir esses exemplos em diretrizes de ações estratégicas no caso do Bexiga?

O Bexiga e a Fábrica de Restauro: um conceito em construção

Como vimos nos capítulos anteriores, o Bexiga, antes de se tornar o conhecido bairro italiano, base para seu tombamento, era um local de população negra, quilombola, que vivia em torno do vale do Saracura, córrego que nos anos 1930 foi enterrado pelo plano de avenidas, através da implementação da avenida 9 de Julho. Para Marcos Virgílio da Silva, a população ali residente praticava seus festejos e artes, os quais ainda permanecem.[14] A Escola de Samba Vai-Vai, em seus sambas-enredos, mantém essa referência ao Saracura, bem como aos arranha-céus que vêm transformando a área.

O Plano de Avenidas de 1930 enterrou boa parte dos córregos e o Plano Urbanístico Básico – PUB fragmentou o traçado urbano de forma violenta – casos da avenida 23 de Maio, implantada com a canalização do Rio Anhangabaú, e da segunda cicatriz do bairro, a avenida Radial Leste-Oeste, dando seguimento ao Minhocão. Esse elevado completa o segundo anel viário, fragmenta de forma dramática o bairro, dando sequência ao que Silva aponta como projeto da cidade de São Paulo, que privatiza os bens coletivos, a água, o bairro e contribui ainda mais com a degradação da área.[15] O furor rodoviarista dos anos de ditadura desapropriam sem qualquer preocupação com o desenho urbano, deixando sobras de lotes e baixos de viadutos, como é o caso da tradicional padaria São Domingos. A praça Dom Orione é resultado de resquícios da ligação entre a Rui Barbosa e a 13 de Maio, que, unidas, fecham o bairro.

O crescimento vertical continua, principalmente nas bordas do bairro, apesar de ser um local tombado. O jornal *Folha de S.Paulo* de 22 de abril de 2018 aponta que a Bela Vista é o bairro que mais cresce no centro. Segundo o referido jornal, "antigo reduto de imigrantes italianos, velhas edificações dão lugar a edifícios com pequenos apartamentos" e serviços especiais comuns. Demanda contemporânea atendida pelos novos empreendimentos de pessoas sozinhas ou jovens casais de profissionais que preferem uma localização com acessibilidade central e oferta de bares, restaurantes e cultura presentes no bairro. Como vimos, o crescimento vertical acontece na periferia do perímetro de tombamento.

Para tentar compreender se o tombamento do bairro pelo município provocou uma queda nos investimentos imobiliários e qual a importância do bairro frente ao mercado imobiliário de São Paulo, Ana Carolina Nader Scripilliti confrontou o processo de verticalização, principalmente localizado nas bordas do tombamento, com entrevistas de promotores imobiliários.[16] A referida pesquisa levantou dados da Embraesp, apontando nos mapas e nas entrevistas que o tombamento não necessariamente impede a verticalização. O adensamento vertical está previsto no novo Plano Diretor Estratégico de 2014, assegurando altos índices de densidade construtiva (CA=4) ao longo dos eixos estruturantes de transportes, existentes no bairro.

A análise dos mapas, amparada por uma entrevista realizada com Claudio Bernardes, presidente do Sindicato das Empresas de Compra, Venda, Locação e Administração de Imóveis Comerciais – Secovi, conclui, no entanto, que o mercado imobiliário foge das áreas restritivas.

Como síntese da materialização, concluímos que tanto a regulação urbanística quanto os investimentos em infraestrutura e a verticalização desconsideraram a natureza do bairro que permanece ainda no imaginário popular, como vemos no samba da Vai-Vai, que se refere a um dos córregos enterrados pelo Plano de Avenidas, o Saracura.[17]

Objeto de projeto em 1974, encomendado ao arquiteto Paulo Mendes da Rocha, a Grota é um acidente geográfico que caracteriza a geomorfologia do bairro, além de conter vários edifícios históricos de arquitetura vernacular do começo do século 20. A proposta modernista previa uma série de edifícios em lâminas que não só desconsiderava a topografia, como fazia tábula rasa das edificações preexistentes.

Os estudos para o pedido de abertura do processo de tombamento do bairro do Bexiga ocorrem depois do concurso de ideias promovido pela prefeitura da cidade em 1992 e enterrado a seguir, exemplificando a descontinuidade administrativa recorrente em São Paulo.

O processo de tombamento teve início em 1990, com a instauração de um perímetro inicial de proteção sem qualquer distinção de grau de conservação ou valor histórico.[18] Em seguida, com o patrimônio sob proteção, a Resolução n. 01/93 determina que dentro do mesmo perímetro há áreas especiais que exigem uma análise mais rigorosa para projetos de intervenção,[19] e então cria-se uma lista de imóveis isolados com níveis de preservação distintos e que, salvo algumas exclusões feitas ao longo dos anos, vão compor basicamente a Resolução n. 22/2002, por meio da qual o Conselho Municipal de Preservação do Patrimônio Histórico Cultural e Ambiental de São Paulo – Conpresp propõe o tombamento da Bela Vista.[20]

A Resolução n. 22/2002 baseou-se nos resultados do Inventário Geral do Patrimônio Ambiental, Cultural e Urbano de São Paulo – Igepac SP,[21] que teve todo seu teor contido no texto da lei. A resolução ressalta a importância histórica do bairro, seus elementos, sua ambiência, além de bens de inegável valor histórico. Menciona seu potencial turístico e a importância de protegê-lo frente a inúmeras propostas de renovação urbana já feitas antes para a área. Para Ulpiano Bezerra de Meneses, "Patrimônio Ambiental Urbano é um sistema de objetos, socialmente apropriados, percebidos como capazes de alimentar representações de um ambiente urbano".[22] A sua seleção é determinada pela carga de significação dotada de potencial legitimador, integrador e, portanto, transformador. É necessário ampliar a significação social. O projeto de futuro de uma cidade deve incorporar "o código de interação que efetivamente organiza as relações sociais daqueles objetos que fornecem ingredientes para as imagens da cidade".[23]

Foram incluídos no inventário não só os bens consagrados como monumentais, mas também os modos de organização do espaço urbano, suas etapas e formas de evolução, que no caso do Bexiga foi compreendido como um conjunto urbano a ser preservado. Embora o conceito de Patrimônio Ambiental Urbano – PAU tenha sido referência no inventário, o resultado pode ser considerado limitado. Entretanto, o resultado da resolução continua excluindo a natureza, apenas incluída como vegetação arbórea. Foram realizados fotos e levantamento da história do bairro, tudo compilado em um documento disponível no Departamento de Patrimônio Histórico – DPH e que será usado como base para o processo de tombamento do Bexiga. A partir do concurso de ideias e do Igepac, a população toma a iniciativa e reivindica o tombamento do bairro.[24] A Resolução n. 22/2002 prevê o tombamento do bairro da Bela Vista, que, embora maior, inclui na sua totalidade o bairro do Bexiga.[25] A justificativa é que é um dos poucos bairros paulistanos que ainda guarda características originais do seu traçado urbano, decorrente do seu parcelamento original.

Podemos apontar inicialmente que, apesar de o inventário ter a denominação ambiental, a natureza não é considerada. O Igepac levou em conta permanências referentes aos elementos estruturadores do ambiente urbano que ainda guardam inalteradas suas características culturais e afetivas.[26] Entretanto, as menções se restringem a características geomorfológicas e edilícias, tais como: a Grota, o Morro dos Ingleses e a Vila Itororó.

Embora mencionando a necessidade de não só manter edificações históricas ainda presentes, bem como a própria população moradora, não transparecem ações ou instrumentos de preservação efetiva ou de não gentrificação urbana.

A resolução menciona elementos urbanos e ambientais, tais como as praças Amadeu Amaral e Dom Orione, ou de infraestrutura, como a escadaria da 13 de Maio, muros de arrimo e os arcos da rua Jandaia, além de 905 imóveis isolados listados individualmente.

O ano de 2002 foi de extrema importância para o Bexiga. A regulação urbana é revisão do Plano Diretor – PD, de 2002. Para o bairro do Bexiga foram criadas áreas especiais, como Zonas Especiais de Interesse Social – Zeis, para áreas já encorticadas, e Zonas Especiais de Preservação Cultural – Zepec, que seguem o perímetro de tombamento. O uso do solo simplifica a área que termina com três zonas e quatro tipos de restrição. Muito do que foi proposto nesse PD 2002 não se concretizou, como por exemplo as Zeis, mas percebe-se a vontade do poder público em criar novas oportunidades para restaurar a área através da implantação de novos instrumentos de proteção ao patrimônio.

A Fábrica de Restauro, experimentalmente formulada para o bairro tombado do Bexiga, origina-se de uma mobilização social que permita construir coletivamente a recuperação física e social do bairro, sem perspectivas de gentrificação. Será isso possível? Será possível, também, abrigar um bairro tombado em adensamento compatível com o tecido histórico preservado pela exclusão?

Enquanto estivemos à frente do DPH, para iniciar essa mobilização propusemos reuniões com possíveis parceiros. Chamamos os diversos grupos sociais atuantes no Bexiga – Rede Paulista de Educação Patrimonial – Repep, Casa de Dona Yayá (Centro de Preservação Cultural da Universidade de São Paulo – CPC USP), Bexiga Viva e duas associações de proprietários de bens tombados, entidades que muitas vezes atuam de forma conflitante e que não apresentaram representatividade consistente.

O ano de 2013 também possibilitou a elaboração de um plano de bairro através da Secretaria de Desenvolvimento Urbano, que permaneceu inconcluso. A população organizada do bairro vem propondo ações compartilhadas.

A partir da ação compartilhada com vários parceiros na formulação da Jornada do Patrimônio,[27] surge no DPH a necessidade de buscar uma ação concertada no bairro tombado do Bexiga. O Plano Diretor Estratégico de 2014 previu altas densidades ao longo das Zona Eixo de Estruturação da Transformação Urbana – ZEU[28] em um bairro inteiramente tombado como o Bexiga. Como articular essa tensão? Nasce daí a ideia de uma mobilização para articular a salvaguarda do patrimônio com a possibilidade de intervenções contemporâneas. A partir de grupos de trabalho, fomos buscar ações de capacitação desde o pedreiro até o arquiteto restaurador. Um segundo grupo previa a busca de formas de financiamento que estimulasse a Transferência de Direito de Construção – TDC coletiva, e um terceiro, novas formas de associativismo.

Além disso, mobilizamos a Associação de Empresas de Restauro – Asseer, consultores envolvidos na TDC e ainda a Agência São Paulo de Desenvolvimento – Adesampa, voltada para o estímulo de micro e pequenas empresas, *start ups* e laboratórios de *coworking*.

Após reuniões parciais, reunimos todos os parceiros em uma oficina de organização. A partir dos debates e das apresentações de experiência como da Vila Itororó, do processo participativo de restauro, do Mosaico – Escritório Modelo da Faculdade de Arquitetura e Urbanismo da Universidade Presbiteriana Mackenzie, da ocupação habitacional de interesse social e do Plano Regional da Sé realizado pela Secretaria

Municipal do Desenvolvimento Urbano – SMDU, estabelecemos três grandes grupos de trabalho.[29]

O primeiro, denominado Formação/Capacitação do Pedreiro ao Restaurador, se desdobrou na perspectiva de desenvolver cursos de manutenção e zeladoria especializados em acompanhamento de bens que, quando restaurados, demandem um olhar e saberes específicos. O debate do projeto vinculado ao patrimônio histórico foi liderado pelo grupo de pesquisa do professor Júlio Katinsky, que desde 2016 passou a organizar seminários sistemáticos na FAU USP e que em 2017 passaram a ser documentados para constituir uma produção acumulada de conhecimento.

Voltado para a obtenção de recursos, o grupo 2 se dividiu em dois subgrupos: o denominado TDC Coletivo, onde foram calculadas transferências previstas para conjunto de propriedades e proprietários no sentido de se potencializar possíveis recursos advindos do instrumento previsto no Plano Diretor Estratégico – PDE 2014;[30] o segundo, sem nome específico e sem grande adesão, preocupou-se com outras formas de obtenção de recursos, como Lei Rouanet, Lei Mendonça etc.

O grupo 3, denominado Participação/Coletivismo, previa a articulação de grupos sociais e proprietários bem como a Asseer para formular projetos coletivos de restauro e participação da comunidade na recuperação de bens culturais tombados ou não.

As atividades foram paralisadas na mudança de gestão, mas também começou uma mobilização piloto na Vila Maria Zélia, cujo grupo de moradores presente nas oficinas demandava continuidade ao processo já em andamento de recaracterização participativa liderado pelo DPH por intermédio da professora Simone Scifoni em parceria pelo Condephaat e grupos de moradores.[31] Esperamos a retomada dessa mobilização com o apoio do Instituto de Arquitetos do Brasil – IAB-SP.

Ações de sensibilização, como a Jornada do Patrimônio, com seus roteiros ancorados no território, a celebração dos patrimônios imateriais, a visitação a edifícios, a vivência do centro e da memória que ele guarda de uma vida de fato urbana, fazem parte desse processo de projetação e despertar da consciência para além do véu do espetáculo, por meio do qual a mercadoria passa a ocupar a vida social de forma integrada.

A aposta é que a sensibilização da sociedade para o patrimônio e a participação no espaço público, mediada pela construção coletiva de projetos urbanos, possam trazer perspectiva de preservação da memória e ações de trabalho criativo. Nesse sentido, a experiência iniciante da Fábrica de Restauro é uma aposta na construção de ações coletivas que, em conjunto, promovam projetos urbanos com inclusão social.[32] Hoje, vinculada a um projeto de extensão no Mackenzie, a Fábrica de Restauro busca trabalhar no desenvolvimento de cursos de formação e capacitação, na construção de canteiros solidários e escritórios de gestão compartilhada de projetos junto à administração municipal e o DPH. O apoio de redes de pesquisa como a Relatórios de Pesquisa em Engenharia de Produção – RPEP, CPC USP e Instituto Bexiga, além do Museu Memória do Bixiga – Mumbi são parceiros potenciais para a recuperação do projeto piloto realizado pelo Mosaico no Museu do Bexiga, também realizador da Marca Manifesto. Ações fragmentadas podem se constituir em uma semente de um Plano de Desenvolvimento Local a ser instalado no Bexiga a partir de ações de inclusão social aliada aos exemplos contemporâneos de diretrizes estratégicas.

Diretrizes de um Plano de Desenvolvimento Local

Os planos diretores posteriores de 1991, 2002[33] e 2014[34] previam altas densidades e poucos instrumentos efetivos para a conservação do bairro, que ao longo do século 20 foi se deteriorando. O instrumento da Transferência do Potencial Construtivo – TPC, de 2002, e sua adequação Transferência do Direito de Construção – TDC, de 2014, trouxeram a possibilidade de monitorar os valores transferidos para os bens tombados, porém com pouca atividade no bairro do Bexiga.

Em 1992, o concurso de ideias encabeçado pela Empresa Municipal de Urbanização – Emurb,[35] hoje SP Urbanismo, que pretendia a construção coletiva de um projeto urbano, resultou no tombamento do bairro em 2002, a partir do Igepac empreendido pelo DPH.

Com uma perspectiva de adensamento previsto pelo Plano Diretor 2014 e pela lei de zoneamento de 2016, e tendo como realidade física um tecido social forte e um quadro construído em processo de deterioração física, foi formulado o instrumento inovador denominado Fábrica de Restauro do Bexiga. A ideia é estabelecer um modelo que possa ser replicado em conjuntos urbanos e também constituir uma experiência piloto para ser replicada na gestão de bairros históricos por todo o território nacional. O Bexiga possui um tecido social altamente qualificado e conflituoso. As associações Bela Vista Viva, CPC USP, RPEP, o Teatro Oficina e o Mumbi possuem inserção no bairro, juntamente com os restaurantes e equipamentos culturais de diversas escalas. Fazer um plano compartilhado vai requerer um esforço de articulação e definição de objetivos urbanos e comuns. A participação e o compartilhamento vão requerer uma demanda efetiva, e não uma imposição de saberes técnicos, acadêmicos ou burocráticos. Um escritório compartilhado entre sociedade civil e poder público pode ser instalado na Vila Itororó, que congrega organizações culturais bem como iniciativas vinculadas à salvaguarda do patrimônio cultural.

Sob liderança de Paulo Santiago, um dos fundadores do Mumbi, também se retomou a ideia de articular os projetos de intervenção propostos para o território nos últimos anos, com o intuito de gerar um plano de bairro. Dessa forma, foram organizadas reuniões para o chamado Fórum Bexiga 2030, cujos encontros incentivam a participação da comunidade local, de lideranças e de profissionais, como arquitetos e urbanistas. Em novembro de 2019 foi realizado um primeiro debate tendo como tema a moradia, cortiços e ocupações, e em dezembro houve um segundo com o objetivo de discutir propostas de intervenção no Bexiga. Dentre os projetos estavam: propostas para 13 de Maio, o Corredor Cultural Gastronômico de Lazer, o Parque do Bexiga etc.

Na primeira reunião, realizada no Mumbi, foram apresentadas formas de trabalhar a questão do cortiço sem que haja perspectivas de gentrificação, e o debate girou em torno dessas questões. No segundo encontro, realizado no Instituto Bexiga, foram apresentadas de forma breve algumas propostas de intervenção para o bairro com ideias geradas desde a década de 1990 até a atualidade. Após a apresentação, houve um debate sobre os pontos colocados, que levou a um primeiro encaminhamento: é necessário haver uma rede de cooperação entre as lideranças do Bexiga, para que todos estejam integrados sobre o que está sendo pensado para o território em questão e para que, assim, possa ser fortalecida a rede do bairro, não incentivando a competição entre elas.

As propostas futuras para o bairro do Bexiga estão também tratadas no PDE 2014. O texto aprovado prevê o ordenamento justo e equilibrado do território focado no desenvolvimento urbano sustentável, e para tanto propõe uma nova estratégia de ordenação do território, os chamados Eixos de Estruturação e Transformação Urbana – EETU. São áreas para adensamento construtivo e populacional localizadas próximas aos eixos de transporte existentes ou oficializados em decreto. No caso do Bexiga, quase todo o seu território é tomado por esses eixos, oficializados pelo novo zoneamento de 2016 como – ZEU. Além de uma zona de altos coeficientes como a ZEU, estão previstas na área tombada também Zepec do tipo Bens e Imóveis Representativos, as Zepec-BIR, designadas lote a lote de acordo com a listagem do tombamento. Foi designada também uma Zona de Ocupação Especial – ZOE no entorno do Teatro Oficina e que carece de disciplinas específicas. Alguns instrumentos de proteção ao patrimônio foram colocados em prática e alguns novos foram criados, como o Territórios de Interesse da Cultura e da Paisagem – TICP Paulista/Luz.[36] As Zeis delimitadas no plano anterior permanecem em vigor.

Essas áreas sobrepostas ao novo zoneamento demonstram que, por exemplo, na área da Grota ainda existe bastante espaço passível de intervenção, desconsiderando a geomorfologia ou as preexistências da área especial. Entende-se que o desenvolvimento urbano do bairro não depende da criação de novos instrumentos, e sim de um projeto urbano construído socialmente que faça emergir a natureza enterrada, mas presente na memória da população.

Concluímos que tanto a regulação urbanística, quanto a proteção do patrimônio, além de se constituírem num diálogo de surdos, pois não conversam nem convergem entre si, não mencionam a natureza apagada, mesmo premiando iniciativas sustentáveis com o concurso Ensaios Urbanos. O estudo acerca do desenvolvimento urbano em áreas tombadas teve como foco o Bexiga, um bairro central e histórico que manteve inalterada suas características originais. De limites subjetivos, hoje faz parte da Bela Vista. Sofreu inúmeras intervenções, principalmente viárias, apesar de menosprezado pela gestão urbana. É um bairro de negros, italianos e nordestinos que mesclam culturas e enriquecem essa área. A inquietação trazida pelas novas legislações que propõe eixos de transformação e adensamento em um bairro histórico protegido traz novas perspectivas para a área. Instrumentos defensores do patrimônio foram colocados em prática, e diversos atores locais lutam pelos interesses de seus habitantes e contra a degradação bairro. A Repep, o Teatro Oficina, o CPC USP, e a ONG Novo Olhar são alguns deles. Entende-se que o tombamento sem diretrizes específicas e sujeito a um conselho compromete os investimentos na área. Os projetos de intervenção urbana não têm força frente à resolução. O tombamento não alavanca nem impede o desenvolvimento do bairro. É necessário um projeto urbano inclusivo, construído socialmente, que faça emergir a natureza enterrada, mas ainda presente na memória da população. Ações fragmentadas foram identificadas no tecido social do Bexiga. É o que veremos a seguir.

No PDE 2014, alguns instrumentos de proteção ao patrimônio foram colocados em prática e alguns novos foram criados, como o Territórios de Interesse da Cultura e da Paisagem – TICP Paulista/Luz. As Zeis, delimitadas no plano anterior, permanecem em vigor.

Essas áreas sobrepostas ao novo zoneamento demonstram que, por exemplo, na área da Grota ainda existe bastante espaço passível de intervenção, desconsiderando a geomorfologia ou as preexistências da área especial.

Entende-se que o desenvolvimento urbano do bairro não depende da criação de novos instrumentos, e sim de um projeto urbano construído socialmente que faça emergir a natureza enterrada, mas presente na memória da população.

Concluímos que tanto a regulação urbanística, quanto a proteção do patrimônio, além de se constituírem num "diálogo de surdos", pois não conversam nem convergem entre si, não mencionam a natureza apagada, mesmo premiando iniciativas sustentáveis com o concurso Ensaios Urbanos.

O conceito de patrimônio ambiental urbano, as cartas patrimoniais propondo a democratização do patrimônio histórico, envolvendo as comunidades herdeiras, bem como a efetiva salvaguarda da nova herança cultural preveem a criação de instrumentos inovadores e nos conduziu ao conceito de patrimônio inclusivo.

Várias ações em andamento promovem a proteção da memória do bairro, tais como uma carta aberta do Teatro Oficina e bacias hidrográficas, divulgado pelos escritórios Brasil Arquitetura e Urbeflux em 25 de janeiro de 2018. O documento aponta que o terreno vazio anexo ao Oficina situa-se na planície de inundação do Córrego do Bixiga, historicamente desconsiderado pelo poder público, assim como a questão dos cursos de água, os quais têm sido encarados como canais de escoamento de águas pluviais, retirando assim os rios de seus domínios naturais, segregando-os em galerias subterrâneas, desaparecendo da paisagem natural da cidade.

A partir dessas premissas, a carta propõe a renaturalização do Córrego do Bexiga, prevendo o acolhimento da área inundável num lago incorporado a um parque urbano.

Em 2013, o governo municipal propôs um trabalho coletivo com universidades para a reformulação da regulação urbanística, denominado Ensaios Urbanos, um concurso de propostas que teve como segundo colocado um plano estratégico para o Bexiga, com foco na Grota, que finalmente considera, preserva e valoriza a questão ambiental do bairro, incluindo as ilhas de calor.

Essas iniciativas fragmentadas poderão se somar à Fábrica de Restauro, prevendo ações de valorização do bairro a partir do conceito de patrimônio inclusivo e participativo, dentro de uma perspectiva de articulação entre saberes, onde seria possível imaginar o resgate da paisagem natural do bairro, a busca de novas alternativas de trabalho e renda – como LX Factory –, a implantação de um escritório especial semelhante ao caso da Mouraria, o resgate da ideia dos PRIH e de um escritório antena compartilhando com o Fórum Bexiga 2030 a definição de diretrizes.

A questão habitacional poderá corresponder à perspectiva de inclusão: como cuidar dos cortiços e como adensar permitindo que a valorização imobiliária/fundiária não expulse moradores e organizações sociais? As desigualdades sociais poderão ser reduzidas com a criação de um fundo habitacional, bem como a capacitação da população desempregada para atividades de preservação do patrimônio ou de produção cultural ou ainda voltado para inovações tecnológicas. Espaços públicos e valorização natural poderão ser desenhados e implementados pela criação de um fundo compartilhado advindo da venda do direito de construir, da TPC obtida de forma coletiva. Projetos de restauro e de requalificação urbana podem substituir a regulação urbanística baseada no zoneamento que se limita aos espaços privados e não constrói cidade. Seria essa uma utopia realizável?

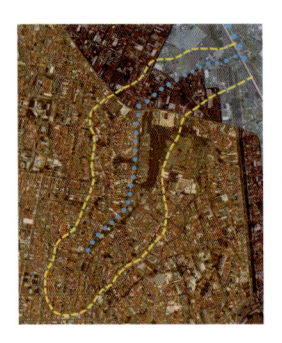

Grota do Bexiga, Bela Vista, São Paulo, 2013, arquitetos Newton Massafumi Yamato e Tânia Reina Parma. Projeto premiado no Concurso Nacional Ensaios Urbanos, Modalidade 2: proposição de parâmetros de configuração urbana para unidades territoriais selecionadas, identificadas como de especial interesse paisagístico, histórico, social ou cultural

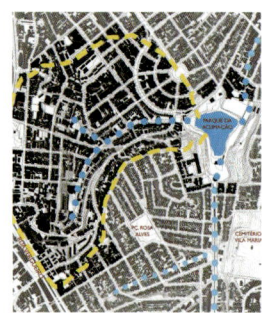

Notas

1. Cf. ASCHER, François. *Os novos princípios do urbanismo*.
2. Cf. HARVEY, David. *A condição pós-moderna*.
3. SOMEKH, Nadia. Entrevista com Peter Reese.
4. Cf. BORJA, Jordi; CASTELLS, Manuel. *Local y global – la gestión de las ciudades em la era de la información*.
5. Cf. ARANTES, Otília Beatriz Fiori; VAINER, Carlos; MARICATO, Erminia. *A cidade do pensamento* único. *Desmanchando consensos*.
6. SMITH, Neil. Toward a Theory of Gentrification. A Back to the City Movement by Capital, not People.
7. CASTELLS, Manuel. Hacia el Estado Red? Globalización económica e instituciones políticas en la era da la información. Do mesmo autor, ver: CASTELLS, Manuel. *A era da informação: economia, sociedade e cultura*; CASTELLS, Manuel. *A sociedade em rede*.
8. Cf. GEHL, Jan. *Cidade para pessoas*; SPECK, Jeff. *Cidade caminhável*.
9. Ver *Treize Urbain – Le magazine de la Semapa*, n. 31, Dossier Quartier les Deux Rives, une économie circulaire se construit.
10. Cf. KARA JOSÉ, Beatriz; VITALE, Letizia. Uma experiência de atuação do poder público em projetos de transformação urbana: os Perímetros de Reabilitação Integrada do Habitat (PRIH).
11. Idem, ibidem.
12. Idem, ibidem.
13. Cf. OLIVEIRA, Sara Fraústo Belém de. *Gentrificação e patrimônio em uma só língua: o caso do Bexiga*.
14. SILVA, Marcos Virgílio da. Lembranças que eu tenho do Saracura: escavando histórias soterradas.
15. Idem, ibidem.
16. SCRIPILLITI, Ana Carolina Nader. *Verticalização e tombamento no bairro do Bexiga: materialização em tensão*.
17. Cf. SOMEKH, Nadia. Verticalização em tensão: tombamento, desenvolvimento e urbanidade no Bexiga.
18. CONPRESP. Resolução n. 11/90. Por unanimidade de votos dos conselheiros presentes à reunião realizada aos 19 de outubro de 1990, o Conselho Municipal de Preservação do Patrimônio Histórico, Cultural e Ambiental da Cidade de São Paulo – Conpresp, resolve, nos termos e para os fins da Lei n. 10.032/85, com as alterações introduzidas pela Lei n. 10.236/86, abrir processo de tombamento dos seguintes bens.
19. CONPRESP. Resolução n. 01/93. Revisão de abertura de processo de tombamento
20. CONPRESP. Resolução n. 22/2002. Tombamento do bairro da Bela Vista.
21. DPH. *Inventário geral do patrimônio ambiental, cultural e urbano de São Paulo*. Cadernos do Igepac SP 1: aspectos metodológicos.
22. MENESES, Ulpiano Bezerra de. Patrimônio ambiental urbano: do lugar comum ao lugar de todos.
23. Idem, ibidem.
24. Cf. SCRIPILLITI, Ana Carolina Nader. Op. cit.
25. CONPRESP. Resolução n. 22/2002. Tombamento do bairro da Bela Vista (op. cit.).
26. Idem, ibidem.
27. Com sua primeira edição ocorrendo em dezembro de 2015, a Jornada do Patrimônio em São Paulo é uma iniciativa do Departamento de Patrimônio Histórico da Prefeitura da Cidade de São Paulo, tendo o evento equivalente de Paris como inspiração maior. Ver SOMEKH, Nadia. Jornadas do Patrimônio. Como valorizar a arquitetura e o patrimônio histórico; SOMEKH, Nadia. Patrimônio cultural em São Paulo: resgate do contemporâneo?; CRUZ, Elaine Patricia. Jornada busca sensibilizar população para preservar patrimônio em São Paulo.
28. GESTÃO URBANA. Zona Eixo de Estruturação da Transformação Urbana – ZEU.
29. CONPRESP. Ata da 631ª reunião ordinária do Conpresp. Ver em especial o item 2.2, p. 2.
30. SÃO PAULO (Município). Lei n. 16.050, de 31 de julho de 2014. Aprova a Política de Desenvolvimento Urbano e o Plano Diretor Estratégico do Município de São Paulo e revoga a Lei n. 13.430/2002. Ver em especial o Artigo 65, que prevê instrumentos de política urbana e patrimonial para as Zonas Especiais de Preservação Cultural – Zepec.
31. Ver SCIFONI, Simone. Tombamento e participação social: experiência da Vila Maria Zélia, São Paulo-SP.
32. Cf. SOMEKH, Nadia. Cidade, patrimônio, herança e inclusão. Em busca de novos instrumentos.
33. SÃO PAULO (Município). Lei n. 13.430, de 13 de setembro de 2002. Plano Diretor Estratégico.
34. SÃO PAULO (Município). Lei n. 16.050, de 31 de julho de 2014. Aprova a Política de Desenvolvimento Urbano e o Plano Diretor Estratégico do Município de São Paulo e revoga a Lei n. 13.430/2002 (op. cit.).
35. Ver MARRETI, Thales. *O concurso de ideias para o Bexiga (1989-1992)*; EMURB. Concurso Nacional de Ideias para a Renovação Urbana e Preservação do Bexiga.
36. SÃO PAULO (Município). Lei n. 16.050, de 31 de julho de 2014. Aprova a Política de Desenvolvimento Urbano e o Plano Diretor Estratégico do Município de São Paulo e revoga a Lei n. 13.430/2002 (op. cit.).

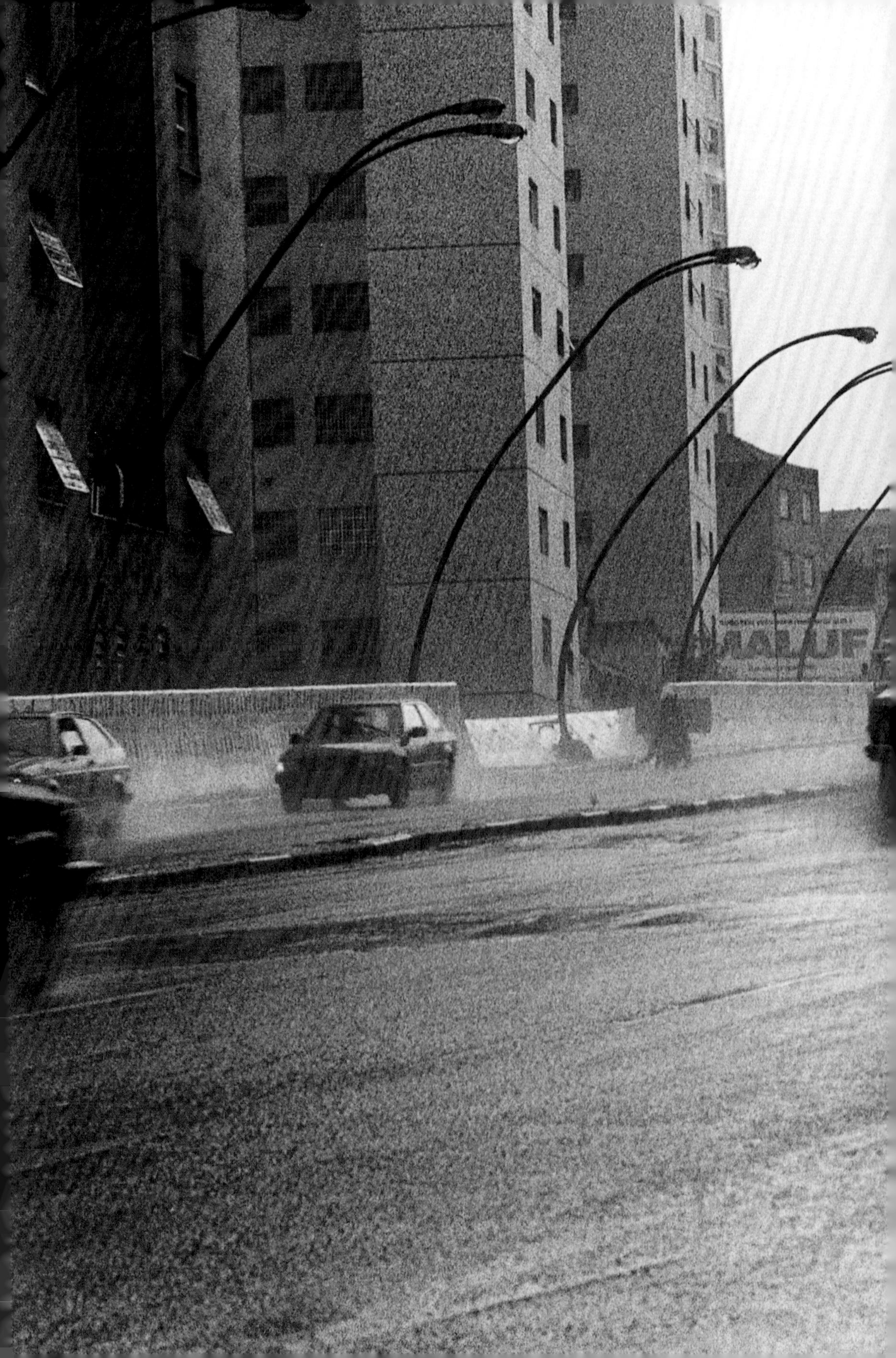
MALUF

Posfácios

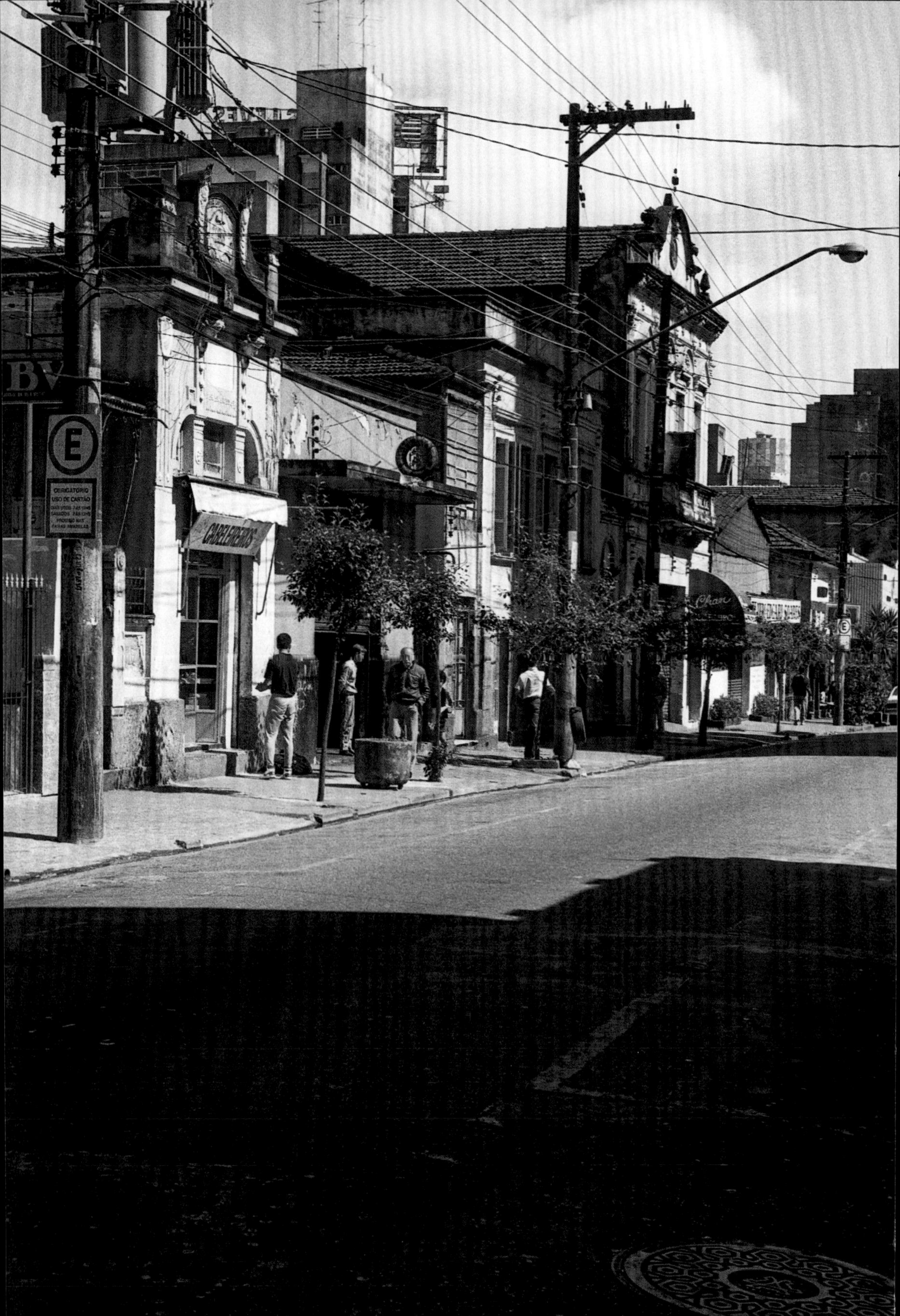

E
CABELEIREIROS

4.1 O tombamento da Bela Vista: Bexiga hoje
Raquel Schenkman

Ao lado e na dupla anterior, ensaio fotográfico *Bexiga 1991*, de Cristiano Mascaro

A história do tombamento do bairro da Bela Vista e Bexiga conta a história da dinâmica urbana em relação à construção do campo do patrimônio cultural no município, conta sobre o Departamento do Patrimônio Histórico – DPH da Secretaria Municipal de Cultura e sobre a atuação da sua antiga Divisão de Preservação. Se o órgão surgiu em um período em que eram experimentadas as noções de patrimônio ambiental urbano e bem cultural, ultrapassando os limites dos conceitos de patrimônio histórico, artístico ou monumental, a equipe que construiu a instituição municipal se formou por esse olhar. A paisagem constituída por caminhos, vales, morros, pequenas ocupações e pela história de seus habitantes foi o objeto de uma análise atenta de profissionais que procuraram buscar formas de orientar as transformações latentes do crescimento da cidade, com o objetivo de garantir sua preservação e sua memória. O que poderia parecer contraditório é, no entanto, o que há de mais genuíno. A preservação não é estática ou paralisante, assim como as transformações não são necessariamente tábulas rasas, e quase sempre são bem-vindas.

A partir desse entendimento, com esse enfoque, os estudos de tombamento feitos no DPH, desde o início, procuraram proteger conjuntos ligados à memória operária e fabril, como a Vila Maria Zélia e a Fábrica de Cimento em Perus, conjuntos como o núcleo urbano da Freguesia do Ó, o entorno do Vale do Anhangabaú e o eixo histórico de Santo Amaro, e, assim também o bairro da Bela Vista. E protegeram. Evitaram ao menos muitas perdas irreparáveis de bens culturais que documentam a história da cidade. Bairro vizinho da Bela Vista, a Liberdade demorou a ter a mesma sorte. Passados mais de trinta anos entre o estudo – que teve início antes mesmo que o da Bela Vista – e o tombamento da área, ao menos 60% dos imóveis inventariados sequer existiam mais.

Ainda assim, há quem diga que o tombamento não preserva, em vista do mau estado de conservação de muitas edificações, seu alto custo de manutenção, seu abandono e eventual estagnação no tempo. Para transformar áreas tombadas é necessário projeto urbano e um pouco de criatividade e senso crítico. Não há solução pronta, não há reprodutibilidade de modelos, mas uma compreensão da aura, da autenticidade ou do espírito do lugar. O partido deve vir da sua história, da sua situação presente e da narrativa que se quer projetar para o futuro.

Muito embora o perímetro de estudo do bairro da Bela Vista tenha se fragmentado em imóveis individualizados no texto da resolução de tombamento, deixando de evidenciar que se trata da preservação de conjuntos arquitetônicos, urbanos e de espaços livres, a resolução incorporou a proteção geomorfológica da Vila Itororó, do Morro dos Ingleses e a área da Grota, apontando para a paisagem, e considerou a população residente, cuja permanência é explicitamente citada como fundamental para a manutenção da identidade do bairro.

A partir dos valores reconhecidos pelo órgão de patrimônio cultural municipal por meio do tombamento pode-se compreender o que e como se quer orientar os projetos naquela área. Aquilo que não se encaixar nesse sistema não deve ser feito, a legislação urbanística e o zoneamento devem ficar submetidos à legislação preservacionista.

Do ponto de vista da intervenção nos imóveis e logradouros, se o tombamento por um lado não explicita regras objetivas para novas construções nas chamadas áreas envoltórias e menciona a necessidade de coerência com imóveis vizinhos tombados, permitindo certa maleabilidade e adaptação de projetos caso a caso, por outro lado, o texto da resolução orienta de forma mais rígida as ações possíveis nos bens tombados (cerca de oitocentos), tais como mudanças de guias e calçadas que só poderiam se dar em caráter excepcional, ou que nos imóveis tombados não seriam admitidas alterações de vãos, estrutura e material das construções, e que a substituição de vegetação só poderia se dar com aprovação de projeto paisagístico.

Decorridos quase vinte anos do tombamento da região da Bela Vista e Bexiga e ainda mais dez desde a abertura do processo, o assunto é cada vez mais conhecido e tema de debate entre moradores, associações e coletivos, antigos e novos, que se organizam na região.

Lugar privilegiado entre o espigão da avenida Paulista e a área central da cidade, é tanto cobiçado polo mercado imobiliário, como espaço de resistência e reconhecimento cotidiano por seus habitantes. Sua heterogeneidade, que vai do samba da Vai-Vai, dos teatros, feiras, casas do Norte, cortiços, aos hospitais, apartamentos de alto padrão, do fundo do vale ao topo da colina, da capoeira, terreiros, grafites, cantinas e festa da Achiropita, entre tantas outras manifestações ali existentes, é sua identidade. Uma identidade plural.

Se o tombamento não dá conta dessa totalidade, e nem daria, pois tem limites esse instrumento, ao menos seria possível afirmar que a legislação que inscreveu o bairro como patrimônio cultural da cidade permitiu que a discussão e a disputa pelo modelo de transformação e de futuro dessa área permanecessem em debate mais democrático ao longo dos anos.

Isso é evidente na participação dos grupos da região durante as jornadas do patrimônio a partir de 2015 e nas demandas, denúncias e manifestações que chegam ao DPH. Não passam despercebidos o projeto da Cidade Matarazzo em construção no antigo Hospital Humberto I, o projeto do Grupo Silvio Santos ao lado do Teatro Oficina, os projetos para a escadaria do Bixiga e praça Dom Orione, as propostas para o casario da rua dos Ingleses, as propostas ao longo da rua Almirante Marques de Leão e seus muros de arrimo, os arcos da rua Jandaia, os esforços em recuperar as nascentes do Saracura e a memória do tanque do Bexiga, e o processo de desapropriação da Vila Itororó, para citar alguns dos temas que foram pauta do Departamento.

Por esse motivo, outras formas de reconhecimento e valorização da memória dessa área estão ainda sendo elaboradas, como a criação recente da Casa da Memória na Vila Itororó ou a instalação das placas do Inventário Memória Paulistana no bairro em janeiro de 2020, pelo

DPH. Mas também são iniciativas independentes a elaboração da Fábrica de Restauro, a retomada do Museu do Bixiga, o projeto do Parque do Bixiga, da rádio Salve Saracura, a organização da Associação dos Proprietários, Protetores e Usuários de Imóveis Tombados – Appit ou o Instituto Bixiga de Pesquisa, Formação e Cultura Popular, para citar apenas algumas com atuação relacionada à valorização do patrimônio cultural.

É fundamental, portanto, ressaltar que a preservação de uma área e sua memória para o futuro, tal como iniciada por intermédio do tombamento da Bela Vista e do Bexiga, não deixa de ser um processo contínuo e dinâmico, e considera sua transformação, cuja forma é o que permanece em disputa.

Ensaio fotográfico *Bexiga 1991*, de Cristiano Mascaro

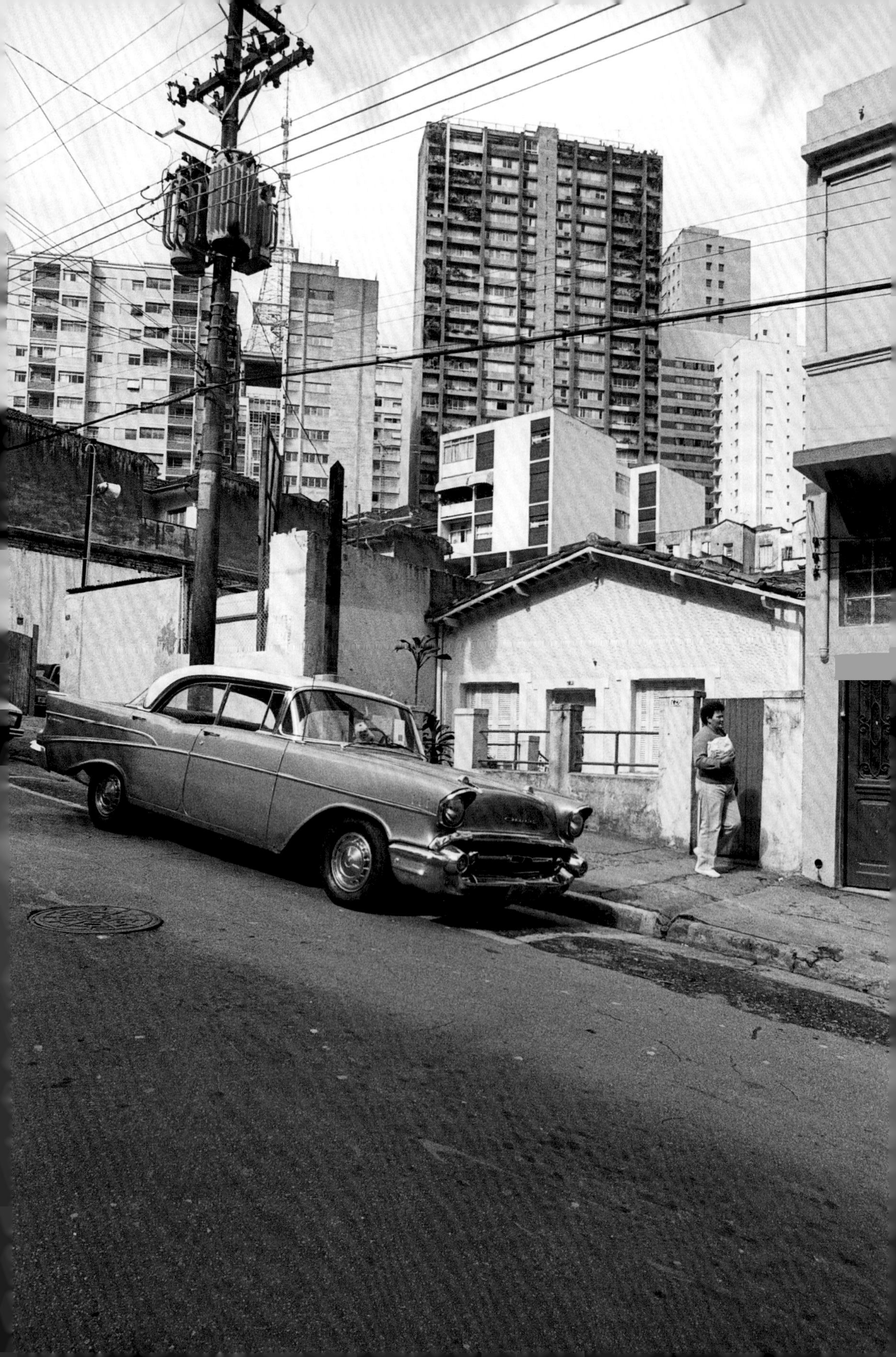

4.2 Bexiga segundo Cristiano Mascaro
Abilio Guerra

Ensaio fotográfico *Bexiga 1991*, de Cristiano Mascaro

O Bexiga, coração da Bela Vista, se acomoda em um pequeno vale que acolhe as águas de chuva que descem da encosta da avenida Paulista e do Morro dos Ingleses para desembocar na avenida 9 de Julho, lugar de direito do pequeno rio Saracura. Com platibandas, arcos, frontões, varandas diminutas, paredes desgastadas pelo tempo ou pintadas em cores vibrantes e alegres, o casario alinha-se rente às calçadas das ruas pacatas.[1]

Homens consertam automóveis estacionados no meio-fio, mulheres cultivam flores plantadas em vasos dispostos na calçada. Em cômodo da casa aberto para a rua, muitos trabalham: mecânicos, manicures, barbeiros, cabelereiras, sapateiros, carpinteiros, serralheiros, costureiras, alfaiates, ofícios extintos em outros lugares da cidade. Atividades mais afamadas – bares, restaurantes, cantinas e padarias – disputam o endereço com depósitos de material de construção e ferro-velho, frequentados por carroças que trafegam com anacrônica lentidão pelas ruas estreitas da localidade.

O Concurso Nacional de Ideias para a Renovação Urbana e Preservação do Bexiga, organizado pela Empresa Municipal de Urbanização – Emurb – entre 1987 e 1992, pretendia organizar as transformações do bairro, evitando o fenecimento da vitalidade que lhe confere caráter. A primeira fase do concurso previa consultas à população, debates abertos e "registros fotográficos produzidos por Cristiano Mascaro",[2] segundo Vânia Lewkowicz Katz e Cecília de Moura Leite Ribeiro. Consultado, o fotógrafo revela a origem da encomenda:

> No período de 1991 a 1992, realizei uma série de documentações fotográficas para a Emurb durante o governo de Luiza Erundina. Fotografei as transformações por que passou o Anhangabaú, a criação do Boulevard São João, o restauro do Palácio das Indústrias e a recuperação paisagística do parque D. Pedro. Nesse contexto, me foi solicitada uma documentação com característica de ensaio fotográfico do Bexiga, pois havia um projeto de intervenção urbana no bairro. Realizei o trabalho, quase uma repetição do que já havia feito no bairro do Brás em 1975, fotografando suas ruas e vielas, a arquitetura, o conjunto de pequenos sobrados e também retratando as pessoas em suas casas e nos locais de trabalho.[3]

A convergência de fatos a princípio desconectados – a referência ao ensaio presente em um dos artigos do livro, a curiosidade do editor e a boa vontade do fotógrafo em pesquisar, em seu acervo, trabalho inédito de quase trinta anos – permitiu que uma raridade oculta fosse agora revelada, pois Mascaro preservou os negativos do seu ensaio fotográfico do Bexiga. E, graças ao seu método imersivo, se viabiliza o resgate do cotidiano local no início dos anos 1990:

> Acredito ter conhecido o Bexiga detalhadamente, guardando na memória instantes decisivos das diversas etapas do trabalho. Lembro-me muito bem do casario enfileirado em suas ladeiras, das pessoas caminhando em direção ao trabalho, dos interiores das casas que frequentei e até do som de um saxofone que se escoava por uma janela. Não resisti, bati na porta da casa e acabei fazendo um retrato do jovem músico responsável pela melodia.[4]

Como por encanto, um Bexiga antigo semelhante aos dias atuais surge diante de nossos olhos: pessoas sentadas na soleira do portão de entrada, nas muretas e no meio-fio; homens e mulheres de variadas idades em trânsito vagaroso pelas calçadas; crianças envoltas com bicicletas, brinquedos da praça e peladas de futebol disputadas em campinhos improvisados nas ruas e calçadas; idosos aos pares em prosa animada; a Igreja Nossa Senhora Achiropita imponente em meio à bruma matinal; o casario anônimo, de um ou dois pavimentos, recostados uns nos outros; o desengonçado Navio Negreiro, cortiço gigante ladeado pela escadaria monumental; o emblema ameaçador da corporação SS sombreando o Teatro Oficina; as vias expressas que sangram sem dó a carne do bairro...

Contudo, as fotos de Mascaro contrabandeiam um passado surpreendentemente superado de um Bexiga que não existe mais: a Vila Itororó anterior aos trabalhos de restauro, meio mágica, meio fantasmagórica; o estivador de tronco desnudo com imenso saco de farinha na cabeça; a propaganda política de Lula e Maluf, protagonistas do antagonismo histórico entre direita e esquerda, estampada em outdoor, muro e talude; os veículos de marcas extintas, tanto os populares como os de luxo; as marcas desaparecidas estampadas em placas fixadas em postes e paredes...

As sombras densas que se projetam em direção do observador, uma das predileções compositivas de Mascaro, sugerem enigmáticas um dos segredos da fotografia: a aura de existências capturadas, do tempo congelado, que nos avisam sobre a perenidade de coisas e gentes. "A contingência da fotografia confirma que tudo é perecível",[5] diz Susan Sontag. São tantos os fragmentos ali registrados que surge a suspeita que nem tudo foi racionalmente controlado pelo olhar do fotógrafo, como nos sugere Walter Benjamin:

> Apesar de toda a perícia do fotógrafo e de tudo o que existe de planejado em seu comportamento, o observador sente a necessidade irresistível de procurar nessa imagem a pequena centelha do acaso, do aqui e agora, com a qual a realidade chamuscou imagem, de procurar um lugar imperceptível em que o futuro se aninha ainda hoje em minutos únicos, há muito extintos, e com tanta eloquência que podemos descobri-lo, olhando para trás.[6]

Resignado, Cristiano Mascaro afirma: "O tempo passou, deixei de realizar trabalhos para a Emurb e me parece que o projeto de intervenção no bairro acabou não sendo realizado".[7] O Bexiga se transformou ao largo dos projetos urbanísticos, a vida profissional do fotógrafo chegou à notoriedade, a Emurb não existe mais. Para o fotógrafo ainda estão vivas as memórias da experiência, da relação empática com o bairro e seus moradores. Para os leitores deste livro resta o deleite de absorver em cada fotografia os temas e os vestígios quase imperceptíveis de um mundo que se foi; sobra também o prazer em imaginar a música que brota de um saxofone do passado.

Notas

1. Ver: GUERRA, Abilio. Grotão do Bixiga.
2. KATZ, Vânia Lewkowicz; RIBEIRO, Cecília de Moura Leite. Processo de preservação do bairro do Bexiga, p. 91.
3. MASCARO, Cristiano. Mensagem a Abilio Guerra.
4. Idem, ibidem.
5. SONTAG, Susan. *Ensaios sobre a fotografia*, p. 79.
6. BENJAMIN, Walter. Pequena história da fotografia, p. 94.
7. MASCARO, Cristiano. Op. cit.

Ensaio fotográfico *Bexiga*
1991, de Cristiano Mascaro

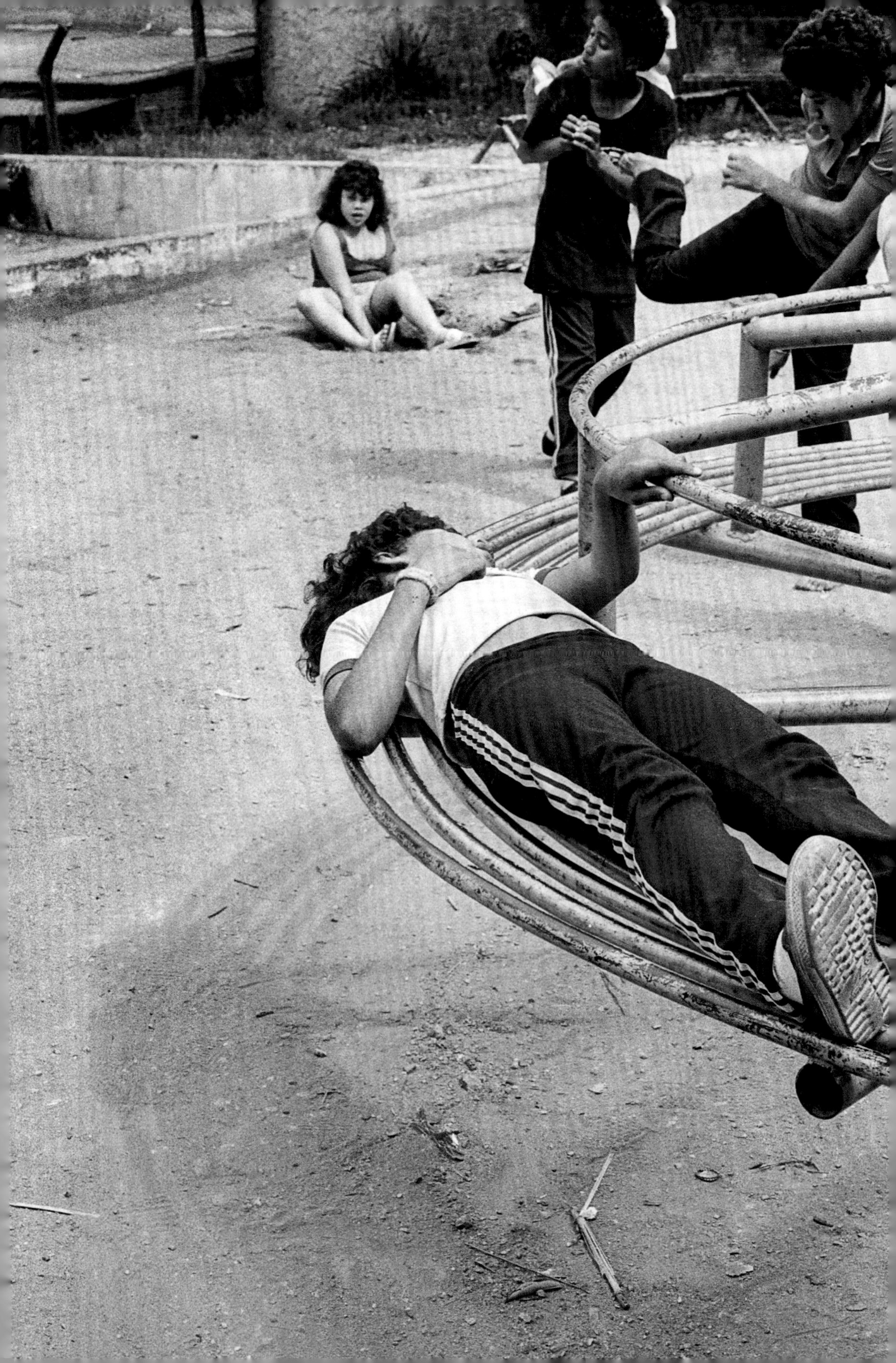

Bibliografia

Ensaio fotográfico *Bexiga 1991*, de Cristiano Mascaro

Livros, artigos, teses, dissertações e monografias

AB'SÁBER, Aziz Nacib. *Geomorfologia do sítio urbano de São Paulo*. Tese de doutorado. São Paulo, FFLCH USP, 1956. Publicações: AB'SÁBER, Aziz Nacib. *Geomorfologia do sítio urbano de São Paulo*. Boletim da Faculdade de Filosofia, Ciências e Letras da USP, São Paulo, n. 219 (Geografia, n. 12), 1957; AB'SÁBER, Aziz Nacib. *Geomorfologia do sítio urbano de São Paulo*. São Paulo, Ateliê Editorial, 2007.

ALOISE, Júlia Miranda; VARGAS, Júlio Celso; KUSSLER, Karen; TURKIENICZ, Benamy. Tipos arquitetônicos, regimes urbanísticos e desempenho: conciliando potencial construtivo e qualidade ambiental. In *Anais da 6ª Conferência da Rede Lusófona de Morfologia Urbana, PNUM [recurso eletrônico]: morfologia urbana: território, paisagem e planejamento*. Vitória, Ufes, 2017, p. 320-332.

AMARAL, Antônio Barreto. *Dicionário de história de São Paulo*. São Paulo, Imprensa Oficial, 2006.

ANDRADE, Oswald de. *A utopia antropofágica*, São Paulo, Globo, 2011.

ANDRADE, Oswald de. *Do pau-brasil à antropofagia e às utopias manifestos – teses de concursos e ensaios*. Rio de Janeiro, Civilização Brasileira, 1978.

ANDRADE, Oswald de. Do teatro que é bom... In ANDRADE, Oswald de. *Ponta de lança*. São Paulo, Globo, 1991, p. 102-108.

ANDRADE, Oswald de. Manifesto antropófago. *Revista de Antropofagia*, n. 1, São Paulo,1928, p. 3-7 <https://bit.ly/2EWCGBg>.

ANDRADE, Oswald de. *Panorama do fascismo. O homem e o cavalo. A morta*. São Paulo, Globo, 2005.

ANDRADE, Oswald de. *A morta – ato lírico em três quadros*. In ANDRADE, Oswald de. *Obras completas. Volume 7 – Teatro. A morta – ato lírico em três quadros. O rei da vela – peça em três atos. O homem e o cavalo – espetáculo em nove quadros*. Rio de Janeiro, Civilização Brasileira, 1973, p. 5-56.

ANDRADE, Paula Rodrigues. *O patrimônio da cidade: arquitetura e ambiente urbano nos inventários de São Paulo da década de 1970*. Orientador Paulo César Garcez Marins. Dissertação de mestrado. São Paulo, FAU USP, 2012 <https://bit.ly/3295NdL>.

ANDRADE, Rodrigo Melo Franco de. *Rodrigo e seus tempos. Coletânea de textos sobre artes e letras*. Rio de Janeiro, Minc/Sphan/ Pró-Memória, 1986.

ARANTES, Otília Beatriz Fiori; VAINER, Carlos; MARICATO, Erminia. *A cidade do pensamento único. Desmanchando consensos*. Coleção Zero à Esquerda. Petrópolis, Vozes, 2000.

ARASAWA, Claudio Hiro. *Engenharia e poder: construtores da Nova Ordem em São Paulo*. São Paulo, Alameda, 2008.

ARAÚJO, Maria Lucila Viveiros. *Os caminhos da riqueza dos paulistanos na primeira metade do Oitocentos*. Coleção Estudos Históricos, volume 61. São Paulo, Hucitec/Fapesp, 2006.

ARENDT, Hanna. *A condição humana*. 11ª edição. Rio de Janeiro, Forense Universitária, 2010.

ARRUDA, Beatriz Cavalcanti de. *O Museu da Cidade de São Paulo e seu acervo arquitetônico*. Orientador Paulo César Garcez Marins. Dissertação de mestrado. São Paulo, Interunidades em Museologia, 2014 <https://bit.ly/2DJm4wS>.

ARTIGAS, Rosa (Org.). *Paulo Mendes da Rocha*. 2ª edição. São Paulo, Cosac Naify, 2002.

ASCHER, François. *Os novos princípios do urbanismo*. São Paulo, Romano Guerra, 2010.

BAFFI, Mirthes I. S. O Igepac SP e os outros inventários da Divisão de Preservação do DPH: um balanço. *Revista do Arquivo Histórico*, n. 204 (30 anos de DPH – 1975-2005), São Paulo, 2006, p. 169-191 <https://bityli.com/Fynj3>.

BANANÉRE, Juó. *La divina increnca*. São Paulo, edição do autor, 1915 <https://bit.ly/2AdraQk>.

BANDARIN, Francesco; VAN OERS, Ron. *The Historic Urban Landscape: Managing Heritage in an Urban Century*. Nova Jersey, Wiley-Blackwell, 2012.

BARBOSA, Eliana Rosa de Queiróz. *From Norm to Form – Contemporary Urbanism and the Materialization of the City*. Tese de doutorado. Leuven, Katholieke Universiteit Leuven, nov. 2016.

BARDI, Lina Bo; ELITO, Edson; CORRÊA, José Celso Martinez. *Teatro Oficina*. São Paulo, Sesc, 2015.

BARTHES, Roland. A mensagem fotográfica. *O óbvio e o obtuso – ensaios críticos III*. Rio de Janeiro, Nova Fronteira, 1990, p. 11-25.

BELL, Dorothy. *The Historic Scotland Guide to International Conservation Charters*. Edimburgo, Historic Scotland, 1997.

BENASSI, Karina. *Do artífice ao peão: a constituição e a quebra do reconhecimento do trabalhador da construção civil – referencial teórico e histórico*. Orientadora Maria Ruth Amaral de Sampaio. Dissertação de mestrado. São Paulo, FAU USP, 2008 <https://bit.ly/35hfLfp>.

BENJAMIN, Walter. Pequena história da fotografia. In BENJAMIN, Walter. *Magia e técnica, arte e política*. Obras escolhidas, volume 1. São Paulo, Brasiliense, 1985.

BETANCUR, John J. Gentrification in Latin America: Overview and Critical Analysis. *Urban Studies Research*, v. 2014, Londres, fev. 2014 <https://bit.ly/34O5KWQ>.

BIONDI, Luigi. Imigração italiana e movimento operário em São Paulo: um balanço historiográfico. In CARNEIRO, Maria Luiza Tucci; CROCI, Federico; FRANZINA, Emilio. (Org.). *História do trabalho e histórias da imigração: trabalhadores italianos e sindicatos no Brasil (séculos XIX e XX)*. Volume 1. São Paulo, Edusp/Fapesp, 2010, p. 23-48.

BLASS, Leila Maria da Silva. *Desfile na avenida, trabalho na escola de samba. A dupla face do carnaval*. São Paulo, Annablume, 2007.

BOHIGAS, Oriol. 1998. Cidade, espaço entre arquiteturas. *AU – Arquitetura e Urbanismo*, n. 78, jun./jul. 1998, p. 76-77.

BOLETIM DO DEPARTAMENTO DO PATRIMÔNIO HISTÓRICO, v. 1, n. 1, São Paulo, 1985.

BONUGLI, Fabio Landucci; SILVA NETO, Manoel Lemes da. Pistas para a proposição de cenários urbanos: o caso de aplicações temporais de dados estatísticos na dimensão intraurbana. In *Anais do XVII Encontro de Iniciação Científica da PUC-Campinas*. Campinas, PUC-Campinas, 2012 <https://bit.ly/3lnbb4P>.

BORJA, Jordi; CASTELLS, Manuel. *Local y global – la gestión de las ciudades em la era de la información*. Madri, Taurus, 1997.

BOURDIEU, Pierre. The Forms of Capital. In RICHARDSON, John G. (Org.). *Handbook for Theory and Research for the Sociology of Education*. Nova York, Greenwood Press, 1986, p. 15-29 <https://bit.ly/2YrNT52c>.

BOUVARD, Joseph-Antoine. *Relatório Plano para São Paulo*. Série Obras Públicas. Arquivo Histórico Municipal de São Paulo. São Paulo, 15 maio 1911.

BRITTO, Iêda Marques. *Samba na cidade de São Paulo (1900-1930): um exercício de resistência cultural*. Dissertação de mestrado. São Paulo, FFLCH USP, 1986.

BUENO, Beatriz Piccolotto Siqueira. Escritório Técnico Ramos de Azevedo, Severo & Villares: longevidade, pluralidade e modernidade (1886-1980). *Revista CPC*, n. 19, São Paulo, jun. 2015, p. 194-204 <https://bityli.com/duvRz>.

BURKE, Peter. *Testemunha ocular: o uso de imagens como evidência histórica*. São Paulo, Unesp, 2017.

CALLIARI, Mauro. *Espaço público e urbanidade em São Paulo*. São Paulo, BEI, 2016.

CAMARGO, Monica Junqueira. Memória CPC: professora Maria Cecília França Lourenço. *Revista CPC*, n. 23, São Paulo, jan./jul. 2017, p. 284-294 <https://bityli.com/tDPyq>.

CAMARGO, Monica Junqueira; EQUIPE do Centro de Preservação Cultural da Universidade de São Paulo. Memória CPC: depoimento do professor Nestor Goulart Reis Filho. *Revista CPC*, n. 20, São Paulo, dez. 2015, p. 261-280 <https://bityli.com/VkPPs>.

CAMPOS, Candido Malta. *Os rumos da cidade: urbanismo e modernização em São Paulo*. São Paulo, Senac, 2002.

CANEVACCI, Massimo. Sincretismo cultural das metrópoles. *Rumos*, n. 1, São Paulo, dez. 1998/jan. 1999, p. 51-58.

CARTA DE VENEZA – carta internacional sobre conservação e restauração de monumentos e sítios. *Revista do Patrimônio Histórico e Artístico Nacional*, n. 22, Rio de Janeiro, p. 106-107, 1987 <https://bityli.com/7DtmZ>.

CARTA, Mino. *Histórias da Mooca (com a bênção de San Gennaro)*. Rio de Janeiro, Berlendis & Vertecchia, 1982.

CASTELLS, Manuel. *A era da informação: economia, sociedade e cultura*. Volume 3. São Paulo, Paz e Terra, 1999.

CASTELLS, Manuel. *A sociedade em rede*. São Paulo, Paz e Terra, 1996.

CASTELLS, Manuel. Hacia el Estado Red? Globalización económica e instituciones políticas en la era de la información. In *Anais do Seminário Internacional Sociedade e a Reforma do Estado*. São Paulo, 26-28 mar. 1998.

CASTRIOTA, Leonardo Barci. *Patrimônio cultural. Conceitos, políticas, instrumentos*. São Paulo/Belo Horizonte, Annablume/Ieds, 2009.

CASTRO, Ana; FELDMAN, Sarah. *Vila Itororó: uma história em três atos*. Série Cadernos Vila Itororó – Canteiro Aberto, v. 2. São Paulo, Instituto Pedra, 2017.

CASTRO, Luiz Guilherme Rivera de. Espaços públicos, situações e projetos. In *Anais do 14º Seminário de Arquitetura Latino-Americana – SAL*. Campinas, Unicamp, 2011.

CASTRO, Márcio Sampaio de. *Bexiga, um bairro afro-italiano: comunicação, cultura e construção de identidade étnica*. Orientadora Solange Martins Couceiro de Lima. Dissertação de mestrado. São Paulo, ECA USP, 2006 <https://bit.ly/33fuaGm>.

CERASOLI, Josianne. *Modernização no plural: obras públicas, tensões sociais e cidadania em São Paulo na passagem do século XIX para o XX*. Orientadora Maria Stella Martins Bresciani. Tese de doutorado. Campinas, IFCH Unicamp, 2004 <https://bit.ly/2ZkDg38>.

CERTEAU, Michel de. *A invenção do cotidiano: artes de fazer*. Petrópolis, Vozes, 2004.

CERVELATTI, Pier Luigi. *La città bella: il recupero dell'ambiente urbano*. Bolonha, Il Mulino, 1991.

CERVELLATI, Pier Luigi; SCANNAVINI, Roberto. *Bolonia: política y metodología de la restauración de centros históricos*. Barcelona, Gustavo Gilli, 1976.

CHOAY, Françoise. *A alegoria do patrimônio*. São Paulo, Estação Liberdade/Edunesp, 2001.

CHOAY, Françoise. *O urbanismo: utopias e realidades. Uma antologia*. 5ª edição. São Paulo, Perspectiva, 2002.

CORBOZ, André. El territorio como palimpsesto. *Orden disperso*. Bernal, Universidad Nacional de Quilmes, 2015, p. 197-215 <https://bit.ly/31EZLBs>.

CORRÊA, José Celso Martinez. Primeiras considerações intempestivas para a criação do primeiro Teatro de Estádio. São Paulo, Teat(r)o Oficina, 2004 <https://bit.ly/3bellyZ>.

CORRÊA, Zé Celso Martinez. *Primeiro ato: cadernos, depoimentos, entrevistas (1956-1974)*. Seleção, organização e notas de Ana Helena Camargo de Staal. São Paulo, Editora 34, 1998.

COSTA, Sabrina Studart Fontenele. A Casa de Dona Yayá: registros de suas domesticidades no Centro de Preservação Cultural da USP. In BRITO, Flávia; MELLO, Joana; LIRA, José; RUBINO, Silvana (Org.). *Domesticidade, gênero e cultura material*. São Paulo, Edusp, 2017, p. 93-110.

CRUZ, Elaine Patricia. Jornada busca sensibilizar população para preservar patrimônio em São Paulo. *Agência Brasil*, Brasília, 27 ago. 2016 <https://bit.ly/31ZKRG4>.

CUNHA, Euclides da. *Os sertões*. São Paulo, Ateliê Editorial, 2009.

CUNHA, Maria Clementina Pereira da (Org.). *O direito à memória: patrimônio histórico e cidadania*. São Paulo, PMSP/SMC/DPH, 1992.

D'ALAMBERT, Clara Correia. Bela Vista – o desafio da renovação de um bairro paulistano preservado. Anais do Arquimemória 3 – Encontro Nacional de Arquitetos. Salvador, UFBA, 2008.

D'ALAMBERT, Clara Correia; FERNANDES, Paulo Cesar Gaioto. Bela Vista: a preservação e o desafio da renovação de um bairro paulistano. *Revista do Arquivo Municipal*, n. 204, São Paulo, 2006, p. 151-168.

DEL RIO, Vicente. *Introdução ao desenho urbano no processo de planejamento*. São Paulo, Pini, 2001.

DIAS, Danielle. Relatório sobre o evento "Cidade como Herança? Pensando o Bexiga". Palestrante Alessia de Biase. Moderadora Nadia Somek. Debatedores José Geraldo Simões Júnior, Simone Scifoni e Maria Cristina Schicchi. São Paulo, FAU Mackenzie, 7 dez. 2017 (mimeo).

DOCCI, Mario; MAESTRI, Diego. *Manuale di rilevamento architettonico e urbano*. Bari, Laterza & Figli, 2010.

DPH. *Inventário geral do patrimônio ambiental, cultural e urbano de São Paulo*. Cadernos do Igepac SP 1: aspectos metodológicos. São Paulo, Prefeitura Municipal de São Paulo, Secretaria Municipal de Cultura, Departamento de Patrimônio Histórico, 1986.

DPH. *Inventário geral do patrimônio ambiental, cultural e urbano de São Paulo*. Cadernos do Igepac SP 2: Liberdade. São Paulo, Prefeitura Municipal de São Paulo, Secretaria Municipal de Cultura, Departamento de Patrimônio Histórico, 1987.

ECO, Humberto. *Como se faz uma tese*. São Paulo, Perspectiva, 2005.

ESTEVENS, Ana. *A cidade neoliberal: conflito e arte em Lisboa e em Barcelona*. Lisboa, Deriva, 2017.

FABRIS, Annateresa (Org.). *Ecletismo na arquitetura brasileira*. São Paulo, Livraria Nobel, 1987.

FABRIS, Annateresa. Arquitetura eclética no Brasil: o cenário da modernização. In *Anais do Museu Paulista*, v. 1, n. 1, São Paulo, 1993, p. 131-143 <https://bit.ly/2U42xMv>.

FELDMAN, Sarah. Por que um concurso de ideias. *Projeto Design*, n. 138, São Paulo, fev. 1991, p. 80-86.

FERNANDES, Gabriel de Andrade. Educação e patrimônio na Casa de Dona Yayá: experiências do Centro de Preservação Cultural da USP. *Revista CPC*, n. 27, São Paulo, 30 jan./jul. 2019, p. 300-324 <https://bityli.com/gk2EC>.

FERNANDES, Gabriel de Andrade; BITTENCOURT, Beatriz; FRÓIS, Maíra; TAVARES, Priscila. Educação e memória na Casa de Dona Yayá: relato da oficina-intervenção Trafegar pelos rios do Bixiga. *Revista CPC*, n. 17, São Paulo, nov. 2013/abr. 2014, p. 116-126 <https://bityli.com/7DUlw>.

FORTES, Alexandre; BATALHA, Claudio Henrique de Moares; SILVA, Fernando Teixeira da (Org.). *Culturas de classe: identidade e diversidade na formação do operariado*. Campinas, Editora da Unicamp, 2004.

FRANÇA, Mayra. *Memória e imprensa: usos e apropriações da biografia de Sebastiana de Mello Freire em dois momentos (1920-1980)*. Orientador Elias Thome Saliba. Monografia de iniciação científica. São Paulo, FFLCH USP, 2019.

FRANCISCO, Rita de Cássia. *Construtores anônimos em Campinas (1892-1933): fortuna crítica de suas obras na historiografia e nas políticas de preservação da cidade*. Orientadora Beatriz Mugayar Kuhl. Tese de doutorado. São Paulo, FAU USP, 2013 <https://bit.ly/3hhCE4M>.

FREIRE, Paulo. *Extensão ou comunicação?* Rio de Janeiro, Paz e Terra, 1983.

FREITAS, Affonso A. de. *A imprensa periódica de São Paulo*. Volume XIX. São Paulo, Instituto Histórico Geográfico de São Paulo, 1914.

GALLMEISTER, Marília. Genealogia do Anhangabaú da FelizCidade. In TEATRO OFICINA. *A bigorna*. 3ª edição. São Paulo, Teatro Oficina, 2017.

GATTAI, Zélia. *Anarquistas, graças a Deus*. São Paulo, Companhia das Letras, 2009.

GEERTZ, Clifford. Uma descrição densa: por uma teoria interpretativa da cultura. *A interpretação das culturas*. Rio de Janeiro, LTC, 1989.

GEHL, Jan. *Cidade para pessoas*. São Paulo, Perspectiva, 2013.

GENNARI, Luciana. *As casas em série do Brás e da Mooca: um aspecto da constituição da cidade de São Paulo*. Orientadora Ana Lúcia Duarte Lanna. Dissertação de mestrado. São Paulo, FAU USP, 2005.

GIANNOTTO, Joice Chimati. Fedora e o Bixiga: projetos e planos para o Bairro Paulistano. In *Anais do IV Encontro da Associação Nacional de Pesquisa e Pós-Graduação em Arquitetura e Urbanismo – Enanparq*. Porto Alegre, Propar UFRGS, 25-29 jul. 2016 <https://bit.ly/3hgfo8r>.

GIANNOTTO, Joice Chimati. *Fedora e o Bixiga: uma comparação entre os projetos para o bairro do Bixiga (1974, 1990 e atualidade)*. Orientador Carlos Guilherme Mota. Dissertação de mestrado. São Paulo, FAU Mackenzie, 2015 <https://bit.ly/2ZfUqPG>.

GLASS, Ruth. *London: Aspects of Change*. Londres, MacGibbon & Kee, 1964.

GONÇALVES, Camila Teixeira. *Intervenções contemporâneas no Bixiga: fissuras e insurgências*. Orientador Miguel Antonio Buzzar. Dissertação de mestrado. São Carlos, IAU USP, 2016 <https://bit.ly/3heCV8m>.

GONÇALVES, José Reginaldo Santos. *A retórica da perda: discurso nacionalista e patrimônio cultural no Brasil*. Rio de Janeiro, Editora da UFRJ, 2004.

GONÇALVES, José Reginaldo Santos. O mal-estar no patrimônio: identidade, tempo e destruição. *Estudos Históricos*, v. 28, n. 55, Rio de Janeiro, jan./jun. 2015, p. 211-228.

GORELIK, Adrián. El romance del espacio público. *Alteridades*, v. 18, n. 36, México, 2008, p. 33-45 <https://bit.ly/2YQFoQ1>.

GOYENA, Alberto. *A demolição em sete obras: património, arquitetura e esquecimento*. Orientador José Reginaldo Santos Gonçalves. Tese de doutorado. Rio de Janeiro, PPGSA IFCS UFRJ, 2015.

GUARNIERI, Waldisa Rússio Camargo. Justificativa de uma proposta museológica para o Museu Memória do Bixiga. In BRUNO, Maria Cristina Oliveira (Org.). *Waldisa Rússio Camargo Guarnieri – textos e contextos de uma trajetória profissional*. Volume 1. São Paulo, Pinacoteca do Estado de São Paulo, 2010, p. 276-279. [original de 10 março de 1982, manuscrito depositado no acervo do IEB, Fundos WR, caderno 108]

GUERRA, Abilio. Grotão do Bixiga. *Arquiteturismo*, ano 06, n. 064.01, São Paulo, Vitruvius, jun. 2012 <https://bit.ly/3lYHqH4>.

GUIMARÃES, Thays. A Casa de Dona Yayá: as formas de expor uma construção variada de memórias sociais. *Revista Cadernos de Pesquisa – Escola da Cidade*, n. 6, São Paulo, out. 2018, p. 7-24.

HABERMAS, Jürgen. *Mudança estrutural da esfera pública. Investigações quanto a uma categoria da sociedade burguesa*. 2ª edição. Rio de Janeiro, Tempo Brasileiro, 2003.

HALBWACHS, Maurice. *A memória coletiva*. São Paulo, Centauro, 2003.

HALBWACHS, Maurice. *La mémoire collective*. Paris, Université de France, 1950.

HALL, Michel M. Entre a etnicidade e a classe em São Paulo. In CARNEIRO, Maria Luiza Tucci; CROCI, Federico; FRANZINA, Emilio (Org.). *História do trabalho e histórias da imigração*. Volume 1. São Paulo, Edusp, 2010, p. 49-63.

HARVEY, David. *A condição pós-moderna*. São Paulo, Loyolla, 1989.

HÉNARD, Eugène. Études *sur les transformations de Paris*. Whitefish, Kessinger Publishing, 2010. Versão fac-similar da edição original: HÉNARD, Eugène. Études *sur les transformations de Paris*. Paris, Librairies-Imprimeries Réunies, 1904-1909.

HENDERSON, David. *Misguided Virtue: False Notions of Corporate Social Responsibility*. Wellington, New Zealand Business Round Table, 2001.

HEREDIA HERRERA, Antonia. *Archivística general: teoría y práctica*. Sevilha, Diputación Provincial, 1986.

HIKIJI, Rose Satiko Gitirana; SILVA, Adriana de Oliveira (Org.). *Bixiga em artes e ofícios*. São Paulo, Edusp, 2014.

INSTITUTO MUNICIPAL DE ARTE E CULTURA. *Corredor cultural: como recuperar, reformar ou construir seu imóvel*. Rio de Janeiro, Prefeitura da Cidade do Rio de Janeiro, 1985.

JACOBS, Jane. *Morte e vida de grandes cidades norte-americanas*. São Paulo, WMF Martins Fontes, 2000.

JACQUES, Paola Berenstein. Patrimônio cultural urbano: espectáculo contemporâneo? *Revista de Urbanismo e Arquitetura*, v. 6, n. 1, 2003, p. 32-39 <https://bit.ly/3hDBRMd>.

JAKOB, Alberto Augusto Eichman. A krigagem como método de análise de dados demográficos. In *Anais do XIII Encontro da Associação Brasileira de Estudos Populacionais*. Ouro Preto, Abep, 2002 <https://bit.ly/32yMauC>.

KAMIDE, Edna Hiroe Miguita; PEREIRA, Tereza Cristina Rodrigues Epitácio (Org.). *Patrimônio cultural paulista: Condephaat – bens tombados 1968-1998*. São Paulo, Imprensa Oficial do Estado, 1998.

KARA JOSÉ, Beatriz; VITALE, Letizia. Uma experiência de atuação do poder público em projetos de transformação urbana: os Perímetros de Reabilitação Integrada do Habitat (PRIH). In *Anais do XVI Encontro da Enanpur*. Volume 1. Rio de Janeiro, Anpur, 2015, p. 1-16 <https://bit.ly/3i1W1jp>.

KATINSKY, Julio. Casa de Dona Yayá – uma apreciação. In LOURENÇO, Maria Cecília França (Org.). *A Casa de Dona Yayá*. São Paulo, Edusp/Imprensa Oficial, 1999, p. 86-99.

KOPENAWA, Davi; Albert, BRUCE. *A queda do céu – palavras de um xamã yanomami*. Tradução Beatriz Perrone-Moisés. Prefácio de Eduardo Viveiros de Castro. São Paulo, Companhia das Letras, 2015.

KRONENBERGER, Bruna da Cunha. Fachada ativa. Estudo técnico n. 08/2017 – DIRUR/SUGEST/SEGETH. Brasília, Governo do Distrito Federal, Secretaria de Estado de Gestão do Território e Habitação, Subsecretaria de Gestão Urbana, set. 2017 <https://bit.ly/3gHZQc7>.

KÜHL, Beatriz Mugayar. As transformações na maneira de se intervir na arquitetura do passado entre os séculos 15 e 18: o período de formação da restauração. *Sinopse*, n. 36, São Paulo, dez. 2001, p. 24-36.

KÜHL, Beatriz Mugayar. Notas sobre a Carta de Veneza. In *Anais do Museu Paulista*, v. 18, n. 2, São Paulo, jul./dez. 2010, p. 287-320 <https://bityli.com/5JY8y>.

KÜHL, Beatriz Mugayar. O tratamento das superfícies arquitetônicas como problema teórico da restauração. In *Anais do Museu Paulista*, v. 12, São Paulo, 2004, p. 309-330.

LANNA, Ana Lúcia Duarte. O Bexiga e os italianos em São Paulo, 1890/1920. In LANNA, Ana Lúcia Duarte; PEIXOTO, Fernanda Arêas; LIRA, José Tavares Correia de; SAMPAIO, Maria Ruth Amaral de (Org.). *São Paulo, os estrangeiros e a construção das cidades*. Volume 1. São Paulo, Alameda, 2011, p. 117-130.

LANNA, Ana Lúcia Duarte; PEIXOTO, Fernanda Arêas; LIRA, José Tavares Correia de; SAMPAIO, Maria Ruth Amaral de (Org.). *São Paulo, os estrangeiros e a construção das cidades*. Volume 1. São Paulo, Alameda, 2011.

LANNA, Ana Lúcia Duarte; PRATA, Juliana Mendes. O CPC-USP e a Casa de Dona Yayá: questões de gestão de um patrimônio cultural. *Revista CPC*, n. 1, São Paulo, nov. 2005/abr. 2006, p. 6-15 <https://bityli.com/dSMdX>.

LE GOFF, Jacques. *Por amor às cidades*. São Paulo, Unesp, 1998.

LEITE, José Alfredo Américo. *Metodologia de elaboração de teses*. São Paulo, McGraw-Hill do Brasil, 1978.

LEMOS, Carlos A. C. *A república ensina a morar (melhor)*. São Paulo, Hucitec, 1999.

LEMOS, Carlos A. C. *Alvenaria burguesa: breve história da arquitetura residencial de tijolos em São Paulo a partir do ciclo econômico liderado pelo café*. 2ª edição. São Paulo, Nobel,1989.

LEMOS, Carlos A. C. *Ramos de Azevedo e seu escritório*. São Paulo, Pini, 1993.

LIMA, Solange Ferraz de. O trânsito dos ornatos: modelos ornamentais da Europa para o Brasil, seus usos (e abusos?). In *Anais do Museu Paulista*, v. 16, n. 1, São Paulo, p. 151-199, jun. 2008 <https://bit.ly/3dunAiX>.

LIMA, Solange Ferraz de. *Ornamento e cidade: ferro, estuque e pintura mural em São Paulo, 1870-1930*. Orientador Ulpiano Toledo Bezerra de Meneses. Tese de doutorado. São Paulo, FAU USP, 2001.

LOURENÇO, Maria Cecília França. Pensar o patrimônio. In LOURENÇO, Maria Cecília França (Org.). *A Casa de Dona Yayá*. São Paulo, Edusp/Imprensa Oficial, 1999, p. 11-19.

LOURO E SILVA, Hugo. *A produção imobiliária contemporânea: região central de São Paulo entre 2007 e 2014*. Orientador Candido Malta Campos. Dissertação de mestrado. São Paulo, FAU Mackenzie, 2015.

LOURO E SILVA, Hugo; CAMPOS, Candido Malta. A economia brasileira e o mercado imobiliário: uma síntese das últimas décadas. *Pós – Revista do Programa de Pós-Graduação em Arquitetura e Urbanismo da FAU USP*, v. 25, n. 45, São Paulo, jan./abr. 2018, p. 118-131 <https://bit.ly/34fuiHW>.

LOURO E SILVA, Hugo; CAMPOS, Candido Malta. O mercado imobiliário residencial na Operação Urbana Centro, São Paulo (1985-2006). *Revista Projetar: Projeto e Percepção do Ambiente*, v.1, n. 2, Natal, ago. 2016, p. 70-80.

LUCENA, Celia Toledo. *Bixiga revisitado*. São Paulo, Ibrasa, 2013.

MACHADO, Lucio Gomes; RODRIGUES, Eduardo de Jesus. O projeto de restauro e reciclagem da Casa de Dona Yayá. In LOURENÇO, Maria Cecília França (Org.). *A Casa de Dona Yayá*. São Paulo, Edusp/Imprensa Oficial, 1999, p. 154-161.

MACHADO, Rogerio Marcondes. Teatro oficina: patrimônio e teatro. Os processos de tombamento junto ao Condephaat e ao Iphan. *Arquitextos*, São Paulo, ano 16, n. 188.00, Vitruvius, jan. 2016 <https://bit.ly/3gMEw4X>.

MARQUES, Eduardo; REQUENA, Carolina. O centro voltou a crescer? Trajetórias demográficas diversas e heterogeneidade na São Paulo dos anos 2000. *Novos Estudos Cebrap*, n. 95, São Paulo, mar. 2013 <https://bit.ly/3hASbgL>.

MARRETI, Thales. *O concurso de ideias para o Bexiga (1989-1992)*. Orientadora Ana Lucia Duarte Lanna. Dissertação de mestrado. São Paulo, FAU USP, 2018 <https://bit.ly/2Z7L2gE>.

MARREWIJK, Marcel van. Concepts and Definitions of CSR and Corporate Sustainability: Between Agency. *Journal of Business Ethics*, v. 44, n. 2/3, maio 2003, p. 95-105.

MARTINS, Antonio Egydio (1911-1912). *São Paulo antigo. 1554-1910*. Coleção São Paulo, volume 4, 2ª edição. São Paulo, Paz e Terra, 2003, p. 152.

MARTINS, José Clerton de Oliveira. Patrimônio cultural: sujeito, memória e sentido para o lugar. In PINHEIRO, Adson Rodrigo S. *Cadernos do patrimônio cultural: educação patrimonial*. Volume 1. Fortaleza, Iphan, 2015, p. 47-58 <https://bit.ly/3gLiY8S>.

MARTINS, Mariano Mattos. *Oficina 50+. Labirinto da criação*. São Paulo, Pancron Indústria Gráfica, 2013.

MARZOLA, Nádia. *Bela Vista*. Coleção Histórias dos Bairros de São Paulo, volume 15. São Paulo, Departamento do Patrimônio Histórico/Secretaria de Cultura/Prefeitura de São Paulo, 1979.

MATTESSICH, Paul W. Social Capital and Community Building. In PHILLIPS, Rhonda; PITTMAN, Robert H. (Org.). *An Introduction to Community Development*. Nova York, Routledge, 2009, p. 49-57.

MATTESSICH, Paul; MONSEY, Barbara. *Community Building: What Makes It Work: A Review of Factors Influencing Successful Community Building*. St. Paul, Wilder Foundation, 1997.

MATZENBACHER, Carila Spengler. *Arquitetura teat(r)al urbanística: transformação do espaço cênico – Teat(r)o Oficina (1958-2010)*. Orientador Guilherme Wisnik. Dissertação de mestrado. São Paulo, FAU USP, 2018 <https://bit.ly/3hRBfCD>.

MENDES, Luís. Cidade pós-moderna, gentrificação e a produção social do espaço fragmentado. *Cadernos Metrópole*, v. 13, n. 26, São Paulo, jul./dez. 2011, p. 472-495 <https://bit.ly/2YLkTV2>.

MENESES, Ulpiano Bezerra de. O campo do patrimônio cultural: uma revisão de premissas. In SUTTI, Weber (Org.). Anais do I Fórum Nacional do Patrimônio Cultural: Sistema Nacional de Patrimônio Cultural – desafios, estratégias e experiências para uma nova gestão. Ouro Preto, 13-16 dez. 2009. Brasília, Instituto do Patrimônio Histórico e Artístico Nacional, 2012 <https://bitly.com/L19VX>.

MENESES, Ulpiano Bezerra de. Os usos culturais da cultura. In YAZIGI, Eduardo; CARLOS, Ana Fani Alessandri; CRUZ, Rita de Cássia Ariza da (Org.). *Turismo, espaço, paisagem e cultura*. São Paulo, Hucitec, 1996, p. 88-99.

MENESES, Ulpiano Bezerra de. Patrimônio ambiental urbano: do lugar comum ao lugar de todos. *CJ Arquitetura*, n. 19, 1978, p. 45-46.

MENESES, Ulpiano Bezerra de. Repovoar o patrimônio ambiental urbano. *Revista do Patrimônio Histórico e Artístico Nacional*, n. 36, Rio de Janeiro, 2017, p. 39-52.

MENESES, Ulpiano T. Bezerra de. O museu na cidade X a cidade no museu. Para uma abordagem histórica dos museus de cidade. *Revista Brasileira de História*, v. 5, n. 8-9, São Paulo, set. 1984/abr. 1985, p. 197-205.

MICELI, Sérgio. *Nacional estrangeiro: história social e cultural do modernismo artístico em São Paulo*. São Paulo, Companhia das Letras, 2003.

MICELI, Sérgio. Sphan: refrigério da cultura oficial. *Revista do Patrimônio Histórico e Artístico Nacional*, n. 22, Rio de Janeiro, 1987.

MORENO, Júlio. *Memórias de Armandinho do Bixiga* (depoimento). São Paulo, Editora Senac, 1996.

MORIN, Edgar; NAÏR, Sami. *Uma política de civilização*. Lisboa, Instituto Piaget, 1997.

NAKANO, Anderson Kazuo. Desigualdades habitacionais no "repovoamento" do centro expandido do município de São Paulo. *Cadernos Metrópole*, v. 20, n. 41, São Paulo, jan./abr. 2018, p. 53-74 <https://bit.ly/32Af7X8>.

NAKANO, Anderson Kazuo. *Elementos demográficos sobre a densidade urbana da produção imobiliária: São Paulo, uma cidade oca?* Orientador José Marcos Pinto da Cunha. Tese de doutorado. Campinas, IFCH Unicamp, 2015 <https://bit.ly/3gB17I9>.

NEGRO, Antonio Luigi; GOMES, Flávio. Além de senzalas e fábricas: uma história social do trabalho. *Tempo Social*, v. 18, n. 1, São Paulo, jun. 2006, p. 217-240 <https://bit.ly/36VGjS7>.

NETTO, Araújo. Proposta de Bolonha para uma cidade moderna. Conservar = revolucionar. *Módulo*, n. 51, Rio de Janeiro, out./nov. 1978, p. 18-27.

NIETZSCHE, Friedrich. *A gaia ciência*. São Paulo, Companhia das Letras, 2012.

NORBERG-SCHULZ, Christian. O fenômeno do lugar. In NESBITT, Kate. *Uma nova agenda para a arquitetura: antologia teórica (1965-1995)*. São Paulo, Cosac Naify, 2006.

NOVO, Leonardo Faggion. *Entre arte e técnica: "arquiteturas políticas" na legitimação da profissão no Brasil (1920-1930)*. Orientadora Josianne Francia Cerasoli. Dissertação de mestrado. Campinas, IFCH Unicamp, 2018 <https://bit.ly/2DwLLN2>.

OKSMAN, Sílvio. Para além do Teatro Oficina, o Bixiga e a cidade. ObservaSP – Labcidade FAU USP, São Paulo, 18 out. 2016 <www.observasp.wordpress.com>.

OLIVEIRA, Guilherme de; SILVA NETO, Manoel Lemes da. *Técnicas de análise de dados censitários multitemporais aplicadas às cidades estudadas pela rede nacional de pesquisa Quapá-SEL*. Relatório de pesquisa. São Paulo, Processo Fapesp n. 2013/21679-1, 2015.

OLIVEIRA, Sara Fraústo Belém de. Bixiga como "estado de espírito": da exclusão (in)visível à memória sociocultural. *Revista ARA*, n. 3, São Paulo, primavera/verão 2017, p. 181-206 <https://bit.ly/34PFoUa>.

OLIVEIRA, Sara Fraústo Belém de. *Gentrificação e patrimônio em uma só língua: o caso do Bexiga*. Orientadora Nadia Somekh. Dissertação de mestrado. São Paulo, FAU Mackenzie, 2018.

OS MELHORAMENTOS DE SÃO PAULO. *Revista de Engenharia*, v. 1, n. 1-7, São Paulo, 1911, p. 37-43.

PAES, Célia da Rocha. A cidade, o homem – uma identidade. *Projeto Design*, n. 138, São Paulo, fev. 1991, p. 78-79.

PAES, Célia Rocha. *Bexiga e seus territórios*. Orientadora Maria Cristina da Silva Leme. Dissertação de mestrado. São Paulo, FAU USP, 1999.

PAQUOT, Thierry. *L'espace public*. Paris, La Découvert, 2009.

PARETO JR., Lindener. *Joaquim Cavalheiro: um arquiteto-construtor no Brás e na Mooca*. São Paulo, Cultura Acadêmica/Unesp, 2015.

PARETO JR., Lindener. *O cotidiano em construção: os práticos licenciados em São Paulo (1893-1933)*. São Bernardo do Campo, Editora UFABC, 2017.

PARETO JR., Lindener. *Pândegos, rábulas, gamelas: os construtores não diplomados entre a engenharia e a arquitetura (1890-1960)*. Orientadora Beatriz Piccolotto Siqueira Bueno. Tese de doutorado. São Paulo, FAU USP, 2016 <https://bit.ly/2F5ePQv>.

PARETO JR., Lindener. Uma São Paulo dos Kanz, 1860-1915. *Urbana: Revista Eletrônica do Centro Interdisciplinar de Estudos sobre a Cidade*, v. 9, n. 3, Campinas, jul. 2018, p. 610-658 <https://bit.ly/3cxYjmU>.

PATETTA, Luciano. Considerações sobre o ecletismo na Europa. In FABRIS, Annateresa (Org.). *Ecletismo na arquitetura brasileira*. São Paulo, Livraria Nobel, 1987, p. 9-27.

PEIXOTO, Fernando. *Teatro Oficina (1958-1982): trajetória de uma rebeldia cultural*. São Paulo, Brasiliense, 1982.

PEREIRA, Paulo César Xavier. *São Paulo: a construção da cidade:1872-1914*. São Carlos, Rima, 2004.

PESAVENTO, Sandra Jatahy. Com os olhos no passado: a cidade como palimpsesto. *Esboços – Revista do Programa de Pós-Graduação em História da UFSC*, v. 11, n. 11, Florianópolis, 2004, p. 25-30 <https://bit.ly/32Ll7g6>.

PESAVENTO, Sandra Jatahy. *História & história cultural*. Belo Horizonte, Autêntica, 2008.

PINHEIRO, Maria Lúcia Bressan; PEREIRA, José Hermes Martins. Educação patrimonial no Centro de Preservação Cultural "Casa de Dona Yayá": balanços e novos desafios. *Revista Cultura e Extensão USP*, São Paulo, n. 5, 2011, p. 37-42 <https://bityli.com/z6cBX>.

PORTELA, Thais de Bhanthumchinda. Cartografias da ação e as grafias [im]possíveis no território usado das cidades contemporâneas. Ou: uma pequena conversa com Ana Clara Torres Ribeiro. *Redobra*, v. 12, n. 4, Salvador, 2013, p. 25-35 <https://bit.ly/3hEKNkv>.

PORTER, Michael E.; KRAMER, Mark R. The Big Idea: Creating Shared Value. *Harvard Business Review*, v. 89, n. 1-2, Massachusetts, 2011.

PORTO, Antonio Rodrigues. *História da cidade de São Paulo através de suas ruas*. São Paulo, Carthago, 1996.

PUPPI, Marcelo. *Por uma história não moderna da arquitetura brasileira: questões de historiografia*. Campinas, Pontes, 1998.

REIS FILHO, Nestor Goulart. *Quadro da arquitetura no Brasil*. 11ª edição. São Paulo, Perspectiva, 2006.

REIS FILHO, Nestor Goulart. *São Paulo – vila, cidade, metrópole*. São Paulo, Via das Artes, 2004.

RIBEIRO, Ana Clara Torres; SILVA, Cátia Antonia da; VIEIRA, Hermani de Moraes; SILVA, Rita de Cássia. Turismo: uma prática entre a crise e a inovação na metrópole do Rio de Janeiro. In RIBEIRO, Ana Clara Torres (Org.). *Por uma sociologia do presente: ação técnica e espaço*. Volume 4. Rio de Janeiro, Letra Capital, 2013, p. 47-68.

RIBEIRO, Ana Clara Torres; SILVA, Catia Antonia da. Impulsos globais e espaço urbano: sobre o novo economicismo. In RIBEIRO, Ana Clara Torres (Org.). *El rostro urbano de América Latina*. Buenos Aires, Clacso, 2004, p. 364.

RIBEIRO, Ana Clara Torres. Cartografia da ação social: região latino-americana e novo desenvolvimento urbano. In POGGIESE, Hector; EGLER, Tamara Tania Cohen (Orgs.). *Otro desarrollo rurbano: ciudad incluyente, justicia social y gestión democrática*. Buenos Aires, Clacso, 2009, p. 147-156.

RIBEIRO, Ana Clara Torres. *Teorias da ação*. Rio de Janeiro, Letra Capital, 2014.

RIBEIRO, Ana Clara Torres. Território usado e humanismo concreto: o mercado socialmente necessário. In RIBEIRO, Ana Clara Torres; SILVA, Catia Antonia da; BERNARDES, Julia; ARRUZZO, Roberta. *Formas em crise: utopias necessárias*. Rio de Janeiro, Arquimedes Edições, 2005, p. 93-111.

ROCHA, Gustavo Neves da. *Levantamento sistemático destinado a inventariar bens culturais do estado de São Paulo*. São Paulo, Condephaat, 1982.

ROCHA, Paulo Mendes da. Parque da Grôta: reurbanização da sub-região da Grôta do bairro da Bela Vista. *Módulo*, n. 42, mar./abr./maio 1976, p. 53-57.

RODRIGUES, Cristiana Gonçalves Pereira. *Concursos públicos urbanos 1989-1994: projetos de fragmentos da cidade*. Orientador Antonio Claudio Moreira Lima e Moreira. Dissertação de mestrado. São Paulo, FAU USP, 2007 <https://bit.ly/3h4pl1W>.

RODRIGUES, Marly. A Casa de Dona Yayá. In LOURENÇO, Maria Cecília França (Org.). *A Casa de Dona Yayá*. São Paulo, Edusp/Imprensa Oficial, 1999, p. 22-61.

RODRIGUES, Marly. *A Casa de Dona Yayá*. São Paulo, Ícones Pesquisas de História, 1988.

RODRIGUES, Marly. *Imagens do passado: a instituição do patrimônio em São Paulo – 1969/1987*. São Paulo, Unesp/Imesp, 2000.

RODRIGUES, Marly. Nas casas 37, personagem e domesticidades. In BRITO, Flávia; MELLO, Joana; LIRA, José; RUBINO, Silvana (Org.). *Domesticidade, gênero e cultura material*. São Paulo, Edusp, 2017.

ROSSI, Aldo. *A arquitetura da cidade*. São Paulo, Martins Fontes, 1995.

SACHS, Ignacy. Desenvolvimento mundial: uma ideia sobre desenvolvimento populacional. *Revista Internacional dos Serviços Sociais*, n. 141, Toulouse, 1994.

SAINT-HILAIRE, Auguste de. *Viagem à Província de São Paulo*. São Paulo, Edusp, 1976.

SALGUEIRO, Heliana Angotti. *La Casaque D'Arlequin: Belo Horizonte, une capitale éclectique au 19e Siècle*. Paris, Éditions de l'École des Hautes Études em Sciences Sociais,1997.

SALMONI, Anita; DEBENEDETTI, Emma. *Arquitetura italiana em São Paulo*. São Paulo, Perspectiva, 1981.

SALVADORE, Waldir. *Italiano e nosso: Felisberto Ranzini e o "estilo florentino"*. São Paulo, Cultura Acadêmica/Unesp, 2015.

SANT'ANNA, Nuto. *São Paulo histórico: aspectos, lendas e costumes*. Volume 1. São Paulo, Departamento de Cultura, 1937.

SANTANA, Danielle de. *Do Igepac ao território de interesse da cultura e da paisagem*. Trabalho de conclusão de curso. Rio de Janeiro, Curso Livre Iphan, 2017.

SANTOS, Milton. *A natureza do espaço: técnica e tempo, razão e emoção*. São Paulo, Hucitec, 1996.

SANTOS, Milton. *A urbanização brasileira*. 2ª edição. São Paulo, Hucitec, 1994.

SANTOS, Milton. *Espaço e método*. São Paulo, Nobel, 1985.

SANTOS, Milton. *O espaço dividido: os dois circuitos da economia urbana dos países subdesenvolvidos*. Rio de Janeiro, Francisco Alves, 1979.

SANTOS, Milton. *Por uma geografia nova*. São Paulo, Hucitec, 1980.

SANTOS, Milton. *Por uma outra globalização: do pensamento único à consciência universal*. São Paulo, Record, 2000.

SANTOS, Milton. *Técnica, espaço, tempo: globalização e meio técnico-científico informacional*. São Paulo, Hucitec, 1994.

SAVIANI, Benjamim. Restoration as a Social Cohesion Instrument: Vila Itororó in Central São Paulo. *Built Heritage*, v. 2, n. 1, Xangai, jan./mar. 2018, p. 66-76 <https://bit.ly/3iQmnVi>.

SCHAMA, Simon. *Landscape and Memory*. Nova York, Vintage Books, 1995.

SCHENKMAN, Raquel. Identificação e proteção do patrimônio ambiental, cultural e urbano do bairro da Liberdade: atualização e retomada do Igepac-SP. In *Anais do I Simpósio Científico Icomos Brasil*. Belo Horizonte, Icomos Brasil, 2017.

SCHNECK, Sheila. *Bexiga: cotidiano e trabalho em suas interfaces com a cidade (1906-1931)*. Orientadora Beatriz Piccolotto Siqueira Bueno. Tese de doutorado. São Paulo, FAU USP, 2016 <https://bit.ly/3IW5dIt>.

SCHNECK, Sheila. *Formação do bairro do Bexiga em São Paulo: loteadores, proprietários, construtores, tipologias edilícias e usuários (1881-1913)*. Orientadora Beatriz Piccolotto Siqueira Bueno. Dissertação de mestrado. São Paulo, FAU USP, 2010 <https://bit.ly/3bEYHRB>.

SCIFONI, Simone. Tombamento e participação social: experiência da Vila Maria Zélia, São Paulo-SP. *Revista CPC*, n. 22 especial, São Paulo, abr. 2017, p.176-192 <https://bit.ly/2ESEwnq>.

SCRIPILLITI, Ana Carolina Nader. *Verticalização e tombamento no bairro do Bexiga: materialização em tensão*. Orientadora Nadia Somekh. Dissertação de mestrado. São Paulo, FAU Mackenzie, 2017 <https://bit.ly/3ic92qq>.

SECCHI, Bernardo. *Primeira lição de urbanismo*. Tradução de Marisa Barda e Pedro M. R. Sales. São Paulo, Perspectiva, 2007.

SHIMODA, Leticia Yumi; MATTAR, Luciana Lischewski; SANTOS, Raissa Monteiro dos. Bixiga em artes e ofícios: caminhos de um mapeamento. In HIKIJI, Rose Satiko Gitirana; SILVA, Adriana de Oliveira (Org.). *Bixiga em artes e ofícios*. São Paulo, Edusp, 2014, p. 25-42.

SILVA NETO, Manoel Lemes da. *Configurações espaciais da urbanização contemporânea: adensamento urbano, sistemas de espaços livres e constituição da esfera pública no Brasil*. Relatório final de projeto de pesquisa (mimeo). Campinas, PUC-Campinas, 2014.

SILVA NETO, Manoel Lemes da. Crise urbano-societária-humanista e urbanização contemporânea: rumos para diálogos interdisciplinares. In OLIVEIRA, Anita Loureiro de; SILVA, Catia Antonia da (Org.). *Metrópole e crise societária: resistir para existir*. Rio de Janeiro, Consequência, 2019, p. 281-282.

SILVA NETO, Manoel Lemes da. Evolução e tendências da gestão metropolitana em São Paulo. Aspectos normativos (parte 2). *Arquitextos*, ano 11, n. 125.10, São Paulo, Vitruvius, out. 2010 <https://bit.ly/2D3sPZV>.

SILVA NETO, Manoel Lemes da; OLIVEIRA, Fabiano Melo Gonçalves de; CARANDINA, Thiago. Políticas e práticas territoriais socialmente necessárias. *Revista Nacional de Gerenciamento de Cidades*, v. 7, n. 47, São Paulo, 22 ago. 2019, p. 111-131 <https://bit.ly/2FXXI31>.

SILVA, Armando Sérgio da. *Oficina: do teatro ao te-ato*. São Paulo, Perspectiva, 2008.

SILVA, Fernando Teixeira da. *Operários sem patrões: os trabalhadores da cidade de Santos no entreguerras*. Campinas, Editora da Unicamp, 2003.

SILVA, Joana Mello de Carvalho e. Um acervo, uma coleção e três problemas: a Coleção Jacques Pilon da Biblioteca da FAU USP. In *Anais do Museu Paulista*, v. 24, n. 3, São Paulo, dez. 2016, p. 45-70.

SILVA, Marcos Virgílio da. Lembranças que eu tenho do Saracura: escavando histórias soterradas. In HIKIJI, Rose Satiko Gitirana; SILVA, Adriana de Oliveira. (Org.). *Bixiga em artes e ofícios*. São Paulo, Edusp, 2014, p. 281-299.

SITTE, Camillo. *A construção das cidades segundo seus princípios artísticos*. São Paulo, Ática, 1992.

SMITH, Neil. A gentrificação: de uma anomalia local à "regeneração" urbana como estratégia urbana global. In BIDOU-ZACHARIANSEN, Catherine (Org.). *De volta à cidade: dos processos de gentrificação às políticas de "revitalização" dos centros urbanos*. São Paulo, Annablume, 2006, p. 59-87.

SMITH, Neil. New Globalism, New Urbanism: Gentrification as Global Urban Strategy. In LEES, Loretta; SLATER, Tom; WYLY, Elvin (Org.). *The Gentrification Reader*. Nova York, Routledge, 2006, p. 495-508.

SMITH, Neil. Toward a Theory of Gentrification. A Back to the City Movement by Capital, not People. *Journal of the American Planning Association*, v. 45, n. 4, 1979, p. 538-548.

SOARES, Reinaldo da Silva. *O cotidiano de uma escola de samba paulistana: o caso do Vai-Vai*. Orientador João Baptista Borges Pereira. Dissertação de mestrado. São Paulo, FFLCH USP, 1999 <https://bit.ly/3b9CKtA>.

SOMEKH, Nadia (Org.). *Preservando o patrimônio histórico: um manual para gestores municipais*. São Paulo, CAU-SP/DPH/Mack Pesquisa, 2014.

SOMEKH, Nadia. *A cidade vertical e o urbanismo modernizador*. São Paulo, Editora Mackenzie/Romano Guerra, 2014.

SOMEKH, Nadia. A construção da cidade, a urbanidade e o patrimônio ambiental urbano: o caso do Bexiga, São Paulo. *Revista CPC*, n. 22, São Paulo, jul./dez. 2016, p. 220-241 <https://bit.ly/2R2AoUd>.

SOMEKH, Nadia. Cidade, patrimônio, herança e inclusão. Em busca de novos instrumentos. *Arquitextos*, São Paulo, ano 18, n. 211.00, Vitruvius, dez. 2017 <https://bit.ly/3gTQoSY>.

SOMEKH, Nadia. Jornadas do Patrimônio. Como valorizar a arquitetura e o patrimônio histórico. *Drops*, São Paulo, ano 16, n. 097.01, Vitruvius, out. 2015 <https://bit.ly/2GyKmux>.

SOMEKH, Nadia. Patrimônio cultural em São Paulo: resgate do contemporâneo? *Arquitextos*, São Paulo, ano 16, n. 185.08, Vitruvius, out. 2015 <https://bit.ly/2R01T0t>.

SOMEKH, Nadia. Verticalização em tensão: tombamento, desenvolvimento e urbanidade no Bexiga. In SOUZA, Angela Maria Gordilho; BAETA, Rodrigo Espinha; ANDRADE JUNIOR, Nivaldo Vieira de (Org.). In *Anais do V Encontro da Associação Nacional de Pesquisa e Pós-Graduação em Arquitetura e Urbanismo – arquitetura e urbanismo no Brasil atual: crises, impasses e desafios*. Volume 1. Salvador, FA UFBA, 2018.

SONTAG, Susan. *Ensaios sobre a fotografia*. 2ª edição. Rio de Janeiro, Arbor, 1983.

SPECK, Jeff. *Cidade caminhável*. Tradução Anita Di Marco e Anita Natividade. São Paulo, Perspectiva, 2016.

STEVENS, Garry. *O círculo privilegiado: fundamentos sociais da distinção arquitetônica*. Brasília, Editora UNB, 2003.

STHÖR, Walter. *Desarrollo desde abajo: el paradigma de desarrollo de abajo hacia arriba, y de la periferia hacia adentro*. Santiago de Chile, Cepal, 1981.

TAVERNA, Walter. Patrimônio e comunidade. In LOURENÇO, Maria Cecília França (Org.). *A Casa de Dona Yayá*. São Paulo, Edusp/Imprensa Oficial, 1999, p. 169.

TIRELLO, Regina. Restauro digital de arquitetura histórica de cronologia complexa: a Casa de Dona Yayá. In *Anais do Seminário Computação Gráfica: pesquisas e projetos rumo à educação patrimonial*. São Paulo, AHMWL/DPH/SMC/PMSP, 4-6 nov. 2008 <https://bityli.com/2GQuO>.

TIRELLO, Regina. Um trabalho arqueológico: a descoberta dos murais artísticos e a estratificação arquitetônica de uma velha casa no Bexiga. In LOURENÇO, Maria Cecília França (Org.). *A Casa de Dona Yayá*. São Paulo, Edusp/Imprensa Oficial, 1999, p. 100-135.

TOJI, Simone. O patrimônio cultural brasileiro e a antropologia enquanto fazer técnico: a expressão de um Estado contraditório e os dilemas no "uso da diversidade". *Revista CPC*, n. 12, São Paulo, maio/out. 2011, p. 55-76 <https://bityli.com/w5Gh0>.

TOLEDO, Benedito Lima de. *São Paulo: três cidades em um século*. São Paulo, Duas Cidades, 1981.

TOLEDO, Benedito Lima de. *Vila Itororó*. Série Cadernos Vila Itororó – Canteiro Aberto, v. 1. São Paulo, Instituto Pedra, 2015.

TORRES, Maria Luiza Gomes. *Urbanidade no Bexiga e sua relação com o patrimônio histórico local*. Orientador Nadia Somekh. Monografia de Iniciação Científica. São Paulo, FAU Mackenzie, 2015.

TREIZE URBAIN – Le magazine de la Semapa, n. 31, Dossier Quartier les Deux Rives, une économie circulaire se construit, Paris, mar./abr. 2019.

UMA POLÍTICA PARA SALVAR OS BENS CULTURAIS DE SÃO PAULO. *CJ Arquitetura*, n. 17, Rio de Janeiro, 1977, p. 24-28.

UPHOFF, Norman. Understanding Social Capital: Learning from the Analysis and Experience of Participation. In DASGUPTA, Partha; SERAGELDIN, Ismail (Org.) *Social Capital: A Multifaceted Perspective*. Washington, The World Bank, 2000 <https://bit.ly/3hl9uN5>.

VERCELLI, Giulia. *Reinventariar para preservar. O histórico Bairro do "Bexiga" na contemporaneidade*. Orientadora Regina Andrade Tirello. Dissertação de mestrado. Campinas, FEC Unicamp, 2018 <https://bit.ly/329AbEX>.

VERCELLI, Giulia; TIRELLO, Regina Andrade. Reinventariar para intervir: perspectivas de conservação do bairro do Bexiga em São Paulo. In *Anais do Encontro Internacional Aquimemória 5 sobre Preservação do Patrimônio Edificado*. Salvador, 2017 <https://bit.ly/3lobz35>.

VERMEERSCH, Paula. Por uma história social da arquitetura: os trabalhadores italianos na construção civil paulista (1870-1930). *Novos Rumos*, v. 1, Marília, 2016, p. 101-109.

VIOLLET-LE-DUC, Eugène Emmanuel. *Restauração*. Coleção Artes & Ofícios. São Paulo, Ateliê Editorial, 2000.

VOOGD, Jan Hendrik (Henk). *Multicriteria Evaluation for Urban and Regional Planning*. Delft, Delftsche Uitgevers Maatschappij, 1982.

WAISMAN, Marina. *O interior da história*. São Paulo, Perspectiva, 2013.

WANG, Xinhao; HOFE, Rainer Vom. *Research Methods in Urban and Regional Planning*. Pequim/Berlim, Tsinghua University Press/Springer, 2007.

WEIMER, Günter. *Arquitetos e construtores no Rio Grande do Sul: 1892-1945*. Santa Maria, Editora da UFSM, 2004.

WENTZ, Elizabeth A. Shape Analysis in GIS. *Proceedings of Auto-Carto*, n. 13, Seattle, abr. 1997, p. 204-213 <https://bit.ly/328mMwW>.

ZEVI, Bruno. *Saber ver a arquitetura*. São Paulo, Martins Fontes, 2001.

Documentos oficiais

BRASIL (Presidência da República). Constituição da República Federativa do Brasil de 1988. Brasília, 5 out. 1988 <https://bit.ly/3f8xmYA>.

BRASIL (Presidência da República). Decreto-lei n. 25, de 30 de novembro de 1937. Organiza a proteção do patrimônio histórico e artístico nacional. *Diário Oficial da União*, 6 dez. 1937 <https://bit.ly/2EMJP77>.

BRASIL (Presidência da República). Lei n. 12.527, de 18 de novembro de 2011. Regula o acesso a informações previsto no inciso XXXIII do art. 5°, no inciso II do § 3° do art. 37 e no § 2° do art. 216 da Constituição Federal; altera a Lei n. 8.112, de 11 de dezembro de 1990; revoga a Lei n. 11.111, de 5 de maio de 2005, e dispositivos da Lei n. 8.159, de 8 de janeiro de 1991 e dá outras providências <https://bit.ly/2zhmJDo>.

BRASIL (Presidência da República). Lei n. 8.159, de 8 de janeiro de 1991. Dispõe sobre a política nacional de arquivos públicos e privados e dá outras providências <https://bit.ly/2Us1Qg4>.

CÂMARA MUNICIPAL DE SÃO PAULO. Justificativa PL n. 0805/2017. São Paulo, Secretaria Geral Parlamentar, Secretaria de Documentação, Equipe de Documentação do Legislativo, 24 nov. 2017, p. 3-4 <https://bit.ly/32AcgO7>.

CÂMARA MUNICIPAL DE SÃO PAULO. Projeto de Lei n. 01-00805/2017 do vereador Natalini (PV). Dispõe sobre a criação Parque do Bixiga e dá outras providências <https://bit.ly/34TgV0d>.

CGPPP DO ESTADO DE SÃO PAULO. Chamamento Público n. 004/2012. O Conselho Gestor do Programa Estadual de Parcerias Público-Privadas – CGPPP do Estado de São Paulo, com fundamento no artigo 2°, § 6° e artigo 4°, inciso IX, do Decreto Estadual n. 48.867 de 10 de Agosto de 2004, com redação dada pelo Decreto n. 57.289, de 30 de agosto de 2011, torna público o início do procedimento de chamamento para a apresentação, por eventuais interessados da iniciativa privada, de estudos técnicos e modelagem de projetos de Parceria Público-Privada (PPP) de Habitação de Interesse Social para a Secretaria de Estado de Habitação e sua Agência Paulista de Habitação Social – Casa Paulista, na conformidade da Proposta Preliminar de PPP, aprovada na 41ª Reunião Ordinária do Conselho Gestor, ocorrida no dia 31 de outubro de 2011, cuja ata foi publicada no Diário Oficial do Estado em 27/12/2011, Seção I pg. 8/9, de acordo com as exigências estabelecidas neste edital, aplicando-se as regras dispostas no Decreto Estadual n. 48.867 de 10 de agosto de 2004, com suas alterações e, naquilo que couber, as demais Leis Estaduais e Federais de regência. *Diário Oficial Poder Executivo*, v. 122, n. 03, seção I, São Paulo, 4 maio 2012, p. 124.

COGEP. *Grota da Bela Vista*. São Paulo, Coordenadoria Geral de Planejamento Urbano, Prefeitura Municipal de São Paulo, 1974.

CONDEPHAAT. Parecer sobre o processo n. 71.314/2014 – Interessado: Eduardo Velucci. Assunto: pedido de aprovação de intervenção. Parecerista: Sarah Feldman, IAU USP, representante IAB São Paulo, fev. 2019 <https://bit.ly/3jMhGfJ>.

CONDEPHAAT. Processo n. 00250/73. Tombamento do Castelinho da Brigadeiro. Resolução de Tombamento: Resolução 12 de 19/07/84. Livro do Tombo Histórico: inscrição n. 227, p. 63, 20/01/1987. Publicação do Diário Oficial: Resolução 12, de 19 de julho de 1984 – O secretário da Cultura, nos termos do artigo 1° do Decreto-lei 149, de 15 de agosto de 1969, e do Decreto 13.426, de 16 de março de 1979, resolve. *Diário Oficial do Estado de São Paulo*, Seção I, São Paulo, 20 jul. 1984, p. 21 <https://bit.ly/32xx9JE>.

CONDEPHAAT. Processo n. 22.368/82. Tombamento do Teatro Oficina. Resolução de Tombamento: Resolução 6 de 10/02/1983. Livro do Tombo Histórico: inscrição n. 226, p. 62, 19/01/1987. Publicação do Diário Oficial: Gabinete do Secretário da Cultura João Carlos Gandra da Silva Martins, Resolução 6, de 10/02/1983 – O Secretário Extraordinário da Cultura, nos termos do artigo 1º do Decreto-lei 149, de 15 de agosto de 1969, e do Decreto 13.426 de 16 de março de 1979, e considerando não ter o Condephaat se pronunciado sobre a contestação oferecida pelo proprietário do bem tombado, tendo feito na Sessão de 8/2/83, resolve. *Diário Oficial do Estado de São Paulo*, Seção I, São Paulo, 11 fev. 1983, p. 36 <https://bit.ly/31vS9kS>.

CONDEPHAAT. Processo n. 22.372/82. Tombamento da Vila Itororó. Resolução de Tombamento: Resolução 9 de 10/03/2005. Livro do Tombo Histórico: inscrição n. 351, p. 94, 23/09/2005. Publicação do Diário Oficial: Gabinete da Secretaria da Cultura, Resolução SC-9, de 10 de março de 2005 – A Secretária de Estado da Cultura, nos termos do artigo 1º do Decreto-lei n. 149, de 15 de agosto de 1969 e do Decreto Estadual n. 13.426, de 16 de março de 1979, cujos artigos 134 a 149 permanecem em vigor por força do artigo no 187 do Decreto 20.955, de 1º de junho de 1983, com exceção do artigo 137, cuja redação foi alterada pelo Decreto Estadual 48.137, de 07 de outubro de 2003, considerando. *Diário Oficial do Estado de São Paulo*, Seção I, São Paulo, 20 abr. 2005, p. 29 <https://bit.ly/2CKztnS>.

CONDEPHAAT. Processo n. 71.370/2014. Pedido de aprovação de intervenção pós-intervenção na rua Jaceguai 530/536/542/546, Bela Vista, São Paulo. Proteção do bem: área envoltória área envoltória do Teatro Oficina (Res. 6 de 10-02-1983), Casa de Dona Yayá (Res. 37 de 02-04-1998), Teatro Brasileiro de Comédia (Res. 63 de 21-10-1982), Castelinho da Brigadeiro (Res. 12 de 19/07/84) e Escola de Primeiras Letras (Res. SC de 47 de 18/12/92). Interessado: Eduardo Velucci. São Paulo, Condephaat, 2014.

CONDEPHAAT. Resolução n. SC 29/86. Tombamento de Hospital e Maternidade Umberto I (ex-Hospital Matarazzo). O Secretário da Cultura, nos termos do artigo 1º do Decreto-lei 149, de 15 de agosto de 1969, e do Decreto 13.426, de 16 de março de 1979, considerando que o Hospital e Maternidade Umberto I (ex-Hospital Matarazzo) é um remanescente altamente representativo das instituições organizadas pela parcela mais significativa dos imigrantes fixados na cidade de São Paulo, os italianos. São Paulo, Prefeitura Municipal de São Paulo, Secretaria da Cultura, Conselho de Defesa do Patrimônio Histórico, Arqueológico, Artístico e Turístico do Estado de São Paulo, 30 jul. 1986 <https://bit.ly/3b0McPO>.

CONDEPHAAT. Resolução n. SC-13. Tombamento de Hospital e Maternidade Umberto I (ex-Hospital Matarazzo). Número do Processo: 23.374/85. Resolução de Tombamento: Resolução SC 13, de 18/02/2014 (obs.: revogou a Resolução 29 de 30/07/86). Livro do Tombo Histórico: inscrição n. 255, 23/01/1987, p. 67 e 68. Gabinete do Secretário Cultura, Resolução SC 13, de 18/02/2014, dispõe sobre o tombamento do antigo Hospital Umberto I, no município de São Paulo. O Secretário de Estado da Cultura, nos termos do artigo 1º do Decreto-Lei 149, de 15-08-1969, e dos artigos 134 a 149 do Decreto 13.426, de 16-03-1979, que permanecem em vigor por força do artigo 158 do Decreto 50.941, de 5 de julho de 2006, e com redação alterada pelo Decreto 48.137, de 7 de outubro de 2003. *Diário Oficial do Estado de São Paulo*, Seção I, São Paulo, 22 fev. 2014 p. 37-38 <https://bit.ly/3jnzDBo>.

CONDEPHAAT. Resolução n. SC 63/82. Tombamento do Teatro Brasileiro de Comédia. O Secretário Extraordinário da Cultura, nos termos do artigo 1º do Decreto-Lei n. 149, de 15 de agosto de 1969 e do Decreto 13.426, de 16 de março de 1979, resolve. *Diário Oficial do Estado de São Paulo*, Seção I, São Paulo, 22 out. 1982, p. 21 <https://bit.ly/34zZphv>.

CONPRESP. Ata da 631ª reunião ordinária do Conpresp. São Paulo, Conselho Municipal de Preservação do Patrimônio Histórico, Cultural e Ambiental da Cidade de São Paulo, 24 maio 2016 <https://bit.ly/3jQnogU>.

CONPRESP. Processo Administrativo n. 1990-0.004.514-2. Tombamento do Bairro da Bela Vista. São Paulo, Prefeitura Municipal de São Paulo, Secretaria Municipal de Cultura, Departamento de Patrimônio Histórico, Conselho Municipal de Preservação do Patrimônio Histórico, Cultural e Ambiental da Cidade, 2017.

CONPRESP. Resolução n. 01/93. Revisão de abertura de processo de tombamento. São Paulo, Prefeitura do Município de São Paulo, Secretaria Municipal de Cultura, Departamento do Patrimônio Histórico, Conselho Municipal de Preservação do Patrimônio Histórico, Cultural e Ambiental da Cidade de São Paulo, 23 set. 1993 <https://bit.ly/34HiX3H>.

CONPRESP. Resolução n. 05/91. Por decisão unânime dos conselheiros presentes à reunião realizada aos cinco dias do mês de abril de 1991, o Conselho Municipal de Preservação do Patrimônio Histórico, Cultural e Ambiental da Cidade de São Paulo – Conpresp, resolve, nos termos e para os fins da Lei n. 10.032/85, com as alterações introduzidas pela Lei n. 10.236/86, tombar "ex-officio" os bens abaixo descriminados. São Paulo, Prefeitura do Município de São Paulo, Secretaria Municipal de Cultura, Departamento do Patrimônio Histórico, Conselho Municipal de Preservação do Patrimônio Histórico, Cultural e Ambiental da Cidade de São Paulo, 5 abr. 1991 <https://bit.ly/34Kn0Mi>.

CONPRESP. Resolução n. 11/90. Por unanimidade de votos dos conselheiros presentes à reunião realizada aos 19 de outubro de 1990, o Conselho Municipal de Preservação do Patrimônio Histórico, Cultural e Ambiental da Cidade de São Paulo – Conpresp, resolve, nos termos e para os fins da Lei n. 10.032/85, com as alterações introduzidas pela Lei n. 10.236/86, abrir processo de tombamento dos seguintes bens. São Paulo, Prefeitura do Município de São Paulo, Secretaria Municipal de Cultura, Departamento do Patrimônio Histórico, Conselho Municipal de Preservação do Patrimônio Histórico, Cultural e Ambiental da Cidade de São Paulo, 19 out.1990 <https://bit.ly/31ugMy7>.

CONPRESP. Resolução n. 22/2002. Tombamento do bairro da Bela Vista. São Paulo, Prefeitura Municipal de São Paulo, Secretaria Municipal de Cultura, Departamento de Patrimônio Histórico, Conselho Municipal de Preservação do Patrimônio Histórico, Cultural e Ambiental da Cidade, 10 dez. 2002 <https://bit.ly/2UsTAMQ>.

EMURB. Concurso Nacional de Ideias para a Renovação Urbana e Preservação do Bexiga. São Paulo, Empresa Municipal de Urbanização, Prefeitura da Cidade de São Paulo, 1992.

GESTÃO URBANA. Zona Eixo de Estruturação da Transformação Urbana – ZEU. São Paulo, Secretaria Municipal de Urbanismo e Licenciamento – SMUL, Prefeitura de São Paulo <https://bit.ly/3lU90pC>.

IBGE. *Síntese de indicadores sociais: uma análise das condições de vida da população brasileira: 2016.* Rio de Janeiro, Coordenação de População e Indicadores Sociais, Instituto Brasileiro de Geografia e Estatística, 2016 <https://bit.ly/2ENbK6V>.

IPHAN. Ata da 64ª reunião do Conselho Consultivo do Patrimônio Cultural. Brasília, 24 jun. 2010 <https://bit.ly/3hxSyc8>.

IPHAN. Processo n. 1515-T-04. Tombamento do Teatro Oficina. Livro do Tombo Histórico: Tombamento homologado em 09/2014. Livro do Tombo Belas Artes: Tombamento homologado em 09/2014. Brasília, Governo Federal, Ministério da Cultura, Instituto do Patrimônio Histórico e Artístico Nacional, set. 2014.

SÃO PAULO (Município); MOTTA, Candido. Indicação n. 46, de 1907. Indico que o sr. Prefeito mande fazer os estudos necessários e o orçamento para a construção de um viaducto ligando o largo de S. Francisco ao ponto mais conveniente do bairro da Bella Vista (Bexiga). *Anais da Câmara Municipal. São Paulo.* São Paulo, Câmara Municipal de São Paulo, 2 mar. 1907, p. 27.

SÃO PAULO (Município); OSWALD, José. Indicação. Sendo o Bairro da Bella Vista, tambem chamado Bexiga, um dos de mais densa população, não tendo até hoje merecido a attenção dos poderes municipaes e visto o grande empenho da Prefeitura em melhorar as condições actuaes da cidade, indico que o Exm.O Dr. Prefeito se digne mandar proceder aos estudos e confeccionar projecto e orçamento para regularisação e assentamento de guias na rua Santo Antonio suas perpendiculares e parallelas, satisfazendo assim as justas reclamações dos moradores desta futurosa zona da capital. S. Paulo, 1 de setembro de 1899. Ao Dr. Prefeito. *Anais da Câmara Municipal.* São Paulo, Câmara Municipal de São Paulo, 1. set. 1899.

SÃO PAULO (Município); WINTHER, Ana Lúcia F. M. S. Bragança. Instrução de tombamento. Processo n. 2009 0.064.434-2: abertura do processo de tombamento do bairro de Perdizes, v. 1, São Paulo, fls. 20-269.

SÃO PAULO (Município). Acto n. 861, de 30 de maio de 1935. Organiza o Departamento de Cultura e de Recreação. *Revista do Arquivo Municipal de São Paulo*, ano I, v. XII, São Paulo, maio 1935, p. 229-241 <https://bityli.com/StVeT>.

SÃO PAULO (Município). Anais da Câmara Municipal. Sessão extraordinária de 14 de setembro de 1878. Ofício apresentado por Antonio José Leite Braga. São Paulo, Câmara Municipal de São Paulo, 14. set. 1878.

SÃO PAULO (Município). Ata de Instalação do Conpresp. In Histórico do Conselho Municipal de Preservação do Patrimônio Histórico – Conpresp. São Paulo, Secretaria Municipal de Cultura, 22 jan. 2007 <https://bit.ly/2MLfGWN>.

SÃO PAULO (Município). Bixiga. O mais fiel retrato da cidade. São Paulo, Secretaria de Comunicação, Prefeitura da Cidade de São Paulo, 21 dez. 2005 <http://twixar.me/LH3m>.

SÃO PAULO (Município). Conselho Municipal de Preservação do Patrimônio Histórico, Cultural e Ambiental da Cidade de São Paulo – Conpresp. *Diário Oficial da Cidade de São Paulo*, São Paulo, 20 maio 2017, p. 14 <https://bit.ly/2XQD1wx>.

SÃO PAULO (Município). Decreto n. 29.745, de 14 de maio de 1991. Estabelece normas de avaliação e destinação para os documentos da administração pública do município de São Paulo e dá outras providências <https://bit.ly/2Usrstd>.

SÃO PAULO (Município). Decreto n. 44.470, de 8 de março de 2004. Dispõe sobre a criação do Museu da Cidade de São Paulo. *Diário Oficial do Município*, São Paulo, 8 mar. 2004, fl. 1 <https://bit.ly/2R4ln41>.

SÃO PAULO (Município). Decreto n. 51.478, de 11 de maio de 2010. Dispõe sobre a reorganização do Departamento do Patrimônio Histórico – DPH, da Secretaria Municipal de Cultura; cria, em caráter experimental, o Centro de Memória do Circo; altera a denominação e a lotação dos cargos de provimento em comissão que especifica e introduz alterações nos Decretos n. 41.853, de 1 de abril de 2002, e n. 48.166, de 2 de março de 2007. *Diário Oficial da Cidade de São Paulo*, São Paulo, 12 maio 2010, fl. 1 <https://bit.ly/3i3lyZs>.

SÃO PAULO (Município). Decreto n. 53.623, de 2 de dezembro de 2012. Regulamenta a Lei Federal n. 12.527, de 18 de novembro de 2011, no âmbito do Poder Executivo, estabelecendo procedimentos e outras providências correlatas para garantir o direito de acesso à informação, conforme especifica <https://bit.ly/3h8CTA5>.

SÃO PAULO (Município). Decreto n. 57.528, de 12 de dezembro de 2016. Dispõe sobre a reorganização e as atribuições da Secretaria Municipal de Cultura, cria e altera a denominação de equipamentos culturais, bem como altera a denominação e a lotação dos cargos de provimento em comissão que especifica. *Diário Oficial da Cidade de São Paulo*, São Paulo, 13 dez. 2016, fl. 3 <https://bit.ly/3bsEHBF>.

SÃO PAULO (Município). Decreto n. 57.783, de 3 de julho de 2017. Dispõe sobre a Política de Gestão Documental e o Sistema de Arquivos do Município de São Paulo <https://bit.ly/3h4edZs>.

SÃO PAULO (Município). Decreto n. 58.207, de 24 de abril de 2018. Dispõe sobre a reorganização da Secretaria Municipal de Cultura, altera a denominação e a lotação dos cargos de provimento em comissão que especifica, bem como transfere cargos para o Quadro Específico de Cargos de Provimento em Comissão. *Diário Oficial da Cidade de São Paulo*, São Paulo, 25 abr. 2018, fl. 1 <https://bit.ly/2R02lMd>.

SÃO PAULO (Município). Demografia – Tabelas. São Paulo, Secretaria de Desenvolvimento Urbano, 12 jul. 2018 <https://bit.ly/34OBHhM>.

SÃO PAULO (Município). *Igepac-Bela Vista*. São Paulo, SMC/DPH/Divisão de Preservação (STCT), 1984. Exemplar datilografado.

SÃO PAULO (Município). Lei n. 10.032, de 27 de dezembro de 1985. Dispõe sobre a criação de um conselho municipal de preservação do patrimônio histórico, cultural e ambiental da cidade de São Paulo. *Diário do Município*, São Paulo, 28 dez. 1985, fl. 1 <https://bit.ly/3lV8O9G>.

SÃO PAULO (Município). Lei n. 12.349, de 6 de junho de 1997. Regulamenta a Operação Urbana Centro, estabelece programa de melhorias para a área central da cidade, cria incentivos e formas para sua implantação e dá outras providências. *Diário Oficial do Município de São Paulo*, São Paulo, ano 42, n. 108, 7 jun. 1997 <https://bit.ly/2EnCue3>.

SÃO PAULO (Município). Lei n. 13.430, de 13 de setembro de 2002. Plano Diretor Estratégico. Marta Suplicy, prefeita do Município de São Paulo, no uso das atribuições que lhe são conferidas por lei, faz saber que a Câmara Municipal, em sessão de 23 de agosto 2002, decretou e eu promulgo a seguinte lei: Da conceituação, finalidade, abrangência e objetivos gerais do Plano Diretor Estratégico. São Paulo, Prefeitura do Município de São Paulo, 13 set. 2002 <https://bit.ly/3lUIDRt>.

SÃO PAULO (Município). Lei n. 15.608, de 28 de junho de 2012. Dispõe sobre a criação do Arquivo Histórico de São Paulo, na Secretaria Municipal de Cultura, e de seu respectivo quadro de cargos de provimento em comissão; cria, no Departamento do Patrimônio Histórico, os cargos em comissão que especifica. *Diário Oficial da Cidade de São Paulo*, São Paulo, 29 jun. 2012, fl. 1 <https://bit.ly/322JMNG>.

SÃO PAULO (Município). Lei n. 16.050, de 31 de julho de 2014. Aprova a Política de Desenvolvimento Urbano e o Plano Diretor Estratégico do Município de São Paulo e revoga a Lei n. 13.430/2002. *Diário Oficial [da] Cidade de São Paulo*, São Paulo, 1 ago. 2014, p. 1 <https://bit.ly/32VagA8>.

SÃO PAULO (Município). Lei n. 16.402, de 22 de março de 2016. Disciplina o parcelamento, o uso e a ocupação do solo no município de São Paulo, de acordo com a Lei n. 16.050, de 31 de julho de 2014 – Plano Diretor Estratégico. *Diário Oficial [da] Cidade de São Paulo*, São Paulo, 23 mar. 2016 <https://bit.ly/31Z20jo>.

SÃO PAULO (Município). Lei n. 2332, de 9 de novembro de 1920. Estabelece o "padrão municipal" para as construções particulares no município <https://bit.ly/34xIU5m>.

SÃO PAULO (Município). Lei n. 7.805, de 1 de novembro de 1972. Dispõe sobre parcelamento, uso e ocupação do solo do município e dá outras providências. São Paulo, Diretoria do Departamento de Administração do Município de São Paulo, 1 nov. 1972 <https://bit.ly/3jUWwfL>.

SÃO PAULO (Município). Lei n. 8.204, de 13 de janeiro de 1975. Dispõe sobre a criação da Secretaria Municipal de Cultura e dá outras providências. *Diário do Município*, São Paulo, 14 jan. 1975, fl. 1. Retificação 21. jan. 1975, fl. 3 <https://bit.ly/3jQW7e0>.

SÃO PAULO (Município). Lei n. 8.252, de 20 de maio de 1975. Dispõe sobre a criação Departamento de Informação e Documentação Artísticas e dá outras providências. *Diário do Município*, São Paulo, 21 maio 1975, fl. 1 <https://bit.ly/3bvAMUq>.

SÃO PAULO (Município). Ofício de Washington Luiz Pereira de Souza à Câmara de Vereadores. São Paulo, Prefeitura Municipal de São Paulo, 31 ago. 1914.

SÃO PAULO (Município). Projecto n. 43, de 1928. Ficam declaradas de utilidade publica, afim de serem desapropriadas, as áreas de terreno necessárias à abertura de uma rua que estabeleça a ligação entre a avenida Anhangabahú e o ponto da rua Santo Antonio em que convergem as ruas São Domingos e 13 de Maio. *Anais da Câmara Municipal*. São Paulo, Câmara Municipal de São Paulo, 2 jun. 1928.

SÃO PAULO (Município). Relatório de 1911 apresentado à Câmara Municipal de São Paulo pelo prefeito sr. Raymundo Duprat. São Paulo, Vanorden, 1912. Acervo Biblioteca do Arquivo Histórico Municipal.

SÃO PAULO (Município). Sessão ordinária de 27 de junho de 1883. De outros assignados proprietários e moradores do campo da Bexiga desta Capital pedindo a mudança do nome de Campo do Bexiga para o de Campo da Bella Vista. Anais da Câmara Municipal. São Paulo, Câmara Municipal de São Paulo, 27 jun. 1883.

SEADE. Perspectivas demográficas dos distritos do município de São Paulo: o rápido e diferenciado processo de envelhecimento. *SP Demográfico. Resenha de Estatísticas Vitais do Estado de São Paulo*, ano 14, n. 1, São Paulo, Fundação do Sistema Estadual de Análise de Dados, jan. 2014 <https://bit.ly/3hVNkqV>.

SEHAB. Anexo 2 do edital – Diretrizes para as intervenções urbanas. São Paulo, Secretaria da Habitação, Governo do Estado de São Paulo, 2012 <https://bit.ly/2z1rXDg>.

SEHAB. Portaria n. 304. Designa comissão p/ fixar critérios p/concurso público – Reurbanização do Bixiga. São Paulo, Prefeitura Municipal de São Paulo, Secretaria da Habitação e Desenvolvimento Urbano, 6 ago. 1987 <https://bit.ly/2ASYQTe>.

SÉRIE OBRAS PARTICULARES. Arquivo Histórico Municipal – AHM-SP. Ano: 1920. Rua Treze de Maio.

UNESCO. Convenção para a salvaguarda do patrimônio cultural imaterial, Paris – Conferência Geral da Organização das Nações Unidas para a Educação, a Ciência e a Cultura, 17 de outubro de 2003. Brasília, Ministério das Relações Exteriores, 2006 <https://bit.ly/3b9xOEY>.

WBCSD. *How We Drive Sustainable Development*. Geneva, World Business Council for Sustainable Development, 2000 <https://bit.ly/327A1g1>.

WCED. *Our Common Future*. Nova York, World Commission on Environment and Development, Organização das Nações Unidas, 1987 <https://bit.ly/2EmCfQo>.

Informações em jornais e websites

ABLAS, Henrique. Attenção. Annuncios. *Correio Paulistano*, 16 abr. 1856, p. 4.

CASTRO-FILHO, Joaquim Florindo de. Editaes. *Correio Paulistano*, 5 ago. 1856.

CORRÊA, José Celso Martinez. Primavera cultural do Brasil 2017. Blog do Zé Celso, São Paulo, 30 out. 2017 <https://bit.ly/3gMhyLn>.

DICIONÁRIO INFORMAL <https://bityli.com/DZoss>.

DICK, João. Vende-se. Annuncios. *Correio Paulistano*, 7 nov. 1857, p. 3-4.

DOAÇÃO DE TERRENO PARA ESCOLA PUBLICA. *Correio Paulistano*, São Paulo, 25 set. 1884, p. 1.

EDITAES. *Correio Paulistano*, São Paulo, 17 jun. 1857, p. 3.

FAGGIN, Carlos Augusto Mattei. Carta do presidente do Condephaat a respeito do Teatro Oficina. São Paulo, Condephaat, 30 out. 2017 <https://bit.ly/3lnLMYE>.

FALLECIMENTO. *A Provincia de S. Paulo*, São Paulo, 16 jul. 1879.

FESTA DE SANTO ANTONIO. Noticiario geral. *Correio Paulistano*, São Paulo, 14 jun. 1876, p. 2.

GONÇALVES, Cristiane Souza. Autenticidade (verbete). In *Dicionário do Patrimônio Cultural*. Brasília, Iphan <https://bit.ly/3hO7t24>.

ICE – Instituto Cidadania Empresarial. Negócios de impacto <https://bit.ly/31bV6XK>.

MELHORAMENTOS DA CIDADE. Projecto de construcção de uma nova avenida. *O Estado de S. Paulo*, São Paulo, 22 jan. 1911, p. 7.

MOTTA, Lia; REZENDE, Maria Beatriz. Inventário (verbete). In *Dicionário do Patrimônio Cultural*. Brasília, Iphan <https://bityli.com/XhSZR>.

MPSP. MPSP consegue liminar impedindo construções nas proximidades do Teatro Oficina. Promotoria quer proteger bens arquitetônicos e históricos. São Paulo, Núcleo de Comunicação Social, Ministério Público do Estado de São Paulo, 19 jun. 2019 <https://bit.ly/2YG1OmP>.

TEATRO OFICINA. Comunicado do Teatro Oficina sobre o posicionamento público do atual presidente do Conpresp quanto às torres do grupo Silvio Santos, no Bixiga. In MAIA, Maria Carolina. Oficina critica presidente do Conpresp: 'Interlocutor de Silvio Santos'. *Veja*, São Paulo, 18 jun. 2018 <https://bit.ly/3bIIh0q>.

Documentos particulares ou não publicados

Álbum São Paulo Antigo: Plantas da Cidade, Comissão do IV Centenário, 1954. Coleção Roseli D'Elboux.

ALVAREZ, Analy. *Fora do mundo* (texto e direção). Teatro Sérgio Cardoso, 2016.

CIA. TEATRAL HUMANÓIDE. *Yayá*. Casa de Dona Yayá, 2017.

CORRÊA, José Celso Martinez. *Walmor e Cacilda 68 – aqui agora* (texto dramatúrgico não publicado). São Paulo, 2013.

FERREIRA, Edgard. Pra ver a luz do sol (letra de música). In *Rei da vela* (filme e peça teatral encenada pelo Teatro Oficina).

MASCARO, Cristiano. Mensagem a Abilio Guerra. Carapicuíba, 13 out. 2020.

OLIVEIRA, Sara Fraústo Belém de. Relato de Camila Oliveira coletado durante a oficina Inventários Participativos de Referências Culturais. São Paulo, Repep/CPC, abr. 2017.

OLIVEIRA, Sara Fraústo Belém de. Relato de Luiz Nascimento coletado durante a oficina Inventários Participativos de Referências Culturais. São Paulo, Repep/CPC, abr. 2017.

OLIVEIRA, Sara Fraústo Belém de. Relato de Renata Fontes coletado durante a oficina Inventários Participativos de Referências Culturais. São Paulo, Repep/CPC, abr. 2017.

OLIVEIRA, Sara Fraústo Belém de. Relato de Taís Souza coletado durante a oficina Inventários Participativos de Referências Culturais. São Paulo, Repep/CPC, abr. 2017.

PAIXÃO, Surubim Feliciano da. Terra da terra (letra de música). In *Tupi or not tupy* (álbum), FamaSom Discos, 1984.

PAIXÃO, Surubim Feliciano da. Tupi or not tupy (letra de música). In *Tupi or not tupy* (álbum),

Planta geral da capital de São Paulo organizada sob a direção do Dr. Gomes Cardim, 1897. Álbum São Paulo Antigo: Plantas da Cidade, Comissão do IV Centenário, 1954. Coleção Roseli D'Elboux.

SOMEKH, Nadia. Entrevista com Peter Reese, professor do Development Planning Unit da University College London – DPU UCL. Financiamento Fapesp. Documento inédito. Londres, 16 out. 2017.

TEATRO OFICINA. *As bacantes* (texto adaptado da peça). São Paulo, 1987.

TEATRO OFICINA. *Gracias, señor* (programa da peça). São Paulo, Teatro Ruth Escobar, 1971.

TEATRO OFICINA. *Luta I* (programa da peça). São Paulo, Teatro Oficina, 2005.

TEATRO OFICINA. *Os sertões / A terra* (programa da peça). São Paulo, 2002.

VILA ITORORÓ. Arquivo pessoal Milu Leite <https://bit.ly/3gcqutp>.

Mapas

ALBUQUERQUE, Fernando de. Planta dos terrenos no Bexiga, 1890.

ALBUQUERQUE, Frdo de; MARTIN, Jules. *Mappa da capital da P.cia de São Paulo seos Edificios publicos, Hoteis, Linhas ferreas, Igrejas Bonds Passeios etc*. Coleção IV Centenário da Cidade de São Paulo. São Paulo, Jules Martin, 1877 <https://bit.ly/35bQJOD>.

GESTÃO URBANA. Mapa de Tombamento da Bela Vista – preservação e patrimônio histórico. São Paulo, Secretaria Municipal de Urbanismo e Licenciamento – SMUL, Prefeitura de São Paulo <https://bit.ly/35dA3pY>.

JOYNER, Henry. Planta da cidade de São Paulo levantada pela Companhia Cantareira de Águas & Esgotos, 1881. Coleção IV Centenário. Impressão sobre papel. Cópia do original editada em 1954 <https://bit.ly/3i6TLr9>.

MARTIN, Jules. *Planta da capital do Estado de São Paulo e seus arrabaldes 1890*. Coleção IV Centenário da Cidade de S. Paulo, Acervo Roseli D'Elboux. Impressão colorida sobre papel, 1954.

Planta geral da capital de São Paulo organizada sob a direção do dr. Gomes Cardim, intendente de obras, 1897. Impressão em cores sobre papel. Acervo do Museu Paulista da USP <https://bit.ly/2GtGPxn>.

Planta do centro da cidade de São Paulo, 1911. Escritório Técnico Samuel das Neves. Nanquim sobre papel-linho, escala 1:1000, com legenda. Acervo Biblioteca FAU USP.

Planta do Plano Freire Guilhem, 1911. Planta geral. Acervo FAU USP.

PREFEITURA DA CIDADE DE SÃO PAULO. Geosampa – Mapa digital da cidade de São Paulo <https://bit.ly/3gtconB>.

SARA BRASIL S/A. *Mappa Topographico do Municipio de São Paulo*, 1930.

Autores dos artigos

Abilio Guerra
Arquiteto e Urbanista (FAU PUC-Campinas, 1982), mestre e doutor em História (IFCH Unicamp, 1992 e 2002), professor adjunto da FAU Mackenzie (graduação e pós-graduação). Com Silvana Romano Santos, é editor da Romano Guerra Editora e do Portal Vitruvius. Autor do livro *Architecture and Nature / Arquitetura e natureza* (Romano Guerra, 2017, Cica Awards 2017) e organizador, entre outras obras, de *Textos fundamentais sobre história da arquitetura moderna brasileira* e *Brasil Arquitetura – Francisco Fanucci e Marcelo Ferraz, projetos 2005-2020* (Romano Guerra, 2010 e 2020).

Ana Carolina Nader Scripilliti
Arquiteta e Urbanista (FAU Mackenzie, 2006), especialista em Desenho, Espaço, Produto e Comunicação (Universidade Politecnica da Catalunha, 2009) e mestre (FAU Mazkenzie, 2017).

Ana Marta Ditolvo
Arquiteta e Urbanista (Faap, 2000), especialista em Patrimônio Arquitetônico (Unicsul, 2003) e mestre em Artes (Unicamp, 2011). É docente no curso de Arquitetura e Urbanismo da Faap (desde 2008) e no curso de extensão em Preservação do Patrimônio Arquitetônico do Mackenzie (desde 2019). Participou dos grupos de pesquisa Fábrica de Restauro (FAU Mackenzie, 2018) e Estudo das Fortificações Brasileiras para candidatura à Patrimônio da Humanidade pela Unesco (Iphan, desde 2018). É sócia-diretora da Ambiência Arquitetura e Restauro (desde 2016).

Ana Paula de Moura Pavan
Graduada em Biblioteconomia e Ciência da Informação (FESPSP, 2005), especialista em Gestão de Projetos (Centro Universitário Senac, 2009) e em Gestão de Documentos de Arquivo (FESPSP, 2013). Desde 2009, é Bibliotecária no Departamento do Patrimônio Histórico –DPH, da Secretaria Municipal de Cultura de São Paulo, onde é coordenadora do Núcleo de Documentação e Pesquisa.

Benjamim Saviani
Arquiteto e Urbanista (FAU USP, 2014) com período sanduíche na Università degli Studi di Firenze, e mestrando em andamento em História e Fundamentos da Arquitetura e do Urbanismo (FAU USP, desde 2019). Foi bolsista Fapesp de iniciação científica (2010-2011). É Coordenador de Projetos Arquitetônicos do Instituto Pedra (desde 2014).

Bruna Beatriz Nascimento Fregonezi
Arquiteta e Urbanista (FAU Mackenzie, 2010), mestre em Arquitetura (FAU UPM, 2015) e em Human Settlements (Katholieke Universiteit Leuven, KU Leuven, Bélgica, 2017). Foi bolsista Mackpesquisa (2014-2015) e Vlir-Uos (2016-2017). Foi professora convidada nos cursos de pós-graduação Restauro do Patrimônio Arquitetônico e Urbanístico da Universidade Católica de Santos (2019-2020) e História do Crescimento Urbano na RMSP da Universidade Municipal de São Caetano (2020).

Carila Matzenbacher
Arquiteta e Urbanista (UFPR, 2004) e mestre em História e Fundamentos da Arquitetura e do Urbanismo (FAU USP, 2018), com bolsa Capes/CNPq (2017-2018). Em 2013, participou do Programa de Intercâmbio do Ministério da Cultura com a Universidade Católica de Lueven, Bélgica. Desde 2008, é associada da Associação Teat(r)o Oficina Uzyna Uzona.

Cecília de Moura Leite Ribeiro
Arquiteta e Urbanista (FAU Brás Cubas, 1981), bacharel em pintura (Febasp, 1983). Trabalhou no Departamento do Patrimônio Histórico – DPH da Secretaria Municipal de São Paulo (1982-2018). Participou da produção do *Catálogo das obras de arte em logradouros públicos de São Paulo: regional da Sé* (DPH, 1987) e, com Janice Gonçalves, é coordenadora da publicação *Obras de arte em logradouros públicos de São Paulo: regional Vila Mariana* (DPH, 1993).

Eliana Rosa de Queiroz Barbosa
Arquiteta e Urbanista (FAU Mackenzie, 2004), mestre (FAU Mackenzie, 2009), com bolsa Capes, e em Human Settlements (Katholieke Universiteit Leuven, 2011) e doutora em Arquitetura (FAU Mackenzie em co-tutela com a KULeuven, 2016). Possui tese premiada em concurso internacional promovido pelo Infonavit e UNAM (México, 2018). Pós-doutoranda do Programa Avançado de Cultura Contemporânea (PACC UFRJ, desde 2019). É professora visitante no Departamento de Arquitetura e Estudos Urbanos da Politécnica de Milão (2019-2020).

Fernanda Romão
Graduação em Administração (Universidade Eniac-Fapi, 2010), especialista em Administração de Empresas e Gerenciamento (FGV, 2013) e mestre em Administração de Empresas e Organizações (PUC-SP, 2018). Desde 2007, trabalha na Companhia de Restauro.

Francisco Zorzete
Sócio-fundador da Companhia de Restauro (desde 1998), coordenou a pesquisa "Realidade dos bens tombados na cidade de São Paulo", desenvolvida na Escola Paulista de Restauro. Junto com Jorge Bassani, é coautor do livro *São Paulo: cidade e arquitetura – um guia* (2014).

Gabriel Fernandes
Arquiteto e Urbanista (FAU USP, 2012) e mestre (FAU USP, 2017). Doutorado em andamento em Arquitetura e Urbanismo (FAUUSP, desde 2020). Desde 2012, é especialista em laboratório no Centro de Preservação Cultural da USP – CPC.

Hugo Louro e Silva
Arquiteto e Urbanista (FAU Mackenzie, 2005), mestre (FAU Mackenzie, 2015), com bolsa Capes, e doutorando (FAU Mackenzie, desde 2017), com bolsa do Instituto Presbiteriano Mackenzie. É professor convidado nos Programas de Pós-graduação lato sensu da Universidade Presbiteriana Mackenzie e da Universidade Municipal de São Caetano do Sul, na qual também é coordenador do curso de "Empreendimentos Imobiliários". Autor do livro *A região central de São Paulo e suas questões econômicas* (Novas Edições Acadêmicas, 2018).

Ingrid Hötte Ambrogi
Graduada em Pedagogia (PUC-SP, 1985), especialista em Psicopedagogia Clínico-Institucional (Instituto Sedes Sapientiae, 1993), mestre em Psicologia Escolar e do Desenvolvimento Humano (IP USP, 1998) e doutora em História Social (FFLCH USP, 2005). Pós-doutorado em andamento pela Universidade de Siegen. É docente do Programa de Pós-Graduação em Educação e em Pedagogia (Mackenzie, desde 1997). É líder do grupo de pesquisa Arquivo, Memória e Cidade. Junto com Carlos Francisco de Araujo Silva e Mara Paulete Herbst Kahan, é coautora do livro *Bixiguinha: histórias às escondidas* (Fundo Mackpesquisa, 2020).

Joice Chimati Giannotto
Arquiteta e Urbanista (Belas Artes, 2001), especialista em Administração de Empresas (FGV, 2005), mestre e doutora em Arquitetura (FAU Mackenzie, 2015 e 2019). É Coordenadora Adjunta na Universidade Anhembi Morumbi (desde 2016) e docente convidada na Pós-Graduação da Universidade Presbiteriana Mackenzie (desde 2019). Foi Coordenadora de Projetos (2012-2015) e Gerente de Contas na Athié|Wohnrath (2006-2011).

José Geraldo Simões Junior
Arquiteto e Urbanista (FAU USP, 1983), mestre em Planejamento Urbano (FGV, 1990), com bolsa CNPq, doutor em Arquitetura e Urbanismo (FAU USP, 1995), com bolsa Fapesp, e pós-doutorado em Urbanismo (Technische Universität Wien, 2010). Docente na FAU Mackenzie desde 2000, onde também é coordenador do PPGAU (desde 2019). Organizador dos Livros *Urbanismo de colina* (IST Press, 2006) e *Palacete Santa Helena* (Senac São Paulo, 2006).

Julia Miranda Aloise
Arquiteta e Urbanista (UFRGS, 2013), com mestrado em Conservação e Restauro de Monumentos e Sítios Históricos (UFBA, 2015) e doutorado em Urbanismo Contemporâneo (FAU Mackenzie, 2020). Foi bolsista mérito da Fapesb (2013-2015) e do Mackpesquisa (2016-2019).

Katia Kreutz
Jornalista (USJT, 2012) e mestranda em Meios e Processos Audiovisuais (ECA USP, desde 2018), com bolsa Capes. Entre 2007 e 2013, trabalhou como Coordenadora de Comunicação na Companhia de Restauro e, entre 2019 e 2020, na Esquema Imóveis.

Lícia Mara Alves de Oliveira Ferreira
Arquiteta e Urbanista (FAU USP, 2001), mestre (FAU USP, 2006) e doutoranda em História e Fundamentos da Arquitetura (FAU USP, desde 2020). Foi bolsista Fapesp de iniciação científica (1999) e de mestrado (2004-2006). Docente da disciplina de Técnicas Retrospectivas na Universidade Paulista. É arquiteta no Departamento de Patrimônio Histórico – DPH desde 2008 e, atualmente, supervisora de Salvaguarda.

Lindener Pareto Junior
Historiador (FFLCH USP, 2006), mestre e doutor em História da Arquitetura (FAU USP, 2011 e 2016), ambos com bolsa Capes, e pós-doutorado em História da Arquitetura, Urbanismo e Patrimônio (IFCH Unicamp, 2019). É docente na PUC-Campinas desde. Autor dos livros *O cotidiano em* construção (Editora UFABC 2018) e *Joaquim cavalheiro* (Cultura Acadêmica/Unesp, 2015).

Luiz Guilherme Rivera de Castro
Arquiteto e Urbanista (FAU USP, 1986), mestre (FAU Mackenzie, 1998) e doutor (FAU USP, 2006). É docente na FAU Mackenzie desde 1988, onde passou a Professor Pesquisador em 2005 e Professor do Programa de Pós Graduação em Arquitetura e Urbanismo em 2016. Foi docente de Arquitetura e Urbanismo da USJT (2015 a 2017). É coautor do livro *Preservando o patrimônio histórico: um manual para gestores municipais* (CAU SP, 2014) e co-organizador, com Angélica Benatti Alvim, do livro *Avaliação de políticas urbanas: contexto e perspectivas* (Romano Guerra/Mackenzie, 2010)

Maira de Moura
Arquiteta e Urbanista (FAU Mackenzie, 2018). Participou do grupo de pesquisa *Projetos urbanos em centros históricos* (FAU Mackenzie, 2014-2016). Foi pesquisadora PIVIC/Mackenzie com o tema *Museu da cidade de São Paulo: um roteiro histórico do período republicano*, em 2016. Estagiou no Setor Técnico de Levantamento e Pesquisa (DPH, 2015-2016). Trabalha na equipe de produto da Alphaville Urbanismo (desde 2017).

Manoel Lemes da Silva Neto
Arquiteto e Urbanista (FAU USP, 1980), especialista em Gestão de Desenvolvimento Regional (ILPES, 1993), mestre e doutor em arquitetura (FAU USP, 1990 e 1998). Professor titular e pesquisador do Programa de Pós-Graduação Faculdade de Arquitetura e Urbanismo da PUC-Campinas desde 2008. Entre 1997 e 1998, foi conselheiro do Condephaat e, entre 2001 e 2004, pesquisador e parecerista da Secretaria de Economia e Planejamento.

Marília Gallmeister
Arquiteta e Urbanista (Unesp, 2008). Desde 2011, trabalha como arquiteta cênica e associada à Associação Teatro Oficina Uzyna Uzona

Mauro Calliari
Graduação em Administração (FGV, 1983), MBA (Universita Commerciale Luigi Bocconi, 1992), mestre em arquitetura (FAU Mackenzie, 2013) e doutor em história da arquitetura (FAU USP, 2019). É autor dos livros *Espaço público e urbanidade em São Paulo*" (BEI, 2017) e *Preservando o patrimônio histórico - um manual para gestores municipais* (CAU/SP, 2014).

Nadia Somekh
Arquiteta e Urbanista (FAU USP,1976), especialista em Patrimônio Ambiental Urbano (FAU USP,1978), mestre e doutora em arquitetura (FAU USP,1987 e 1994) e pós-doutorado (EHESS, 2011), com bolsa do Fundo Mackpesquisa. Professora emérita da FAU Mackenzie, é conselheira do IAB e eleita Conselheira Federal pelo CAU para o triênio 2018/2020. Foi presidente do Conpresp e diretora do Departamento do Patrimônio Histórico da Prefeitura de São Paulo 2013 a 2016. Foi presidente da Emurb e secretária de Desenvolvimento Econômico de Santo André. Autora dos livros *A cidade vertical e o urbanismo modernizador* (Editora Mackenzie e Romano Guerra, 2014) e *Preservando o patrimônio histórico – um manual para gestores municipais* (CAU SP, 2014).

Raquel Schenkman
Arquiteta e Urbanista (FAU USP, 2009) e mestre (FAU USP, 2014). É docente do Departamento de Arte da PUC-SP desde 2011. Foi coordenadora do Núcleo de Projeto, Restauro e Conservação do Departamento do Patrimônio Histórico – DPH (nov. 2017/mar. 2019), diretora do DPH (mar. 2019/jun. 2020) e presidente do Conselho Municipal de Preservação do Patrimônio Histórico, Cultural e Ambiental da Cidade de São Paulo – Conpresp (jun./set. 2020). É autora do livro *Conservação de esculturas em espaços públicos* (Sequoia Produções, 2019).

Roseli Maria Martins D'Elboux
Arquiteta e Urbanista (FAU USP,1985), mestre (FAU USP, 2005) e doutora em Planejamento Urbano e Regional (FAU USP, 2015). É professora e pesquisadora em período integral na FAU Mackenzie desde 2008. Recebeu Menção Honrosa na edição 2016 do Prêmio Capes de Tese, área Arquitetura e Urbanismo. É autora do livro *Manifestações neoclássicas no Vale do Paraíba: Lorena e as palmeiras-imperiais* (Annablume/Fapesp, 2008).

Sara Fraústo Belém de Oliveira
Arquiteta e Urbanista (Unifor, 2015), especialização em andamento em Legislativo, Território e Gestão Democrática da Cidade (Escola do Parlamento, desde 2017), mestre em Arquitetura (FAU Mackenzie, 2018) e pós-doutoranda em e-Planning (FA Universidade de Lisboa, 2020). Foi bolsista Mackpesquisa (fev. 2017/mar. 2017) e Capes Prosup/Taxas (abr. 2017/jan. 2018). Foi Assessora Técnica de Gabinete na Prefeitura Municipal de São Paulo (2019).

Thais Cardoso
Arquiteta e Urbanista (Centro Universitário Belas Artes de São Paulo, 2017) e mestre pela FAU Mackenzie (2020).

Vânia Lewkowicz Katz
Arquiteta e Urbanista (FAU USP, 1983) e especialista em Educação Ambiental pela Faculdade de Educação São Luís (2016). Desde 1990, é arquiteta da Prefeitura Municipal de São Paulo, desenvolvendo trabalhos no campo da preservação do patrimônio cultural no Departamento do Patrimônio Histórico – DPH.

Créditos

**Bexiga em três tempos
Patrimônio cultural
e desenvolvimento
sustentável**

organização
Nadia Somekh e José Geraldo Simões Junior

ensaio fotográfico
Cristiano Mascaro

coordenação editorial
Abilio Guerra, Silvana Romano Santos e Fernanda Critelli

preparação e revisão de texto
Ana Mendes Barbosa
e Abilio Guerra

pesquisa de imagens
Fernanda Critelli

digitalização e tratamento das fotos de Cristiano Mascaro
Rafaela Netto e Nelson Kon

edição de imagens, projeto gráfico e diagramação
Dárkon Vieira Roque

impressão
Ipsis

agradecimentos
Dina Uliana, Fernanda Maria Oliveira Araújo, Henrique Siqueira, Ingrid Hötte Ambrogi, Instituto Pedra, Marcio André Pereira Ferreira, Mariana Landgren de Camargo, Mumbi, Nelson Kon, Paula Freitas Nogueira, Pedro Russo, Tuca Vieira e Wolf Kos

convênio
Faculdade de Arquitetura e Urbanismo da Universidade Presbiteriana Mackenzie e Departamento de Patrimônio Histórico da Secretaria Municipal de Cultura da Prefeitura de São Paulo (2016/2018)

órgãos de fomento
As pesquisas que dão base ao livro receberam recursos de Mackpesquisa, Capes Print, Capes Proex e CNPq

O presente trabalho foi realizado com apoio da Coordenação de Aperfeiçoamento de Pessoal de Nível Superior - Brasil (Capes) – Código de Financiamento 001

CAPES

Apoio

CNPq
Conselho Nacional de Desenvolvimento Científico e Tecnológico

**Crédito de imagens
fotógrafo**
Cristiano Mascaro / ensaio fotográfico "Bexiga 1991" – p. 2-3, 4, 8, 11, 12, 19, 20-21, 22, 38, 53, 54, 57, 58, 67, 70-71, 72, 81, 83, 86, 103, 104, 114, 136, 154, 166-167, 168, 188, 208, 228, 236, 258, 278, 290, 308, 322-323, 324, 327, 328, 331, 332 e capas
Abilio Guerra – p. 273 (direita), 274
Bruna Fregonezi – p. 285
Claire Jean – p. 298 (4ª fila, direita)
Gabriel Fernandes – p. 128
Hugo Louro e Silva – p. 173, 179
Igor Marotti – p. 298 (2ª fila, direita acima)
Jennifer Glass – p. 299 (3ª fila, direita), 299 (4ª fila)
Lígia Pinheiro / Mosaico – p. 143 (esquerda)
Mauro Calliari – p. 284 (abaixo)
Nelson Kon – p. 142 (acima), 147, 149, 267 (abaixo), 301, 304
Sara Belém – p. 267 (acima), 272, 273 (esquerda)
Sergio Scripilliti – p. 170 (acima direita), 170 (abaixo direita)
Tuca Vieira – p. 302

acervo
Acervo Ana Marta Ditolvo – p. 242, 243, 244-245, 245, 247, 249, 250, 251, 252
Acervo Biblioteca FAUUSP – p. 32 (parte menor), 33 (parte menor)
Acervo Departamento do Patrimônio Histórico / DPH – p. 95, 97 (Bruna Bacetti), 98, 99, 172 (acima esquerda), 170 (abaixo esquerda)
Acervo digital Prefeitura Municipal de São Paulo – Geosampa: p. 116, 119; Secretaria de Gestão Urbana: p. 320
Acervo do Casarão Belvedere – p. 47 (abaixo), 48
Acervo Escola Paulista de Restauro – p. 157, 160, 161, 162
Acervo família Romano – p. 14
Acervo Fotográfico do Museu da Cidade de São Paulo – Aniello Vizzoni (1927-1998): p. 64; Ivo Justino: p. 297 (meio e direita)
Acervo Governo do Estado de São Paulo / Instituto Geográfico e Cartográfico / Secretaria de Projetos, Orçamento e Gestão – p. 120
Acervo Instituto Pedra – p. 138, 139 (foto Benedito Lima de Toledo, acima direita), 139 (acervo Milu Leite, acima esquerda e abaixo), 140, 142 (abaixo), 143 (direita), 145 (acervo Milu Leite), 146 (acervo Milu Leite), 148, 152 (foto Benedito Lima de Toledo)
Acervo Museu Memória do Bixiga / Mumbi – p. 108, 109, 110, 111, 112, 113
Acervo Museu Paulista da USP, Col. João Batista de Campos Aguirra – p. 29
Acervo Teat(r)o Oficina – p. 292 (Edson Elito), 298 (1ª fila), 298 (2ª fila, esquerda), 298 (2ª fila, direita abaixo), 298 (3ª fila), 298 (4ª fila, esquerda e meio), 299 (1ª fila), 299 (2ª fila), 299 (3ª fila, esquerda), 303
Arquivo Edgard Leuenroth / IFCH Unicamp – p. 293, 295
Arquivo Histórico Municipal / AHM-SP, Série Obras Particulares – p. 45 (abaixo), 46, 47 (acima)
Google Maps / satélite – p. 297 (esquerda)

publicação
Álbum São Paulo Antigo: Plantas da Cidade, Comissão do IV Centenário, 1954 – p. 26, 27, 28, 31, 32 (parte maior), 33 (parte maior)
Relatório de 1911 apresentado à Câmara Municipal de São Paulo pelo prefeito sr. Raymundo Duprat – p. 34

desenho, ficha, gráfico, mapa, tabela
Ana Carolina Nader Scripilliti – p. 172, 178, 182, 183, 184
Bruna Fregonezi – p. 284 (acima), 286
Gabriel Fernandes – p. 124
Hugo Louro e Silva – p. 174-177, 180, 181, 185
Joice Chimati Giannotto – p. 56, 59, 61, 63, 65, 66
Julia Miranda Aloise – p. 193, 194, 195, 197, 198, 199, 200, 201, 202, 203, 204
Lindener Pareto Junior – p. 44, 45 (acima)
Manoel Lemes da Silva Neto – p. 212, 213, 214, 215, 216, 217, 218, 219, 220, 221, 222, 223, 224, 225
Maria Luiza Torres – p. 265, 266
Vânia Lewkowicz Katz – p. 89, 90, 91, 93

Romano Guerra Editora
editores
Abilio Guerra, Silvana Romano Santos e Fernanda Critelli
conselho editorial
Abilio Guerra, Adrián Gorelik (Argentina), Aldo Paviani, Ana Luiza Nobre, Ana Paula Garcia Spolon, Ana Paula Koury, Ana Vaz Milheiros (Portugal), Ângelo Bucci, Ângelo Marcos Vieira de Arruda, Anna Beatriz Ayroza Galvão, Carlos Alberto Ferreira Martins, Carlos Eduardo Dias Comas, Cecília Rodrigues dos Santos, Edesio Fernandes (Estados Unidos), Edson da Cunha Mahfuz, Ethel Leon, Fernando Lara (Estados Unidos), Gabriela Celani, Horacio Enrique Torrent Schneider (Chile), João Masao Kamita, Jorge Figueira (Portugal), Jorge Francisco Liernur (Argentina), José de Souza Brandão Neto, José Geraldo Simões Junior, Juan Ignacio del Cueto Ruiz-Funes (México), Luís Antônio Jorge, Luis Espallargas Gimenez, Luiz Manuel do Eirado Amorim, Marcio Cotrim Cunha, Marcos José Carrilho, Margareth da Silva Pereira, Maria Beatriz Camargo Aranha, Maria Stella Martins Bresciani, Marta Vieira Bogéa, Mônica Junqueira de Camargo, Nadia Somekh, Otavio Leonidio, Paola Berenstein Jacques, Paul Meurs (Holanda), Ramón Gutiérrez (Argentina), Regina Maria Prosperi Meyer, Renato Anelli, Roberto Conduru (Estados Unidos), Ruth Verde Zein, Sergio Moacir Marques, Vera Santana Luz, Vicente del Rio (Estados Unidos), Vladimir Bartalini

Romano Guerra Editora
Rua General Jardim 645
conj. 31
01223-011 São Paulo SP
Brasil
+ 55 11 3255-9535
rg@romanoguerra.com.br
romanoguerra.com.br
Facebook
romanoguerraeditora
Instagram
romanoguerraeditora

© Romano Guerra Editora
© Nadia Somekh
© José Geraldo Simões Junior

A reprodução ou duplicação integral ou parcial desta obra sem autorização expressa dos organizadores e dos editores se configura como apropriação indevida de direitos intelectuais e patrimoniais.
Printed in Brazil 2020
Foi feito o depósito legal

Bexiga em três tempos: patrimônio cultural e desenvolvimento sustentável
organizadores:
Nádia Somekh e
José Geraldo Simões Júnior
ensaio fotográfico:
Cristiano Mascaro. - São Paulo:
Romano Guerra, 2020.

352 p., Il.

Bibliografia.

ISBN: 978-65-87205-03-8

1. Patrimônio arquitetônico (Conservação; Preservação) – São Paulo (SP)
2. Bairros (História) – São Paulo (SP)
3. Tombamento (Patrimônio) – São Paulo (SP)
I. Somekh, Nádia
II. Simões Júnior, José Geraldo
III. Mascaro, Cristiano

CDD – 708.047

Ficha catalográfica elaborada pela bibliotecária Dina Elisabete Uliana CRB/8-3760

Ensaio fotográfico *Bexiga 1991*, de Cristiano Mascaro
Fotos de capa

Centro de São Paulo visto do alto do edifício Viadutos, de João Artacho Jurado (1ª)

Carroceiro na rua José Tenáglia, nas proximidades da rua São Vicente (2ª)

Vila Itororó, escadaria de acesso na rua Martiniano de Carvalho (3ª)

Esquina das ruas Santo Antônio e 13 de Maio (4ª)